I0748374

ALTDEUTSCHE TEXTBIBLIOTHEK

Begründet von Hermann Paul
Fortgeführt von G. Baesecke
Herausgegeben von Hugo Kuhn

Nr. 83

Das Nibelungenlied

nach der Handschrift C

Herausgegeben
von
Ursula Hennig

MAX NIEMEYER VERLAG TÜBINGEN
1977

CIP-Kurztitelaufnahme der Deutschen Bibliothek

[**Nibelungenlied**]
Das Nibelungenlied : nach d. Hs. C / hrsg. von Ursula Hennig. –
1. Aufl. – Tübingen : Niemeyer, 1977.
(Altdeutsche Textbibliothek ; Nr. 83)
ISBN 3-484-20095-2 kart.
ISBN 3-484-20094-4 Lw.

NE: Hennig, Ursula [Hrsg.]

Geb. Ausgabe ISBN 3-484-20094-4
Kart. Ausgabe ISBN 3-484-20095-2

Satz: Rothfuchs, Dettenhausen
Einband: Heinr. Koch, Tübingen

Inhaltsverzeichnis

Einleitung

Diese Ausgabe will nichts anderes bieten, als ihr Titel sagt: eine Edition des Nibelungenliedes nach der Handschrift C (Fürstl. Fürstenbergische Bibliothek zu Donaueschingen, Handschrift 63). Im Apparat sind alle Textzeugen berücksichtigt, die im Handschriftenstammbaum von Wilhelm Braune der Gruppe C* zugeordnet sind, mit Ausnahme der Piaristenhandschrift k, d.h.:

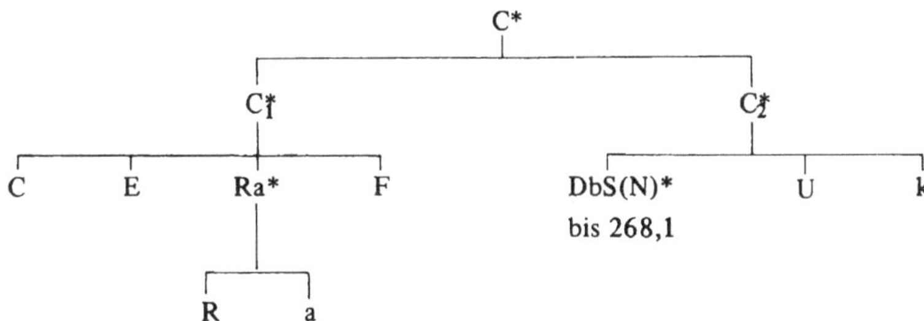

Dazu kommt das Fragment X, dessen Stellung in der Überlieferung der *liet*-Fassung W. Braune noch selbst diskutiert hat, und das erst 1927 publizierte Fragment Z. Textkritisch bisher noch nicht ausgewertet ist eine weitere (zweite) Seite des Fragments F (Str. 2009,2 – 2019,4).

Die Ausgaben des Nibelungenliedes stehen seit Beginn der philologischen Beschäftigung mit dem Werk unter dem Zeichen des Prioritätenstreites zwischen den drei großen Handschriften des 13. Jahrhunderts: A, B und C. Dabei ging es für jeden Herausgeber darum, aufgrund der seiner Meinung nach besten Handschrift einen Text herzustellen, der soweit wie möglich dem Original oder doch dem Archetypus der Überlieferung entsprach. K. Lachmann, der A zugrunde legte, versuchte, durch die Ausscheidung neuerer Zudichtungen darüber hinaus zu einer vorepischen Stufe von 20 alten Liedern vorzudringen. Karl Bartsch, der in seiner auf B gegründeten *Nôt*-Fassung im Apparat die textlichen Abweichungen der *liet*-Fassung mitteilt, versucht in einem zweiten Apparat sogar, zu einem vorhöfischen Original vorzudringen. Auch die Herausgeber der *liet*-Fassung, Adolf Holtzmann und Friedrich Zarncke, haben die Parallelfassungen A und B immer im Auge. Die Methode bleibt dieselbe, wenn auch die Prioritäten wechseln: auf der Grundlage der „besten Handschrift“ mithilfe eines Handschriftenstemmas einen Text zu gewinnen, der dem Original oder dem Archetypus möglichst nahe kommt.

Die „Beiträge zur Handschriftenkritik des Nibelungenliedes" von Helmut Brackert haben die Sicherheit erschüttert, mit der die Forschung über 100 Jahre lang verfahren ist. Anstelle eines festen Handschriftenstemmas und dem Streben zum Archetypus oder Original tritt für ihn die einzelne Handschrift als untersuchungswürdiger Gegenstand. Sie trägt in jedem Fall individuelle Züge, die ihr von dem jeweiligen „Redaktor" aufgeprägt sind. Der Redaktor steht im Spannungsfeld zwischen einem „vorgebildeten, im Wesentlichen festliegenden Wortlaut" seiner Vorlage und dem „mündlichen Traditionsgut", dem auch die „epische Fassung des Nibelungenstoffes entstammt" (S. 169ff.).

Mit dieser Bestimmung der „Redaktorentätigkeit" ist die einzelne Handschrift zunächst isoliert – jede Textvariante kann altes Gut tradieren. Ein Handschriftenstemma selbst für kleinere Handschriftengruppen wird sinnlos.

Es ist Brackerts Verdienst, begründete Zweifel an der unbedingten Gültigkeit des linearen Handschriftenstammbaumes geweckt zu haben. Man wird im Stammbaum nicht mehr das einzige Mittel sehen, um die Stellung der einzelnen Handschriften im Ganzen der Überlieferung zu bestimmen, und die Möglichkeit skeptischer beurteilen, anhand des Stammbaumes bis zum Original oder einer originalnahen Vorstufe vorzudringen. Man wird die Vorgänge komplizierter sehen und nach neuen Möglichkeiten suchen müssen. Nur ist zu bezweifeln, ob die Isolierung der einzelnen Handschriften der richtige Weg dazu ist. Sie erklärt weder die zweifellosen Gruppenbildungen innerhalb der handschriftlichen Überlieferung, noch die – gerade für die *liet*-Fassung so wichtige – Tatsache, daß einzelne Handschriften in textlichen Einzelheiten aus der Gruppengemeinschaft ausscheren und sich mit Handschriften anderer Gruppen verbinden.

Die Wirkung von Brackerts Skepsis wird in den neuesten Textausgaben bereits sichtbar. Sie bieten die Handschriften lediglich als Faksimile oder geben einen diplomatischen Abdruck.

Doch kann dieses Verfahren auf die Dauer nicht befriedigen. Brackert selbst verzichtet in seiner Ausgabe des Nibelungenliedes programmatisch darauf, sich auf eine einzelne Handschrift zu beschränken: „Die Entscheidung für eine einzige beste Handschrift oder für eine einzige beste Handschriftengruppe, nach der die Herstellung sich richten könnte, ist uns jedoch fragwürdig geworden. Der Ausweg aus dem Dilemma ergibt sich nur dadurch, daß man, in der klaren Erkenntnis, *einen* Text und nicht *den* originalen Text herzustellen, die Kriterien, nach denen man vorgeht, einheitlich wählt“ (S. 267). Ziel ist nicht eine kritische „Edition“, sondern ein „Lesetext“. Die Kriterien der Textherstellung sind: „mehrfache Bezeugung“, „lectio difficilior”, „metrisch härterer Typ“, alles Gesichtspunkte, die auch in der traditionellen Textkritik eine Rolle gespielt haben.

Die Grundlage dieses „Lesetextes“ ist bezeichnenderweise die Handschrift B, also doch wieder Bartsch's alte Grundhandschrift. Und wenn für Brackert alle Handschriften „grundsätzlich“ gleichberechtigt sind, so räumt er doch in vielen Fällen den Handschriften BC Priorität ein und nimmt damit einen wesentlichen Gesichtspunkt der alten Textkritik auf. Diese textkritische Entscheidung leuchtet immer ein, auch wenn Brackert sie nicht für eine Wertung der Handschriften im Sinne eines Stammbaumes nützt. Soweit B und C zusammengehen, erweisen sich auch Brackerts Kriterien: „lectio difficilior“ und „metrisch härterer Typ“ als sinnvoll. Zweifelhaft wird die unterschiedslose Berücksichtigung aller Textzeugen zur Herstellung des Lesetextes erst dort, wo die feste Stütze im Zusammengehen von B und C fehlt. Dann können Brackerts Entscheidungen zu einem Eklektizismus führen, dem die sichere Begründung fehlt.

Der Nibelunge liet ist in seiner Eigenständigkeit gegenüber *Der Nibelunge Nôt* immer anerkannt worden. In ihrer Großstruktur ist die *liet*-Fassung auch ohne weiteres von der gesamten Überlieferung abzusetzen. Die Erweiterungen des Strophenbestandes sind unbestritten, ebenso die charakteristischen Um- und Zudichtungen, besonders was die Wertung von Hagen und Kriemhild betrifft. W. Hoffmann hat die *liet*-Bearbeitung als kühnen, wenn auch nicht immer konsequenten Versuch einer neuen Deutung und Wertung des Stoffes interpretiert.

Ein ganz anderes Bild ergibt sich für jene Textpartien, die unmittelbar mit der *Nôt*-Fassung verglichen werden können. Dort, wo der textliche Grundbestand greifbar wird, auf dem die *liet*-Fassung, wenn auch immer individuell ändernd, aufbaut, erweist sich wenigstens der Text der Handschrift C im Vergleich mit den besten Handschriften der *Nôt*-Fassung als gut und alt. Für diesen textlichen Grundbestand der Handschrift C ist der Einspruch Brackerts gegen den Handschriftenstammbaum Braunes befreiend: er macht es möglich, Lesarten der Handschrift C unmittelbar mit Handschriften der *Nôt*-Fassung in Beziehung zu setzen.

Die eigentlichen Schwierigkeiten ergeben sich erst dann, wenn man die übrigen Handschriften bzw. Fragmente der *liet*-Überlieferung mit der Handschrift C in Verbindung zu bringen sucht. In der Großstruktur gehen alle erhaltenen Textzeugen der Gruppe C_I^* zusammen. Die Übereinstimmungen reichen bis zur Aventiurenabteilung, und zwischen C und F bis zur übereinstimmenden Unterteilung der Aventiuren in kleinere Lese- und Vortragsabschnitte durch Initialen, die Strophenblöcke unterschiedlicher Länge markieren.

In der Feinstruktur ergibt sich ein ganz anderes Bild, das W. Braune in seinem Handschriftenstemma schon ausgedrückt hat. In der Gruppe C_1^* sind alle Textzeugen – bis auf die Gruppe *Ra – einzeln und unmittelbar auf einen Archetypus C_1^* bezogen, also nicht aus der Handschrift C abgeleitet, ohne daß doch ihr Wert für die Herstellung des Archetypus C_1^* oder C* bezeichnet wird und ihre Beziehungen untereinander bestimmt werden können. Die einzelnen Textzeugen innerhalb der *liet*-Überlieferung sind nicht durch ‚Sondergut' im Sinne von Brackerts Definition bestimmt, sondern durch kleine, rein textliche Differenzen, die Parallelen in der Überlieferung außerhalb der *liet*-Fassung haben. Das betrifft vor allem die Fragmente Z und F, aber auch die Handschrift a. Es wäre einfach, alle diese über die *liet*-Bearbeitung hinausweisenden Textverbindungen als zufällig beiseitezuschieben oder als „Präsumptivvarianten" innerhalb der *liet*-Gruppe zu verstehen.

Innerhalb der Überlieferungsgeschichte des Werkes muß man mit Querverbindungen zwischen der *Nôt*- und der *liet*-Gruppe rechnen, die auf das Bestreben weisen, immer wieder einen Ausgleich zwischen dem *liet* und der *Nôt* zu vermitteln. In der Großstruktur einzelner Handschriften ist das ohne Weiteres nachzuweisen; so kann man den Vorlagenwechsel in den Handschriften Db und k deuten. Davon zeugt der Versuch, in der von K. Bartsch als „gemischte Texte" charakterisierten Gruppe J konstitutive Elemente der *liet*-Fassung mit der *Nôt*-Fassung zu verbinden. Entscheidungen dieser Art sind allerdings nur in der Schreibstube durch einen Auftraggeber oder Kenner des Werkes möglich.

Dadurch erhält jeder Text der *liet*-Fassung sein Eigengewicht, aber es wird unmöglich, einen Archetypus der *liet*-Fassung herzustellen. Dazu kommt die ungünstige Überlieferung in der *liet*-Gruppe.

Die *liet*-Fassung zerfällt im Brauneschen Handschriftenstemma in die Gruppen C_1^* und C_2^*. Zu C_2^* gehören die Handschriften D und b (sowie wenige Zeilen des Fragments S) nur bis Str. 268,1. Das Fragment N fällt in den *Not*-Teil der Gruppe. Das Fragment U bietet nur in wenigen Strophen ebenfalls aus dem *Nôt*-Teil Paralleltext zur Gruppe C_2^*. Die Handschrift k ist eine durchgreifende Überarbeitung.

Auch in der Gruppe C_1^* ist die Überlieferung lückenhaft. Die einzelnen Fragmente sind kurz; nur selten überschneiden sich die Textzeugen so günstig, daß drei Paralleltexte miteinander verglichen werden können. Neben der Handschrift C ist wenigstens die späte Handschrift a erhalten. Leider fehlt ihr gerade der Anfang, wo DSb zur *liet*-Fassung gehören. Sie beginnt erst mit einem Teil der 6. Aventiure (Str. 329,1 bis 351), bringt die 7. bis 11. Aventiure nahezu vollständig, läßt jedoch die 12. Aventiure wieder aus, ohne daß ein Grund dafür zu erkennen wäre. Erst mit der 13. Aventiure bietet sie fortlaufenden Paralleltext zur Handschrift C, deren Lücken sie ergänzt. Dazu kommt, daß die Handschrift a von zwei Schreibern abgefaßt worden ist. Der erste Schreiber (bis Str. 1584,2) ist mit seiner Vorlage sehr frei umgegangen. Er wollte offensichtlich nicht mehr eine Vortragshandschrift, sondern eine Lesehandschrift anfertigen und vernachlässigte Reim und Metrum stellenweise bis zur Auflösung von Strophe und Vers in Prosa. Dagegen sieht der zweite Schreiber der Handschrift (ab Str. 1584,2 bis zum Schluß) seine Aufgabe in einer treuen Abschrift des ihm vorliegenden Textes. Er bietet für diesen Teil des Nibelungenliedes eine sichere Vergleichsgrundlage mit der Handschrift C. Gegenüber dem ersten Schreiber ist er weit weniger selbständig und willkürlich – und doch weist auch dieser zweite Teil der Handschrift a charakteristische Abweichungen gegenüber C in der Feinstruktur auf.

Die Ausgaben des Nibelungenliedes von A. Holtzmann und Fr. Zarncke haben den übrigen Textzeugen innerhalb der *liet*-Fassung weniger Aufmerksamkeit gewidmet, als man erwarten sollte. Sie waren auf das Nibelungenlied „in der ältesten Gestalt" gerichtet und sahen vor allem die Handschrift C in Konkurrenz zu den beiden Handschriften A und B. Zarncke maß der Handschrift a wenig Wert für die Textkritik bei, „da a direct oder indirect entweder aus C selbst entstanden ist, oder aus einer gemeinsamen Quelle, aus der dann beide mit einer im allgemeinen auffallenden Treue geschöpft haben" (S. 397). Anders zunächst Holtzmann. Er stellt als möglichen Grundsatz auf, „daß der Text von a, wo er durch N (Notfassung) oder durch eine Handschrift von N bestätigt wird, den Vorzug verdiene" (S. XVI); doch hat er ihn nicht befolgt, sondern „im allgemeinen am Text der Handschrift C festgehalten".

Erst Karl Bartsch benutzte konsequent die Handschrift a zur Herstellung des kritischen Textes der *liet*-Fassung, den er in seiner Ausgabe nach B im Apparat mitteilt. Entsprechend seiner Feststellung, daß „C auch mit Ra in einem Zusammenhang" stehe und mit ihnen Fehler teile, verfährt er in der Weise, daß er die Lesart der Handschrift a immer dann in den Text einsetzt, wenn diese – gegen die Handschrift C – mit der Überlieferung der gesamten oder auch nur eines Teiles der *Nôt*-Fassung übereinstimmt. Dieses Verfahren führt im Allgemeinen dazu, daß die Lesart der Handschrift a auch dann vorgezogen wird, wenn die Lesart der Handschrift C nicht allein steht, sondern ihre Entsprechung in kleineren Handschriftengruppen oder einer einzigen Handschrift der *Nôt*-Überlieferung findet.

Mir sind im Laufe der Beschäftigung mit der Ausgabe immer mehr Bedenken gegen dieses Prinzip gekommen. Es hat sich ergeben, daß die Varianten innerhalb der *liet*-Übertragung, so z. B. zwischen C und a, immer nur alternativ gegeneinander gestellt werden, wobei jeweils die von Bartsch kritisch hergestellte *Nôt*-Fassung das tertium comparationis darstellt. Dabei mußte die in der *liet*-Gruppe abweichende Lesart notwendig als Fehler oder als zufälliges Zusammentreffen mit einzelnen Handschriften aus der übrigen Überlieferung verstanden werden.

Ich sah mich deshalb auf den einzigen annähernd vollständigen Textzeugen der *liet*-Gruppe, die Donaueschinger Handschrift C, verwiesen, deren zahlreiche kleinere Versehen und Fehler gebessert werden mußten. Ihre Qualität ist unbestreitbar. Sie bietet nicht die authentische Version der *liet*-Fassung, aber sie steht gleichrangig neben A und B, den großen Handschriften des Nibelungenliedes aus dem 13. Jahrhundert. An ihnen muß sie gemessen werden.

Bei der Einrichtung des Textes habe ich darauf verzichtet, alle orthographischen und lautlichen Eigenheiten der Handschrift zu übernehmen; wer die Handschrift lesen will, kann sich heute an die diplomatischen Abdrucke oder Faksimilia halten, die zur Verfügung stehen. So schreibe ich z.B. statt der Affrikata *ch* immer *k* außer in den Fällen, wo der Lautwert von *ch* unsicher bleibt (z. B. *zvchte* zu *zvchen*), da der Reim 389,1: *gestraht/naht* die spirantische Geltung in der Vorlage sichert. Die Bezeichnung des Umlautes habe ich – gegen die Handschrift – vorgenommen; die Umlautsbezeichnung von *â* durch *æ* und *ê, e* zugunsten von *æ* ausgeglichen. Bei den Nebensilbenvokalen habe ich das häufiger auftretende *i* erhalten, z. B. *minist,* aber auch *mvsin*; dagegen habe ich einsilbiges *gesehn* und *lebn* ebenso wie *warn* entsprechend rhythmisch/metrischen Erfordernissen zweisilbig hergestellt. Im übrigen habe ich die zahlreichen elidierten und apokopierten Formen der Handschrift erhalten. Ich habe mich aber nicht gescheut, die Konjunktion *und,* die C in der Regel *un̄, vn̄* schreibt, je nach dem rhythmischen Bedürfnis als *und* oder *unde* aufzulösen, ebenso *Gunthers* bzw. *Guntheres* gegen die Handschrift einzusetzen und die Abbreviaturen *Chriemh'* und *Prunh'* sinngemäß und dem Metrum entsprechend zwei- bzw. dreisilbig aufzulösen. Das Präteritum von *haben, hân,* das in der Handschrift überwiegend in der Form *het* und *hete(n)* auftritt, habe ich entsprechend dem Metrum in der Caesur mit langem *e* angesetzt, im Versinnern dagegen ohne Bezeichnung der Quantität belassen. Mit diesen Entscheidungen wollte ich die handschriftliche Überlieferung von Zufälligkeiten freimachen, ohne ihr die Individualität zu nehmen.

Der Lesartenapparat soll es dem Benutzer ermöglichen, in Verbindung mit dem Lesartenband der Ausgabe von Bartsch eigene Entscheidungen zu treffen. Die Lesarten der einzelnen Fragmente, die mir sämtlich in Fotokopie vorgelegen haben, sind so ausführlich wie möglich mitgeteilt. Allein das Fragment Z ist inzwischen so unleserlich geworden, daß der Abdruck von H. Menhardt von 1927 die Stelle des Originals einnehmen muß. Bei der Handschrift a dagegen habe ich ausgewählt: aufgenommen habe ich nur Varianten, die textkritischen oder überlieferungsgeschichtlichen Wert haben, nicht aber die zahlreichen lautlichen und flexivischen Veränderungen, die der späte Text – besonders beim ersten Schreiber – in Fülle aufweist. Ich habe ferner im allgemeinen auf die Aufnahme von Schreibungen der Eigen- und Ortsnamen in den Apparat verzichtet, habe vielmehr ein Register der Namenformen im Anschluß an den Text beigegeben.

Die Strophenzählung ermöglicht den Vergleich mit den Handschriften A und B. Am linken Rand sind die Strophen nach C gezählt; am rechten Rand steht die Reihenfolge nach der Handschrift B, darunter – in Klammern – die nach der Handschrift A.

Verzeichnis der berücksichtigten Handschriften und Fragmente

C Ms. 63 Fürstl. Fürstenbergische Hofbibliothek zu Donaueschingen. Pergament, 114, ursprünglich 120 Bll. in kl. 4°. Durchlaufend geschrieben, Halbverse durch Punkte getrennt, Strophenanfänge durch Großbuchstaben gekennzeichnet; kleinere Handlungsabschnitte bzw. Redeeinsätze durch rote Majuskeln am Strophenanfang hervorgehoben. Erste Hälfte des 13. Jh.s. Es fehlen 6 Blätter: 1478,3–1503,3; 1529,2–1631,3; 1657,2–1682,3.

Facsimilia:

1) Das Nibelungenlied und die Klage. Handschrift C der F. F. Hofbibliothek Donaueschingen. Stuttgart 1968. Kommentarband (= diplomatischer Abdruck), hrsg. von Heinz Engels, Stuttgart 1968. Mit Beiträgen von Erna Huber: Die Handschrift und ihre Provenienz, S. 7–13, und Heinz Engels, Die Handschrift C des Nibelungenliedes und der Klage, S. 15–45.
2) Der Nibelunge Liet und Diu Klage. Die Donaueschinger Handschrift 63 [Laßberg 174]. Mit einem forschungsgeschichtlichen Beitrag zu ihrer Bedeutung für Überlieferung und Textgeschichte des Epos, hrsg. von Werner Schröder (Deutsche Texte in Handschriften, Bd. 3), Köln/Wien 1969.

Diplomatischer Abdruck: Michael S. Batts, Das Nibelungenlied. Paralleldruck der Handschriften A, B und C nebst Lesarten der übrigen Handschriften. Tübingen 1971.

a Bibliotheca Bodmeriana, Genf-Cologny. Papier, kl. 2°, 260 Bll. Durchlaufend geschrieben, Verse und Strophen nicht abgesetzt. Um 1500.
Es fehlen Str. 1–328 (1. bis 5. Aventiure); 352–402,1 (Teile der 6. und der Beginn der 7. Aventiure); 729,2–783 (der Schluß der 11. und die ganze 12. Aventiure bis auf deren letzte Strophe). Kleinere Lücken (bis zum Umfang einer Strophe) sind im Apparat vermerkt.
Diplomatischer Abdruck des Textes der Hs. a in den Partien, die in der Hs. C fehlen (1478,3–1503,3; 1529,2–1631,3; 1657,2–1682,3), durch Friedrich Zarncke. In: Beiträge zur Erklärung und Geschichte des Nibelungenliedes (Berichte über die Verhandlungen der K. S. Gesellsch. d. Wissensch. zu Leipzig, Phil.-hist. Classe 8, 1856, S. 245–263).

E Fragment 44 der Deutschen Staatsbibliothek in Berlin (Ost). 1 Pergamentdoppelblatt 4°. Durchlaufend geschrieben, Halbverse durch Punkte getrennt, Strophenanfänge durch Großbuchstaben gekennzeichnet, kleinere Handlungsabschnitte bzw. Redeeinsätze – wie in C – durch rote Majuskel am Strophenanfang hervorgehoben. Mitte d. 13. Jh.s.
252,3a–299,4b (4./5. Aventiure)
Abdruck durch E. J. Leichtlen, Neuaufgefundenes Bruchstück des Nibelungenlie-

des, aus dem XIII. Jahrhundert. In: Forschungen im Gebiete der Geschichte, Alterthums- und Schriftkunde Deutschlands 1,2. Freiburg i. Br. 1820, S. 17–32.

F Battyaneum-Bibliothek zu Alba-Iulia (Karlsburg). 1 Pergamentblatt 4°. Zweispaltig geschrieben. Strophen abgesetzt, Verse durch Punkte getrennt. An den Strophenanfängen jeweils der erste Buchstabe für Majuskel freigelassen. Erstes Viertel des 14. Jh.s.
2009,4a–2030,2a (33. Aventiure).
Vollständiger Abdruck durch Béla Alter, A Gyulafehérvári F. Nibelung Codex-Töredék (Das Karlsburger Nibelungen-Codexfragment F). Programm des Rózsahegyer Gymnasiums 1898, S. 1–29. – Str. 2020,1–2030,2 durch Fr. H. von der Hagen, Germania (hrsg. durch von der Hagen) 1 (1836), S. 337/38.– Facsimile von Str. 2009,4a–2019,4b durch Robert Gragger, Deutsche Handschriften in ungarischen Bibliotheken (Ungarische Bibliothek I 2), Berlin und Leipzig 1921, S. XX. Facsimilia des ganzen Fragments bei Michael S. Batts, Abl. 11 und 12 (S. 833 u. 834).

R H. 22066. 4° des Germ. Nationalmuseums zu Nürnberg. 1 1/2 Pergamentbll. Zweispaltig geschrieben, Strophen abgesetzt, Langverse durchgehend, Halbverse teilweise durch Punkte getrennt. Mitte 13. Jh.
1346,3a–1351,2a (21. Aventiure). 1362,4a–1366.4b (21./22. Aventiure). 1499,1b–1520,2a (24. Aventiure).
Abdruck durch Adolf Holtzmann, Nibelungen, Bruchstück R. Germania (hrsg. durch Fr. Pfeiffer) 3 (1858), S. 51–56.

U S. D. 3701 im Kupferstichkabinett des Germ. Nationalmuseums zu Nürnberg. 1 Pergamentblatt 4°. Je ein Langvers auf einer Zeile, Strophenanfänge durch Majuskeln bezeichnet. Verse teilweise durch Punkte getrennt. Um 1330.
1295,3a–1309,2b (20. Aventiure).
Abdruck durch Ferdinand Khull, Nibelungenhandschrift U. ZfdA 25 (1881), S. 77–79.

X Ms. 14281 (Suppl. 1722) der Österreichischen Nationalbibliothek zu Wien. 1 Pergamentblatt 2°, durch Beschneidung und Ausschnitte teilweise defekt. Zweispaltig geschrieben, Strophen abgesetzt, Verse durch Punkte getrennt. Strophenanfänge durch Majuskel bezeichnet. Zweite Hälfte des 13. Jh.s.
574,4b–599,3a (9./10. Aventiure).
Abdruck durch Theodor Abeling, Das Nibelungenlied und seine Literatur. Supplement (Teutonia, 7. Heft, Supplement), Leipzig 1909, S. 25–32, mit Facsimilia.

Z Hs. 46 der Studienbibliothek zu Klagenfurt. 25 Pergament-Falzstreifen von Quartblättern. Durchlaufend geschrieben, Verse und Strophen nicht abgesetzt. Strophenanfänge teilweise durch Großbuchstaben gekennzeichnet; kleinere Handlungsabschnitte bzw. Redeeinsätze – wie in C, aber nicht völlig übereinstimmend – durch rote Majuskeln am Strophenanfang hervorgehoben. Verse durch Punkte getrennt, Halbverse teilweise durch Punkte getrennt.
2307,3a–2330,2a. 2331,1a–2332,1a. 2338,1a–2341,4a. 2343,3b–2343,4a. 2350,1a–2355,3b. 2361,4a–2365,4b. 2371,1b–2393,3b (37./38. Aventiure).

Das Fragment ist heute kaum noch lesbar. Damit nimmt die Ausgabe durch H. Menhardt, Nibelungenhandschrift Z. ZfdA 64 (1927), S 211–235 nahezu die Stelle des Originals ein. Datierung unsicher; nach H. Menhardt noch Ende d. 12. Jh.s.(!), „wäre man nicht aus inneren gründen genötigt, die abfassung des Nibelungenliedes in die ersten jahre des 13. jh.s. anzusetzen" (S. 216).

bis Str. 268,1:

D Cgm. 31 der Bayerischen Staatsbibliothek zu München. 168 Bll. Pergament, 4°. Zweispaltig geschrieben, Strophen abgesetzt. Strophenanfänge durch Majuskel bezeichnet. Verse durch Punkte getrennt. Letztes Drittel des 14. Jh.s.

b Ms. germ. fol. 855 der Staatsbibliothek Berlin, Stiftung Preußischer Kulturbesitz. Papier, kl. 2°. Einspaltig geschrieben, je ein Vers auf einer Zeile. Mit Bildern. 192 Bll. 1441. Es fehlen (Str. 1–18) die ganze 1. Aventiure. 32,3a–43,4b (1 Seite, Teile der 2. Aventiure).

S Fragment der Universitätsbibliothek zu Prag. Teile von einem Pergamentdoppelblatt, gr. 4°. Zweispaltig geschrieben, Strophen abgesetzt, Verse durch Punkte getrennt. Zweites Drittel des 13. Jh.s.
Erhalten von Str. 1: (Aue)ntiure vō den Niblungē. UNS J(S). Ferner 5,1a–5,4a (1. Aventiure). 220,4a–221,3b. 229,2b–230,1b. 238,1a–238,4b. 246,2a–247,2b (4. Aventiure).
Die ebenfalls zu S gehörenden Fragmente Hs. I, Ea. 1 und Hs. I, Ea. 2 der Nationalbibliothek zu Prag gehören nicht mehr zur *liet*-Fassung der Handschriftengruppe DNSb.
Abdruck durch Hanuš, Sitzungsberichte der kgl. böhmischen Gesellschaft d. Wissensch. zu Prag, 1862, S. 18–23, und Fr. Pfeiffer, Prager Bruchstücke des Nibelungenliedes. Germania (hrsg. durch Fr. Pfeiffer) 8 (1863), S. 187–196.

Literatur zur *liet*-Fassung des Nibelungenliedes

I. Ausgaben

Fragmentarisch ist die Ausgabe von Jakob Bodmer, Chriemhilden Rache, und die Klage.
Zwey Heldengedichte Aus dem schwäbischen Zeitpuncte. Samt Fragmenten aus dem Gedichte von den Nibelungen und aus dem Josaphat. Darzu kömmt ein Glossarium. Zyrich 1757.

Aus den Handschriften A (bis Str. A 1582) und C (ab Strophe C 1682) zusammengesetzt sind die Ausgaben:

Der Nibelungen Liet,
ein Rittergedicht aus dem XIII. oder XIV. Jahrhundert. Zum ersten Male aus der Handschrift ganz abgedruckt. (Sammlung Deutscher Gedichte aus dem XII., XIII. und XIV. Jahrhundert, Bd I 1.) Hg. von Christoph Heinrich Myller. [Berlin 1782].

Der Nibelungen Liet
in der Ursprache mit den Lesarten der verschiedenen Handschriften. Hg. von Friedrich Heinrich von der Hagen. Berlin 1810.

Das Nibelungenlied
Die Urschrift nach den besten Lesarten neu bearbeitet, und mit Einleit und Wortbuch zum Gebrauch für Schulen versehen von August Zeune. Mit einem Holzschnitt von Gubitz. Berlin 1815.

Die erste vollständige Ausgabe der Hs. C bietet:

Reichsfreiherr von Laßberg, Lieder Saal das ist Sammlung altteutscher Gedichte. Hg. aus ungedruckten Quellen. Vierter Band. St. Gallen/Konstanz 1821.

Das Lied der Nibelunge
aus der ältesten und reichsten Handschrift des Reichfreiherrn von Laßberg. Hg. von ihm selbst. Einzige ächte Ausgabe [1842].

Der Nibelunge Lied
nach dem Abdruck der ältesten und reichsten Handschrift des Freiherrn Joseph von Laßberg. Hg. und mit einem Wörterbuch begleitet von Ottmar F. H. Schönhuth. Tübingen 1834, ^{2}1847; Neuausgabe Heilbronn und Leipzig 1841, ^{2}1847; 3. verbesserte Auflage Heilbronn 1862.

Das Nibelungenlied
Abdruck der Handschrift des Freiherrn Joseph von Laßberg. Mit Holzschnitten nach Originalzeichnungen von Eduard Bendemann und Julius Hübner. Hg. von Hermann Leyser. Leipzig 1840.

Der Nibelungen Lied
in der alten vollendeten Gestalt. Mit Holzschnitt von F. W. Gubitz und unter dessen Leitung nach Zeichnungen von Holbein. Hg. von Friedrich Heinrich von der Hagen. Berlin 1842.

Der Nibelunge Liet
Vollständigste Ausgabe nach dem durch Dr. Holtzmann als wirklich ältesten nachgewiesenen Texte des Freiherrn von Laßberg unter Berücksichtigung der übrigen bis jetzt bekannten Lesarten, namentlich der Wallensteiner Handschrift, zum Gebrauch für Schulen veranstaltet und mit Wörterbuche versehen. Hg. von Heinrich Nabert. Hannover 1855.

Das Nibelungenlied
Hg. von Friedrich Zarncke, Leipzig 1856; ^{2}1865; ^{3}1868; ^{4}1871; ^{5}1875; ^{6}1887.

Das Nibelungenlied
in der ältesten Gestalt mit den Veränderungen des gemeinen Textes. Hg. und mit einem Wörterbuch versehen von Adolf Holtzmann. Stuttgart 1857.
dasselbe als Volksausgabe, besorgt von Alfred Holder, Stuttgart 1874.

Der Nibelunge Not
mit den Abweichungen von der Nibelunge liet, den Lesarten sämtlicher Handschriften und einem Wörterbuch. Hg. von Karl Bartsch. Erster Theil. Text. Leipzig 1870. Zweiter Theil. Erste Hälfte. Lesarten. Leipzig 1876. Zweite Hälfte. Wörterbuch. Leipzig 1880 (Reprogr. Nachdruck Hildesheim 1966).

II. Abhandlungen

Es wird nur eine chronologisch geordnete Auswahl geboten. Sie beschränkt sich auf die wichtigsten Arbeiten zur Handschriftenpriorität und zur *liet*-Fassung als literarischer Eigenleistung.

Adolf Holtzmann, Untersuchungen über das Nibelungenlied. Stuttgart 1854.

Friedrich Zarncke, Zur Nibelungenfrage. Ein Vortrag, gehalten in der Aula d. Universität Leipzig am 28. Juli 1854. Nebst zwei Anhängen und einer Tabelle. Leipzig 1854.

Rochus von Liliencron, Über die Nibelungenhandschrift C (Sendschreiben an Herrn Geh. Hofrath Prof. Dr. Goettling in Jena). Weimar 1856.

Friedrich Zarncke, Beiträge zur Erklärung und Geschichte des Nibelungenliedes. Mit einer Karte (Berichte ü. d. Verhandlungen d.K.S. Gesellsch. d. Wissenschaften zu Leipzig, Phil.-hist. Classe, Bd. 8 (1856), S. 153–266); gesondert Leipzig 1857.

Karl Bartsch, Untersuchungen über das Nibelungenlied. Wien 1865.

Konrad Hoffmann, Zur Textkritik der Nibelungen, (Abhandl. d. Kgl. Bayer. Ak. d. Wiss., Phil.-hist. Kl. 1872, Bd. 13, Abh. 1), gesondert München 1873.

Hermann Paul, Zur Nibelungenfrage. PBB 3 (1876), S. 373–490.

Wilhelm Braune, Die Handschriftenverhältnisse des Nibelungenliedes. PBB 25 (1900), S. 1–222.

Friedrich Wilhelm, Nibelungenstudien I. Über die Fassung B und C des Nibelungenliedes und der Klage, ihre Verfasser und Abfassungszeit. Münchener Archiv 7. München 1916.

Victor Michels, Zur Handschriftenkritik des Nibelungenliedes, (Abhandl. d. Sächs. Ak. d. Wiss., Phil.-hist. Kl. Bd 39,4), Leipzig 1928.

Karl Droege, Die Fassung C des Nibelungenliedes. ZfdA 75 (1938). S. 89–103.

Friedrich Panzer, Das Nibelungenlied. Entstehung und Gestalt. Stuttgart 1955. Speziell S. 91ff.

Willy Krogmann, Zur Textkritik des Nibelungenliedes. ZdfA 87 (1956/57). S. 275–294.

George Turland Gillespie, The Manuscript C of the Nibelungenlied (Hofbibliothek Donaueschingen No. 174). A Study of its Provenance, History and Language. M.A.-Arbeit (maschinenschriftl.) King's College London 1957.

Michael S. Batts, Poetic Form as a criterion in Manuscript Criticism. MLR 55 (1960), S. 543–552.

Willy Krogmann, Der Dichter des Nibelungenliedes. (Philologische Studien und Quellen Heft 11). Berlin 1962.

Helmut Brackert, Beiträge zur Handschriftenkritik des Nibelungenliedes. (Quellen Forschungen zur Sprach- und Kulturgeschichte der germanischen Völker, N.F.11). Berlin 1963.

Friedrich Neumann, Handschriftenkritik am Nibelungenlied. (Ein Rückblick). GRM 46 (1965), S. 225–244.

Werner Hoffmann, Die Fassung *C des Nibelungenliedes und die ‚Klage'. In: Festschrift Gottfried Weber, hg. von H. O. Burger und Klaus von See. Berlin und Zürich 1967. S. 109–143.

Hellmut Rosenfeld, Die Datierung des Nibelungenliedes Fassung *B und *C durch das Küchenmeisterhofamt und Wolfger von Passau. PPB (Tübingen) 91 (1969), S. 104–120.

Werner Betz, Plädoyer für C als Weg zum ältesten Nibelungenlied. In: Mediaevalia Litteraria. Festschrift für Helmut de Boor zum 80. Geburtstag. Hg. von Ursula Hennig und Herbert Kolb. München 1971. S. 331–341.

Ursula Hennig, Zu den Handschriftenverhältnissen in der *liet*-Fassung des Nibelungenliedes. PBB (Tübingen) 94 (1972), S. 113–133.

TEXT

I

Âventiure von den Nibelungen.

1 Uns ist in alten mæren wunders vil geseit
von heleden lobebæren, von grôzer arebeit, (1)
von freude und hôchgezîten, von weinen unde klagen,
von küener recken strîten muget ir nu wunder hœren sagen.

2 Ez wuohs in Buregonden ein vil edel magedîn, 2
daz in allen landen niht schœners mohte sîn, (2)
Kriemhilt geheizen: diu wart ein schœne wîp.
dar umbe muosen degene vil verliesen den lîp.

3 Ir pflâgen drî künige edel unde rîch, 4
Gunther unde Gêrnôt, die recken lobelîch, (4)
und Gîselher der junge, ein wætlîcher degen.
diu frouwe was ir swester, die helde hetens in ir pflegen.

4 Ein rîchiu küniginne frou Uote ir muoter hiez. 7
ir vater der hiez Dancrât, der in diu erbe liez (7)
sît nâch sîme lebene, ein ellens rîcher man,
der ouch in sîner jugende grôzer êren vil gewan.

5 Die herren wâren milte, von arde hôch erborn, 5
mit kraft unmâzen küene, die recken ûzerkorn. (5)
dâ zen Burgonden sô was ir lant genant.
si frumten starkiu wunder sît in Etzelen lant.

6 Ze Wormze bî dem Rîne si wonten mit ir kraft. 6
in dienten von ir landen vil stolziu ritterschaft (6)
mit lobelîchen êren unz an ir endes zît.
si sturben jæmerlîche sît von zweier frouwen nît.

7 Die drî künege wâren, als ich gesaget hân, 8
von vil hôhem ellen. in wâren undertân (8)
ouch die besten recken, von den man hât gesaget,
starc und vil küene, in scharpfen strîten unverzaget.

8 Daz was von Tronege Hagene und ouch der bruoder sîn, 9
Dancwart der snelle, von Mezzen Ortwîn, (9)
die zwêne marcgrâven Gêre und Eckewart,
Volkêr von Alzeye, mit ganzem ellen wol bewart.

9 Rûmolt der kuchenmeister, ein ûzerwelter degen, 10
Sindolt unde Hûnolt: dise herren muosen pflegen (10)
des hoves und der êren, der drîer künige man.
si heten noch manigen recken, des ich genennen nienen kan.

10 Dancwart der was marschalc: dô was der neve sîn 11
truhsæze des küniges, von Mezzen Ortwîn. (11)
Sindolt der was schenke, ein wætlîcher degen,
Hûnolt was kameræere. si kunden hôher êren pflegen.

11 Von des hoves êre und von ir wîten kraft, 12
von ir vil hôhen werdekeit und von ir ritterschaft, (12)
der die herren pflâgen mit freuden al ir leben,
des enkunde iu ze wâre niemen gar ein ende geben.

12 In disen hôhen êren troumte Kriemhilde, 13
wie si züge einen valken, starc schœn und wilde, (13)
den ir zwêne arn erkrummen; daz si daz muoste sehen,
ir enkunde in dirre werlde leider nimmer geschehen.

Überschrift: Daz ist daz Bůch Chreimhilden D.
1 CDS 1. wunder D. 3. vreuden D. und von chlagen D. 4. nu *fehlt* D.
2 CD 1. vil *fehlt* D. 3.was si gehæizzen D. schonez D.
In D *folgt:* Der minnichlichen magde treuten wol gezam. Ir můtten chvne recken nieman was ir gram. Ane mazzen scho̊ne so was ir schoner lip. der iunchfrouwen schone die zirten andrev wip.
Die Strophe fehlt C (*und* B).
3 CD 3. und *fehlt* D. ein vz erwelter degen D. 4. die fursten heten si D.
4 CD 2. Dancwart D.
5 CDS 1. geborn D. 2. un̄ mazen C, vn/mazzen D, vmazzen S. 3. da zv den D, da ze den S. 4. Etzeleines D.
6 CD 2. diente D. lande D. 4. iæmerlichen D.
7 CD 2. hohen D. 4. vnde ouch vil D. in starchen D.
8 CD 1. Der von troyn hagen D. 4. mit grozzen ellen D.
9 CD 2. dise] die D. 4. noch] ovch D. nicht enckan D.
10 CD 2. Truhsetzze C, truchsetz D. des *in* C *unleserlich* 3. hiez der schencke D. wackerlicher D.
11 CD 1. chrefte D. 4. euch nieman zwar ein ende D.
12 CD 1. trvmte C. 2. zvge C, zvg D. starc *fehlt* D. schonen vnd wilden D. 3. siz muozstē D. 4. nimmer leider D.

13 Den troum si dô sagete   ir muoter Uoten. 14
sine kundes niht beschaiden   baz der guoten: (14)
'der valke, den du ziuhest,   daz ist ein edel man.
in welle got behüeten,   du muost in schiere vloren hân.'

14 'Waz saget ir mir von manne,   vil liebiu muoter mîn? 15
âne recken minne   sô wil ich immer sîn. (15)
sus schœn ich wil belîben   unz an mînen tôt,
daz ich von recken minne   sol gewinnen nimmer nôt.'

15 'Nune versprich ez niht ze sêre,'   sprach ir muoter dô. 16
'soltu immer herzenlîche   zer werlde werden vrô, (16)
daz kumt von mannes minne.   du wirst ein schœne wîp,
ob dir got gefüeget   eins rehte guoten ritters lîp.'

16 'Die rede lât belîben,   vil liebiu frouwe mîn. 17
ez ist an manigen wîben   vil dicke worden schîn, (17)
wie liebe mit leide   ze jungest lônen kan.
ich sol si mîden beide,   sône kan mir nimmer missegân.'

17 Kriemhilt in ir muote   sich minne gar bewac. 18
sît lebete diu vil guote   vil manigen lieben tac, (18)
daz sine wesse niemen,   den minnen wolde ir lîp.
sît wart si mit êren   eines vil werden recken wîp.

18 Der was der selbe valke,   den si in ir troume sach, 19
den ir beschiet ir muoter.   wie sêre si daz rach (19)
an ir næhsten mâgen,   die in sluogen sint!
durch sîn eines sterben   starp vil manic muoter kint.

II

Âventiure von Sîvride, wie der erzogen wart.

19 Do wuohs in Niderlanden eins edeln küniges kint, 20
des vater der hiez Sigemunt, sîn muoter Sigelint, (20)
in einer rîchen bürge, wîten wol bekant,
nidene bî dem Rîne: diu was ze Santen genant.

20 Sîfrit was geheizen der snelle degen guot. 21
er versuochte vil der rîche durch ellenthaften muot; (22)
durch sînes lîbes sterke suochter fremidiu lant.
hey, waz er sneller degene sît ze Buregonden vant!

21 Ê daz der degen küene vol wüehse ze man,
dô het er solhiu wunder mit sîner hant getân,
dâ von man immer mêre mac singen unde sagen;
des wir in disen stunden müezen vil von im gedagen.

22 In sînen besten zîten, bî sînen jungen tagen, 22
man mohte michel wunder von Sîfriden sagen, (23)
waz êren an im wüehse und wie schœne was sîn lîp.
des heten in ze minne diu vil wætlîchen wîp.

---

13 CD 1. Den traume D. 2. si enchvnde in D. 3. den valken den dv da D. 4. in enwelle D. schier C, schir D. vorlorn D.
14 CD 1. mannen D. 3. wil ich D. 4. mannes D. nimmer sol gewinnen D; *vor* nimmer *ſ getilgt* D.
15 CD 1. Nune *fehlt* D. 2. zv der D. 3. schonez D. 4. eines stolttzen ritters lip D.
16 CD 1. liebe muoter D. 3. zu iungste D. 4. sone] so D. nimmer mir D.
17 CD 2. die gute D. 3. sine] si D.
18 CD 1. Daz was D. ir *fehlt* D. 3. irn næchsten D. 4. maniger D.
Überschrift: hie macht der chvnic Sigemvnt sinen sun Sivrid zv ritter D. Abentewr von Seyfrid dem Starcken b.
19 CDb 2. sin vater D, des vaters b. der *fehlt* b. 3. weiten bvrge D, burge reiche b. vil witen D. erkant b. 4. ze Santen] Svnzin D, *Raum freigelassen* b.
20 CDb 2. riche] recken b. 3. so suocht er D, ersuocht er b. 4. sît ze] sint zvn D, zu den b.
21 CDb 1. wal b. gewůchs Db. 4. in] an D, von b. verdagen D, vertagen b.
22 CDb 3. wuchs Db. 4. minnen Db. vil *fehlt* b. weltlichen b.

23 Man zôch in mit dem vlize,   als im daz wol gezam. 23
von sîn selbes tugenden   waz zuht er an sich nam! (24)
des wurden sît gezieret   sînes vater lant,
daz man in zallen dingen   sô rehte hêrlîchen vant.

24 Vil selten âne huote   man rîten lie daz kint. 25
in hiez mit wæte zieren   sîn muoter Sigelint. (26)
sîn pflâgen ouch die wîsen,   den êre was bekant.
des moht er wol gewinnen   beidiu liut unde lant.

25 Nu was er in der sterke,   daz er wol wâfen truoc; 26
swes er dâ zuo bedorfte,   des lag an im genuoc. (27)
dô begunder sinnen   werben schœniu wîp;
die trûten wol mit êren   den sînen wætlîchen lîp.

26 Dô hiez sîn vater Sigemunt   kunden sînen man, 27
er wolde hôchgezîte   mit lieben friunden hân. (28)
diu mære man dô fuorte   in vremder künige lant.
den gesten und den kunden   gap man ros und ouch gewant.

27 Swâ man vant deheinen,   der ritter solde sîn 28
von art der sînen mâge,   diu edeln kindelîn
diu ladet man zuo dem lande   durch die hôchgezît.
mit samt dem jungen künige   swert genâmen si sît.

28 Von der hôchgezîte   man möhte wunder sagen. 29
Sigemunt und Sigelint   die kunden wol bejagen
mit guote michel êre;   des teilte vil ir hant.
des sach man vil der fremden   zuo zin rîten in daz lant.

29 Vier hundert swertdegene   die solden tragen kleit 30
mit dem jungen künige.   vil manic schœniu meit
mit werke was unmüezic,   wande si in wâren holt.
vil der edeln steine   die frouwen leiten in daz golt,

30 Die si mit porten wolden   würken ûf ir wât 31
den stolzen swertdegenen;   des enwas niht rât.
der wirt der hiez dô sidelen   vil manigem küenen man,
zeinen sunewenden,   dâ er die hôchzît wolde hân.

31 Dô gie zeinem münster   vil manic rîcher kneht 32
und vil der edeln ritter.   die wîsen heten reht, (33)
daz si den tumben dienten,   als in was ê getân.
si heten kurzwîle   und ouch vil maniger vröuden wân.

32 Got man zen êren   eine messe sanc. 33
dô wart von den liuten   vil michel der gedranc, (34)
dâ si ze ritter wurden   nâch ritterlîcher ê
mit alsô grôzen êren,   daz wætlîch immer mê ergê.

33 Si liefen dâ si funden   gesatelt manic marc. 34
in hove Sigemundes   der buhurt wart sô starc, (35)
daz man erdiezen hôrte   palas unde sal.
die hôchgemuoten degene   heten vrœlîchen schal.

34 Von wîsen und von tumben   man hôrte manigen stôz, 35
daz der schefte brechen   gein dem lufte dôz. (36)
trunzûne sach man vliegen   für den palas dan.
dâ sâhen kurzewîle   beidiu wîp und ouch die man.

35 Der künic bat iz lâzen.   dô zôch man dan diu marc. 36
man sach ouch dâ zebrochen   vil manige buckel starc, (37)
vil der edeln steine   gevellet ûf daz gras
ab liehten schildes spangen;   von hurten daz geschehen was.

---

23 CDb 1. dem *fehlt* D. als siner edel zam D, als seinem adel wolgezam b. 2. tugent b. 3. des ward D. vaters b. 4. zv allen Db.
24 CDb 2. wat b.
25 CDb 2. dar zu Db. des gab man im D. 3. und werben D. Da begunden sinne werben vnd so schon ain weib b. 4. die truge b. den sînen] sinen D, ain b. weltlichen b.
26 CDb 1. sînen] sine D. 2. wold ein hochgetzit D, wolt hochgemute b. lieben seinen b. 3. vremder] ander Db. 4. gesten] vremden D, frawen b. rosse C. ouch *fehlt* Db.
27 CDb 2. diu] der Db. kunigein b. 3. diu *fehlt* Db. hochzeit b. 4. wurden si zuritter sit D.
28 CDb 1. hochzeite b. 2. gehagen b. 3. daz dailte b. vil] wol Db. 4. man vil sach b. varnden D. zu in Db.
29 CDb 1. tragen solden D. 3. unmasslich b. wan si im Db.
30 CDb 1. Die] wie b. wircken D. 3. der wirt hies b. vil *fehlt* b. manigen Db. 4. hochgecite C.
31 CDb 1. zv dem D, zu ainem b. manger b. 2. recken Db.
32 CD;b *bis* 32,2: ...gedranc
1. man da b. zen] zu D, ze b. ein Cb. 2. vil] ain b. der] daz D, *fehlt* b. 4. immer] nimmer D.
33 CD 1. vil manich gesatelt marc D. 4. wunnichlichen D. scal C.
34 CD 1. hort man D. 2. gen den luften D. 3. Tranzvne C, Drvmzvne D. für] vor D. 4. ouch die *fehlt* D.
35 CD 1. hatt ez gelazzen D. 2. zubrechen D. manich D. 3. ûf] an D. 4. ab] an C, vz D. helmes spangen D. hurte D.

36 Dô giengens wirtes geste   dâ man in sitzen riet. 37
vil der edeln spîse   si von der müede schiet (38)
und wîn der aller beste,   den man mit vollen truoc.
den vremden und den kunden   bôt man êren dâ genuoc.

37 Solcher kurzewîle   si pflâgen al den tac. 38
vil der varnder diete   ruowe sich bewac: (39)
si dienten nâch der gâbe,   die man da rîche vant.
des wart mit lobe gezieret   allez Sigemundes lant.

38 Der herre hiez dô lîhen   sînen sun den jungen man 39
lant unde pürge,   als er ê het getân. (40)
den sînen swertgenôzen   gab dô vil sîn hant.
dô liebt in dô diu reise,   daz si kômen in daz lant.

39 Diu hôchgezît dô werte   unz an den sibenden tac. 40
Sigelint diu rîche   nâch alten siten pflac (41)
durch ir kindes liebe   geben rôtez golt.
si kundez wol gedienen,   daz si ir sune wâren holt.

40 Lützel deheinen varnden   armen man dâ vant. 41
ros unde kleider   daz stoup in von der hant, (42)
sam si ze lebene hêten   mêr deheinen tac.
ich wæne, ie ingesinde   sô grôzer milte gepflac.

41 Mit lobelîchen êren   schiet sich diu hôchgezît. 42
von des landes herren   hôrt man wol sît, (43)
daz si den jungen wolden   zeime vogete hân.
des enwolde in dô niht volgen   Sîfrit der wætlîche man.

42 Sît daz noch beide lebten,   Sigemunt und Sigelint, 43
niht wolde tragen krône   noch ir liebez kint. (44)
doch wolder wesen herre   für allen den gewalt,
des in den landen vorhte   der degen küen unde balt.

43 In dorfte niemen schelten,   sît dô er wâfen genam.
jâ geruowete vil selten   der recke lobesam
suochte niwan strîten.   sîn ellenthaftiu hant
tet in zallen zîten   in vremeden rîchen wol bekant.

III

Âventiure wie Sîvrit ze Wormze kom.

44 Den herren muoten selten deheiniu herzenleit. 44
er hôrte sagen mære, wie ein schœniu meit (45)
in Burgonden wære, ze wunsche wolgetân.
dâ von er sît vil arebeit und ouch freuden gewan.

45 Diu ir unmâzen schœne was vil wîten kunt, 45
und ir vil hôch gemüete zuo derselben stunt (46)
an der juncfrouwen sô manic helt ervant.
ez ladete vil der geste in daz Guntheres lant.

46 Swaz man nâch ir minne der werbenden sach, 46
Kriemhilt in ir sinne ir selber nie verjach, (47)
daz si deheinen wolde zeime trûte hân.
er was ir noch vil vremde, dem si wart sider undertân.

47 Dô gedâht ûf hôhe minne daz Sigelinde kint. 47
ez was ir aller werben wider in ein wint. (48)
er mohte wol verdienen schœner frouwen lîp.
sît wart diu edel Kriemhilt des starken Sîfrides wîp.

---

36 CD 1. giengen des D.
37 CD 1. solcher] svzzer D. al] allen D. 2. varnden D. 3. dieten C.
38 CD 3. sine (*das* e *von anderer Hand*) C. 4. *das zweite* do *fehlt* D.
39 CD 1. Dise D. hochgecite C. dô *fehlt* D. 3. irz D. 4. chunden ez D. irm D.
40 CD 1. da sach (*durchgestrichen*) vant D. 2. rosse C. ros und guotev chleider D. daz *fehlt* D. 3. zu lebn mere heten deheinen tac D. 4. daz ye gesinde so grozzer hochvart mer D.
41 CD 2. von den D. hort man vil wol D. 3. zv einem voget D. 4. en- *fehlt* D. Sîfrit der] der vil D. wetlich C.
42 CD 1. lebnt D. 2b: daz ir vil liebe kint D. 4. worchte D.
43 CD 1. torste nieman geschelten D. angenā D. 2. gervowet er D. 3. ia svochte D. 4. zv allen D. landen D.
Überschrift: chome C. quam geī wormz uñ vmbe Chrimh' warp D.
44 CDb 1. muͤte D, den mut b. dehein Db. 4. da von er manich swe' vnd ouch vreude Db.
45 CDb 1. Ir schon an masse b. weyt erkant b. 3. erwant Db. 4. er lat b. daz *fehlt* b.
46 CDb 2. in irem muote b. selbe D. 4. wart] was Db.
47 CDb 1. sygemundes D.

48 Im rieten sîne mâge und genuoge sîne man, 48
sît daz er ûf minne vlîzen sich began, (49)
daz er eine næme diu im möhte zemen.
dô sprach der herre Sîfrit: 'sô wil ich Kriemhilde nemen,

49 Die edeln juncfrouwen ûz Burgonden lant, 49
durch ir vil grôzen schœne. von sage ist mir bekant, (50)
nie keiser wart so rîche, der wolde haben wîp,
im enzæme wol ze minnen der jungen küniginne lîp.'

50 Disiu selben mære vernam dô Sigemunt. 50
ez reite sîn gesinde; dâ von wart im kunt (51)
der wille sînes kindes was im grimme leit,
daz er werben wolde die vil hêrlîchen meit.

51 Ez gefriesch ouch Sigelint, des edeln küniges wîp. 51
si hete grôze sorge umbe ir kindes lîp; (52)
den vorhte si verliesen von Guntheres man.
den gewerp man dô dem degene sêre leiden began.

52 Dô sprach der starke Sîvrit: 'vil lieber vater mîn, 52
âne edeler frouwen minne wolde ich immer sîn, (53)
ich enwürbe, dar mîn herze vil grôze liebe hât.
swaz ieman reden kunde, des ist deheiner slahte rât.'

53 'Sît du niht wil erwinden,' sprach der künic dô, 53
'sô bin ich dînes willen inneclîchen vrô, (54)
und wil dirz helfen füegen, sô ich beste kan.
doch hât der künic Gunther vil manigen übermüeten man.

54 Obez ander niemen wære wan Hagene der degen, 54
der kan mit übermüete der hôchverte pflegen, (55)
daz ich vil sêre fürhte, deiz uns werde leit.
jâ ist mir solher mære dicke vil von in geseit.'

55 'Waz mag uns daz gewerren?' sprach dô Sîfrit. 55
'swaz ich friwentlîche niht ab in erbit, (56)
daz mac doch mit ellen erwerben wol mîn hant.
ich trouw im an ertwingen bêdiu liut unde lant.'

56 Dô sprach der fürste Sigemunt: 'dîn rede diu ist mir leit. 56
wan würden disiu mære ze Rîne geseit, (57)
dune dorftes nimmer gerîten in daz lant.
Gunther unde Gêrnôt sint mir lange wol bekant.

57 Mit gewalte niemen   erwerben mac diu meit,' 57
sô sprach der künic Sigemunt,   'daz ist mir wol geseit. (58)
wellen aber wir mit recken   rîten in daz lant,
unsern besten friwenden   sol diu reise sîn bekant.'

58 'Des enist mir niht ze muote',   sprach dô Sîfrit, 58
'daz mir suln recken   ze Rîne volgen mit (59)
durch deheine hervart   (daz wære mir leit),
dâ mit ich solde ertwingen   die vil hêrlîchen meit.

59 Si mac sus wol erwerben   dâ mîn eines hant. 59
ich wil mit zwelf gesellen   in Guntheres lant; (60)
dar sult ir mir helfen,   vater Sigemunt.'
dô gap man sînen degenen   ze kleiden grâ unde punt.

60 Dô vernam ouch disiu mære   sîn muoter Sigelint. 60
si begunde trûren   umbe ir liebez kint: (61)
jâ vorhte si vil sêre   die Guntheres man.
diu edele küniginne   dar umbe weinen began.

---

48 CDb 1. und *fehlt* b. 2. sich flizzen Db. so began D. 3. mocht getzemen Db.
49 CDb 2. ir vil *fehlt* b. grozze Db. sagt b. 4. en- *fehlt* Db. zam b. schonen b. Chrimhilden Db.
50 CDb 1. Dew b. 2. ez] er b. ward ez D. 3. es waz b. vil grimme D.
51 CDb 1. sigling b. 2. sorgen D. irz Db. 3. Der b. vorchten Db. Gunth^{s}s C. 4. vil sere Db.
52 CDb 2. an der edlen b. nimmer b. 3. enwrbe C, en$\overset{s}{w}$be D, erwirbe b. dar] da Db. 4. man b. des] daz Db.
53 CDb 2. *vor* ich *ist* d *getilgt* D. vil hertzenlichen D, werlichen b. 3. aller peste b. 4. der *fehlt* b. vbermutigen b.
54 CDb 1. anders Db. niemat (*so öfter*) b. 3. deiz] daz ez Db. 4. in] im Db.
55 CDb 1. Swas b. geweren b. so sprach D. 2. vrevntlichen Db. 3. ellend (*so öfter*) b. 4. angewinnen Db.
56 CDb 1. der fürste *fehlt* b. die red ist b. 2. zvn bvrgvnden D, an dem rein b. 3. dun bedorftest D, du endorfftest b. nimmer me' D. reyten b. 4. erkant b.
57 CDb 1. gewalt CD. die schonen meit D. 2. sô *fehlt* b. daz *fehlt* b. 3. wild aber dv Db. 4. reise] rede D. werden bechant b.
58 CDb 1. des ist mir wol zv mvot Db. 2. svln zv rine recken D, ze reine sullent recken b. 3. hochfart D. vil leit Db. 4. da ich mit b, daz ich mir D. vil *fehlt* b.
59 CDb 1. wol sus Db. 2. Gunth^{s}s C. 3. da hin D. min vater D. 4. zv chleidern D, ze claider b.
60 CDb 1. Nv D, Nun b. 2. vil liebes Db. 3. ouch si D. die] des b.

61 Dô kom der herre Sîvrit   dâ er die frouwen sach. 61
wider sîne muoter   güetlîch er sprach: (62)
'irn sult niht weinen   durch den willen mîn.
jâ wil ich âne sorge   vor allen wîganden sîn.

62 Nu helfet mir der reise   in Burgonden lant, 62
daz ich und mîne recken   haben solch gewant, (63)
daz sô stolze degene   mit êren mügen tragen.
des wil ich genâde   iu mit triuwen immer sagen.'

63 'Sît du niht wil erwinden,'   sprach dô Sigelint, 63
'sô hilf ich dir der reise,   mîn einigez kint, (64)
mit der besten wæte,   die ritter ie getruoc,
dir und den dînen degenen: ir sult ir füeren genuoc.'

64 Des neig ir mit zühten   der vil küene man. 64
er sprach: 'ich wil zer verte   niemen mêre hân (65)
niwan zwelf gesellen;   den sol man prüefen wât.
ich wil versuochen gerne,   wie ez umbe Kriemhilde stât.'

65 Dô sâzen schœne frouwen   naht unde tac; 65
lützil deheiner muoze   ir deheiniu pflac, (66)
unze si geworhten   die Sîfrides wât.
er wolde sîner verte   hân deheiner slahte rât.

66 Sîn vater hiez im zieren   sîn ritterlîch gewant, 66
dâmit er varn wolde   in Burgonden lant; (67)
die ir vil liehten brünne   die wurden ouch bereit,
und ir vil guoten helme,   ir schilde schœn unde breit.

67 Dô nâhet in ir reise   zen Burgonden dan. 67
si heten umbe in sorge,   wiez im solde ergân, (68)
ob si immer wider solden   komen in daz lant.
dô soumte man den degenen   von dannen wâfen und gewant.

68 Ir ros diu wâren schœne,   ir gereite goldes rôt. 68
lebt iemen übermüeter,   des enwas niht nôt, (69)
denne wære Sîvrit   und die sîne man.
wie schône er urloubes   gerte zen Burgonden dan!

69 In werte trûreclîche   der künic und ouch sîn wîp. 69
er trôste minneclîchen   dô ir beider lîp. (70)
er sprach: 'ir sult niht weinen   durch den willen mîn.
immer âne sorge   muget ir wol mînes lîbes sîn.'

70 Ez was leit den recken, ez weint ouch manic meit. 70
ich wæn, in hete rehte ir herze daz geseit, (71)
daz in sô vil ir friwende dâ von gelæge tôt.
von schulden si dô klageten: des gie in endelîche nôt.

71 An dem sehsten morgen ze Wormze ûf den sant 71
riten die vil küenen, allez ir gewant (72)
was von rôtem golde, ir gereite wol getân.
ir ros diu giengen ebene, des herren Sîfrides man.

72 Ir schilde wâren niuwe, starc unde breit, 72
unde lieht ir helme, dô ze hove reit (73)
Sîvrit der vil küene in Guntheres lant.
man gesach an heleden nie sô hêrlîch gewant.

73 Diu ort der swerte giengen nider ûf die sporn. 73
ez fuorten scharpfe gêre die ritter ûzerkorn; (74)
Sîvrit der fuort ir einen wol zweier spannen breit,
der ze sînen ecken harte vreislîchen sneit.

---

61 CDb 1. gie Db. 2. sein liebe muoter D. er gůtlichen Db. 3. ir b. 3b: vil liebe muoter min D. 4. allen bvrigvnden D.
62 CDb
63 CDb 2. eines D. 3. peste wate b. 4. den *fehlt* Db.
64 CDb 2. zvr D, ze b. 3. Nun wann b. recken Db. 4. gerne *fehlt* b. wiez vm D, wie es vmb b.
65 CDb 1. beide nacht uñ D. 2: ich wen (daz D) ir deheine lutzel muozze (gewan noch b) pflac Db. 3. untz daz si D, vntz sy b. die *fehlt* b. gewat b.
66 CDb 1. ritterliche D. 2. dar inne D. sollte b. 3. ir *fehlt* Db. *zweites* die *fehlt* b. 4. und *fehlt* b. guoten] liechten D, liechte b. schœn] liecht D.
67 CDb 1. nahent im die D, nachnat in die b. zv D, ze b. 2. in] ir C. 3. immer komen solden wider in D, nimmer kumen solten in b. 4. sant b. von *fehlt* Db.
68 CDb 1. rosse C. warn CD. 2. vbermute b. vn not D. 3. Danne da Db. die *fehlt* b. sîne] sinen D, sein b. 4. vil schon Db. *nach* gerte *Trennungspunkt* D. zv den D, ze den b.
69 CDb 1. Im D. gewerte b. ouch *fehlt* b. 2. do er ir b. 4. lebens b.
70 CDb 1. vil leit Db. ouch *fehlt* b. 4. in] sy b.
71 CDb 1. in daz land b. 3. vil wol D. 4. diu *fehlt* b. herren] starcken D.
72 CDb 1. warn C. 2. unde] dar zv vil Db. dô] da Cb. 4. sach b. degnen Db nie me so D.
73 CDb 1. der] ir Db. 2. ez] sy b. geren C, gern b. 3. ir *fehlt* Db. spanne b.

74 Die goldes rôten zeume fuortens an der hant, 74
von sîden fürgebüege. sus kômens in daz lant. (75)
daz volc si allenthalben kapfen an began.
dô liefen in engegene des künic Guntheres man.

75 Die hôchgemuoten recken, ritter unde kneht, 75
die sprungen in begegene – daz was michel reht – (76)
und enpfiengen dise geste in ir herren lant;
sie nâmen in die mœre und ir schilde von der hant.

76 Diu ros si wolden dannen ziehen an ir gemach. 76
Sîfrit der starke zuo den helden sprach: (77)
‘lât uns noch die mœre eine wîle stân.
wir wellen schiere hinnen; des ich guoten willen hân.

77 Man sol ouch unser schilde ninder von uns tragen. 77
wâ ich den künic vinde, kan mir daz iemen sagen, (78)
Gunthern den rîchen ûz Burgonden lant?’
dô sagetez im ir einer, dem iz rehte was bekant:

78 ‘Welt ir den künic vinden, daz mac vil wol geschehen. 78
ûf jenem sal wîten hân ich in gesehen (79)
bî den sînen degenen. welt ir zuo zim gân,
ir muget dâ vor im vinden manigen ûzerwelten man.’

79 Dô wâren ouch dem künige diu mære nu geseit, 79
daz ûf sînem hove wæren ritter vil gemeit, (80)
die fuorten liehte brünne und hêrlîch gewant;
si enkande niemen in der Burgonden lant.

80 Den wirt des hete wunder, von wanne kœmen dar 80
die hêrlîchen recken in wæte lieht gevar (81)
und mit sô schœnen schilden, niuwe unde breit.
daz im daz niemen sagete, daz was im grœzlîche leit.

81 Des antwurte ein recke, der hiez Ortwîn, 81
starc unde küene mohter wol sîn: (82)
‘sît wir ir niht erkennen, sô sult ir heizen gân
nâch mîme ôheim Hagene, den sul wir si sehen lân.

82 Dem sint kunt diu rîche und ouch diu fremden lant. 82
mager si bekennen, daz tuot er uns bekant.’ (83)
in hiez der künic bringen: mit den sînen man
sach man in zühteclîche ze hove für den künic gân.

83 Waz sîn der künic wolde, des vrâgete Hagene. 83
'ez sint in mîme hûse vremde degene, (84)
die niemen hie bekennet; ob ir si ê gesehen
habt in vremden landen, des sult ir, Hagene, mir verjehen.'

84 'Daz tuon ich sicherlîchen.' zeinem venster er dô gie, 84
sîn ouge er dô wenken zuo den gesten lie. (85)
wol behagete im ir geverte und ouch ir gewant.
si wâren im vil vremde in der Burgonden lant.

85 Er sprach, von swannen füeren die recken an den Rîn, 85
ez möhten selbe fürsten oder fürsten boten sîn. (86)
'ir ros diu sint so schœne, ir kleider harte guot.
swannen si joch rîten, si sint vil hôhe gemuot.'

86 Alsô sprach dô Hagene: 'als ich mich kan verstân, 86
swie ich Sîfriden noch nie gesehen hân, (87)
sô wil ich wol getrouwen, swie ez sich gefüeget hât,
sô ist ez der recke, der dort sô hêrlîchen stât.

---

74 CDb 1. golde roten D, goldroten b. 2. von *fehlt* Db. seidin fvrbvge D, seydenew furwage b. 4. dô] ouch D. enckene D. kvniges D.

75 CDb 1. vnd ir D. knehte C. 2. gen den gesten Db. vil michel Db. 3. die degen Db. 4. more D, mer b.

76 CDb 2. vil starcke D. hellen b. 3. uns *fehlt* Db. moͤr ein wile hie bi vns bestan D. 4. schier von hinnen b.

77 CDb 2. daz sol man (sult ir b) mir sagen Db. 3. vil richen D. ûz] von b. 4. ir *fehlt* Db. erkant b.

78 CDb 1. besprechen D, gesprechen b. vil *fehlt* b. 2. einem Db. vil witen D. muͤgt ir in yetzv sehen Db. 3. vnd woͤlt D. zim] im Db. gaun b. 4. dâ *fehlt* Db.

79 CDb 2. sînem] dem D. vnuerzait b. 4. sy erkant b.

80 CDb 1. wirte nam des Db. wunders b. er wer chomen b. 2. die] den b. herliche C. wæte] wer b. 3. und *fehlt* Db. mit also Db. 4. was Gunthern (guntheren b) leit Db.

81 CDb 1. Do sprach zv dem chvnige von Mettzen Ortwin Db. 2. vnd vil chuene der recke mochte sin (mocht gesein b) Db. 3. ir] si Db. 4. hoheim C. svlle D. den sull wirs sehen b.

82 CDb 1. wol chvnt D. 2. erkennen b. 3. Im bat Db. Hagen sinen man D, mit im seine man b. 4. man sach Db.

83 CDb 1. fragot da b. 3. erkennet b. ê] ye D. 4. Hagene] balde Db.

84 CDb 1. zeinem] an ein Db. 2. sinev ougen wencken zv den gesten er (er zuo den gesten b) lie Db. 3. geverte] zire D. ouch] allez Db. 4. warn CD.

85 CDb 1. wannen D, wann b. 3. diu *fehlt* b. 4. von wannen si ouch Db. si sint recken hoch gemuot D, sy sind hochgemuot b.

86 CDb 1. Also] Abr Db. 3. wol] doch Db. 4. stât] gat D.

87 Er bringet niuwe mære her in ditze lant. 87
die küenen Nibelunge sluoc des heldes hant, (88)
Schilbunc und Nibelunc, diu rîchen küniges kint.
er frumte starkiu wunder mit sîner grôzen krefte sint.

88 Dâ der helt aleine ân alle helfe reit, 88
er vant vor einem berge – daz ist mir wol geseit – (89)
bî Nibelunges horde vil manigen küenen man.
die wâren im ê fremde, unz er ir kunde dâ gewan.

89 Hort der Nibelunges der was gar getragen 89
ûz einem holn berge. nû hœret wunder sagen, (90)
wie in teilen wolden der Nibelunge man.
daz sach der degen Sîfrit; den helt es wundern began.

90 Er kom zuo zin sô nâhen, daz er die recken sach 90
und ouch in die degene. ir einer drunder sprach: (91)
'hie kumt der starke Sîfrit, der helt von Niderlant.'
vil seltsæniu mære er an den Nibelungen vant.

91 Den recken wol enpfiengen Schilbunc und Nibelunc. 91
mit gemeinem râte die edeln fürsten junc (92)
den schaz in bâten teilen, den vil küenen man,
und bâtens in sô lange, unz er inz loben began.

92 Er sach sô vil gesteines, als wir hœren sagen, 92
hundert kanzwägene ez möhten niht getragen; (93)
noch mê des rôten goldes von Nibelunge lant.
daz solde in allez teilen des küenen Sîfrides hant.

93 Dô gâben si im ze miete daz Nibelunges swert. 93
si wurden mit dem dienste vil übele gewert, (94)
den in dâ leisten solde der vil küene man.
ern kundez niht verenden: dô wart der helt von in bestân.

94 Den schatz er ungeteilet belîben muose lân.
dô begunden mit im strîten der zweier künige man.
mit ir vater swerte, daz Palmunc was genant,
erstreit ab in der küene den hort und Nibelunge lant.

95 Si heten dâ ir friunde zwelf küene man, 94
die starc als risen wâren. waz kundez si vervân? (95)
die sluoc sît mit zorne diu Sîfrides hant,
und recken sibenhundert dwanger von Nibelunge lant.

96 Dar zuo die rîchen künige   die sluoger beide tôt. 96
er kom von Albrîche   sît in grôze nôt; (97)
der wânde sîne herren   rechen dâ zehant,
unz er die grôzen sterke   sît an Sîfride vant.

97 Dône kunde im gestrîten   daz starke getwerc. 97
alsam die lewen wilde   si liefen an den berc, (98)
dâ er die tarnkappen   Albrîchen ane gewan.
dô wart des hordes herre   Sîfrit der vil küene man.

98 Die dâ getorsten strîten,   die lâgen alle erslagen. 98
den schatz hiez er dô balde   füeren unde tragen (99)
dâ in ê dâ nâmen   die Nibelunges man.
Albrîch der vil starke   dô die kameren gewan.

99 Er muos im swern eide,   er dient im sô sîn kneht. 99
aller hande dienste   was er im gereht.' (100)
sô sprach von Tronege Hagene: 'daz hât er getân:
alsô grôzer krefte   nimêre recke gewan.

---

87 CDb 1. ditze] daz Db. 2. den kvnen Nybelungen D. 3. rîchen] recken b. 4. starkiu] michel Db.
88 CDb 1. Dâ] Do D.. der helt] er b. 4. warn CD. kunt gewan b.
89 CDb 1. Nyblungen D, nibelunge b. betragen b. 2. hohen b. 3. wie] da b. 4. es] des Db.
90 CDb 1. zv im D, zu in b. daz man D. 2. dar vnder D, vnder in b. 3. starch Cb. sifrit der starcke D. ain helt b. von] vz D.
91 CDb 1. Die Db. in wol b. 2. gemeinē site C, ir (irer b) manne rate Db. 3. in] si D. paten in b. 4. paten b. in sô] also Db. erz in lobn do began D.
92 CDb 1. als] so Db. 2. kantzewagen D, gantz wägen b. ez möhten] mochtens b. 3. nibelungen b.
93 CDb 1. zv minne Db. des b. 4. ern] er b. es C. der helt] er D. do wurden sy von im b.
94 CDb 3. irs vaters b. 4. ez streit C, er tailt b. Nibelunglant C.
95 CDb 1. ir frewde b. vil kvner D. 2. warn CD. waz] daz b. kvnd si daz Db. vernan b. 3. diu] des b. 4. Nyblunges D.
96 CDb 1. zv tot D. 3. sinen Db.
97 CDb 1. Dône] Do en D, Da b. im nicht Db. 2. als die lewt b. wilden D. an] in D. 3. die] daz b. helkappen D. albrichæ(n) C, albreichen D, albriche d. 4. vil *fehlt* b.
98 CDb 4. chamer Db.
99 CDb 1. diente sam ein chnechte D, dient im sam ain knecht b. 2. er *fehlt* D. 4. grozze Db. nie kein recke me D.

100 Noch weiz ich an im mêre,   daz mir ist bekant. 100
einen lintrachen   sluoc des heledes hant. (101)
dô badet er in dem bluote;   des ist der helt gemeit
von alsô vester hiute,   daz in nie wâfen sît versneit.

101 Nu suln wir den recken   enpfâhen deste baz, 101
daz wir iht verdienen   den sînen starken haz. (102)
sîn lîp der ist sô küene,   man sol in holden hân;
er hât mit sînem ellen   sô mänigiu wunder getân.'

102 Dô sprach der künic rîche: 'du maht wol haben wâr. 102
nu sich, wie degenlîche   er stêt gein strîtes vâr,
er und die sîne degene,   der wunderküene man.
wir suln im begegene   hin nider zuo dem recken gân.'

103 'Daz mugt ir,' sprach dô Hagene,   'wol mit êren tuon.' 103
'er ist von hôhem künne,   eines rîchen küniges sun.
er stêt in der gebære,   mich dunket, wizze Krist,
ez ensîn niht kleiniu mære,   darumbe er her geriten ist.'

104 Dô sprach der wirt des landes: 'nu sî uns willekomen. 104
er ist edel unde küene,   daz hân ich wol vernomen; (103)
des sol ouch er geniezen   in Burgonden lant.'
dô gie der künic Gunther,   dâ er Sîfriden vant.

105 Der wirt und sîne recken   enpfiengen sô den gast, 105
daz in an ir zühten   wênic iht gebrast. (104)
des begunde in nîgen   der vil küene man.
man sah in zühteclîche   mit den sînen recken stân.

106 'Mich wundert dirre mære,'   sprach der wirt zehant, 106
'von wanne ir, edel Sîfrit,   sît komen in daz lant, (105)
oder waz ir werbet   zu Wormez an den Rîn.'
dô sprach der gast zem künige: 'daz sol iuch unverdaget sîn.

107 Mir wart gesaget mære   in mînes vater lant, 107
daz hie bî iu wæren   – daz het ich gern erkant – (106)
die küenesten recken   – des hân ich vil vernomen –
die ie künic gewünne;   darumbe bin ich her bekomen.

108 Ouch hôrt ich iu selben   der degenheite jehen, 108
daz man künic deheinen   küener habe gesehen; (107)
des giht iu vil der liute   über elliu disiu lant.
nune wil ich niht erwinden,   unz ez mir werde bekant.

109 Ich bin ouch ein recke und solde krône tragen. 109
ich wil daz gerne füegen, daz si von mir sagen, (108)
daz ich habe von rehte liute unde lant.
darumbe sol mîn êre und mîn houbet wesen pfant.

110 Nu ir sît sô küene, als mir ist geseit, 110
jâne ruochc ich, ist ez iemen liep oder leit: (109)
ich wil an iu ertwingen, swaz ir muget hân,
lant unde bürge, daz sol mir wesen undertân.'

111 Den künic hete wunder und sîne man alsam 111
umbe disiu mære, diu er hie vernam, (110)
daz er des hete willen, er næme im sîniu lant.
daz hôrten sîne degene; dô wart in zürnen bekant.

112 'Wie hete ich daz verdienet,' sprach Gunther der degen, 112
'des mîn vater lange mit êren hât gepflegen, (111)
daz wir daz solden vliesen von iemannes kraft?
wir liezen übel schînen, daz ouch wir pflegen ritterschaft.'

---

100 CDb 1. Doch b. daz ist mir wol Db. erkant b. 2. lint tracken Db. 3. dô] des b. 4. dehain waffen nie b.
101 CDb 2. iht] niht b. grossen b. 3. der *fehlt* b. 4. sinem] sinen C. sô *fehlt* b. sô mänigiu] vil manich D, manig b.
102 CDb 2. sich *fehlt* b. gein] von D. er gat gen streytes wat b. 3. sinen Db. wundern D. 4. enckene D, engegen b. nider] wider D, *fehlt* b. dem] den D, der b.
103 CDb 1. dô *fehlt* b. 3. gebard b. ways b. 4. herchomen b.
104 CDb 3. er ouch Db.
105 CDb
106 CDb 1. diser b. 2. war vmme D. 3. den] dem b. 4. zem kunige] zum wirte b. der wirte zv dem gast D. daz daz b.
107 CDb 1. mînes] mins C. vaters b. 3. chunsten C, kunsten b, aller chvnsten D. 4. der ich ye (daz ich ir hie b) chund gewunne Db. here (her b) chomen Db.
108 CDb 1. selbe b. 2. nie kunig ze hünen b. kvnern hab D. 3. iu] ir b. der] die b. disiu *fehlt* b. 4. nv D. untz daz ez D erkant b.
109 CDb 1. ein *fehlt* C. solt die b. 2. *das erste* daz *fehlt* b. 3. und ouch die Db. 4. houbt C. vnd ouch min houbet D. vnd houbet wesen ze b.
110 CDb 2. ez *fehlt* C. ia enruoch ich entreuwen ist ez yeman leit D. 3. an] ab b. mugt C, muͤgt D, mugent b. gehan D. 4. wesen allez C.
111 CDb 1. allesam C. 2. diu] die CDb.
112 CDb 3. verliesen Db. 4. ob wir ouch Db.

113 'Ich enwil es niht erwinden,'   sprach aber der küene man. 113
'ez enmüge von dînem ellen   dîn lant den vride hân, (112)
ich wils alles walten;   und ouch diu erbe mîn,
erwirbestuz mit ellen,   diu suln von rehte wesen dîn.

114 Dîn lant und ouch daz mîne   suln gelîche ligen: 114
sweder unser einer   am andern mac gesigen, (113)
dem sol ez allez dienen,   die liute und ouch diu lant.'
daz wider redet aleine   der herre Gêrnôt zehant.

115 'Wir hân des niht gedingen,'   sprach dô Gêrnôt, 115
'daz wir iht lande irtwingen,   daz iemen drumbe tôt (114)
gelige vor recken handen.   wir haben rîchiu lant:
diu dienent uns von rehte,   ze nieman sint si baz bewant.'

116 In vil grimmen muote   dâ stuonden die friunde sîn. 116
dô was ouch dar under   der herre Ortwîn; (115)
der sprach: 'disiu suone   ist mir von herzen leit.
iu hât der starke Sîfrit   unverdienet widerseit.

117 Ob ir und iuwer brüeder   hetet niht die wer, 117
und ob er danne fuorte   ein michil küniges her, (116)
ich troute wol erstrîten,   daz der küene man
die grôzen übermüete   von wâren schulden müese lân.'

118 Daz zurnde harte sêre   der helt von Niderlant: 118
'sich ensol niht vermezzen   wider mich dîn hant. (117)
ich bin ein künic rîche,   sô bistu küniges man.
jâ enzimt dir niht mit strîte   deheinen mînen genôz bestân.'

119 Nâch swerten rief dô sêre   von Mezzen Ortwîn: 119
er mohte Hagenen swester sun   von Tronege vil wol sîn. (118)
daz der sô lange dagete,   daz was dem künige leit.
dô understuondez Gêrnôt,   der ritter küene und gemeit.

120 Er sprach ze Ortwîne: 'lât iuwer zürnen stân. 120
uns enhât der herre Sîfrit   solhes niht getân; (119)
wir mugen ez noch wol scheiden   mit zühten, dêst mîn rât,
und haben in ze friunde: daz uns lobelîcher stât.'

121 Des antwurte Hagene: 'uns mac wol wesen leit, 121
allen iuwern degenen,   daz er ie gereit (120)
durch strîten her ze Rîne.   er soldez haben lân:
im heten mîne herren   solher leide niht getân.'

122 Dô sprach aber Sîfrit, der kreftige man: 122
'müet iuch daz, her Hagene, daz ich gesprochen hân, (121)
sô sol ich lâzen kiesen, daz die hende mîn
wellent vil gewaldec hie zen Burgonden sîn.'

123 'Daz sol ich eine wenden,' sprach dô Gêrnôt. 123
allen sînen degenen reden er verbôt (122)
iht mit übermüete des im wære leit.
dô gedâht ouch Sîfrit an die vil hêrlîchen meit.

124 'Wie zæme uns mit iu strîten?' sprach aber Gêrnôt. 124
'swaz helde nu dar under müesen ligen tôt, (123)
wir hetens lützil êre, ob wir ez wolden tuon.'
des antwurte Sîfrit, des künic Sigemundes sun:

125 'Warumbe bîtet Hagene und ouch Ortwîn, 125
daz er niht gâhet strîten mit den friunden sîn, (124)
der er alsô manigen hie ze lande hât?'
si muosin rede vermîden: daz was Gêrnôtes rât.

---

113 CDb 1. Ich wil sin Db. 2. isn mugen D, es mug b. den] dan̄e b. 3. wil sin Db. die erben D. der erbe dein b. 4. erwirbestv die (ich erwirbs ab dir b) mit strite Db. diu] die CDb. dîn] mein b.
114 CDb 1. di svln D. 2. swelh D, welher b. am] an dem D, dem b. angesigen b. 4. daz] da C. widerredte D, widerret b.
115 CDb 1. dô] do herr D, aber b. 2. iht] nit b. twingen D. daz *fehlt* b. darvmbe yeman Db. 3. vor] von Db. 4. gewant b.
116 CDb 1. grimmem Db. dâ *fehlt* b. die *fehlt* D. vrevnt D. 2. dô] Nv D. herre] degen Db. 3. der] er b. Do sprach er D. 4. starke] chuͤne D. ane schvlde Db.
117 CDb 1. icht hettent die b. 3. trẘte C, trouwe Db. 4. die] so Db. grozzer D. warn CD. můzze D, mus b.
118 CDb 1. Dez tzuͤrnet Db. 2. sich sol Db. 4. en- *fehlt* Db. streyten b. genozzen D.
119 CDb 1. ruoft sere b. 2. sůn C, man b. vil *fehlt* b. 4. degen Db. *nach* kv̊ne *Reimpunkt in* C.
120 CDb 2. vns hat Db. der *fehlt* C. 3. meigen C, mugen Db. noch *fehlt* b. dêst] daz ist D, ist b. 4. vil lobelichen (lobelich b) Db.
121 CDb 2. vnd allen D. 3. strite D, streit b. alher D. ze] zv D, zem b. gelan b. 4. min CDb. solich laid b.
122 CDb 2. mvte C, mvͤt D, müt b. 4. zen] zvn D, ze b.
123 CDb 2. er reden D. 3. *vor* mit *ist* mute *getilgt* D. daz Db. leit *fehlt* D. 4. vil *fehlt* b.
124 CDb 1. zam b. euch zv striten D. aber] da b. 3. ob ir es wolltet b. 4. antwrt Cb. chvniges Db.
125 CDb 1. darumb pittet b. 2. nicht enstritet (streytet b) Db. veinden D. 4. muͤzzen D. genotes b.

126 'Ir sult uns wesen willekomen,'   sprach Gîselher daz kint, 126
'und iuwer hergesellen,   die hie mit iu sint. (125)
wir suln iu gerne dienen.   ich und die mâge mîn.'
dô hiez man den gesten   schenken Guntheres wîn.

127 Dô sprach der wirt des landes: 'allez daz wir hân, 127
geruochet irs nâch êren,   daz sî iu undertân, (126)
und sî mit iu geteilet,   lîp unde guot.'
dô wart der herre Sîfrit   ein lützil senfter gemuot.

128 Dô hiez man in behalten   allez ir gewant. 128
man gab in herberge,   die besten die man vant, (127)
Sîvrides knappen: man schuof in guot gemach.
den gast man sît vil gerne   dâ zen Buregonden sach.

129 Man bôt im michel êre   dar nâch ze manigen tagen, 129
tûsint stunden mêre,   danne ich iu kunde gesagen. (128)
daz hete verscholt sîn ellen.   ir sult wol wizzen daz,
in sach vil lützil iemen,   der im wære gehaz.

130 Sich vlizzen kurzewîle   die künige und ouch ir man. 130
sô was er ie der beste,   swes man dâ began; (129)
des kunde im volgen niemen,   sô michel was sîn kraft,
sô si den stein wurfen   oder schuzzen den schaft.

131 Swâ sô vor den frouwen   durch ir höfscheit 131
kurzewîle pflâgen   die ritter vil gemeit, (130)
dâ sach man ie vil gerne   den helt ûz Niderlant.
er het ûf hôhe minne   sîne sinne gewant.

132 Ze hove die schœnen frouwen   vrâgeten mære,
wer der stolze vremde   recke wære.
'sîn lîp der ist sô schœne,   vil rîche sîn gewant.'
dô sprâchen ir genuoge: 'ez ist der künic von Niderlant.'

133 Swes iemen dâ begunde,   des was sîn lîp bereit. 132
er truoc in sînem muote   ein minneclîche meit, (131)
und ouch in ein diu frouwe,   die er noch niene gesach,
diu im in heinlîche   vil dicke güetlîche sprach.

134 Swenne ûfem hove wolden   spilen dâ diu kint, 133
ritter unde knappen,   daz sach vil dicke sint (132)
Kriemhilt durch diu venster,   diu küniginne hêr.
deheiner kurzewîle   bedorfte diu küniginne mêr.

135 Und wesser, daz in sæhe die er in herzen truoc, 134
dâ het er kurzewîle immer ane genuoc. (133)
solt ouch er si schouwen, ir sult gelouben daz,
daz im in dirre werlde kunde nimmer werden baz.

136 Swenner bî den recken ûf dem hove stuont, 135
alsô noch die liute durch kurzewîle tuont, (134)
sô stuont sô minneclîche daz Sigelinde kint,
daz in durch herzenliebe trûte manic frouwe sint.

137 Er dâht ouch manige zîte: 'wie sol daz geschehen, 136
daz ich die maget edele mit ougen müge gesehen, (135)
die ich von herzen minne und lange hân getân?
diu ist mir vil vremde: des muoz ich dicke trûric stân.'

138 Swenne die künige rîche riten in ir lant, 137
sô muosen ie die recken mit in al zehant. (136)
dâ mit reit ouch Sîfrit: daz was den frouwen leit.
er het durch hôhe minne dicke michel arebeit.

---

126 CDb 1. willechvm D. 2. mit euch komen Db.
127 CDb
128 CDb 1. in] im b. ir] sein b. 3. den schuof man b. 4. sît *fehlt* Db. zen] zvn D, ze b.
129 CDb 1. im] in Db. 2. stunde D, stund b. chunne D, kan b. 3. versolt Db. sîn] mit b.
130 CDb 2. sô] da b. erz D. swaz D, waz b. 3. im *fehlt* D. 3a: Des dät er ye daz pest b. 4. ob si wurfen den stein D.
Nach 130,3 *folgt in b:*
Sy pflagen vor den frawen durch ir hubschait ritterschaft.
131 CD 1. Swaz D. hubscheit D. 3. dâ] so D. gern C.
b: Der kurtzweil sy pflagen durch ir degenhait/ da sach man gern den helt vil gemait/ Er het auf hohe minne der sinne vil gewant/
132 CD 2. vremde stoltze D. 3. rich ist sin D. 4. helt vz D.
b: ze houe die frawen vragte wie er wer genant/ sein leip der ist schön vil reich ist sein gewant/ da sprachen ir genug er ist kunig in niderland/
133 CDb 1. Swaz (swes b) man da Db. 2. ein schone D, ain vil wunnekliche b. 3. diu *fehlt* Db. er] in b. niene] nie Db.
134 CDb 1. wolde C. spilen wolten b. 2. gesach D, geschach b. 3. Kriemhilt] Daz sach b. 4. bedorft sy da nit mer b. mer] her D.
135 CDb 1. west in daz er b. 2. ane] vil b. 3. schouwen] sehen C. wizzen Db. 4. nimmer chunde D. immer wurde bas b.
136 CDb 2. alsô] als b. kurtzweyl dicke tuon b. 3. Do stund sy b. 4. in] im b. trvtte C. trůtte vil manich vrouwe D, manig frawe traute b.
137 CDb 1. gedacht b. manich zit D, manig weyle b. 2. sehen D. 3. lange] dick b. 4. noch vil Db. dicke *fehlt* b.
138 CDb Swenne] Do D, so b. reittent b. ir] daz D. 2. mussent b. richen D.

139 Sus wonter bî den herren – daz ist al wâr – 138
in Guntheres lande volleclîch ein jâr, (137)
daz er die minneclîchen die zîte niene gesach,
von der im sît vil liebe und ouch vil leide geschach.

IV

Âventiure wie Sîvrit mit den Sahsen streit.

140 Dô kômen vremdiu mære in Guntheres lant 139
von boten, dic im verre wâren dar gesant (138)
von unkunden recken, die in truogen haz.
dô si die rede vernâmen, leit was in inneclîche daz.

141 Die wil ich iu nennen: ez was Liudegêr 140
ûzer Sahsen lande, ein rîcher fürste hêr, (139)
und ouch von Tenemarke der künic Liudegast,
an dem sînen vriunden ganzer helfe nie gebrast.

142 Ir boten komen wâren in Buregonden lant, 141
die ir widerwinnen heten dar gesant. (140)
dô vrâgte man der mære die unkunden man.
dô brâht man si balde ze hove für den künic stân.

143 Dô sprach der künic Gunther: 'nu sît willekomen. 142
wer iuch her habe gesendet, des enhân ich niht vernomen: (141)
daz sult ir lâzen hœren,' sprach der ritter guot.
dô vorhten si vil sêre den grimmen Guntheres muot.

144 'Welt ir uns, künic, erlouben, daz wir iu mære sagen, 143
diu wir iu dâ bringen, sône suln wir niht verdagen, (142)
wir nennen iu die herren, die uns here habent gesant:
Liudegast und Liudegêr die wellent suochen iuwer lant.

---

139 CDb 1. al] alles b. 3. E daz er b. niene] nie Db. 4. *das zweite* vil *fehlt* b.
Überschrift: den Sahsen] ludegast b. Awe. wie Lvdegast vnd Lvdeger Gvnthern widersagten D.
140 CDb 2. warn CD. 3. in] im Db.
141 CDb 2. ûzer] Aus b. vil her b. 4. sînen] seiner b.
142 CDb 1. warn CD. 4. fur den kunig ze houe b.
143 CDb 2. hab her Db. han b. 3. sprach] so sprach D, daz b. 4. den] des Db. Gunthers Cb.
144 CDb 2. sone] so Db. 4. die *fehlt* b. iuwer] in ewr b.

145 Ir habt ir haz verdienet.   ir sult gelouben daz, 144
daz iu die recken beide   tragent grôzen haz. (143)
si wellent herverten   ze Wormze an den Rîn;
in hilfet vil der degene,   des sult ir âne zwîfel sîn.

146 Inre zwelf wochen   ir reise sol geschehen. 145
habt ir iemen vriunde,   daz lât vil balde sehen, (144)
die iu vriden helfen   die bürge und iuwer lant.
hie wirt von in verhouwen   vil manic hêrlîcher rant.

147 Oder welt ir mit in dingen,   sô enbietet ez in dar; 146
sône rîtent iu sô nâhen   niht die starken schar (145)
ze Wormez zuo dem Rîne   ûf herzenlîchiu leit,
dâ von verderben müezen   die guoten ritter gemeit.'

148 'Nu bîtet eine wîle,'   sprach der künic guot, 147
'unz ich mich baz versinne: ich künd iu mînen muot. (146)
hân ich getriuwer iemen,   die sol ich niht verdagen
disiu starken mære   sol ich mînen friwenden sagen.'

149 Dem künige disiu mære   wâren leit genuoc. 148
die rede er tougenlîche   in sîme herzen truoc. (147)
er hiez gewinnen Hagenen   und ander sîne man
und bat ouch harte balde   ze hove nâch Gêrnôte gân.

150 Dô kômen im die besten,   swaz man der dâ vant. 149
er sprach: 'man wil uns suochen   her in unser lant (148)
mit starken herverten: daz lât iu wesen leit.
ez ist gar âne schulde,   daz si uns habent widerseit.'

151 'Daz wern wir mit swerten,'   sprach dô Gêrnôt. 150
'dâ sterbent wan die veigen,   die müezen ligen tôt. (149)
dar umbe ich niht vergezzen   mac der êren mîn.
die unser widerwinnen   suln uns willekomen sîn.'

152 Dô sprach der starke Hagene: 'daz endunket mich niht guot. 151
Liudegast und Liudegêr   die tragent übermuot. (150)
wir mugen uns niht besenden   in sô kurzen tagen,'
sô sprach der küene recke: 'wan muget irz Sîfride sagen?'

153 Die boten herbergen   hiez man in die stat. 152
swie vîent man in wære,   doch schône ir pflegen bat (151)
Gunther der rîche   (daz was wol getân),
unz er ervant an vriunden,   wer im wolde gestân.

154 Dem künige in sînen sorgen   was iedoch vil leit.   153
dô sach in trûrende   ein degen vil gemeit,   (152)
der niht wizzen kunde   waz im was geschehen.
dô bat er im der mære   den künic Gunther verjehen.

155 'Mich wundert harte sêre,'   sprach dô Sîfrit,   154
'wie habt ir sô verkêrct   die vrœlîchen sit,   (153)
der ir nu mit uns lange   habt alher gepflegen?'
des antwurt im dô Gunther,   der vil zierlîche degen:

156 'Jâne mag ich allen liuten   die swære niht gesagen,   155
die ich muoz tougenlîche   in mîme herzen tragen: (154)
man sol stæten friunden   klagen herzen nôt.'
diu Sîfrides varwe   wart beidiu bleich unde rôt.

157 Er sprach zuo dem künige: 'daz habt ûf mînen eit,   156
ich sol iu helfen wenden   elliu iuweriu leit.   (155)
welt ir vriunde suochen,   der sol ich einer sîn,
und trouwe ez wol mit êren   vol bringen an daz ende mîn.'

158 'Nu lône iu got, her Sîvrit,   diu rede mich dunket guot,   157
und ob mir nimmer helfe   iuwer ellen getuot,   (156)
ich freuwe mich doch der mære,   daz ir mir sît sô holt.
lebe ich deheine wîle,   ez sol werden wol verscholt.

---

145 CDb 1. irn haz D, iren has b. verdienet] vernomen D. 2. grôzen] veintlichen Db. 3. si] Die b.
146 CDb 1. Iz sol in churtzen stunden ir reise (her D) geschehen Db. 2. yendert b. daz] die Db. 3. befriden Db. die] euwer D, *fehlt* b. 4. vil *fehlt* b.
147 CDb 1. in] im b. so pietent es im b. 2. sone] so Db. 3. zv der veste Db.
148 CDb 1. der *fehlt* C. 3. getrewes b. die] den b. 4. dise starcke Db. chlagen Db.
149 CDb 1. warn leide C. 2. die er in seinem hertzen tauglichen trug b. 3. bat im D, bat b.
150 CDb 1. der] ir b. 2. uns *fehlt* Db.
151 CDb 1. wer ouch D. 2. wan] nun b. 4. die unsern Db. di svln D.
152 CDb 1. dunket b. 3. besendet C. 4. Do b. wan *fehlt* b. her seyfriden b.
153 CDb 1. hiezzen in D. 2. man ir b. 3. der chunich riche D. 4. vriunden] seyfriden b. da wolde bi gestan D, wier sy liesse reyten dan b.
154 CDb 1. sorgen] sinnen D. 2. trůrende C. 3. was] wer D. 4. dô] des D. iehen b.
155 CDb 2. daz (wie b) ir so habt Db. vroliche C 3. nu *fehlt* Db. alher lang habt gepflegen b. 4. dô *fehlt* b. zierlich C.
156 CDb 1. Ja b. 2. dagenlichen b.
157 CDb 1. daz *fehlt* C. 3. vnd welt D. 4. verpringen b. untz an Db.
158 CDb 2. euwer hant D. 4. lebt D. sol] solt D. sol ew wesen b. versolt Db.

159 Ich wil iuch lâzen hœren,   warumbe ich trûric stân: 158
von boten mîner vîende   ich daz vernomen hân,   (157)
daz si mich suochen wellen   mit herverten hie.
daz getâten uns noch degene   her zuo disen landen nie.'

160 'Daz lât iuch ahten ringe,'   sprach dô Sîvrit,   159
'und senftet iuwerm muote;   tuot des ich iuch bite: (158)
lât mich iu erwerben   êre und ouch den frumen,
ê daz iuwer vîende   her zẹ disen landen kumen.

161 Swenne iuwer starke vîende   zir helfe möhten hân   160
drîzec tûsint degene,   sô wold ich si bestân,   (159)
het ich niwan tûsint;   des lât iuch an mich.'
dô sprach der künic Gunther: 'daz dien ich immer umbe dich.'

162 'Sô heizet mir gewinnen   tûsint iuwerr man,   161
sît daz ich der mînen   bî mir niht enhân   (160)
niwan zwelf degene: sô wer ich iuwer lant.
iu sol immer dienen   mit triuwen Sîfrides hant.

163 Des sol uns helfen Hagene   und ouch Ortwîn,   162
Dancwart unde Sindolt,   die lieben recken dîn.   (161)
ouch sol dâ mit rîten   Volkêr der küene man,
der sol den vanen füeren;   baz ichs nieman engan.

164 Nu lât die boten rîten   wider in ir lant.   163
daz si uns dâ sehen schiere,   daz tuo man in bekant,   (162)
sô daz unser bürge   vride müezen hân.'
dô hiez der künic besenden   beidiu mâge unde man.

165 Die boten Liudegêres   ze hove giengen dô.   164
daz si ze lande solden,   des wâren si vil vrô.   (163)
dô bôt in rîche gâbe   Gunther der künic guot
und schuof in sîn geleite;   des stuont in hôhe der muot.

166 'Nu saget,' sprach dô Gunther,   'den vîanden mîn,   165
si mügen mit ir reise   wol dâ heime sîn.   (164)
wellent aber si mich suochen   her in mîniu lant,
mirn zerinne mîner friunde,   in wirdet arbeit erkant.'

167 Den boten rîche gâbe   man dô für truoc;   166
der het in ze gebene   der rîche künic genuoc.   (165)
dine torsten niht versprechen   die Liudegêres man.
urloup si dô nâmen   und fuoren vrœlîchen dan.

168 Dô die boten wâren ze Tenemarken komen, 167
und der künic Liudegast hete daz vernomen (166)
waz si ze Rîne redeten, als im daz wart geseit,
ir starkez übermüeten was im âne mâze leit.

169 Man saget im, daz si hêten manigen küenen man: 168
'dar under sach man einen vor Gunthere stân, (167)
der was geheizen Sîfrit, ein helt ûz Niderlant.'
ez leidete Liudegaste, dô er diu mære reht ervant.

170 Dô die von Tenemarke ditze hôrten sagen, 169
dô îlten si der helfe deste mê bejagen, (168)
sô daz der künic Liudegast sîner mâge unde man
wol zweinzic tûsint degene zuo der reise gewan.

171 Dô besande ouch sich von Sahsen der küene Liudegêr, 170
unz si vierzec tûsint heten unde mêr, (169)
mit den si wolden rîten in Guntheres lant.
dô heten ouch sich hie heime die drîe künige besant

172 Mit den Buregonden und ander ir hôhen man, 171
die si durch urliuge füeren wolden dan. (170)
si îlten sich bereiten, des gie den helden nôt.
dar under muosen degene sider kiesen den tôt.

---

159 CDb
160 CDb 1. so (also b) sprach Db. dô *fehlt* Db. 2. euren mut D, ewr gemute b. vnd tuot Db. des] waz b. 3. ouch *fehlt* b.
161 CDb 1. zv helfe D, ze helff b. mugen D. 2. recken D. wol C. 3. unde hette Db. 4. des dien ew immer ich b.
162 CDb 1. mit gewinne b. 3. recken Db.
163 CDb 2. lieben] kvnen Db. 4. ichs] ich sin Db. en-*fehlt* Db, *übergeschrieben* C.
164 CDb 2. daz] z *übergeschrieben* C. man] wir D. daz in werd b. 3. mugen b.
165 CDb 2. warn C. 3. Gunther *fehlt* Db. der edel chunich Db.
166 CDb 1. dô *fehlt* b. den beiden D. 2. da haimat b. 3. si mich aber b. min eigen lant D. 4. mir Db. zerrinn dann b. friunden C. wirt Db. von mir arbeit D. bechant Db.
167 CDb 3. Die getorsten Db.
168 CDb 2. daz het wol D. 3. waz] wie Db. ze dem rein b. wart] was Db. 4. in starckem vbermute b. mazzen D.
169 CDb 2. Gunth^{s} C, Gvnthern Db. 3. ein helt *fehlt* b.
170 CDb 1. horte D. 2. begagen C. *nach* deste so *ist* d *durchgestrichen* D. 3. sein mag vnd seiner man b. 4. degene *fehlt* D.
171 CDb 1. der chunich Db. rüdiger b. 2. untz daz D. heten] gewunnen D. unde] oder Db. 4. heten sich auch b.
172 CDb 1. ir *übergeschrieben* C. 2. wollten furen b. 3. die held b. 4. side C, *fehlt* Db. kiesn den grimmen tot D, von irem streyt ligen tod b.

173 Si vlizzen sich zer reise,   dô si wolden dane. 172
Volkêr dem küenen   bevolhen wart der vane, (171)
dô si varen wolden   ze Wormze über Rîn.
Hagene der starke   der muose scharmeister sîn.

174 Dâ mit reit ouch Sindolt   unde Hûnolt, 173
die wol gedienen kunden   rîcher künige golt; (172)
Dancwart der snelle   und ouch Ortewîn,
die mohten wol mit êren   in der herverte sîn.

175 'Her künic, sît hie heime,'   sprach dô Sîvrit, 174
'sît daz iuwer recken   mir wellen volgen mit, (173)
belîbet bî den frouwen   und habet hôhen muot.
ich trouwe iu wol beherten   beidiu êre unde guot.

176 Die iuch dâ wolden suochen   ze Wormze an den Rîn, 175
daz sol ich wol behüeten,   daz si iu iht schade sîn. (174)
wir sulen in gerîten   sô nâhen in ir lant,
daz in ir übermüeten   werde in sorgen erwant.'

177 Von Rîne si durch Hessen   mit ir helden riten 176
gegen der Sahsen lande;   dâ wart sît gestriten. (175)
mit roube und ouch mit brande   wuosten si daz lant,
daz iz den fürsten beiden   wart mit arbeit bekant.

178 Si kômen ûf die marke;   die knehte zogeten dan. 177
Sîfrit der vil starke   vrâgen dô began: (176)
'wer sol des gesindes   uns nu hüeten hie?'
jâne wart den Sahsen   geriten schedelîcher nie.

179 Sie sprâchen: 'lât der tumben   hüeten ûf den wegen 178
den vil küenen marschalc,   der ist ein sneller degen. (177)
wir vliesen deste minre   von Liudegêres man.
lât in und Ortwînen   hie die nâchhuote hân.'

180 'Sô wil ich selbe rîten,'   sprach Sîvrit der degen, 179
'unde wil der warte   gein den vîenden pflegen, (178)
unz ich vil rehte ervinde,   wâ die recken sint.'
dô wart gewâfent balde   der schœnen Sigelinde kint.

181 Daz volc bevalh er Hagene,   dô er wolde dan, 180
und ouch Gêrnôte,   dem vil küenem man. (179)
dô reit er eine dannen   in der Sahsen lant,
dâ er diu rehten mære   wol mit êren sît ervant.

182 Dô sach er here daz grôze, daz ûf dem velde lac, 181
daz wider sîner helfe mit unfuoge wac: (180)
des was wol vierzec tûsint oder dannoch baz.
der helt in hôhem muote sach vil frœlîchen daz.

183 Dô het ouch sich ein recke von den vîenden dar 182
erhaben ûf die warte, der was ze vlîze gar; (181)
den sach der herre Sîfrit, und in der küene man.
ietweder dô des andern mit nîde goumen began.

184 Ich sage iu, wer der wære, der hie der warte pflac. 183
ein liehter schilt von golde im vor der hende lac: (182)
ez was der künic Liudegast, der huote sîner schar.
dirre gast vil edele ernante vil hêrlîchen dar.

185 Nu hete ouch in her Liudegast vîentlîch erkorn. 184
ir ros si nâmen beide zen sîten mit den sporn, (183)
si neigten ûf die schilde die schefte mit ir kraft.
des wart der künic hêre mit grôzen sorgen behaft.

186 Diu ros nâch stiche truogen diu rîchen küniges kint 185
mit hurte für ein ander, sam si wæte ein wint. (184)
mit zoumen wart gewendet vil ritterlîchen dan;
mit swerten ez ersuohten die zwêne grimme starke man.

---

173 CDb 3. von wurmtz D. 4. der vil D. der muose] der muos C, muost ir Db.
174 CDb 1. ouch *fehlt* b. vnd darzv D. 2. sold b. 3. der vil D. unt ouch] von Metzen D. 4. in] an D.
175 CDb 4. trwͦe C, trauwe D, traw b.
176 CDb 1. wellent D. dem rein b. 2. ich sol ez (ews b) wol Db. daz si] dass D. iht *fehlt* b. 3. riten Db. so nahē hin heime in D. 4. vbermut b. sorge b. gewant Db.
177 CDb 1. Vom b. durch hazze D. 2. sint ward D. 3. *das zweite* mit *fehlt* D. 4. mit] in Db. erkant b.
178 CDb 1. zogen b. 2. vil *fehlt* D. 3. vns des gesindes huetten hie b. 4. Ja b.
179 CDb 3. minner Db. 4. die nacht hie hutten lan b.
180 CDb 2. vnd wil gen den veinden der warte selbe pflegen D. 4. gewaffen D.
181 CDb 1. erwact her hagen D. dô] da Cb. 2. Gernoten Db. die zwene (den zwen b) kvne (kunen b) man Db. 3. dannen] da nider b. 4. do D. mit ellen Db. bewant b.
182 CDb 1. Er sach ain her grosse b. 2. seine b. mit *fehlt* Db. vngefuge Db.
183 CDb 2. vart D, varte b.
184 CDb 4. edler b. ernante] rant b. *das zweite* vil *fehlt* Db.
185 CDb 1. in *fehlt* D. vil veintlich D. 2. zen] ze den b. sprorn D.
186 CDb 1. stichen b. reiches b. 2. hurtten b. si wæte *fehlt* b. ein] der Db. 3. zoume D, zumen b. 4. vorsuochten Db. die uzerwelten kvne (kunen b) man Db.

187 Dô sluoc der herre Sîfrit,   daz al daz velt erdôz. 186
Dô stoup im ûz dem helme   sam von brenden grôz (185)
die heizen fiures vunken   von des recken hant.
dâ streit vil mähteclîchen   der voget ûz Niderlant.

188 Dô sluoc ouch im her Liudegast   vil manigen grimmen slac. 187
ir ietwederes ellen   ûf schilden vaste lac. (186)
dô heten dar gehüetet   wol drîzec sîner man;
ê im der helfe kœme,   den sic doch Sîfrit gewan

189 Mit drîn starken wunden,   die er dem künige sluoc 188
durch eine liehte brünne,   diu was guot genuoc. (187)
daz swert an sînen ecken   brâht ûz wunden bluot.
des gewan der künic Liudegast   einen trûrigen muot.

190 Er bat sich leben lâzen   und bôt im sîniu lant 189
und sagt im, daz er wære   Liudegast genant. (188)
dô kômen sîne recken;   die heten wol gesehen,
waz dâ von in beiden   ûf der warte was geschehen.

191 Dô er in danne fuorte,   dô ward er an gerant 190
von drîzec sînen mannen.   dô wert des heledes hant (189)
sînen rîchen gîsel   mit ungefüegen slegen.
sît tet schaden mêre   Sîfrit der ûz erwelte degen.

192 Die drîzec er ze tôde   vil werlîche sluoc. 191
er liez ir leben einen;   balde er reit genuoc (190)
und sagt hin diu mære,   waz hie was geschehen.
ouch moht mans die wârheit   an sînem rôtem helme sehen.

193 Den von Tenemarke   was vil grimme leit, 192
ir herre was gevangen,   dô in daz wart geseit. (191)
man seit ez Liudegêre;   toben er began
von ungefüegem zorne,   wand im was leide getân.

194 Liudegast der rîche   was gefüeret dan 193
von Sîfrides gewalte   zuo Guntheres man. (192)
er bevalh in Hagene: der küene recke guot,
dô er vernam diu mære,   dô ward er frœlîch gemuot.

195 Er hiez der Burgonden   ir vanen binden an. 194
'wol ûf', sô sprach Sîvrit,   'hie wirt noch mê getân, (193)
ê sich der tac verende,   sol ich haben den lîp.
daz müet in Sahsen lande   etlîches guoten recken wîp.

196 Ir helde von dem Rîne,   ir sult mîn nemen war: 195
ich kan iuch wol geleiten   in Liudegêres schar. (194)
dâ seht ir helme houwen   von guoter helede hant,
ê daz wir wider wenden   in der Burgonden lant.'

197 Zen rossen gâhte Gêrnôt   und ouch sîne man. 196
Volkêr der küene   den vanen zuchte dan, (195)
der starke videlære;   dô reit er vor der schar.
dô was ouch daz gesinde   ze strîte hêrlîchen gar.

198 Sine fuorten doch niht mêre   niwan tûsint man, 197
dar über zwelf recken.   stieben dô began (196)
diu molte von den strâzen: si riten über lant.
dô sach man von in schînen   vil manigen hêrlîchen rant.

199 Dô wâren ouch die Sahsen   mit ir scharn komen, 198
mit swerten wol gewahsen,   als wir hân sît vernomen. (197)
diu swert diu sniten sêre   den recken an der hant.
dô wolden si den gesten   wern bürge unde lant.

200 Der herren scharmeister   daz volc dô fuorten dan. 199
dâ was ouch komen Sîfrit   mit den sînen man, (198)
die er dâ mit im brâhte   ûzer Niderlant.
des tages wart in sturme   vil manic bluotiger rant.

---

187 CDb 2. stvben uz den helmen Db. 3. heizen] roten Db. flammen b. 4. vil *fehlt* b. krefftiklichen b. chvne vogt D.
188 CDb 1.her] der b. grimmen] geschwinden b. 2. auf dem b. schilde Db. 3. gehurtet D. wol *fehlt* Db. 4. der] die b.
189 CDb 2. was doch D. 3. an] mit 4. Liudegast] here Db.
190 CDb 1. sine hant D. 4. vart D.
191 CDb 2. siner Db. manne D. 4. der wetliche D, der werlich b.
192 CDb 3. sagte D. 4. mohte D. man b. an *aus* am *gebessert* b. rotē D, roten b.
193 CDb 1. waz von hertzen b. 3. er] der b. 4. leide was D.
194 CDb 1. ward D. 2. Sîfrides] freundes b. zuo] von b. 4. frolichs b.
195 CDb 1. der] die D, den b. ir] den Db. 2. sô *fehlt* b. 3. volendet b.
196 CDb 3. ir *fehlt* C. recken Db.
197 CDb 1. Ze den b. 2. der vil D. fuorte den vanen dan Db. 4. ward b.
198 CDb 1. -ne *fehlt* Db. doch] da D. 3. die mollten b. vf (von b) den steinen Db. 4. von] vor b. vil *fehlt* b.
199 CDb 1. Nv Db. irer schar b. 2. sint habn Db. 3. ir swert Db. 4. weren burgonde lant b.
Hier fehlen in D *vier Zeilen:* 199,4; 200, 1–3.
200 CDb 1. dô *fehlt* b. 4. sturmen b.

201 Sindolt unde Hûnolt   und ouch Gêrnôt, 200
die vrumten in dem strîte   vil manigen helt tôt, (199)
ê si daz reht erfunden   wie küene was ir lîp.
daz muose sît beweinen   vil manic wætlîchez wîp.

202 Volkêr unde Hagene   und ouch Ortwîn, 201
die lascten im strîte   vil maniges helmes schîn (200)
mit vliezendem bluote;   ez wâren küene man.
dâ wart von Dancwarte   vil michel wunder getân.

203 Die von Tenemarke   versuohten wol ir hant. 202
dô hôrte man von hurte   erdiezen manigen rant (201)
und ouch von scharpfen swerten,   der man dâ vil gesluoc.
die strîtküenen Sahsen   tâten scaden ouch genuoc.

204 Dô die von Burgonden   drungen in den strît, 203
von in wart verhouwen   vil manic wunde wît. (202)
dô sach man über setele   vliezen daz bluot.
sus wurben nâch den êren   die ritter küen unde guot.

205 Man hôrt dâ lût erhellen   den helden an der hant 204
diu vil scharpfen wâfen,   dâ die von Niderlant (203)
drungen nâch ir herren   in die herten schar.
si kômen degenlîche   mit samt Sîfride dar.

206 Volgen der von Rîne   niemen man im sach. 205
man mohte kiesen vliezen   den bluotigen bach (204)
durch die vil liehten helme   von Sîfrides hant,
unz er Liudegêren   vor sînen hergesellen vant.

207 Drîe widerkêre   het er nu genomen 206
des hers an ein ende.   nu was ouch Hagene komen; (205)
der half im wol ervollen   in strîte sînen muot.
des tages muose ersterben   von in vil manic ritter guot.

208 Dô der starke Liudegêr   Sîfriden vant, 207
und daz er sô hôhe   truoc an sîner hant (206)
daz vil scharpfe wâfen,   und ir sô manigen sluoc,
dar umbe wart der küene   vor leide zornic genuoc.

209 Dô wart ein michel dringen   und grôz der swerte klanc, 208
dô ir ingesinde   zuo zein ander dranc. (207)
dô versuohten sich die recken   beidenthalben baz.
die schar begunden wîchen;   sich huop dâ grœzlîcher haz.

210 Dem vogete von den Sahsen was daz wol geseit, 209
sîn bruoder was gevangen; daz was im harte leit. (208)
wol wesser, daz iz tæte daz Sigelinde kint.
man zêch es Gêrnôten: vil wol ervant er iz sint.

211 Die slege Liudegêres die wâren alsô starc, 210
daz im under satele strûchte daz marc. (209)
dô sich daz ros erholte, der küene Sîvrit
gewan in dem sturme einen vreislîchen sit.

212 Des half im wol Hagene und ouch Gêrnôt, 211
Ortwîn unde Volkêr: des lag ir vil dâ tôt; (210)
Sindolt unde Hûnolt, die zwêne küene man,
von den vil manic frouwe schaden grôzen dâ gewan.

213 In sturme ungescheiden wâren die künige hêr. 212
dô sach man über helme vliegen manigen gêr (211)
durch die liehten schilde von der degene hant.
man sach dâ var nâch bluote manigen hêrlîchen rant.

---

201 CDb 2. dem stvrme D, den sturmen b. vil *fehlt* b. manige D. recken D, degen b. 3. daz] da b. was] wer b. 4. weltliches b.
202 CDb 2. leschten D. in dem Db. manigen D. 3. warn CD, weren b.
203 CDb 1. wol] ouch D, von b. 2. von ir b. 3. scharfpen C, starcken Db. versluoc D, durch schlug b. 4. streit kunden b. auch schaden b.
204 CDb 2. gehouwen Db. vil *fehlt* Db. wvnden D, wund b. 3. sahe C. daz] rotes D. 4. die *fehlt* D. maniger ritter guot b.
205 CDb 1. horte C. 2. starcken Db.
206 CDb 1. im] nu D. 3. *vor* von *ist* d *gestrichen* b. 4. vor] von CDb.
207 CDb 1. nu *fehlt* b. 3. *vor* ervollen g (*getilgt?*) b. in dem strit D. 4. sterbn D. von in vil *fehlt* Db. manich edel D.
208 CDb 2. truge C. 3. starcke Db. und ir sô] vnd ir D, da mit er b. 4. vor leide fehlt b.
209 CDb 1. von grozzer der swerte chlanch (von *gestrichen,* vnd *übergeschrieben.* -er *von* grozzer *gestrichen und unterpunktet*) D. michel klingen von grozz der schwerte clang b. 2. zv ein Db. 3. degen Db.
210 CDb 1. den *fehlt* D. ward b. 2. wer gevangen Db. 3. der sigelinde b. 4. es] sin Db. bevand man iz Db.
211 CDb 1. warn CD. 2. under dem b. daz sin marc D. 3. dô] doch D, daz b. 4. der gewan D. strit D. vreiselichen C.
212 CDb 1. ouch *fehlt* Db. 2. lage C. 4. vil *fehlt* b.
213 CDb 1. warn CD. 2. fliessen b. 4. gevar D.

214 In dem starken sturme   erbeizte manic man 213
nider von den rossen.   ein ander liefen an (212)
Sîfrit der küene   und ouch Liudegêr.
dâ striten wol nâch êren   die helede küen unde hêr.

215 Dô flouc daz schiltgespenge   von Sîfrides hant. 214
den sig gedâht erwerben   der helt von Niderlant (213)
an den küenen Sahsen;   die dolten ungemach.
hei, waz dâ liehter ringe   der snelle Dancwart zebrach!

216 Dô het der herre Liudegêr   ûf eime schilde erkant 215
gemâlet eine krône   vor Sîfrides hant. (214)
wol wesser, daz iz wære   der übermüete man.
der helt zuo sînen friunden   starke ruofen began:

217 'Geloubet iuch des sturmes,   mâge unde man: 216
sun den Sigemundes   ich hie gesehen hân; (215)
von Niderlant den starken   hân ich hie bekant.
in hât der übil tiufel   her zen Sahsen gesant.'

218 Die vanen wurden lâzen   in dem sturme nider. 217
frides er dô gerte;   des wert man in sider. (216)
doch muoser werden gîsel   in Guntheres lant.
daz het an im ertwungen   des küenen Sîfrides hant.

219 Mit gemeinen râte   sô liezen si den strît. 218
dürkel vil der helme   und ouch der schilde wît (217)
si leiten von den handen;   swaz sô man der vant,
die truogen bluotes varwe   von der Buregonden hant.

220 Si viengen swen si wolden;   des heten si gewalt. 219
Gêrnôt der herre   und Hagene ein degen balt (218)
die wunden hiezen bâren.   si fuorten mit in dan
zuo den Buregonden   fünf hundert wætlîcher man.

221 Die sigelôsen recken   ze Tenemarken riten. 220
dô enheten ouch die Sahsen   sô hôhe niht gestriten, (219)
daz man in lobes jæhe;   daz was den heleden leit.
dô wurden ouch die veigen   von friunden sêre gekleit.

222 Si hiezen daz gewæfen   wider soumen an den Rîn. 221
ez hete wol geworben   mit den recken sîn (220)
Sîfrit der starke   het ez guot getân.
des im dô jehen muosen   alle Guntheres man.

223 Gegen Wormez sande der herre Gêrnôt. 222
heim zuo sîme lande den friunden er enbôt, (221)
wie im gelungen wære und den sînen man.
ez heten die vil küenen wol nâch êren getân.

224 Die garzûne liefen; von den wart ez geseit. 223
dô freuten sich die schœnen, die ê heten leit, (222)
der vil lieben mære, diu in wâren komen.
dâ wart von edeln frouwen vil michel frâgen vernomen,

225 Wie gelungen wære des rîchen küneges man. 224
man hiez der boten einen zuo Kriemhilde gân. (223)
daz geschach vil tougen; jâne torstes überlût,
wan si hete dar under ir vil liebez herzen trût.

226 Dô si den boten kumenden zir kemenâten sach, 225
Kriemhilt diu vil schœne güetlîchen sprach: (224)
'sag an liebiu mære; jâ gib ich dir mîn golt.
tuostuz âne triegen, ich wil dir immer wesen holt.

---

214 CDb 2. lieffens Db. 3. der vil D. 4. straiten b. degen Db.
215 CDb 2. sige C. er werben b. 4. küne b.
216 CDb 2. von b. 4. Der hielt b. sînen friunden] den sinen Db. vil laute Db. ruffen er b.
217 CDb 1. strites Db mag vnd mine man Db. 2. den] des Db. hân] an b. 3. han hie ich D. 4. zu den b.
218 CDb 1. gelazzen D. 2. in *fehlt* C. 4. ab im b.
219 CDb 1. gemeinem Db. sô *fehlt* b. 2. ouch *fehlt* Db. 4. die] si Db. lant C.
220 CDb; 220,4 S
2. Gernot vnd hagen die kvenen recken balt Db. 3. hiez man D. si] und b. fuortens D. 4. gevangen wol funf hundert man DSb.
221 CDb; 221,1 – 221,3: ... iache daz S
2. heten b. 4. von irn vreunden D, von frewden b.
222 CDb 1. samen b. 2. ez] er D. 3. het ain guotz b. 4. dô *fehlt* Db.
223 CDb 2. heime C. herren Db. 3. im] in D.
224 CDb 1. garzûne] gartzun die mit D, gar zuo b. 2. die vrouwen Db. 3. diu] die CDb. 4. vil *fehlt* b. frage genomen b.
225 CDb gelunge C. 2. chriemh' (Zeilenende) C. 3. ia b. getorst D, getorstens b. 4. ir (ires b) liebn hertzen Db.
226 CDb 1. chomen Db. 2a. vil *fehlt* Db. 2b. (vil D) minnichlichen Db.

227 Wie schiet ûz dem strîte   mîn bruoder Gêrnôt, 226
und ander mîne friwende?   ist mir iht maniger tôt? (225)
wer tet dâ daz beste?   daz soltu mir sagen.'
dô sprach der bote biderbe: 'wir heten ninder deheinen zagen.

228 Ze vorderst am strîten   reit niemen alse wol, 227
vil edeliu küniginne,   sît manz iu sagen sol, (226)
sô der gast vil küene   ûzer Niderlant.
dâ worhte michel wunder   des herren Sîvrides hant.

229 Swaz die recken alle   in strîte hânt getân, 228
Dancwart und Hagene   und ander des küniges man, (227)
swaz iemen streit nâch êren,   daz ist gar ein wint
wider Sîfriden,   des künic Sigemundes kint.

230 Si frumten in dem sturme   der helde vil erslagen; 229
doch enkund iu daz wunder   niemen wol gesagen, (228)
waz dâ worhte Sîfrit,   swenn er ze sturme reit.
den vrouwen an ir mâgen   frumet er diu grœzlîchen leit.

231 Ouch muoste dâ belîben   vil maniges wîbes trût. 230
sîne slege man hôrte   ûf helmen alse lût, (229)
daz si von wunden brâhten   daz vliezende bluot.
er ist in allen tugenden   ein ritter küen unde guot.

232 Dâ hât ouch vil begangen   von Mezzen Ortewîn. 231
swaz er ir mohte erlangen   mit den handen sîn, (230)
die muosen wunt belîben   oder meistic tôt.
dâ tet iuwer bruoder   die aller grœzisten nôt,

233 Diu immer in den stürmen   kunde sîn geschehen. 232
man muoz der wârheite   den ûzerwelten jehen: (231)
die stolzen Burgonden   die habent sô gevarn,
daz si vor allen schanden   ir êre kunnen wol bewarn.

234 Man sach dâ vor ir handen   vil manigen satel blôz, 233
dâ von den liehten swerten   daz velt vil lût erdôz. (232)
die recken von dem Rîne   die habent sô gestriten,
daz ez ir vîanden   wære bezzer vermiten.

235 Die küenen Tronegære   die tâten grôziu leit, 234
dâ man mit volkes kreften   zuo zein ander reit. (233)
dâ vrumte manigen tôten   des küenen Hagenen hant,
des vil ze sagene wære   her zer Burgonden lant.

236 Sindolt unde Hûnolt, die Gêrnôtes man, 235
und Rûmolt der vil küene, die hântz sô guot getân, (234)
daz ez Liudegêre mac immer wesen leit,
daz er den mînen herren het ze Rîne widerseit.

237 Strît den aller hôhsten der inder dâ geschach, 236
ze jungest und zem êrsten, den ieman gesach, (235)
den tet vil willeclîche diu Sîfrides hant.
er bringet rîche gîsel in daz Guntheres lant.

238 Die twanc mit sînen ellen der wætlîche man, 237
des ouch der künic Liudegast schaden vil gewan, (236)
und ouch von den Sahsen der küene Liudegêr.
nu hœret mîniu mære, vil edeliu küniginne hêr.

239 Si hât gevangen beide diu Sîfrides hant. 238
ez enwart nie meniger gîsel brâht in ditze lant, (237)
sô nu von sînen schulden kumet an den Rîn.'
ir enkunden disiu mære nimmer lieber gesîn.

---

227 CDb 1. stvrme Db. 2. vnser Db. mir] ir Db. 3. kanstv mir daz gesagen Db. 4. einen Db.
228 CDb 1. an dem strit Db. also Db. wol *fehlt* b. 2. man ewchs b. 3. vil edele Db. 4. herren] kvnen Db.
229 CDb; *ab* 229,2: vñ ander S
1. in] an Db. 3a: striten nach (den D) ern Db. daz was Db. 4. der schonen sigelinden kint DbS.
230 CDb; bis 230,1: ... helde S
1. (in dem) S. 2. doch enkund (kund b) euch nieman daz wunder wol (vol b) gesagen Db. 3. was do D. seyfrid worchte b. zv strite D. 4. die vngefuogen D, vngefüege b.
231 CDb 1. Suss b. 2. sîne] sin Db. horte chlingen vf helme D. 4. in] an b.
232 CDb 1. Do D. het Db. 2. dem swerte Db. 3. wunt] tot D. aller meiste Db.
233 CDb 1. nimmer b. dem sturm Db. 2. den] dem b. 3. die *fehlt* b. 4. daz si (gar D) vor schanden (schande b) Db. chunden wol b.
234 CDb 1. von Db (= Ad). vil *fehlt* b. 2. dâ] do D. 4. pesser wer b, were vil bezzer D.
235 CDb 1. troynere D, tromer b. grozzen D. 2. chrefte D. zein] ein Db. 4. zv der D, ze b.
236 CDb 2. vil *fehlt* b. die kvnen D. die habn ez (haund es b) so getan Db. 3. ez] er C. nimmer b. 4. den mînen] minem Db. ze reine her het b.
237 CDb 1. irgen D. 2. zv iungsten D. ze erste b. man ye D, niemat b. 3. des kunen seyfridz handz b.
238 CDbS 1. sinem DSb. wætlich C, weltliche b. 3. der küene] sin brvder DbS. 4. hœre (horent b) vremde mere Db.
239 CDb 1. diu] des b. 2. ward Db. braht her in dise D. 3. kvment D. 4. chundent b.

240 'Man bringet der gesunden fünf hundert oder baz, 239
und der verchwunden, frouwe, wizzet daz, (238)
wol ahzec rosbâre in Burgonden lant,
die meistec hât verhouwen des küenen Sîfrides hant.

241 Die durch ir übermüeten widersageten an den Rîn, 240
die müezen nu gevangen die Guntheres sîn. (239)
die bringet man mit freuden her in ditze lant.'
dô erblüet ir liehtiu varwe, dô si diu mære reht ervant.

242 Ez wart ir lieht antlütze vor liebe rôsen rôt, 241
dô mit liebe was gescheiden ûz der grôzen nôt (240)
der minneclîche recke, Sîvrit der junge man.
si vreut ouch sich ir friunde; daz was von schulden getân.

243 Dô sprach diu minneclîche: 'du hâst mir wol geseit. 242
du solt haben dar umbe ze miete rîchiu kleit (241)
und zehen marc von golde heiz ich dir tragen.'
des mag man solchiu mære rîchen frouwen gerne sagen.

244 Man gab im sîne miete, daz golt und ouch diu kleit. 243
dô gie an diu venster vil manic schœniu meit. (242)
si warten ûf die strâze: rîten man dô vant
vil der hôchgemuoten in der Burgonden lant.

245 Dâ kômen die gesunden, die wunden tâten sam. 244
si mohten grüezen hœren von vriunden âne scham. (243)
der wirt gein sînen gesten vil vrœlîchen reit;
mit vreuden was verendet daz sîn vil grœzlîche leit.

246 Dô enpfie er wol die sîne, die vremden tet er sam, 245
wan dem rîchen künige anders niht enzam (244)
wan danken güetlîche die im wâren komen,
daz si den sig nâch êren in sturme heten genomen.

247 Gunther bat im mære von sînen friunden sagen, 246
wer im an der reise ze tôde wær irslagen. (245)
dô het er vlorn niemen niwan sehzec man.
verklagen man die muose, sô sît nâch heleden ist getân.

248 Die gesunden brâhten verhouwen manigen rant 247
und helme vil verschrôten in Guntheres lant. (246)
si stuonden von den rossen nider für den sal;
ze liebem antpfange man hôrte vrœlîchen schal.

249 Dô hiez man herbergen die wegemüeden man. 248
der künic sînen gesten danken vil began. (247)
er hiez der wunden hüeten und schaffen in gemach.
wol man sîne tugende an sînen vîanden sach.

250 Er sprach ze Liudegêre: 'nu sît mir willekomen. 249
ich hân von iuwern schulden schaden vil genomen; (248)
der wirt mir nu gebüezet, ob ich gelücke hân.
got lône mînen friunden: si hânt mir liebe getân.'

251 'Ir mugt in gerne danken,' sprach dô Liudegêr, 250
'alsô hôher gîsel gewan nie künic mêr. (249)
umbe schœne huote wir bieten michel guot,
daz ir genædeclîche an mir und mînen friunden tuot.'

252 'Ich wil iuch ledec lâzen,' sprach der künic, 'gên. 251
daz mîne vîande hie bî mir bestên, (250)
des wil ich haben bürgen, daz si mîniu lant
iht rûmen âne hulde.' des sichert dô ir bêder hant.

---

240 CDb 1. bringet *unvollkommen aus* bringen *korrigiert* D. 2. vnd ouch Db. 3. roze bære C, roter bære D, roter pare b. in der Db. 4. meisteil D, den maist tail b. starcken D.
241 CDb 1. ir vbermuote D, iren ubermut b. 2. des guntheres b. 3. ditze] dise D. 4. erkant b.
242 CDb 1. lieth C, *fehlt* b. 2. Daz so wol was gescheiden Db. 3. minneklich C. 4. si vreute sich von hertzen D, sich frewt auch sich vor frewden b.
243 CDb 1. die vreuden riche Db. 3. zehn C. die heizze D. dir] dich b. 4. mocht b. gern C.
244 CDb 1. sulche miete D. daz *fehlt* Db. ouch diu *fehlt* b. 2. giengen b. 3. strazzen D.
245 CDb 1. tâten] raten b. 4. daz sîn] ir b. vil vngefuge (-es b) Db.
246 CDb; *ab* 246,2: chunige ... S
1. sinen Db. den D. 2. getzam DbS. 3. im] da b. warn CD. 4. sige C. in sturmen b, heten in dem strit D.
247 CDb; *bis* 247, 2: ... ersla S 3. niem C. 4. so seit hellde sind getan b.
248 CDb 1. manigen schilt Db. 2. vil *fehlt* D. durch den fvrsten (kunig b) milt Db. 3. vor den frawen b. 4. an/twange D, entfange b.
249 CDb 2. danckes b. 3. in] guot Db. 4. wie wol Db an den D. an seinen frunden b.
250 CDb 1. mir *fehlt* b. 2. ich han grozzen schaden von euwerr schuld genomen Db. 3. nu *fehlt* D. 4. wan si D.
251 CDb 1. Liudegere C. so sprach lvdeger D. 2. hohe b. kunic mere C. 4. vnd an minen D.
252 CDb; *ab* 252,3 ich haben pürgen E
1. sten D. 4. des] die b.

253 Man brâhte si ze ruowe   und schuof in guot gemach. 252
den wunden man gebettet   vil güetlîchen sach; (251)
man schancte den gesunden   met und guoten wîn.
dô kunde daz gesinde   nimmer vrœlîcher sîn.

254 Ir zerhouwen schilde   man behalten truoc. 253
bluotiger sätele   der was dâ genuoc; (252)
die hiez man ouch verbergen,   daz weinten niht diu wîp.
dô kom hermüede   vil maniges küenen ritters lîp.

255 Der wirt pflac sîner geste   vil grœzlîche wol. 254
der vremden und der kunden   was daz lant sô vol. (253)
man hiez der sêre wunden   vil güetlîche pflegen.
dô was ir übermüeten   vil harte ringe gelegen.

256 Die erzenîe kunden,   den bôt man grôzen solt, 255
silber âne wâge,   dar zuo daz liehte golt, (254)
daz si die helde nerten   nâch des strîtes nôt.
dar zuo der künic den gesten   gâbe grœzlîche bôt.

257 Die wider heim ze hûse   der reise heten muot, 256
die bat man noch belîben,   alsô man friunde tuot. (255)
der künic gie ze râte,   wier lônte sînen man:
si heten sînen willen   nâch grôzen êren getân.

258 Dô sprach der herre Gêrnôt: 'man sol si rîten lân. 257
über sehs wochen   sî in daz kunt getân, (256)
daz si komen widere   zeiner hôchgezît:
sô ist maniger geheilet,   der nu vil sêre wunder lît.'

259 Dô gert ouch urloubes   der helt von Niderlant. 258
dô der künic Gunther   den willen sîn ervant, (257)
er bat in minneclîche   noch bî im bestân.
wan durch Kriemhilde,   sô wær ez nimmer getân.

260 Darzuo was er ze rîche,   daz er iht næme solt. 259
er het daz wol verdienet,   der künic was im holt, (258)
sam wâren sîne mâge;   die heten daz gesehen,
waz von sînem ellen   in dem sturme was geschehen.

261 Durch der schœnen willen   gedâhter noch bestân, 260
die er vil gerne sæhe.   sît wart ez getân (259)
al nâch sînem muote: si wart im wol bekant.
sît reit er vrœlîche   heim in sînes vater lant.

262 Der wirt hiez zallen zîten ritterschefte pflegen; 261
daz tet dô willeclîche vil manic junger degen. (260)
díe wîle hiez er sidelen vor Wormze an den sant
den die im komen solden zuo der Burgonden lant.

263 In den selben zîten, dô si nu solden komen, 262
dô het diu vrouwe Kriemhilt diu mære wol vernomen, (261)
er wolde hôchgezîten mit mâgen unde man.
dô wart vil michil vlîzen von schœnen vrouwen getân

264 Mit wæte und mit gebende daz si solden tragen. 263
Uote diu vil rîche diu mære hôrte sagen (262)
von den stolzen degenen, die dâ solden komen.
dô wart ûz der valde guoter wæte vil genomen.

265 Durch ir kinde liebe hiez si dô snîden kleit; 264
dâ mit wart gezieret vil frouwen und manic meit (263)
und vil der jungen recken ûz Burgonden lant.
dâ wart ouch vil der vremden bereitet hêrlîch gewant.

---

253 CDEb 2. petten b. 3. dem gesinde b. moraz vnde win Db.
254 CDEb 1. man do D, man zu b. 2. *nach* setele: man do behalten truoc *durchstrichen* D. 3. dazs fvnden D. 4. chamen vil mude b. vil *fehlt* b. recken Db.
255 CDEb 3. der wunden sere wol (so wol b) zv flizze pflegen Db. 4. vbermuote b. vil *fehlt* Db.
256 CDEb 1. erznie C. wol ertzen D. scholt C, scolt E. 2. daz zuo C. daz liehte] rotes D. 3. des] der E(=Bd). 4. dar zuo *fehlt* Db. den] sinen D. g̊zlich C, vil grozlichen D.
257 CDEb 1. zv hause heime Db. der reise *fehlt* b. 2. *das erste* man *fehlt* C. noch *fehlt* D. als Db. man noch D. 3. hiez im raten Db. sînen] seine b.
258 CDEb 2. daz *fehlt* Db. 3. zv einer Db. hochgecite C. 4. geheilet maniger Db. nu vil *fehlt* b. wnd C.
259 CDEb 1. vz Db. 2. sinen willen D. 3. dugentleichen b. *hinter* bi im *noch einmal* bei im D.
260 CDEb 4. sinen D. den sturmen b.
261 CDEb 1. wold D. er *fehlt* C. 2. gern C. 3. willen Db. warde C. ward si Db. 4. vreudenriche Db.
262 CDEb 1. der ritterschefte Db. 2. dô] vil b. vil *fehlt* b. 3. wil C, weil Db. sedelen D. an] vf D. den] dem b. 4. zuo] in b. der] den C.
263 CDEb 3. vnd mit man Db.
264 CDEb 1. si da solden E. 2. ouch horte Db.
265 CDEb 1. si bereiten Db. 2. manic *fehlt* b. 3. guten Db. ûz] zv Db. 4. do D. vil der] vil den E, den Db. berait b.

V

Âventiure wie Sîvrit Kriemhilt alrêste ersach.

266 Man sach si tägelîche   nu rîten an den Rîn, 265
die zer hôchgezîte   gerne wolden sîn, (264)
die durch der künige liebe   kômen in daz lant.
man gap dâ genuogen   bêdiu ros und ouch gewant.

267 In was ir gesidele   allen wol bereit, 266
den hôhsten und den besten,   als uns daz ist geseit, (265)
zwein und drîzec fürsten   dâ zer hôhgezît.
dâ zierte sich engegene   vil manic juncfrouwe sît.

268 Ez was vil unmüezic   Gîselher daz kint: 267
die vremden und ir mâge   vil güetlîche sint (266)
enpfienger unde Gêrnôt,   und ouch ir beider man.
jâ gruozten si die degene,   als ez nâch êren was getân.

269 Die goltvarwen sätele   si brâhten in daz lant, 268
die zierlîchen schilde   und hêrlîch gewant (267)
durch des wirtes liebe   zuo der hôhgezît.
vil manigen ungesunden   sach man vrœlîchen sît.

270 Die in den peyen lâgen   und heten wunden nôt, 269
die muosin des vergezzen,   wie herte was der tôt. (268)
die siechen ungesunden   die muosin si verklagen.
si freuten sich der mære   gein der hôhgezîte tagen,

271 Wie si leben wolden   dâ zer wirtschaft. 270
wunne âne mâze   mit freuden überkraft (269)
heten al die liute,   swaz man ir dâ vant.
des huop sich michil wunne   über al daz Guntheres lant.

272 An einem pfienstmorgen   sach man für gân 271
gekleidet wunneclîche   vil manigen küenen man, (270)
fünf tûsint oder mêre,   dâ zer hôhgezît,
der lop vil vollеclîche   an den Burgonden lît.

273 Der wirt der het die sinne,   im was wol bekant, 272
wie rehte herzenlîche   der helt von Niderlant (271)
sîne swester trûte,   swier si niene gesach,
der man sô grôzer schœne   vor allen juncfrouwen jach.

274 Er sprach: 'nu râtet alle, mâge und mîne man,
wie wir die hôchgezîte sô lobelîche hân,
daz man uns drumbe iht schelte her nâch dirre zît:
ein ieslîch lop vil stæte ze jungest an den werken lît.'

275 Dô sprach ûzer Mezzen der degen Ortewîn: 273
'welt ir mit vollen êren zer hôchgezîte sîn, (272)
sô sult ir lâzen schouwen diu wunneclîchen kint,
die mit sô vollen êren hie zen Burgonden sint.

276 Waz wære mannes wunne, des freute sich ir lîp, 274
ez entæten schœne meide und hêrlîchiu wîp? (273)
ir lâzet iuwer swester für iuwer geste gân.'
der rât was ze liebe vil manigem degene getân.

277 'Des wil ich gerne volgen,' sprach der künic dô. 275
alle die ez erfunden die wârens harte vrô. (274)
man saget ouch daz froun Uoten und ir tohter wolgetân,
daz si mit ir megeden hin ze hove solde gân.

278 Dô wart ûz den kisten gesuochet guot gewant, 276
swaz man in der valde der liehten wæte vant, (275)
porten unde pouge, des was in vil bereit.
sich zierte minneclîche vil manic wætlîchiu meit.

Überschrift: Chriemh' C, Chriemhilde E, Chrimhilden Db. alrerste E, von aller erz D, erste b. sach b.
266 CDEb 1. nu *fehlt* Db. 2. bi der D, zu der b. 3. in die D. 4. den gab man svmelichem (-n b) Db. ouch *fehlt* b.
267 CDEb 1. gesinde D. 2. daz *fehlt* b. 3. hochgecite C. quamen zv der hochgetzit D. 4. schone vrouwe D. sît] gemait b.
268 CDEb 3. enpfangen von Gernote b.
269 CE
270 CE
271 CE 4. Gvnth^{s}s C.
272 CE 1. pfinxt/morgen E.
273 CE 3. swie er E.
274 CE 1. ratent E.
275 CE
276 CE
277 CE 1. gern C. 2. warns C. 4. solden E.
278 CE 4. ziert C.

279 Vil manic recke tumber des tages hete muot, 277
daz er an ze sehene den frouwen wære guot, (276)
daz er dâ für næme niht eines küniges lant.
si sâhen die vil gerne, die si heten nie bekant.

280 Dô hiez der künic rîche mit sîner swester gân 278
die ir dienen solden, wol hundert sîner man, (277)
ir und sîner mâge; die truogen swert enhant.
daz was daz hofgesinde ûzer Burgonden lant.

281 Uoten die vil rîchen die sach man mir ir komen; 279
diu hete frouwen schœne gesellеclîch genomen (278)
wol hundert oder mêre; die truogen rîchiu kleit.
nu gie mit Kriemhilde vil manic wætlîchiu meit.

282 Von einer kemenâten sach man si alle gân. 280
dô wart vil michel schouwen von recken dar getân, (279)
die des gedingen hêten, ob kunde daz geschehen,
daz si Kriemhilde solden vrœlîchen sehen.

283 Nu gie diu minneclîche alsô der morgenrôt 281
tuot ûz den trüeben wolken. dâ schiet von maniger nôt (280)
der si dâ truog in herzen und lange het getân:
er sach die minneclîchen nu vil hêrlîchen stân.

284 Jâ lûht ir von ir wæte vil manic edel stein; 282
ir rôsenrôtiu varwe vil minneclîche schein. (281)
swer sô wünschen solde, der enkunde niht gejehen,
daz er in dirre werlde hæte schœners iht gesehen.

285 Sam der liehte mâne vor den sternen stât, 283
des schîn sô lûterlîche ab den wolken gât, (282)
dem stuont si vil gelîche vor maniger frouwen guot.
des wart vil wol gehœhet den zieren heleden der muot.

286 Die rîchen kamerære die sach man vor in gân. 284
die hôchgemuoten degene dine wolden daz niht lân, (283)
sine drungen dâ si sâhen die minneclîchen meit.
Sîvride dem edelen was beidiu lieb unde leit.

287 Er dâht in sînem muote: 'wie kunde daz ergân, 285
daz ich dich minnen solde, als ich gedingen hân? (284)
sol aber ich dich vremden, sô wær ich sanfter tôt.'
er hete von ir schulden tougen lieb unde nôt.

288 Dô stuont sô minneclîche   daz Sigemundes kint, 286
sam er entworfen wære   an ein permint (285)
von guoter meister listen,   als man im dô jach,
daz man helt deheinen   sô wætlîchen nie gesach.

289 Die mit Kriemhilde giengen,   die hiezen von den wegen 287
wîchen allenthalben: daz leiste manic degen. (286)
diu hôhe tragenden herzen   freuten manigen lîp.
man sach in grôzen zühten   vil manic hêrlîchez wîp.

290 Dô sprach von Burgonden   der herre Gêrnôt: 288
'der iu sînen dienest   sô minneclîche bôt, (287)
Gunther, lieber bruoder,   dem sult ir tuon alsam
vor allen disen degenen;   des râts ich nimmer mich gescham.

291 Ir heizet Sîfriden,   den Sigemundes sun, 289
gên zuo Kriemhilde,   ob ir wol wellet tuon. (288)
diu nie gegruozte recken,   diu sol in grüezen pflegen,
dâ mit wir zeinem vriunde   haben den zierlîchen degen.'

292 Dô giengens wirtes mâge,   dâ man den recken vant. 290
si sprâchen zuo dem künige   ûzer Niderlant: (289)
'der wirt hât iu erloubet,   ir sult ze hove gân.
sîn swester sol iuch grüezen: daz ist zen êren iu getân.'

293 Dô wart der degen guote   der mære vil gemeit. 291
jâ truoger in dem muote   lieb âne leit, (290)
daz er sehen solde   daz wunneclîche kint.
mit minneclîchen tugenden   si gruozte Sîfriden sint.

---

279 CE
280 CE
281 CE
282 CE 2. dô] da C. dar] gar C.
283 CE
284 CE 3. derne chvnde E.
285 CE 1. stern C.
286 CE 1. man *fehlt* C. 4. *vor* beidiu : beidu *durchgestrichen* E.
287 CE 4. het C.
288 CE 4. nie so wætlichen sach E.
289 CE
290 CE
291 CE 4. da mite E.
292 CE 3. iv hat E.
293 CE

294 Dô si den hôchgemuoten vor ir stênde sach, 292
dô enzunde sich ir varwe. diu schœne maget sprach: (291)
'sît willekomen, her Sîfrit, ein edel ritter guot.'
dô wart im von dem gruoze vil wol gehœhet der muot.

295 Er neigir vlîzeclîche: bî henden si in vie. 293
wie rehte minneclîche der recke bî ir gie! (292)
mit lieben ougenblicken ein ander sâhen an
der herre und ouch diu frouwe: daz wart tougenlîch getân.

296 Wart iht dâ friuntlîche getwungen wîziu hant 294
von herzenlieber minne, daz ist mir unbekant. (293)
doch enmac ich niht gelouben, daz ez wurde lân.
si het im holden willen harte schiere kunt getân.

297 Bî der sumerzîte und gein des meien tagen 295
kunder in sînem herzen nimmer mê getragen (294)
minneclîcher freuden denner ir dô gewan,
dô im diu gie sô nâhen, die er ze trûte wolde hân.

298 Dô gedâhte manic recke: 'und wær mir sam geschehen, 296
daz ich ir gienge in hende, sam ich in hân gesehen, (295)
oder bî ze ligene, daz liez ich âne haz.'
ez gediente noch nie recke nâch einer küniginne baz.

299 Von swelher künige landen die geste kômen dar, 297
die nâmen al gemeine niwan ir zweier war. (296)
ir wart erloubet küssen den wætlîchen man:
im wart bî sînem lebene nie sô liebe getân.

300 Der künic von Tenemarke der sprach sâ zestunt: 298
'diss vil hôhen gruozes lît maniger ungesunt, (297)
des ich vil wol enpfinde, von Sîfrides hant.
got enlâze in nimmer mêre komen in mîniu fürsten lant.'

301 Dô hiez man allenthalben wîchen von den wegen 299
den minneclîchen frouwen. vil manigen küenen degen (298)
sach man gezogenlîchen ze hofe mit ir gân.
sît wart von ir gescheiden der vil wætlîche man.

302 Dô gie si zuo dem münster: ir volgete manic wîp. 300
dô was ouch sô gezieret der Kriemhilde lîp, (299)
daz dâ hôher wünsche maniger wart verlorn.
si was dâ zougenweide vil manigen recken geborn.

303 Vil kûme erbeite Sîfrit,   daz man dâ gesanc. 301
er mohte sînen sælden   immer sagen danc, (300)
daz im diu was sô wæge,   die er in herzen truoc.
ouch was er der schœnen   holt von schulden genuoc.

304 Dô si kom für daz münster   sam er ê hete getân, 302
man sach in friuntlîche   zuo Kriemhilde gân. (301)
dô begunde im danken   diu vil schœniu meit,
daz er vor ir mâgen   sô rehte hêrlîchen streit.

305 'Nu lôn iu got, her Sîfrit,'   sprach daz schœne kint, 303
'daz ir daz habt verdienet,   daz iu die recken sint (302)
sô holt von wâren schulden,   als ich si hœre jehen.'
dô begunder minneclîche   an vroun Kriemhilden sehen.

306 'Ich sol in immer dienen,'   alsô sprach der degen, 304
'und enwil mîn houbet   nimmer ê gelegen, (303)
ich engedien ir hulde,   als ich des willen hân.
des ist ein teil, frou Kriemhilt,   nâch iuwern hulden ergân.'

307 Inre tagen zwelfen,   der tage al ieslîch, 305
sach man bî dem recken   die maget lobelîch, (304)
sô si ze hofe solde   vor den fürsten gân.
diu êre wart dem degene   durch grôze liebe getân.

308 Vreude unde wunne,   vil grœzlîchen schal 306
sach man dâ tägelîche   vor Guntheres sal, (305)
dar ûz und ouch dar inne,   von manigem küenen man.
Ortwîn unde Hagene   grôzer wunder dâ began.

---

294 CE 2. magt C. 3. herre C.
295 CE 1. hende E.
296 CE
297 CE
298 CE
299 C; *bis* 299,4: im wart bi E
300 *Str. 300 bis 328 nur C.*
301 4. wætlich C.
303 1. erbeit C.
304 2. sahe C.
305 3. warn C. 4. kriemehilden C.
307 1. tage C. ieselich C.
308 3. chvnigen C.

309 Swes iemen pflegen solde, des wâren si bereit 307
mit volleclîcher mâze, die helde vil gemeit. (306)
des wurden von den gesten die recken wol bekant.
dâ von was gezieret allez Guntheres lant.

310 Die ê dâ wunde lâgen, die sach man für gân: 308
si wolden kurzwîlen mit des küniges man, (307)
schirmen mit den schilden und schiezen manigen schaft.
des hulfen in genuoge: si heten grœzlîche kraft.

311 In der hôchgezîte der wirt der hiez ir pflegen 309
mit der besten spîse. er hete sich bewegen (308)
aller hande schande, die ie künic gewan.
man sach in minneclîche zuo den sînen gesten gân.

312 Er sprach: 'ir guoten degene, ê daz ir scheidet hin, 310
sô nemt die mîne gâbe: alsô stêt mîn sin, (309)
daz ich ez immer diene. versmæht niht mîn guot:
daz wil ich mit iu teilen; des hân ich willigen muot.'

313 Die von Tenemarke sprâchen sâ zehant: 311
'ê daz wir wider rîten heim in unser lant, (310)
wir gern stæter suone und geben michel guot
und setzen iu des sicherheit, swie iuch des selben dunket guot.'

314 Liudegast geheilet sîner wunden was: 312
der vogt von den Sahsen nâch strîte wol genas. (311)
etteslîche tôten si liezen dar enlant.
dô gie der künic Gunther dâ er Sîvriden vant.

315 Er sprach zuo dem degene: 'nu râte, wie ich tuo. 313
die unser widerwinnen wellent rîten fruo (312)
und gernt stæter suone an mich und mîne man.
nu râtâ, degen küene, waz dich des guot dunke getân.

316 Waz mir die helde bieten, daz wil ich dir sagen: 314
swaz fünfhundert mœre goldes mügen tragen, (313)
daz gæben si mir gerne, wold ich si ledic lân.'
dô sprach der herre Sîvrit: 'daz wære vil übele getân.

317 Ir sult si ledeclîchen hinnen lâzen varn, 315
und daz die recken beide mêre wol bewarn, (314)
daz si immer mêr gerîten mit here in iuwer lant,
des lât iu sicherheite tuon der beider herren hant.'

318 'Des râtes wil ich volgen.' dâ mite si giengen dan. 316
den sînen widerwinnen wart daz kunt getân, (315)
ir goldes gerte niemen daz si dâ buten ê.
dâ heime ir lieben friunden was nâch den hermüeden wê.

319 Vil manige schilde volle man dar schatzes truoc. 317
er teiltes âne wâge den friunden sîn genuoc, (316)
bî fünfhundert marken, und eteslîchen baz.
Gêrnôt der vil küene der riet Gunthere daz.

320 Urloup si alle nâmen, alsô si wolden dan. 318
dô sach man die recken für Kriemhilde gân, (317)
und ouch dâ frou Uote diu küniginne saz.
ez enwart noch nie degenen mêre geurloubet baz.

321 Herberge wurden lære, dô si von dannen riten. 319
noch bestuont dâ heime mit ritterlîchen siten (318)
der künic mit sînen mâgen, vil manic edel man.
die sach man tägelîche für froun Kriemhilde gân.

322 Urloup ouch nemen wolde Sîvrit der helet guot: 320
ern trûte niht verenden des er dâ hete muot. (319)
der künic daz sagen hôrte, daz er wolde dan.
Gîselher der junge den degen vlêgen dô began:

323 'War woldet ir nu rîten, vil edel Sîvrit? 321
belîbet bî den degenen, tuot des ich iuch bit, (320)
bî Gunthere dem künige und ouch bî sînen man.
hie ist vil schœner frouwen, die sol man gerne iuch sehen lân.'

324 Dô sprach der starke Sîvrit: 'diu ros diu lâzet stân 322
– ich wolde hinnen rîten: des wil ich abe gân – (321)
und traget ouch hin die schilde. jâ wold ich in mîn lant.
des hât mich her Gîselher mit grôzen triuwen erwant.'

---

309 1. warn C.
321 4. man nv C.
323 2. bite C.

325 Sus beleip der küene recke   durch friwende liebe dâ. 323
jâ wær er in den landen   ninder anderswâ (322)
gewesen alsô sanfte.   dâ von nu daz geschach,
daz er nu, swenner wolde,   die schœnen Kriemhilde sach.

326 Durch ir unmâzen schœne   der herre dô beleip. 324
mit maniger kurzewîle   man im die zît vertreip, (323)
wan daz in twanc ir minne: diu gab im dicke nôt.
dar umbe sît der küene   lac vil jæmerlîche tôt.

327 Iteniuwe mære   sich huoben umben Rîn. 325
ez sprâchen zuo dem künige   die hôsten mâge sîn, (324)
war umbe er niht ennæme   ein wîp zuo sîner ê.
dô sprach der künic rîche: 'ine wil niht langer bîten mê.

328 Des wil ich mich berâten,   wâ ich die müge nemen,
diu mir und mîme rîche   ze frouwen müge zemen
an edel und ouch an schœne: der gib ich mîniu lant.
als ich die reht ervinde,   si sol iu werden wol bekant.'

VI

Âventiure wie sich Gunther gein Îslande hin ze Prünhilt bereite.

329 Ez was ein küniginne gesezzen über sê; 326
ir gelîche enheine man wesse ninder mê: (325)
diu was unmâzen schœne, vil michel was ir kraft.
si schôz mit snellen degenen umbe minne den schaft.

330 Den stein den warf si verre, dar nâch si wîte spranc. 327
swer an si wenden wolde sînen gedanc, (326)
driu spil muoser an behaben der frouwen wol geborn:
gebrast im an dem einen, er het daz houbet sîn verlorn.

331 Des het diu küniginne unmâzen vil getân. 328
dô gevriesch ez bî dem Rîne ein ritter wolgetân, (327)
der wande sîne sinne an daz hêrlîche wîp.
darumbe muosin helede sît verliesen den lîp.

332 Dô si eines tages sâzen, der künic und sîne man,
manigen ende si ez mâzen beidiu wider und dan,
welhe ir herre möhte zeinem wîbe nemen,
diu im ze frouwen töhte und ouch dem lande möhte zemen.

333 Do sprach der vogt von Rîne: 'ich wil nider an den sê 329
hin ze Prünhilde, swie ez mir ergê. (328)
durch ir unmâzen schœne sô wâge ich mînen lîp:
den wil ich verliesen, sine werde mîn wîp.'

---

328 1. mich *fehlt* C.

Überschrift: *fehlt* a. Prvnh' C.
329 Ca 1. Es was gesezzenn ein chunigin uber see a. 2. irin geleich west man nit mer a. 4. mit gleich gesiptenn degenn umb ir minne den ger si schos a.
330 Ca 1. *das zweite* den *fehlt* a. dartzue a. weitten a. 3. mvserr C, mues er ann a. 4. gepräch ir ann ainem a. sîn *fehlt* a.
331 Ca 2. chunig a. 3. sein sin a. 4. *fehlt* a.
332 Ca 1. aines tages sazz der chunig und sein mann a. 2. ez *fehlt* a. und *fehlt* a. 3. irem herrenn a. 4. taüchte a.
333 Ca 2. Prünhilde] kchreimhildenn a. 3. unmâzen] grossen a. 4. sy enwerdee a.

334 'Daz wilich widerrâten,'   sprach dô Sîvrit,   330
'jâ hât diu küniginne   sô vreislîche sit,   (329)
swer umb ir minne wirbet,   daz ez im hôhe stât.
des muget ir der reise   haben wærlîchen rât.'

335 Dô sprach der künic Gunther: 'nie geborn wart ein wîp,
sô starc und ouch so küene,   ine wolde wol ir lîp
in strîte betwingen   mit mîn selbes hant.'
'swîget,' sprach dô Sîfrit,   'iu ist ir ellen unbekant.

336 Und wæren iuwer viere,   dine kunden niht genesen
von ir vil grimmen zorne.   ir lât den willen wesen,
daz rât ich iu mit triuwen.   welt ir niht ligen tôt,
sône lât iuch nâch ir minne   niht ze sêre wesen nôt.'

337 'Sô wilich iu wol râten,'   sprach dô Hagene,   331
'ir bitet Sîfride   mit iu ze tragene   (330)
die vil starken sorge,   daz ist nu mîn rât,
sît im daz ist sô kündic,   wiez umbe Prünhilde stât.'

338 Er sprach: 'wiltu mir helfen,   degen Sîfrit,   332
die minneclîche erwerben?   tuostu des ich dich bit,   (331)
und wirt mir zeinem trûte   daz hêrlîche wîp,
ich wil durch dînen willen   wâgen êre unde lîp.'

339 Des antwurte Sîfrit: 'swie mir mîn dinc dâ kum,   333
gîstu mir dîn swester,   sô bin ich dir frum,   (332)
die schœnen Kriemhilde,   ein küniginne hêr;
ine ger deheiner miete   nâch mînen arebeiten mêr.'

340 'Daz lobe ich,' sprach dô Gunther,   'Sîvrit, an dîne hant: 334
und kumt diu schœne Prünhilt   her in ditze lant,   (333)
sô wil ich dir ze wîbe   die mîne swester geben:
sô mahtu mit der schœnen   immer vrœlîche leben.'

341 Des swuoren si dô eide,   die recken vil hêr.   335
des wart ir arebeiten   verre deste mêr,   (334)
ê si die wolgetânen   bræhten an den Rîn.
des muosen die vil küenen   starke sorgende sîn.

342 Von wilden getwergen   hân ich gehœret sagen,
si sîn in holn bergen,   und daz si ze scherme tragen
einez, heizet tarnkappen,   von wunderlîcher art:
swerz hât an sîme lîbe,   der sol vil gar wol sîn bewart

343 Vor slegen und vor stichen, in müge ouch niemen sehen,
swenner sî dar inne. beide hœren unde spehen
mag er nâch sinem willen, daz in doch niemen siht;
er sî ouch verre sterker, als uns diu âventiure giht.

344 Mit im fuorte Sîfrit die tarnkappen dan, 336
die der helt vil küene mit sorgen gewan (335)
ab einem getwerge, daz hiez Albrîch.
sich bereiten zuo der verte die degen küene unde rîch.

345 Alsô der starke Sîfrit die tarnkappen truoc, 337
sô het er dar inne krefte genuoc, (336)
zwelf ander manne sterke, als uns ist geseit.
er gewan mit grôzen listen die vil hêrlîchen meit.

346 Ouch was diu selbe tarnhût alsô getân, 338
daz dar inne worhte ein ieslîcher man (337)
swaz er selbe wolde, daz in doch niemen sach.
sô gewan er Prünhilde. dâ von im leide sît geschach.

347 'Du solt mir sagen, Sîfrit, ê unser vart ergê, 339
daz wir mit vollen êren komen an den sê, (338)
suln wir iht ritter füeren in Prünhilde lant?
zwei tûsint degene die werdent schiere besant.'

---

334 Ca 2. site C. vill fraisleich sittenn a. 3. swär wer umb a.
335 Ca 1. ez ward nie chain weib gepornn a. 2. ich wollt a. 4. sind ir ckchrefft a.
336 Ca 2. von] vor a. grimygenn a. 3. ich *fehlt* a. 4. so a. so sere a.
337 Ca 1. dô *fehlt* a. 2. ir *fehlt* a. 3. nu *fehlt* a. 4. side C. seitt im das chünndig ist a. kreimhildenn a.
338 Ca 1. do sprach chunig ckunnther wildu mir herre seifrid helfenn a. 2. dich *fehlt* a. bite C. 3. zeetrautt a.
339 Ca 1. anwurtt im a. so da chäme a. 2.3. so pin ich frum dir zewerbenn die schonenn a. 4. meiner arbaitt a.
340 Ca 1. dô] chunig a. Sîvrit *fehlt* a. 2. ckchreimhilt a. 3. so gib ich dir die swester mein a. 4. mit der schœnen] mit^{s} schonne a. immer froleich sein a.
341 Ca 1. vil hêr] herleich a. 2. aribaitt a. michel dester a. 4. des muestenn die starkchenn vnd die chuenen inn grozzenn sargen sein a.
342 Ca 2. die sind in holenn pergenn a.
343 Ca 1. gesehenn a. 2. sî *fehlt* a. 4. uns *fehlt* a.
344 Ca 1. dan] an Ca. 2. helt *fehlt* a.
345 Ca 4. vil *fehlt* a.
346 Ca 1. dieselbenn tarnnkchappenn a. 3. selbe *fehlt* a. daz in] vnd inn a. 4. Kreimhildenn a. sît *fehlt* a.
347 Ca 3. Krimhildenn a.

348 'Swie vil wir volkes fuorten,' sprach dô Sîfrit, 340
'ez pfliget diu küniginne sô eislîcher sit,
die müesen alle ersterben von ir übermuot.
ich wil iuch baz bewîsen, degen küene unde guot.

349 Wir suln in recken wîse varn ze tal den Rîn. 341
die wil ich iu nennen, die daz suln sîn:
zuo uns zwein noch zwêne unde niemen mê;
sô erwerben wir die frouwen, swiez uns dar nâch ergê.

350 Der gesellen sît ir einer, der ander sol ich wesen, 342
Hagene sî der dritte (wir mugen wol genesen), (339)
Dancwart sî der vierde, der vil küene man.
uns endurfen ander tûsint mit strîte nimmer bestân.'

351 'Diu mære ich wiste gerne,' sprach der künic dô, 343
'ê daz wir hinne schieden, des wære ich harte vrô, (340)
waz wir kleider solden vor Prünhilden tragen,
diu uns dâ wol gezæmen: daz sult ir mir bî zîte sagen.'

352 'Wât die allerbesten, die ie man bevant, 344
die treit man zallen zîten in Prünhilde lant. (341)
des suln wir rîchiu kleider vor der frouwen tragen,
daz wirs iht haben scande, sô man diu mære hœre sagen.'

353 Dô sprach der degen guoter: 'sô wil ich selbe gân 345
zuo mîner lieben muoter, ob ich erwerben kan,
daz uns ir schœne mägede helfen prüeven kleit,
diu wir tragen mit êren für die hêrlîchen meit.'

354 Dô sprach von Tronege Hagene mit hêrlîchen siten: 346
'wes welt ir iuwer muoter solher dienste biten?
lât iuwer swester hœren wes wir haben muot:
si ist sô kunstrîche, daz diu kleider werdent guot.'

355 Dô enbôt er sîner swester, daz er si wolde sehen 347
und ouch der herre Sîfrit. ê daz daz was geschehen, (342)
dô hete sich diu schœne ze wunsche wol gekleit.
daz si sie sehen wolden, des was si vrô und ouch gemeit.

356 Dô was ouch ir gesinde gezieret als ir gezam. 348
die fürsten kômen beide, dô si daz vernam, (343)
dô stuont si von dem sidele. mit zühten si dô gie
dâ si den gast vil edelen und ouch ir bruoder enpfie.

357 'Willekomen sî mîn bruoder   und der geselle sîn. 349
diu mære wist ich gerne,'   sô sprach daz magedîn, (344)
'waz ir werben woldet,   sît ir ze hofe gât.
daz lât mich beide hœren,   wiez iu hôchgemuoten stât.'

358 Dô sprach der künic rîche: 'frouwe, ich wilz iu sagen: 350
wir müezin michel sorgen   bî hôhem muote tragen; (345)
wir wellen hobeschen rîten   verre in vremdiu lant;
wir solden zuo der reise   haben zierlîch gewant.'

359 'Nu sitzet, lieber bruoder,'   sprach daz küniges kint, 351
'lât mich diu mære hœren,   wer die frouwen sint, (346)
der ir dâ gert mit minnen   in ander fürsten lant.'
die ûzerwelten beide   nam diu frouwe bî der hant.

360 Dô gie si mit den degenen   dâ si selbe saz: 352
matraz diu rîchen,   ir sult gelouben daz, (347)
lâgen allenthalben   an dem vletze nider.
si heten bî den frouwen   guote kurzwîle sider.

361 Vil lieplîcher blicke   und minneclîchez sehen, 353
des mohte dâ in beiden   harte vil geschehen: (348)
er truoc si imme herzen,   si was im sô der lîp.
er erwarp mit starkem dienste,   daz si doch sider wart sîn wîp.

362 Dô sprach der künic Gunther: 'vil edel swester mîn, 354
âne dîne helfe   sône kundez niht gesîn.
wir wellen kurzewîlen   in Prünhilde lant.
dâ bedorften wir zu tragene   vor frouwen hêrlîch gewant.'

---

348 Ca 1. fuerenn a. dô *fehlt* a. 2. fraislicher a. site C. 3. sterwenn a. 4. *fehlt* a.
349 Ca 349–350 wir czwen vnd hangene sey der dritt vnd dankbartt sei der
350 Ca vierd vnn niemant mer so erberbenn wir die frauenn wie ez vns darnach erge vns betuerenn tausennt inn streitte nimer bestann a.
351 Ca 1. weste ich a. sprach chunig gunther do a. 2. vonn hinnen a. 3. waz wir chlaider vor ckreimhildenn soldenn tragenn a. 4. die vns da ertenn vor der maget schonn a.
352 C; *in* a *fehlen – ohne Lücke in der Hs. – die Strophen* 352–401 1. ieman C.
353 4. diu] die C.
356 4. dâ] do C.
357 3. was C.
360 4. guot C.
362 3. zvͤrcewilen C.

363 Dô sprach diu küniginne: 'vil lieber bruoder mîn, 355
swaz der mînen helfe dar an kan gesîn,
des bringe ich iuch wol innen, daz ich iu bin bereit.
versagt iu ander iemen, daz wære Kriemhilde leit.

364 Irn sult mich, ritter edele, niht sorgende biten: 356
jâ sult ir mir gebieten mit hêrlîchen siten.
swaz sô iu gevalle, des bin ich bereit,
und tuon ez willeclîche,' sprach diu hêrlîche meit.

365 'Wir wellen, liebiu swester, tragen guot gewant; 357
daz sol helfen prüeven iuwer wîziu hant;
des volziehen iuwer mägede, daz ez uns rehte stât,
wand ich dirre verte hân deheiner slahte rât.'

366 Dô sprach diu juncfrouwe: 'ine wil iu niht versagen. 358
ich hân selbe sîden, nu heizet uns her tragen (349)
gestein ûf den schilden, sô machen wir diu kleit,
daz ir si traget mit êren für die hêrlîchen meit.

367 Wer sint die gesellen,' sprach diu künigîn, 359
'die mit iu gekleidet ze hofe suln sîn?' (350)
'daz bin ich und Sîfrit und zwêne mîner man:
Dancwart und Hagene, die suln mit uns ze hofe gân.

368 Nu merket, liebiu swester, rehte waz wir sagen: 360
daz wir vier gesellen ze vier tagen tragen (351)
ie drîer hande kleider und alsô guot gewant,
daz wir âne scande rûmen Prünhilde lant.'

369 Daz lobte si den recken. die herren schieden dan. 361
dô hiez ir juncfrouwen drîzec meide gân (352)
ûz ir kemenâten Kriemhilt diu künigin:
die vil werkspæhen ze künste heten grôzen sin.

370 Aller hande sîden und wîz sô der snê 362
von Zazamanc dem lande grüen alsô der klê, (353)
dar in si leiten steine; des wurden guotiu kleit.
selbe sneit si Kriemhilt, diu vil minneclîche meit.

371 Von vremder vische hiuten bezoc wolgetân, 363
ze sehen werden liuten, swaz man der gewan, (354)
die dachte man mit sîden, golt dar in getragen.
man möhte michel wunder von der liehten wæte sagen.

372 Von Marroch ûz dem lande   und ouch Libyân,   364
die aller besten sîden,   die ie mêr gewan   (355)
deheines küniges künne,   der heten si genuoc.
diu frouwe lie wol schînen,   daz si in holden willen truoc.

373 Wande sis zer hovereise   heten sô gegert,   365
die hermînen vedere   dûhten si unwert.   (356)
pfelle dar obe lâgen   swarz alsam der kol:
daz noch snellen degenen   stüende in hôchgezîten wol.

374 Uz arâbischem golde   vil gesteines schein.   366
der frouwen unmuoze   diu enwas niht klein: (357)
inre sehs wochen   bereiten si diu kleit.
dô was ouch ir gewæfen   den guoten degenen bereit.

375 Dô si bereitet wâren,   dô was in ûf den Rîn   367
bereitet vlîzeclîche   ein starkez schiffelîn,   (358)
daz si tragen solde   vol nider ûf den sê.
den schœnen juncfrouwen   tet ir arebeiten wê.

376 Dô sagt man den recken,   in wæren nu bereit,   368
diu si dâ füeren solden,   ir zierlîchen kleit;
alsô die helde gerten,   daz was nu getân.
dône wolden si niht langer   bî dem Rîne bestân.

377 Nâch den hergesellen   wart balde dô gesant,   369
ob si schouwen wolden   niuwez ir gewant,   (359)
ob iz den helden wære   ze rehte kurz und lanc.
des sageten si den frouwen   von schulden grœzlîchen danc.

378 Für alle die si kômen,   die muosen in des jehen,   370
daz si ze der werlde hæten   schœners niht gesehen;
des mohten si sie gerne   dâ ze hove tragen.
von bezzer helde wæte   kunde iu nieman niht gesagen.

---

371   3. die dache C.
376   1. wærn C.

379 Vlîzeclîche danken wart dâ niht verdeit. 371
urloubes von in gerten die recken vil gemeit: (360)
in ritterlîchen zühten die herren tâten daz.
des wurden liehtiu ougen weinens trüebe unde naz.

380 Si sprach: 'vil lieber bruoder, ir möhtet noch bestân 372
und wurbet ander frouwen, daz hiez ich wol getân, (361)
dâ iu sô sêre enwâge stüende niht der lîp.
ir mugt hie nâher vinden ein alsô hôchgeborn wîp.'

381 Ich wæn, in saget ir herze daz in dâ von geschach. 373
si weinten al gemeine, swaz ieman drumbe sprach. (362)
ir golt in vor den brüsten wart von trähenen sal;
die vielen in genôte von den ougen hin ze tal.

382 Sie sprach: 'herre Sîvrit, lât iu bevolhen sîn 374
ûf triuwe und ûf genâde den lieben bruoder mîn, (363)
daz im iht gewerre in Prünhilde lant.'
daz lobt ir der herre mit guotem willen in die hant.

383 Dô sprach der degen küene: 'ob mir mîn lîp bestât, 375
sô sult ir aller sorgen, frouwe, haben rât: (364)
ich bringen iu gesunden her wider an den Rîn,
daz habt ûf mîme lîbe.' im neic das schœne magedîn.

384 Ir goltrôten schilde die truog man ûf den sant, 376
und brâht in zuo dem schiffe allez ir gewant; (365)
ir ros hiez man in ziehen: si wolden varn dan.
dô wart von schœnen frouwen vil michel weinen getân.

385 Dô stuonden in den venstern diu minneclîchen kint: 377
ir scif mit dem segele daz ruort ein hôher wint: (366)
die stolzen hergesellen vluzzen zetal den Rîn.
dô sprach der künic Gunther: 'wer sol nu schifmeister sîn?'

386 Dô sprach der starke Sîvrit: 'ich kan iuch ûf der fluot 378
hinnen wol gefüeren, daz wizzet, helede guot: (368)
die rehte wazzerstrâzen die sint mir wol bekant.'
mit freuden si dô schieden ûz der Buregonden lant.

387 Der künic von Niderlanden eine schalten genam: 379
von stade begunde schieben der helt vil lobesam. (368)
Gunther der küene selbe ein ruoder truoc.
si huoben sich von lande und wâren vrœlîch genuoc.

388 Si fuorten rîche spîse,   dar zuo den besten wîn,   380
den man inder kunde   vinden umben Rîn.   (369)
Dancwart, Hagenen bruoder,   der saz unde zôch
an eime starken ruoder: er truoc den muot unmâzen hôch.

389 Ir vil starken segelseil   wurden in gestraht: 381
si fuoren manige mîle   ê daz ez wurde naht;   (370)
mit freuden si dô kômen   vol nider an den sê.
ir starkez arebeiten   tet sît den hôchgemuoten wê.

390 Inre tage zwelven,   sô wir hœren sagen,   382
heten si die winde   verre dan getragen   (371)
gein Îsensteine   in Prünhilde lant:
daz het von Tronege Hagene   ê vil selten bekant.

---

387   4. warn C.

VII

Âventiure wie Gunther ze Îslande mit sînen gesellen kom.

391 Dô der künic Gunther sô vil der bürge sach 383
und ouch die wîten marke, wie balder dô sprach: (372)
'sagt mir, friunt Sîvrit, ist iu daz bekant:
wes sint dise bürge und ouch daz hêrlîche lant?

392 Ine hân bî mînen zîten, ine wolde lüge jehen,
sô wol erbouwen bürge mêre nie gesehen
in deheinem lande, als ir hie vor uns stât.
er mac wol wesen rîche, der si hie gebouwen hât.'

393 Des antwurte Sîvrit: 'ez ist mir wol bekant. 384
ez ist froun Prünhilt liut unde lant, (373)
und Îsenstein diu veste, als ir mich hôrtet jehen.
dâ muget ir noch hiute schœner frouwen vil gesehen.

394 Und wil iu helden râten, ir habt einen muot, 385
daz wir jehen gelîche, jâ dunket ez mich guot. (374)
swenne wir noch hiute für Prünhilde gân,
sô müezen wir mit sorgen for der küniginne stân.

395 Sô wir die minneclîchen bî ir gesinde sehen, 386
sô sult ir, helede guote, wan einer rede jehen, (375)
Gunther sî mîn herre, ich sî sîn eigen man;
sô mag unser wille harte wol an ir ergân.'

396 Des wâren si bereite swaz er si loben hiez. 387
durch ir übermüete deheiner ez niht liez, (376)
si jâhen swes er wolde; dâ von in wol geschach,
dô der künic Gunther die schœnen Prünhilde sach.

397 'Ich enlob ez niht sô verre durch den willen dîn 388
sô durch Kriemhilde, daz schœne magedîn;
diu ist mir sam mîn sêle und sô mîn eigen lîp.
ich wil daz gerne dienen, daz si werde mîn wîp.'

398 In den selben zîten dô was ir schif gegân 389
der bürge alsô nâhen. dô sach der künic stân (377)
oben in den venstern vil manige schœne meit.
dô begunde vrâgen der recke küene und gemeit:

399 'Saget mir, friunt Sîfrit,   durch den willen mîn, 390
bekennet ir die frouwen   und ouch diu magedîn, (378)
die dort her nider schouwent   zuo zuns ûf die fluot?
si gebârent dem gelîche,   daz si hôhe sint gemuot.'

400 Dô sprach der küene Sîfrit: 'ir sult von hinnen spehen 391
tougen in dem muote,   und sult mir danne jehen, (379)
welhe ir nemen woldet,   hetet irs gewalt.'
'daz tuon ich', sprach dô Gunther,   der ritter küen unde balt.

401 'Sô sihe ich under in eine   in jenem venster stân 392
in snêwîzer wæte;   diu ist sô wolgetân, (380)
die wellent mîniu ougen: vil schœn ist ir der lîp.
ob ich gewalt des hæte,   si müese werden mîn wîp.'

402 'Dir hât erwelt vil rehte   dîner ougen schîn: 393
ez ist diu starke Prünhilt,   daz schœne magedîn, (381)
die dîn herze minnet,   der lîp und ouch der muot.'
elliu ir gebærde   diu dûhte Guntheren guot.

403 Dô hiez diu küniginne   ûz den venstern stân 394
ir minneclîchen meide.   sine solden niht dâ stân (382)
den vremden anzesehene;   des wâren si bereit.
waz dô die frouwen tæten,   daz ist uns sider ouch geseit.

404 Gegen den unkunden   strichen si ir lîp, 395
des ie site habeten   diu wætlîchen wîp. (383)
an diu engen venster   kômen si gegân,
dâ si die recken sâhen;   daz wart durch schouwen getân.

405 Ir wâren niwan viere   di dâ kômen in daz lant. 396
Sîfrit der starke   ein ros zôch an der hant;
daz sâhen durch diu venster   diu minneclîchen wîp.
des wart sît getiuret   des künic Guntheres lîp.

---

392 C   3. deheinem ein lande C.
393 C   1. antwrt C.
402 C;   a: Auennteur wie kchunig gunnther nach praunnhilden fuer vber see. *Der Text beginnt mit V. 2:* Ez ist die starkch Praunnhilt das schonn Magedein.
403 Ca   1. diu küniginne]   Praunnhilt a.   stân C *und* a.
404 Ca   2. habennt die herleichenn weib a.   3. chamenn geganngen a.   4. daz si a.   das was a.
405 Ca   1. niwan]   nicht mer dann a.   dâ *fehlt* a.   2. der weist ain ors a.   4. seitt entwertt chunig gunnthers a.

406 Er habt im dâ bî zoume   daz zierlîche marc, 397
guot unde schœne,   vil michel unde starc,
unze der künic Gunther   in den satel gesaz.
alsô dient im Sîfrit;   des er doch sît vil gar vergaz.

407 Dô zôch er ouch daz sîne   von dem schiffe dan. 398
er hete solhen dienest   selten ê getân,
daz er den stegereif   gehabt ie helede mêr.
daz sâhen durch diu venster   die frouwen schœn unde hêr.

408 Reht in einer mâze   den rittern vil gemeit 399
von snêblanker varwe   ir ros und ouch ir kleit (384)
wâren vil gelîche.   ir schilde wol getân,
die lûhten von den handen   den vil wætlîchen man.

409 Ir sätele wol gesteinet,   ir furbüege smal 400
(si riten hêrlîchen   für Prünhilden sal), (385)
daran sô hiengen schellen   von liehtem golde rôt.
si kômen zuo dem lande,   als ez ir ellen in gebôt.

410 Mit spern niuwe sliffen,   mit swerten wol getân, 401
diu ûf die sporn giengen   den wætlîchen man;
diu fuorten die vil küenen,   scharpf und dar zuo breit.
daz sach allez Prünhilt,   diu vil minneclîche meit.

411 Mit im kom ouch Dancwart   unde Hagene. 402
nu hœret disiu mære,   wie die degene (386)
von rabenswarzer varwe   truogen rîchiu kleit.
ir schilde wâren schœne,   vil guot, michel unde breit.

412 Von Indiâ dem lande   man sach si steine tragen; 403
die kôs man an ir wæte   vil hêrlîche wagen. (387)
sie liezen âne huote   ir schiffel bî der fluot.
sus riten zuo der bürge   die helde küen unde guot.

413 Sehs und ahzec türne   si sâhen drinne stân, 404
drî palas wîte   und einen sal wol getân (388)
von edelm marmelsteine   grüen alsam ein gras,
dar inne diu küniginne   mit ir ingesinde was.

414 Diu porte stuont entslozzen,   diu burc ûf getân. 405
dô liefen in engegene   die Prünhilde man (389)
und enpfingen wol die küenen   in ir frouwen lant.
ir ros man hiez behalten   und ir schilde von der hant.

415 Dô sprach ein kameræere: 'ir sult uns geben diu swert 406
und ouch die liehten brünne.' 'des sît ir ungewert,' (390)
sprach Hagene der küene, 'wir selbe wellens tragen.'
dô begunde in Sîfrit dâ von diu rehten mære sagen:

416 'Man pfligt in dirre bürge, daz wil ich iu sagen, 407
daz decheine geste hie wâfen suln tragen. (391)
ir sult si lân behalten: daz ist wol getân.'
daz tet dô vil ungerne Hagen der Guntheres man.

417 Den gesten hiez man schenken und schaffen ir gemach. 408
vil manigen snellen recken man dâ ze hove sach (392)
in fürstenlîcher wæte allenthalben gân.
dâ wart michel schouwen an die vil küenen getân.

418 Dô tet man Prünhilde kunt mit mæren, 409
daz dâ vremde recken komen wæren
in vil rîcher wæte gevlozzen ûf der fluot.
dâ von begunde vrâgen diu magt schœn unde guot.

419 'Ir sult mich lâzen hœren,' sprach diu künigîn, 410
'wer die vil unkunden recken mügin sîn, (393)
die in mîner bürge sô hêrlîche stân,
und durch welhe schulde die helde her gevarn hân.'

---

406 Ca 1. zierleich örsch a. 3. den *fehlt* a.
407 Ca 1. dabeist er auch a. 2. ê *fehlt* a. 4. unde hêr *fehlt* a.
408 Ca 1. sy rittenn her in ainer massee die ritter a. 2. sne weisser a. 3. wâren] ez waren Ca. 4. wætlichen] herleichenn a.
409 Ca 1. furwege a.
410 Ca 1. spornn a. niẘ sliffen C, neuslifenn a. 2. die] ir a. herleichenn a.
411 Ca 1. ouch *fehlt* a. 3. sneweiser a.
412 Ca 2. vill herleichenn wagtenn a. 3. bî der fluot *fehlt* a. 4. sunst a.
413 Ca 1. 86 a. darinne a. 2. drî] 3 a. 3. als a. 4. diu *fehlt* a.
414 Ca 1. die portenn stuedenn a. burc] puerchke waz a. 4. örsch a.
415 Ca 2. ir *fehlt* a. 3. chuene mann a. wellens selber a. 4. in] im a. dâ von *fehlt* a.
416 Ca 1. mann phigt hie in diser purge das chainerlai gestte a. 2. das mann chain waffenn sulle tragenn a. 4. vil *fehlt* a. Hagen der *fehlt* a.
417 Ca 2. mann da sach zehoue a. 3. inn furstleicher watt a. 4. ann uill die chuennen mann a.
418 Ca 2. daz dâ] wie a.
419 Ca 1a: ir sult mich wissenn a. 2. wer seint die uill vnchunndenn rechcken a. 4. die sein chomenn her geuarnn a.

420 Dô sprach ein ir gesinde: 'frouwe, ich mac wol jehen, 411
daz ich ir deheinen nimêre habe gesehen, (394)
wan gelîche Sîfride einer drunder stât:
den sult ir wol enpfâhen, daz ist mit triuwen mîn rât.

421 Der ander der gesellen, der ist sô lobelîch. 412
ob er gewalt des hête, wol wær er künic rîch
ob wîten fürsten landen, ob er diu möhte hân.
man siht in bî den andern sô rehte hêrlîche stân.

422 Der dritte der gesellen, der ist vil gremlîch 413
– und doch mit schœme lîbe, küniginne rîch –
von swinden sînen blicken, der er sô vil getuot.
er ist in sînen sinnen, ich wæn, vil grimme gemuot.

423 Der der jungest ist dar under, der ist sô lobelîch. 414
in magtlîchen zühten sihe ich den degen rîch
mit guotem gelæze sô minneclîche stân.
wir möhtenz fürhten alle, het im hie iemen iht getân.

424 Swie blîde er pflege der zühte und swie schœn im sî der lîp, 415
er möhte wol erweinen vil wætlîchiu wîp,
swenner begunde zürnen. sîn lîp ist sô gestalt,
er ist in allen tugenden ein degen küene unde balt.'

425 Dô sprach die küniginne: 'nu brinc mir mîn gewant. 416
und ist der starke Sîvrit komen in daz lant (395)
durch willen mîner minne, ez gât im an den lîp.
ine fürht in niht sô sêre, daz ich werde sîn wîp.'

426 Dô wart diu küniginne schiere wol gekleit. 417
dô gie mit ir dannen vil manic schœniu meit, (396)
wol hundert unde mêre; gezieret was ir lîp.
ez wolden sehen die geste diu vil minneclîchen wîp.

427 Dâ mit giengen recken ûzer Îslant, 418
die Prünhilde degene: die truogen swert enhant, (397)
fünfhundert oder mêre; daz was den gesten leit.
dô stuonden von dem sedele die helde küen und gemeit.

428 Dô diu küniginne Sîfriden sach, 419
diu magt zühteclîche zuo dem recken sprach: (398)
'sît willekomen, Sîvrit, her in ditze lant.
waz iuwer reise meine, gerne het ich daz erkant.'

429 'Vil michel iuwer genâde, mîn vrou Prünhilt, 420
daz ir mich ruochet grüezen, fürsten tohter milt, (399)
vor disem küenen recken, der hie vor mir stât;
wander ist mîn herre. der êren het ich gerne rât.

430 Er ist geborn von Rîne, daz tuot er dir bekant. 421
er hât durch dînen willen gesuochet ditze lant; (400)
der wil dich gerne minnen, swaz im dâ von geschiht.
nu bedenke dichs bezîte; mîn herre erlæt dichs niht.

431 Er ist geheizen Gunther und ist ein künic hêr. 422
erwürber dîne minne, sône gert er nihtes mêr. (401)
jâ gebôt mir her ze varne der recke wolgetân;
wan daz ich entorste, ich hietez gerne verlân.'

432 Si sprach: 'ist er dîn herre und bistu sîn man, 423
diu spil, diu ich im teile, und tarrer diu bestân, (402)
behabt er des die maisterschaft, sô minne ich sînen lîp;
anders muoz er sterben, ê ich werde sîn wîp.'

---

420 Ca 1. ainer ir diner a. iehenn woll a. 2. das ir ich chainenn iemer a. 3. vnder in a. 4. wol] schonn a.
421 Ca 2. des hête] hiett a. 4. stann so herleich a.
422 Ca 1. grimleich a. 2. mit schoner lieb als war er ein a. 3. swinden] swinnen C, *das zweite* n *in* d *gebessert.* tuett a. 4. inn seinem sinn grimichlech a.
423 Ca 1. der der da der jünngist ist vnder in a. 3. mit guetenn gelassee a. stân] statt a. 4. hiett inn hie imanntt a.
424 Ca 1. wie chlueg er sey ann denn czuchtenn a. 2. die uil herleichew weib a. 3. sô *fehlt* a. 4. in] ann a. unde balt *fehlt* a.
425 Ca 1. diu küniginne] praunnhild a. 4. ine] ich a.
426 Ca 1. diu *fehlt* C. küniginne] Praunnhilt a. schir weraitt a. 4. ez] si a.
427 Ca 1. recken *fehlt* a. 2. enhant] inn der hant a. 4. stuenndenn auf die helden a.
428 Ca 1. diu küniginne] praunnhild a. 2. czuchtleichen a. dem] denn a. 3. ditze] das a. 4. gern C. wie gernn hiett das wechanntt a.
429 Ca 2. chunigstochter a. 3. dissenn chuennen reckchenn die a. stennt a. 4. wann der a.
430 Ca 1. vonn dem reine a. 2. er] vnd a. 4. dich seinn zcitte a. dihs] dich sein a.
431 Ca 2. erwurbe er dein a. sone engert C. so gertt er niht mer a. 3. gepautt er mir a. 4. ertorste a.
432 Ca 1. er] das a. 2. getar er a. 3. wehalt er die a. 4. ê] das a.

433 Dô sprach von Tronege Hagene: 'frou, nu lât uns sehen 424
iuwer spil diu starken. ê daz iu müese jehen (403)
Gunther mîn herre, dâ müesez herte sîn.
er mac noch wol gewinnen ein alsô schœne magedîn.'

434 'Den stein den sol er werfen und springen dar nâch, 425
den gêr mit mir schiezen. lât iu niht sîn ze gâch; (404)
des bedenket iuch vil ebene,' sprach daz vil schœne wîp.
'gebristet im an dem einen, ez gêt iu allen an den lîp.'

435 Sîfrit der starke zuo dem künige trat. 426
allen sînen willen er in reden bat (405)
mit der küniginne; ez kunde im geschaden niht:
'ez wirt al anders gendet, des sich ir übermuot versiht.'

436 Dô sprach der künic Gunther: 'küniginne hêr, 427
nu teilt swaz ir gebietet; und wære is dannoch mêr, (406)
daz bestüende ich alliz gerne durch iuwern schœnen lîp.
mîn houbet wil ich wâgen, irn werdet mîn wîp.'

437 Dô diu küniginne sîne rede vernam, 428
der spile bat si gâhen, als ir dô daz gezam. (407)
si hiez ir dar gewinnen balde ir strîtgewant,
eine veste brünne und einen guoten schildes rant.

438 Ein wâfenhemde sîdîn daz leit an sich diu meit, 429
daz in deheime strîte wâfen nie versneit, (408)
von pfelle ûzer Libîâ; ez was vil wolgetân.
von porten lieht gewürhte daz sach man schînen dar an.

439 Die zît wart disen recken harte vil gedreut. 430
Dancwart unde Hagene die wâren ungefreut: (409)
wiez dem künige ergienge, des sorget in der muot.
si dâhten: 'unser reise ist uns recken niht ze guot.'

440 Die wîle was ouch Sîvrit, der listige man, 431
ê ez iemen erfunde, in daz schif gegân, (410)
dâ er die tarnkappen verborgen ligen vant.
dar in slauf er vil schiere: dô was er niemen bekant.

441 Er îlte hin widere: dô vant er recken vil, 432
dâ diu küniginne teilte ir hôhen spil. (411)
dar gie er tougenlîche (von listen daz geschach),
alle die dâ wâren, daz in dâ niemen gesach.

442 Der rinc der was bezeiget,   dâ soldez spil geschehen 433
vor manigem küenem recken,   die daz solden sehen. (412)
mêr danne sibenhundert   die sach man wâfen tragen:
swer daz spil gewunne,   daz ez die helde solden sagen.

443 Dô was nu komen Prünhilt: gewâfent man die vant 434
sam ob si strîten solde   umbe elliu küniges lant. (413)
jâ truoc si ob den sîden   vil manigen stahelzein.
ir minneclîchiu varwe   dar under hêrlîchen schein.

444 Dô kom ouch ir gesinde;   die truogen dar zehant 435
von vil rôtem golde   einen liehten schildes rant (414)
mit stahelherten spangen,   vil michel unde breit,
darunder spilen wolde   diu vil hêrlîche meit.

445 Der frouwen schiltvezzel   ein edel porte was. 436
dar ûfe lâgen steine,   grüener denne ein gras; (415)
die lûhten maniger hande   mit schîne wider daz golt.
der si solde minnen,   der het iz hôhe verscolt.

446 Der schilt was under bukelen,   als uns daz ist geseit, 437
wol drîer hende dicke,   den tragen solde diu meit. (416)
von stâle und ouch von golde   rîch er was genuoc,
den ir kameræere   selbe vierder kûme truoc.

---

433 Ca 2. diu *fehlt* a. 3. hertter a. 4. woll gewinenn noch a.
434 Ca 2. mir *fehlt* a. 3. das schonn magedeinn a. 4. ann ainem a.
435 Ca 2. in] im a. 3. geschaden] geschaidenn a. 4. al] als a.
436 Ca 1. Dô] o Ca. hêr *fehlt* a. 2. is] des a. 4. houbet] lebenn a. ir enbert mein weib a.
437 Ca 3. gewinnen] pringen a. pl *vor* palde a.
438 Ca 1. wappenn hemad a. sy ann sich a. 2. wappenn a. 3. von pfelle] pfellatt a. 4. gewürhte] gewuricht a.
439 Ca 1. getrautt a. 2. vngefraiit a. 3. ergienge *fehlt* a. in] im a. 4. gedachtenn a. ze *fehlt* a.
440 Ca 2. *fehlt* a. 4. slof a. schiere] palde a. enwas a.
441 Ca 2. hochs spill a. 3. daz gach geschach a. 4. sach a.
442 Ca 1. geczaigt a. daz spill solt darinn geschehenn a. 3. wappenn a.
443 Ca 1. mann si sach a. 2. ob *fehlt* a. wolde a. chunige a. 3. jâ truoc si] si trueg a. uil manig stachellein gewannt a. 4. herherleichenn a.
444 Ca 1. inngesinde a. dar] da a. 2. vil *fehlt* a. schildes rant] schild a.
445 Ca 1. was ein edll porttenn a. 3. laiichtent maniger hannde schein wider das gold a. 4. der si minnen wold a.
446 Ca 1. vnder denn pucklenn a. 3. was er a. 4. selbe ckchaum getrueg a.

447 Alsô der starke Hagene   den schilt dar tragen sach, 438
in vil grôzem unmuote   der helt von Tronege sprach: (417)
'wie nu, künic Gunther?   wie vliesen wir den lîp!
der ir dâ gert ze minnen,   diu ist des vâlandes wîp.'

448 Vernemt noch von ir wæte,   der hete si genuoc: 439
von Azagouc der sîden   einen wâfenroc si truoc
vil edel und vil rîche,   ab des varwe schein
von der küniginne   vil manic hêrlîcher stein.

449 Dô truoc man dar der frouwen,   swære und dar zuo grôz, 440
einen gêr vil starken,   den si alle zîte schôz, (418)
scarpf und ungefüege,   michel unde breit,
der ze sînen ecken   harte vreislîchen sneit.

450 Von des gêres swære   hœret wunder sagen: 441
wol vierdehalbiu mässe   was der zuo geslagen; (419)
in truogen kûme drîe   Prünhilde man.
Gunther der vil küene   harte sorgen began.

451 Er dâht in sînem muote: 'waz sol ditze wesen? 442
der tiufel von der helle,   wie kunder dâ vor genesen?
und wær ich dâ ze Rîne   mit dem lîbe mîn,
si müeste hie vil lange   vrî fon mîner minne sîn.'

452 Im was in sînen sorgen,   daz wizzet, leit genuoc.
allez sîn gewæfen   man im einen truoc:
dâ wart der künic rîche   wol gewâfent in.
vor leide het Hagene   vil nâch verwandelt den sin.

453 Dô sprach von Burgonden   der küene Dancwart: 443
'mich muoz immer riuwen   disiu hovevart. (420)
nu hiezen wir ie recken: wie verliesen wir den lîp,
sulen uns in disen landen   nu verderben diu wîp!

454 Mich müet daz harte sêre,   daz ich kom in daz lant. 444
und hete mîn bruoder Hagene   sîn wâfen an der hant (421)
und ouch ich daz mîne,   sô möhten sanfte gân
durch ir übermüete   alle Prünhilde man.

455 Ich sage iu bî den triuwen,   si soldenz wol bewarn. 445
und het ich tûsint eide   zeinem fride geswarn,
ê daz ich sterben sæhe   den lieben herren mîn,
jâ müesen lîp verliesen   daz vil schœne magedîn.'

456 'Wir solden ungevangen wol rûmen ditze lant, 446
ich und mîn bruoder Dancwart, heten wir daz gewant, (422)
des wir zenôt bedurfen, und unser swert vil guot,
sô wurde wol gesenftet der frouwen starkiu übermuot.'

457 Wol hôrt diu küniginne waz der degen sprach. 447
mit smielendem munde si über ahsel sach: (423)
'nu er dunke sich sô biderbe, sô tragt in ir gewant,
und ir vil scharpfen wâfen gebt den recken an die hant.

458 Mir ist als mære, daz si gewâfent sîn,
als ob si blôze stüenden,' sô sprach diu künigîn.
'ichen fürhte niemens sterke, den ich noch habe bekant.
ich getrouwe wol gedingen in strîte vor sîn eines hant.'

459 Dô si diu swert gewunnen, alsô diu magt gebôt, 448
der vil küene Dancwart wart von freuden rôt. (424)
'nu spilen swes si wellen,' sprach der snelle man;
'Gunther ist unbetwungen, sît daz wir unser wâfen hân.'

---

447 Ca 1. starke] karche C. dar *fehlt* a. 2. vil *fehlt* a. helt von Tronege] ckchuenn do a. 4. vâlandes] uallenndes a.
448 Ca 1. uernemp a. 2. azagank a. 3. hab des uarwes a.
449 Ca 4. harte *fehlt* a.
450 Ca 2. mæsse C, masse a. 4. ckchuenne mann a.
451 Ca 1. gedacht a. dicz wunder sein a. 2. chunnde der da vor ir genesenn a. 3. dacz dem Reine unt denn liebenn mein a. 4. hie lanng uill freie a. fon] vor a.
452 Ca 2. baffen a. einen] dar a. 4. uill nachent seinenn sin a.
453 Ca 1. wurganndenn lannt a. der küene *fehlt* a. 2. disiu hovevart *fehlt* a. 3. das wir ie hiessenn reckchenn a. 4. vertreibenn a.
454 Ca 1. sêre *fehlt* a. 3. so mochtenn wir a.
455 Ca 1. pey denn treuenn euch a. soldez a. 4. ja muessenn lieber uerliesenn a. chone a.
456 Ca 1. ungeungenn a. 4. gesenft a. starckcher a.
457 Ca 1. hörett deu praunnhildenn a. waz] das a. 2. smielendenn a. uber die axell a. 3. nu taücht ew widerbe a. trag a. 4. vil *fehlt* a. die] ir a.
458 Ca 1. als ein mare a. sint C. 2. diu künigîn] praunnhild a. 4. gedingen *fehlt* a.
459 Ca 1. alsô] als a. 3. nu spilt wes ir weltt a. 4. unsereu a. habenn a.

460 Diu Prünhilde sterke   vil grœzlîchen schein.   449
man brâht ir zuo dem ringe   einen swæren mermilstein,   (425)
grôz und ungefüege,   michel unde wel:
in truogen kûme zwelfe   helde küen unde snel.

461 Den warf sie zallen zîten,   sô si den gêr verschôz.   450
der Burgonden sorge   wurden harte grôz.   (426)
'wâfen,' sprach dô Hagene,   'waz hât der künic ze trût!
jâ soldes in der helle   sîn des übeln tiufels brût.'

462 An ir vil wîzen armen   si die ermil want.   451
si begunde sêre vazzen   den schilt an der hant,   (427)
den gêr si hôhe zuchte;   dô giengez an den strît.
Gunther unde Sîvrit   die vorhten Prünhilde nît.

463 Wær im der starke Sîfrit   niht schiere ze helfe komen,   452
sô hete si dem künige   sînen lîp benomen.   (428)
er gie dar tougenlîche   und ruort im sîne hant.
Gunther sîne liste   vil harte sorclîche ervant.

464 'Waz hât mich gerüeret?'   gedâht der küene man.   453
dô sach er allenthalben: er vant dâ niemen stân.
er sprach: 'ich bin ez, Sîvrit,   der liebe friunt dîn.
vor der küniginne   soltu gar âne angest sîn.

465 Den schilt gib mir von hende,   den lâ du mich tragen,   454
und merke mîne lêre,   die du mich hœrest sagen.   (429)
nu habe du die gebærde,   diu werc wil ich begân.'
dô er vernam diu mære,   der künic trœsten sich began.

466 'Nu hil du mîne liste,   daz ist uns beiden guot.   455
sône mac diu küniginne   ir starken übermuot
an dir niht verenden,   des si doch willen hât.
nu sich, wie angestlîche   si gein dir amme ringe stât.'

467 Dô schôz vil krefticlîche   diu vil starke meit   456
den gêr gein eime schilde,   michel unde breit: (430)
den truog an sîner hende   daz Sigelinden kint.
daz fiur spranc von stâle,   alsam ez wæte der wint.

468 Des starken gêres snîde   sô durch den schilt gebrach,   457
daz man daz fiur lougen   ûz den ringen sach.   (431)
des schuzzes beide strûchten,   die vil starken man.
si ertwelte si sô sêre,   daz si den lîp nâch heten lân.

469 Sîvride dem vil küenen vom munde brast daz bluot. 458
vil balde spranc er widere: dô nam der helet guot (432)
den gêr, den si geschozzen im hete durch den rant;
den frumt ir dô hin widere sîn vil ellenhaftiu hant.

470 Er dâht: 'ich wil niht schiezen daz schœne magedîn.' 459
er kêrt des gêres snîdc hindern rucke sîn;
mit der gêrstangen schôz si der küene man
alsô krefticlîche, daz si strûchen began.

471 Daz fiur staub ûz stâle, sam ez tribe der wint. 460
den schuz schôz mit ellen daz Sigelinde kint. (433)
sine mohte mit ir kreften des schuzzes niht gestân.
ez enhet der künic Gunther entriuwen nimmer getân.

472 Brünhilt diu schœne, wie balde si ûf spranc! 461
'Gunther, ritter edele, des schuzzes habe danc.' (434)
si wânde, daz erz hête mit sîner hant getân:
ir was dar nâch geslichen ein verre kreftiger man. .

---

460 Ca 1. Diu] der a. 3b. michel vnd ungeprauchsam sinewell was der stain a. 4. unde snel *fehlt* a.
461 Ca 1. grer a. 2. sarg wart a. harte *fehlt* a. 4. übeln *fehlt* a. brût] prannt a.
462 Ca 1. ir uill weizs ermell si wannt a. 2. sêre *fehlt* a. der] die a. 3. czuckcht si hoch a.
463 Ca 1. schiere *fehlt* a. zehiffe a. 2. dem] denn a. 3. dar *fehlt* a.. 4. sorekliche C, sargleichenn a. enphannt a.
464 Ca 1. gedachtt im a. 2. er sach niemanntta stann a. 3. pins a. liebe *fehlt* a. 4. küniginne] praunnhild a. angest] sarg a.
465 Ca 3. will wegan ich a. 4. als pald do er die mar vernam trostenn er sich wegann a.
466 Ca 1. du mîne] die meinenn a. 2. die praunnhild mitt ierem ubermuett a. 4. nu siech wie angtleichenn vor dir stett a.
467 Ca 1. Dô] damitt a. *nach* schoz:si *durchgestrichen* C. vil starke *fehlt* a. 4. stâle] dem stchoell a.
468 Ca 1. sô *fehlt* a. prach a. 2. dez feurs flamenn a. de ringe a. 4. ertwelten C, erweltenn a. nâch] nachenn a.
469 Ca 1. dem] denn a. prach a. 2. helde a. 3. sy im geschozzenn a.
470 Ca 1. gedachtt a. uil schonne a. 2. hinder denn a. 3. des geres stangen a. 4. ckchreftichenn a. begūd a.
471 Ca 1. aus dem stahell a. 2. mit seiner hannt a. 3. pestann a.
472 Ca 1. die uill schonn uill palde auf spranng a. 2. habett immer a. 3. gettann mitt seiner hannt a.

473 Dô gie si hin vil balde;   zornic was ir muot. 462
den stein den huop si hôhe   diu schœne maget guot. (435)
si swanc in krefteclîche   sô verre von ir dan,
daz sîn die küene degene   sêre wundern began.

474 Der stein der was gevallen   wol zwelf klâfter dan: 463
den wurf brach dô mit sprunge   diu maget wol getân. (436)
dar gie der herre Sîfrit,   dâ der stein gelac:
Gunther in dô wegete,   der helt in werfenne pflac.

475 Sîfrit was vil küene,   dar zuo starc unde lanc: 464
den stein den warf er verrer,   dar zuo er wîter spranc. (437)
daz was ein michel wunder   und künsteclîch genuoc,
daz er mit dem sprunge   den künic Gunther doch truoc.

476 Der sprunc der was ergangen,   der stein der was gelegen: 465
dô sach man ander niemen   wan Gunther den degen.
Prünhilt diu schœne   wart in zorne rôt.
Sîfrit het geverret   des künic Guntheres tôt.

477 Zuo zir ingesinde   diu küniginne sprach, 466
dô si zent des ringes   den helt gesunden sach: (438)
'vil balde gêt her nâher,   ir mâge und mîne man.
ir sult dem künec Gunther   alle wesen undertân.'

478 Dô leiten die vil küenen   diu wâfen von der hant. 467
si buten sich ze füezen   ûz Burgonden lant (439)
Gunthere dem rîchen,   vil manic küener man.
si wânden, daz er hête   diu spil mit sîner kraft getân.

479 Er gruoztes minneclîche,   wander was tugentrîch. 468
dô nam in bî der hende   diu magt lobelîch; (440)
si erloubt im, daz er solde   haben dâ gewalt.
des freute sich dô Hagene,   der recke küen unde balt.

480 Si bat den ritter edele   mit ir dannen gân 469
in einen palas wîten;   dâ was vil manic man. (441)
durch vorhte manz dem degene   deste baz erbôt.
von Sîfrides ellen   si wâren komen ûzer nôt.

481 Sîfrit der snelle   wîs er was genuoc: 470
die sînen tarnkappen   er aber behalten truoc. (442)
dô gie er hin widere   dâ vil der frouwen saz.
er sprach zuo dem künige,   und tet vil kundeclîche daz.

482 'Wes bîtet ir, mîn herre?   wan beginnet ir der spil,   471
der iu diu küniginne   teilet alsô vil,
und lâzet uns daz schouwen,   wie diu sîn getân?'
sam ob er ir niht ensæhe,   gebârt der listige man.

483 Dô sprach diu küniginne: 'wie ist daz geschehen,   472
daz ir habt, her Sîfrit,   der spil niht gesehen,
diu hie hât errungen   diu Guntheres hant?'
des antwort ir Hagene   ûzer Burgonden lant:

484 'Dâ het ir alsô sêre   getrüebet uns den muot: 473
dô was bî dem schiffe   Sîfrit der helet guot,
dô der vogt von Rîne   daz spil an iu gewan;
des ist ez im unkundic,'   sprach dô der Guntheres man.

485 'Sô wol mich dirre mære,'   sprach Sîvrit der degen,   474
'daz iuwer hôchverten   ist alsus gelegen,   (443)
daz iemen lebt sô küene   der iuwer meister müge gesîn.
nu sult ir, maget edele,   uns volgen hinnen an den Rîn.'

486 Dô sprach diu küniginne: 'des enkan noch niht ergân.   475
ez müezen ê bevinden   mâge und mîne man.   (444)
jâne mag ich alsô lîhte   gerûmen mîniu lant:
di mîne hôhsten friunde   müezen werden ê besant.'

---

473 Ca 2. den (*nach* stein) *fehlt* a. 3. verre] dartenn a. 4. der ckunne degenn sere wunnder nam a.
474 Ca 2. denn wurf uolprachtt die maid zesprinngenn hueb si ann die magett wolgetann a. 3. herre] ckunne a. lag a. 4. werfene C, werffenn a.
475 Ca 2. denn stainn warf er uerre a. weitenn a. 3. ckunnstreich a. 4. Gunther doch *fehlt* a.
476 Ca 1. der was] was a. vnd was der stain a. 2. anders a. 3. vonn zornn a. 4. des ckunigs tod a.
477 Ca 1. zue dem ierem gesinde a. küniginne] praunhild a. 3. mein mag a. 4. Gunther alle *fehlt* a.
478 Ca 1. diu] ir a. 2. ze denn fuessenn a. 4. kraft] hannt a.
479 Ca 1. grüst si a. 3. da gewaltt habenn a. 4. recke] degenn a.
480 Ca 4. ellen] hannt a. chomen si aus der nott a.
481 Ca 1. was er a. 4. ckundleich a.
482 Ca 2. küniginne] praunnhild a. 4. er tett sam er niht da gewesenn wär der listig mann a.
483 Ca 1. küniginne] praunnhild a. 3. diu (*vor* Guntheres) *fehlt* a. 4. ûzer] aus a.
484 Ca 1. Dâ] ia a. wetruebtt a. 4. das ist im vnchunnde a. der *fehlt* a.
485 Ca 2. hôchverten *fehlt* a. alsünst a. 3. seinn a. 4. hinnenn volgenn a.
486 Ca 1. küniginne] praunnhild a. enmag a. 2. uinndenn a. mîne *fehlt* a.

487 Dô hiez si boten rîten   allenthalben dan; 476
si besande alle ir friunde,   mâge unde man. (445)
die bat si komen balde   ze hove in Îslant
und hiez in geben allen   rîch und hêrlîch gewant.

488 Si riten tägelîche,   spâte unde fruo, 477
der Prünhilde bürge   scharhafte zuo. (446)
'jârâ jâ,' sprach Hagene,   'waz haben wir getân!
wir erbeiten hie vil übele   der schœnen Prünhilde man.

489 Sô si nu mit ir kreften   koment in daz lant, 478
der Prünhilde wille   ist uns unbekant: (447)
waz ob si alsô zürnet,   daz wir sîn verlorn?
sô ist uns diu maget edele   ze grôzen sorgen geborn.'

490 Dô sprach der herre Sîvrit: 'daz sol ich understên. 479
des ir dâ habet sorge,   des enlâz ich niht ergên. (448)
ich sol iu helfe bringen   her in ditze lant
von ûz erwelten degenen,   die iu noch wurden ie bekant.

491 Irn sult nâch mir niht vrâgen: ich wil hinnen varn. 480
got müez iuwer êre   di zîte wol bewarn. (449)
ich kum vil schiere widere   und bringe iu tûsint man
der aller besten degene,   der iemen kunde gewan.'

492 'Sône sît et niht ze lange,'   sprach der künic dô. 481
'wir sîn iuwer helfe   vil pillîche vrô.' (450)
er sprach: 'ich kum iu widere   in vil kurzen tagen.
daz ir mich habt gesendet,   daz sult ir Prünhilde sagen.'

VIII

Âventiure wie Sîfrit nâch den Nibelungen sînen recken fuor.

493 Sîfrit der vil küene dannen gie zehant 482
in sîner tarnkappen, dâ er daz schiffil vant. (451)
dar an sô stuont vil tougen daz Sigemundes kint:
er fuortez alsô balde, sam ob ez wæte der wint.

494 Den vergen sach doch niemen, wie sêrez schiffel vlôz 483
von Sîfrides kreften; die wâren alsô grôz, (452)
man wânde, daz iz fuorte ein sunderstarker wint.
nein, ez fuorte Sîvrit, der schœnen Sigelinde kint.

495 Bî des tages zîte und in der einen naht 484
kom er zeinem lande mit grœzlîcher maht: (453)
daz hiez zen Nibelungen und wâren sîne man.
lant unde bürge daz was im allez undertân.

496 Der herre fuor aleine ûf einen wert vil breit. 485
daz schif gebant vil balde der ritter vil gemeit. (454)
dô gie er zeinem berge, dâ ein burc stuont:
er suohte herberge, sô noch die reisemüeden tuont.

---

487 Ca
488 Ca 2.3. scharhafte zuo jârâ ja sprach Hagene *fehlt* a. (*Der entsprechende Platz auf der Zeile ist freigelassen.*) 4. enpeittenn a.
489 Ca 1. Sô] wann a. 2. wille] ckrefte a. 3. waz *fehlt* a. 4. ze gros gepornn a.
490 Ca 1. herre] degenn a. 3. helfe *fehlt* a. ditze] das a. 4. noch nie wurdenn a.
491 Ca 2. mvz C, muesse a. 3. ckum pald herwider a. 4. degene] helde a.
492 Ca 1. so enseitt nichtt a. 2. vil *fehlt* a. 3. vil *fehlt* a.

493 Ca 2. in] zue a. vnd legt die ann vnd gie da er das schefflein uannt a. 3. daran stuennde uil taugenntleichenn das siglindenn a.
494 Ca 1. Den] Der Ca. doch *fehlt* a. wie ser das a. 2. warn C. 3. man] mant a. fuerett der winnt a.
495 Ca 1. einen *fehlt* a. 2. mit] inn a. 3. Nybelunge C. die hiessenn nibulung a. wæren C.
496 Ca 1. aine were a. breit] praritt a. 2. scheffell pannt er a. 4. noch] no a. raisunndenn a.

497 Dô kom er für die porten: verslozzen im diu stuont. 486
jâ huoten si ir êren, sô noch die liute tuont. (455)
anz tor begunde bôzen der unkunde man;
daz was vil wol behüetet. dô vant er inrethalben dran

498 Einen ungefüegen, der der porten pflac, 487
bî dem sîn gewæfen zallen zîten lac. (456)
der sprach: 'wer ist, der bôzet ûzen an daz tor?'
dô wandelt sîne stimme der küene Sîvrit dâ vor.

499 Er sprach: 'ich bin ein recke, entsliezet ûf die tür. 488
mir muoz eteslîcher volgen noch hiute der für, (457)
der gerne sanfte læge unde hete sînen gemach.'
dô zurnder portenære, dô daz Sîfrit gesprach.

500 Nu het der rise küene sîn wæfen an sich genomen, 489
sîn helm ûf sîn houbet was im vil schiere komen, (458)
den schilt er balde zuchte, daz tor er ûf dô swanc.
wie rehte gremlîche er gegen Sîvride spranc!

501 Wie er getorste wecken sô manigen küenen man! 490
dâ wurden slege swinde von sîner hant getân. (459)
dô begunde im schirmen der hêrlîche gast.
dô schuof der portenære, daz sîn schiltgespenge brast

502 Von einer îsenstangen; des gie dem helde nôt. 491
ein teil begunde fürhten Sîvrit den tôt, (460)
dô der portenære sô tobelîchen sluoc:
dar umbe was im wæge sîn herre Sîfrit genuoc.

503 Si striten alsô sêre, daz al diu burc erdôz, 492
wande ir beider sterke was unmâzen grôz. (461)
er twanc den portenære, daz er in sît gebant.
do erschullen disiu mære über al der Nibelunge lant.

504 Dô hôrt daz grimme strîten verre durch den berc 493
Albrîch der vil starke, ein küene getwerc. (462)
er wart gewâfent balde; dô lief er dâ er vant
disen gast vil edelen, der was in beiden unbekant.

505 Albrîch was vil grimme, dar zuo starc genuoc. 494
helm unde ringe er an dem lîbe truoc (463)
und eine geisel swære von golde an sîner hant.
dô lief er harte sêre dâ er Sîvriden vant.

506 Siben knöpfe swære   die hiengen vor dar an, 495
dâ mit er vor der hende   den schilt dem küenen man (464)
sluoc sô bitterlîchen,   daz im des vil zebrast.
des kom in grôze sorge   dô der wætlîche gast.

507 Den scherm er von der hende   gar zebrochen swanc: 496
dô warfer von im balde   sîn wâfen, daz was lanc. (465)
den sînen kameræere   wolder niht slahen tôt.
er schônte sîner zühte,   als im sîn tugent gebôt.

508 Mit starken sînen handen   lief er Albrîchen an. 497
dô vieng er bî dem parte   den altgrîsen man: (466)
er zogeten ungefuoge,   daz er vil lût erscrê.
zuht des jungen recken   diu tet Albrîche wê.

509 Lûte rief der küene: 'nu lâzet mich genesen! 498
und möht ich iemens eigen   ân einen recken wesen (467)
(dem swuor ich des eide,   ich wære im undertân),
ich diende iu ê ich sturbe,'   sô sprach der listige man.

510 Dô bant er Albrîchen   alsam den risen ê. 499
die Sîfrides krefte   tâten im vil wê. (468)
daz twerc begunde vrâgen: 'wie sint ir genant?'
er sprach: 'ich bin ez Sîfrit;   ich wânde, ich wære iu wol bekant.'

---

497 Ca 1. chome C. 2. ir *zwischen* si eren *übergeschrieben* C. lvten C, weisenn a. 3. anz] ann dem a. wegunnd er a. 4. innerhalbenn a. dran *fehlt* a.
498 Ca 1. der da der a. 2. waffenn a. 3. ist der *fehlt* a. da aussenn a. 4. küene] ckunig a.
499 Ca 1. tür] parttenn a. 2. etleicher a. heint a. der für *fehlt* a. 4. czuernett der a.
500 Ca 1. ein wappenn a. 2. seinen helm a. vil *fehlt* a. 3. rukchte a. die portenn er do auf a. 4. grimleich a.
501 Ca 1. torste a. sô] uill a. 2. wurde C.
502 Ca 2. wegunnd inn a. 3. tobichleichenn a. 4. wäger a.
503 Ca 1. al] überall a. 3. twanc] entwann a. panntt a. 4. erschaltenn a.
504 Ca 1. erhortt a. durch die pürge a. 3. dô lief er] er lief a. 4. vil vnbechant C.
505 Ca 3. an] er ann a. 4. sêre *fehlt* a.
506 Ca 1. chö *vor* chnöppff a. 2. von den hende C, vor denn henndenn a. kunen *aus* kunig *gebessert* C. dem schillt slueg dem ckuennenn mann a. 3. sluoc *fehlt hier* a. geprast a. 4. wætlich C, herleich a.
507 Ca 1. gewannck a. 3. wolder *fehlt* a. 4. tugent] manhait a.
508 Ca 3. er czuckchte inn a. uillaut schrai a. 4. die czuckch a. die tettenn a.
509 Ca 1. rueft a. 3. den a. des *fehlt* a. ich] vnd a. 4. dienn a.
510 Ca 2. die *fehlt* a. die tottenn a. 4. ich wânde] vnd want a.

511 'Sô wol mich dirre mære,'   sprach aber daz getwerc.   500
'nu hân ich wol erfunden   diu degenlîchen werc,   (469)
daz ir von wâren schulden   müget landes herre wesen.
ich tuon swaz ir gebietet,   daz ir lâzet mich genesen.'

512 Dô sprach der herre Sîfrit: 'ir sult balde gân   501
und bringet mir der recken,   der besten der wir hân,   (470)
tûsint Nibelunge,   daz mich die hie gesehen.'
waz er der aller wolde,   des hôrt in niemen verjehen.

513 Dem risen und Albrîchen   lôst er dô diu bant.   502
dô lief er harte balde   dâ er die recken vant.   (471)
er wacht in grôzen sorgen   vil manigen küenen man.
er sprach: 'wol ûf, ir helde,   ir sult zuo Sîfride gân.'

514 Si sprungen von dem bette   und wâren vil bereit.   503
tûsint sneller degene   wurden wol gekleit.   (472)
si kômen dâ si funden   Sîfriden stân.
dâ wart ein schône grüezen   ein teil mit vorhten getân.

515 Vil kerzen wart enzundet,   man schanct im lûtertranc.   504
daz si sô balde kômen,   des saget er in dô danc.   (473)
er sprach: 'ir müezet hinnen   mit mir über fluot.'
des vant er vil bereite   die helde küen unde guot.

516 Wol drîzec hundert recken   die wâren schiere komen: 505
ûz den wurden tûsint   der besten dô genomen;   (474)
den brâht man ir helme   und ander ir gewant,
dô er si füeren wolde   in daz Prünhilde lant.

517 'Hœrt, ir guoten ritter,   waz ich iu welle sagen: 506
ir sult vil rîchiu kleider   dâ ze hove tragen,   (475)
dâ wir sehen müezen   vil minneclîchiu wîp.
dar umbe sult ir zieren   mit guoter wæte den lîp.'

518 Nu sprichet lîht ein tumber: 'ez mac wol lüge wesen.
wie möhte sô vil ritter   bî ein ander sîn genesen?
wâ nâmen si die spîse,   wâ nâmen si gewant?
sine kundenz niht verenden,   und ob in dienten drîzec lant.'

519 Sîvrit was sô rîche,   als ir wol habt gehôrt:
im diente daz künicrîche   und Nibelunge hort.
des gaber sînen degenen   vil volleclîch genuoc,
wande sîn wart doch niht minre,   swie vil man von dem schatze truoc.

520 Vil fruo an einem morgen huoben si sich dan. 507
waz sneller geverten Sîvrit dô gewan! (476)
si fuorten ros diu guoten und hêrlîch gewant:
si kômen ritterlîche in daz Prünhilde lant.

521 Dô stuonden in den venstern diu minneclîchen kint. 508
dô sprach diu küniginne: 'weiz iemen, wer die sint, (477)
die dort her gein uns vliezent sô verre ûf jenem sê?
si füerent segel rîche, die sint noch wîzer danne ein snê.'

522 Dô sprach der vogt von Rîne: 'ez sint mîne man; 509
die het ich an der verte hie nâhe bî verlân; (478)
die hân ich besendet. frouwe, die sint komen.'
der hêrlîchen geste wart vil grôze war genomen.

523 Dô sach man Sîfride vor in eime scheffe stân 510
in vil hêrlîcher wæte; im volget manic man. (479)
dô sprach diu küniginne: 'her künic, ir sult mir sagen:
sol ich die geste enpfâhen oder sol ich grüezen si verdagen?'

524 'Ir sult in begegene,' sprach er, 'mit zühten gân; 511
ob wir si sehen gerne, daz si wol daz verstân.' (480)
dô tet diu küniginne daz ir der künic geriet.
Sîfride mit dem gruoze von den andern si dô schiet.

---

511 Ca 1. Sô *fehlt* a. 4. piettett a.
512 Ca 3. sechenn a. 4. was C.
513 Ca 1. dô *fehlt* a. 2. harte *fehlt* a. 3. wacht] macht a.
514 Ca 1. denn petten a. 2. wolbeckchlait a. 4. mit sargenn a.
515 Ca 1. warttn geczunnt a. inn a. 2. sô *fehlt* a. dô *fehlt* a. 4. bereit C, palde weraitt a. die ckuennenn vñ guett a.
516 Ca 2. dô *übergeschrieben* C. die pestenn genomenn a. 4. daz] der a.
517 Ca 1. nu hortt a. will a. 3. vi minnekliu C
518 Ca 1. woll ein luge a. 2. moch a. 4. vnd wo ob inn dienn a.
519 Ca 1. vernomenn a. 4. wann a.
520 Ca 2. waz] wie uill a. gewant C. 4. daz] der a. Prvnhilt C, praunnhildenn a.
521 Ca 2. küniginne] praunnhild a. 3. jenem] dem a. 4. ein] der a.
522 Ca 1. vom a. 2. hie nahennt lann a. 4. gesten C. uil michl a.
523 Ca 1. inn dem a. 3. diu küniginne] praunnhild a. 4. si *fehlt* a.
524 Ca 1. entgegenn a. miht C. 2. versten C. 3. küniginne] praunnhild a. riett a. 4. sich do a.

525 Man schuof in herberge   mit willen al zehant. 512
dô was sô vil der geste   komen in daz lant, (481)
daz si sich allenthalben   drungen mit den scharn.
dô wolden die vil küenen   zuo den Burgonden varn.

526 Dô hiez diu küniginne   teilen sâ zehant
golt unde silber,   ros und ouch gewant,
den vremden und den kunden,   vil manigem werden man,
des ir ir vater hête   nâch sîme tôde vil verlân.

527 Si hiez ouch sagen von Rîne   den recken alsô hêr,
daz si des schatzes næmen   minre oder mêr,
daz si daz mit ir bræhten   in Burgonden lant.
des antwurt ir Hagene   in hôhem muote sâ zehant:

528 'Vil edeliu küniginne,   iu sî für wâr geseit: 519
ez hât der künic von Rîne   golt unde kleit (487)
alsô vil ze gebene,   daz wir des haben rât,
daz wir iht hinnen füeren   iuwer golt oder iuwer wât.'

529 'Nein, durch mîne liebe,'   sprach daz magedîn, 520
'ich wil mit mir hinnen   füeren zweinzic schrîn (488)
von golde und ouch sîden,   daz geben sol mîn hant,
sô wir komen übere   in daz Guntheres lant.'

530 Dô sprach diu küniginne: 'wem lâz ich mîniu lant? 522
di sol nu hie bestiften   unser beider hant.' (490)
dô sprach der künic edele: 'nu heizet her gân
swer iu dar zuo gevalle;   den suln wir vogt wesen lân.'

531 Ein ir hôhsten mâge   diu frouwe bî ir sach; 523
er was ir muoter bruoder.   zuo dem diu maget sprach: (491)
'nu lât iu sîn bevolhen   die bürge und ouch daz lant,
unze daz hie rihte   des künic Guntheres hant.'

532 Dô welt si ir gesindes   tûsint küener man, 524
die mit ir ze Rîne   solden varn dan,
zuo jenen tûsint recken   von Nibelunge lant.
si rihten sich zer verte: man sach si rîten ûf den sant.

533 Si fuorten mit ir dannen   sehs und ahzec wîp, 525
dar zuo wol hundert mägede;   vil schœne was ir lîp. (492)
sine sûmten sich niht langer,   si îlten vaste dan.
die si dâ heime liezen,   hey waz der weinen began!

534 In tugentlîchen zühten si rûmt ir eigen lant. 526
si kust ir friunt die næhsten, swaz si der bî ir vant. (493)
mit guotem urloube si kômen ûf den sê.
zuo zir vater lande kom diu frouwe nimmer mê.

535 Dô hôrt man ûf der verte maniger hande spil: 527
aller kurzewîle der heten si vil. (494)
dô kom in zuo zir reise ein rehter wazzerwint.
si fuoren von dem lande vil harte vrœlîchen sint.

536 Jâne wolde si den herren niht minnen ûf der vart: 528
ez wart ir kurzewîle unz in sîn hûs gespart (495)
ze Wormez zuo der bürge zeiner hôchgezît,
dar si vil freuden rîche kômen mit ir recken sît.

---

525 Ca 1. im a. allennczehenntt a. 4. dô *fehlt* a. ze denn purgenn da uarenn a.
526 Ca 1. küniginne] praunnhild a. tailenn schaczehanntt a. 2. ouch *fehlt* a. 3. fromdenn a. manigenn a. 4. ir *einmal übergeschrieben* C; ir *fehlt einmal* a. vil] ir uill a.
527 Ca 1. von Rîne] vom Rekchenn Rein a. 2. uil oder minner a. 3. ir] im a.
528 Ca 1. iu edeleu praunnhilde a. 2. vom a. 4. das wir ich fuerenn vonn hinnenn a. oder] noch a.
529 Ca 3. ouch] vonn a. 4. vber Ca. daz *fehlt* a.
530 Ca 1. küniginne] praunnhild a. mein lannt a.
531 Ca 1. ainenn ierenn hochstenn mage a. 3. enpfolhenn a. die purg a. 4. künic] chunigs a.
532 Ca 2. ze dem a. 3. jenen] iernn (?) a. recken *fehlt* a. 4. zeuerte a. woll auf a.
533 Ca 1. ir] in a. sechsundtreisig a. 2. magedein a. ir der a. 3. sovmten C, saumtenn a. 4. dahaimenn a.
534 Ca 1. raumbtenn a. 2b: die si pei ir a. 4. zue irs uatter lännt a. chome C. diu frouwe] sy a.
535 Ca 2. alle a. der *fehlt* a. 3. chome C. zu ir a. 4. har froleich a.
536 Ca 1. enwoldenn a. 4. das si a. freundenn reich a.

IX

Âventiure wie Sîvrit ze Wormez in botschefte fuor.

537 Dô si gevarn wâren   vollen niun tage,   529
dô sprach der küene Hagene: 'nu merket waz ich sage: (496)
ir sûmt iuch mit den mæren   ze Wormeze an den Rîn.
die iuwern boten solden   nu zen Burgonden sîn.'

538 Dô sprach der künic Gunther: 'ir habt mir reht geseit.   530
nu bereitet iuch zer verte,   ritter vil gemeit,   (497)
wande wir in disen zîten   ander niemen hân
der dar müge gerîten.'   dô sprach der übermüete man:

539 'Nu wizzet, lieber herre,   ine bin niht bote guot.   531/532
ich wil iuch eins bewîsen,   der ez doch gerne tuot: (498)
Sîvrit den küenen   sult ir ez niht verdagen.
durch iuwer swester liebe   getarrerz iu nimmer versagen.'

540 Er sande nâch dem recken: der herre kom zehant.   533
er sprach: 'sît daz wir nâhen   heim in mîniu lant,   (499)
sô solde ich boten senden   der lieben swester mîn
und ouch mîner muoter,   daz wir nu nâhen an den Rîn.

541 Des bite ich iuch, her Sîvrit,   daz ir die reise tuot,   534/535
daz ez mit mir verdiene   diu edel maget guot   (500)
mit allen mînen friunden,   ritter vil gemeit.'
dô sprach der degen küene: 'der reise bin ich iu bereit.

542 Nu enbietet swaz ir wellet;   des wirdet niht verdaget: 536
durch die vil minneclîchen   sô wirt ez gar gesaget.   (501)
zwiu solde ich der verzîhen,   die ich in herzen hân?
swaz ir durch si gebietet,   daz ist allez getân.'

543 'Sô sagt mîner muoter   und ouch der swester mîn,   537
daz wir an dirre verte   in hôhem muote sîn.   (502)
lât wizzen mîne brüeder,   wie wir geworben hân;
und ander unser friunde   sol man diu mære ouch hœren lân.

544 Kriemhilde und mîne muoter   sult ir niht verdagen   538
mîn und Prünhilde dienest   sult ir in beiden sagen,   (503)
und allem ir gesinde   und allen mînen man:
dar nâch ie ranc mîn herze,   wie wol ich daz erworben hân.

545 Und sagt ouch mînen brüedern   und andern friunden mîn, 539
daz si mit grôzem vlîze   dar zuo gewarnt sîn. (504)
man sol in unsern landen   diu mære wizzen lân:
ich wil mit Prünhilde   vil grôze hôchgezîte hân.

546 Und bitet mîne swester,   sô si daz habe vernomen, 540
daz ich mit mînen gesten   sî ze lande komen, (505)
daz si mit vlîze enpfâhe   die triutinne mîn.
daz wil ich immer mêre   mit triuwen dienende sîn.'

547 Dô der vil küene recke   urloup von im genam 541
und ouch von Prünhilde,   der ritter lobesam (506)
reit in grôzen freuden   ze Wormeze an den Rîn.
ez enkunde in allen landen   ein bote bezzer niht gesîn.

548 Mit vier und zweinzec recken   ze Wormeze er dô reit. 542
des küniges kom er âne,   dô daz wart geseit, (507)
allez daz gedigene   vor jâmer heten nôt:
si vorhten, daz ir herre   dort beliben wære tôt.

549 Die helde erbeizet wâren;   vil hôhe stuont ir muot. 543
vil schier in kômen beide   die junge künige guot (508)
und al daz hofegesinde.   der herre Gêrnôt sprach,
dô er sînen bruoder   niht bî Sîvride ensach:

---

537 Ca 1. warn C. niwen C. uol näunn a. 2. küene] helde a. ich euch a. 3. dem Rein a.
538 Ca 2. ze uertte a. 3. in] ann a. andernn a. 4. reittenn a.
539 Ca 2. aines a. doch *fehlt* a. 4. getarrer erz iv nimmer C, getar er euchs nimmer a.
540 Ca 1. da ckam er zehannt a. 2. haim hawenn inn mein lanntt a.
541 Ca
542 Ca 1. Nu enbietet *fehlt* a. des] daz a. 3. zwiu] was a. der] dir C. 4. piettet a.
543 Ca 1. nu saget a. 2. verte] uart a. inn hochenn müt a.
544 Ca 3. Ierin gesinnde a. mannen a.
545 C; *fehlt* a. 3. man] vñ C.
546 Ca 1. so si das uernomenn hatt a. 2. sî *fehlt* a. 4. ich *fehlt* C. 4b *nur*: dannckhenn a.
547 Ca 1. recke *fehlt* a. von im *fehlt* a.
548 Ca 1. er do raitt genn burmis a. 2a: ann dez chuniges houe er do chom a. 3. alles des dez gedings a. hette a.
549 Ca 1. erwaiset worn a. 2. chom a 4. pei Seiuridenn sach a.

550 'Willekomen, ritter edele,   ir sult uns hœren lân, 544
wâ ir mînen bruoder,   den künic, habt verlân. (509)
diu Prünhilde sterke   in wæn uns hât benomen:
sô ist uns ir hôhiu minne   harte schedelîche komen.'

551 'Iu edeln recken beiden   und al den mâgen sîn 545
enbiutet sînen dienest   der hergeselle mîn; (510)
den liez ih wol gesunden: er hât mich her gesant
ze boten mit den mæren,   daz ich iu diu tæte bekant.

552 Ir sult daz ahten schiere,   swie sô daz geschehe, 546
daz ich iuwer muoter   und iuwer swester sehe; (511)
die sol ich lâzen hœren   waz in enboten hât
Gunther der künic rîche,   des dinc in hôhen êren stât.'

553 Dô sprach der junge Gîselher: 'dâ sult ir dar gân: 547
dâ habt ir mîner muoter   vil liebe an getân; (512)
diu hât doch michel sorge   umbe den bruoder mîn.
si sehent iuch beide gerne,   des sult ir gar âne angest sîn.'

554 Dô sprach der herre Sîvrit: 'swaz ich in dienen kan, 548
daz sol vil willeclîchen   mit triuwen sîn getân. (513)
wer sagt nu den frouwen,   daz ich wil dar gân?'
'daz tuon ich,' sprach dô Gîselher,   der vil wætlîche man.

555 Der stolze küene recke   zuo sîner muoter sprach 549
und ouch zuo sîner swester,   dâ er si beide sach: (514)
'uns ist komen Sîvrit,   der helt ûz Niderlant.
in hât mîn bruoder Gunther   ze Rîne her von im gesant.

556 Er bringet uns diu mære,   wiez umben künic stê. 550
nu sult ir im erlouben,   daz er ze hove gê. (515)
er bringt diu rehten mære   her von Îslant.'
noch was den edelen frouwen   vil michel sorgen bekant.

557 Si sprungen nâch ir wæte;   dô leiten si sich an. 551
si bâten Sîvride   dô hin ze hove gân; (516)
daz tet er willeclîche,   wand er si gerne sach.
Kriemhilt diu vil schœne   zuo zim dô güetlîchen sprach:

558 'Sît willekomen, her Sîvrit,   ritter lobelîch. 552
war ist komen mîn bruoder,   Gunther der künic rîch? (517)
von Prünhilde sterke   den wæn wir haben verlorn.
owê mir armen meide,   daz ich danne ie wart geborn!'

559 Dô sprach der ritter küene: 'nu gebt mir botenbrôt, 553
ir edeln juncfrouwen; ir weinet âne nôt. (518)
ich liez in wol gesunden, daz tuon ich iu bekant.
er und diu schœne Prünhilt hânt mich iu beiden her gesant.

560 Si enbietent iu ir dienest mit triuwen in daz lant, 554
vil rîchiu küniginne, daz tuon ich iu bekant. (519)
nu lâzet iuwer weinen: si wellent schiere komen.'
sine het in langen zîten sô lieber mære niht vernomen.

561 Mit snêblanken gêren ir ougen wolgetân 555
wischte si nâch trehenen. danken si began
dem boten dirre mære, diu ir dâ wâren komen.
dô was ir michel trûren und ouch ir weinen benomen.

562 Den boten bat man sitzen; des was er bereit. 556
dô sprach diu juncfrouwe: 'mir wære niht ze leit, (520)
ob ich ze botenmiete iu solde geben mîn golt.
dar zuo sît ir ze rîche: ich wil iu sus immer wesen holt.'

563 'Ob ich nu eine hête,' sprach er, 'drîzec lant, 557
so enpfienge ich doch vil gerne gâbe ûz iuwer hant.' (521)
dô sprach diu minneclîche: 'nu sol ez sîn getân.'
si hiez ir kameræere nâch der botenmiete gân.

---

550 Ca 1. got willichomenn a. wissenn a. 3. die praunnhild die starkche a. 4. schedelich C, schedleich a.
551 Ca 1. ritternn a. die mage a. 2. enpeutennt euch a.
552 Ca 1. swie *fehlt* a. 3. hœren] wissenn a. 4. dinc] sein geschäfft a.
553 Ca 4. de sult a.
554 Ca 3. dar will a. 4. der vil *fehlt* a. wætlich C, ritterleich a.
555 Ca 1. recke] man a. 4. hât *fehlt* a.
556 Ca 2. gê] chom a. 4. sarg a.
557 Ca 1. sich *fehlt* a. 4. zu im a.
558 Ca 1. herre C. 2. wa a. Gunther *fehlt* a. 3. den wæn] wänn ich a. 4. wart *fehlt* a.
559 Ca 2. wænet C. 4. beiden *fehlt* a.
560 Ca 1. ir *fehlt* a. 4. si a. sô *fehlt* a.
561 Ca 1. *u.* 2. mit sneblankcher hant wischtenn si ir augenn dankchenn sy wegunndenn a. 3. ir dâ] inn a.
562 Ca 3. gebenn sold a. 4. ir *fehlt* a. sunst wesenn immer a.
563 Ca 2. doch vil *fehlt* a. eur gb gab a. 4. der] dem a.

564 Vier und zweinzic pouge   mit gesteine guot 558
die gab si im ze miete.   dô stuont alsô sîn muot, (522)
ern woldes niht behalden;   er gab ez sâ zehant
ir næhstem ingesinde,   die er zer kemenâten vant.

565 Ir muoter bôt ir dienest   in güetlîchen an. 559
'ich sol iu sagen mêre,'   sprach dô der küene man, (523)
'wes iuch der künic bittet,   swenn er nu kumet her.
daz weller immer dienen,   daz ir leistet sîne ger.

566 Die sîne rîchen geste   bitet er iuch wol enpfân; 560
des manter iuch vil sêre.   irn sult des ouch niht lân, (524)
irn rîtet im zegegene   für Wormez ûf den sant.
des sît ir von dem künige   mit grôzen triuwen gemant.'

567 Dô sprach diu minneclîche: 'des bin ich vil bereit. 561
swaz ich im kan gedienen,   daz ist im unverseit; (525)
in vriuntlîchen triuwen   sô sol ez sîn getân.'
dô mêrte sich ir varwe   die si vor liebe dô gewan.

568 Ez enwart nie bote enpfangen   deheines fürsten baz. 562
getorste si in küssen,   diu frouwe tæte daz. (526)
wie rehte minneclîche   er von den frouwen schiet!
dô tâten die Burgonden   als in Sîvrit dô geriet.

569 Sindolt unde Hûnolt   und Rûmolt der degen, 563
die muosen vil unmuoze   zuo den zîten pflegen:
rihten daz gesidele,   als in daz was bekant.
des küniges ambetliute   man dô mit arebeiten vant.

570 Ortwîn unde Gêre,   des rîchen küniges man, 564
die sanden allenthalben   nâch den friunden dan
und kunten in die hôchgezît,   diu dâ solde sîn.
dâ bereiten sich engegene   diu vil schœnen magedîn.

571 Der palas und die wende   was allez überal 565
gezieret gegen den gesten.   der Guntheres sal (527)
wart vil wol bezimbert   durch manigen vremden man.
diu selbe grôze hôchgezît   huop vil vrœlîchen an.

572 Dô riten allenthalben   die wege durch daz lant 566
der drîer künige mâge;   die het man besant, (528)
daz si den solden warten,   di in dâ wolden komen.
dô wart ûz den kisten   rîcher wæte vil genomen.

573 Dô sagt man diu mære, daz man nu rîten sach 567
den künic mit sînen gesten. dô huop sich ungemach (529)
von des volkes kreften in Burgonden lant.
hey, waz man sneller degene bî frouwen Prünhilde vant!

574 Dô sprach diu schœne Kriemhilt: ‘ir mîniu mägedîn, 568
di an dem antpfange mit mir wellen sîn,
die suochen ûz den kisten diu aller besten kleit,
diu si mügen vinden; daz sî den frouwen ouch geseit.’

575 Dô kômen ouch die recken, die hiezen tragen dar 569
die hêrlîchen sätele nâch rôtem golde var, (530)
die frouwen solden rîten ze Wormeze an den Rîn.
bezzir pferitgereite kunde ninder gesîn.

576 Hey, waz dâ liehtes goldes von den mœren schein! 570
ouch lâgen an den zoumen vil manic edel stein. (531)
die güldînen schemile ob liehten pfellen guot
brâht man dar den frouwen. si wâren hôchgemuot.

---

564 Ca 1. pouge] wenge a. 3. ern] er a. do gab ers zehannt a. 4. ze a.
565 Ca 3. bitet C. 4. sinen Ca.
566 Ca 2. iwer C. auch des a. enlann a. 3. ir a. enckegenn a. *vor* vf *ist* fvr *durchgestrichen* C. 4. ir *fehlt* a.
567 Ca 2. dienen a. 4. vor] uonn a.
568 Ca 1. deheines fürsten *fehlt* a. 2b: die fraue tat es gern tatte a. 4. die *fehlt* C. dô *fehlt* a.
569 Ca 1. Rûmolt] humolt a. 2. phlagenn a.
570 Ca 3. hochgecite C, hochczeit a. 4. werait a.
571 Ca 2. Gvnthers Ca. 4. hochgecite C, hochczeit a. vil] sich a.
572 Ca 2. mâge] mann a. 3. in *fehlt* a.
573 Ca 2. mit sînen] mitten a. 4. man *fehlt* a.
574 Ca; X *ab* v. 4: geseit. – 1. praunnhild a. 2. anuang a. 4. diu] die Ca.
575 CXa X: 575 *bis* 582,2 *linker Zeilenrand jeweils um mindestens einen, höchstens um vier Buchstaben beschnitten.*
2. herlich X. gevar Xa. 3. di die vrowen X. wormz X, Wurmis a. 4. pesser phärtt werait a, [...]ært geræit (*Zeilenanfang;* bezzer *fehlt also*) X. chund ninder sin X.
576 CXa X: *die ganze Strophe ist defekt.*
1. [Hey *bis* goldes] X. von dem moren C, vonn Arabia a. [mœren schein] X. 2. [ouch lâgen] X. gestain a. [vil *bis Versende*] X. 3. guldin X, guldein a. schemil C, schämell a, sche[mile *bis* guot] X. phellat a. 4. alle hochgemuet a, hoh [..] mv̊t X.

577 Begürtet mit den sîden   vil schœn unde starc 571
brâht man den frouwen   vil wunneclîchiu marc;
diu rîchen fürbüege   sach man die mœre tragen
von den besten sîden,   dâ von iu iemen kunde sagen.

578 Sehs und ahzec frouwen   hiez man komen dan, 572
die gebende truogen.   zuo Kriemhilde stân (532)
kômen die vil schœnen   und heten liehtiu kleit.
dô wart ouch wol gezieret   vil manic minneclîchiu meit,

579 Fünfzec unde viere   von Buregonden lant. 573
sô wâren ez die besten,   die man ze hove vant;
di sah man valevahse   under liehten porten gân.
des Gunther an si gerte,   daz wart mit vlîze getân.

580 Von liehten rîchen pfellen,   verre ûz heiden lant, 574
si truogen vor den gesten   sô manic guot gewant, (533)
daz ir genuoge schœne   ze rehte wol gezam.
er wære in swachem muote,   der ir deheiner wære gram.

581 Von zobel und ouch von harme   vil kleider man dâ vant. 575
dâ wart vil wol gezieret   manic arm unt hant (534)
mit bougen ob den sîden,   die si dâ solden tragen.
iu enkunde ditze vlîzen   zende niemen gesagen.

582 Vil manigen gürtel spæhen,   guot unde lanc, 576
über vil rîchiu kleider   manic wîziu hant dô swanc (535)
über röcke ferrans   und pfelle ûz Arâbîn,
daz si in al der werlde   bezzer nimmer kunden sîn.

583 Ez wart in fürgespenge   manic schœniu meit 577
genæt vil minneclîche.   ez möht ir wesen leit, (536)
der ir vil liehtiu varwe   niht lûhte gegen der wât.
sô schœnes ingesindes   nu niht küniges künne hât.

584 Dô die vil minneclîchen   nu truogen ir gewant, 578
di si dâ füeren solden,   die kômen al zehant, (537)
der hôchgemuoten recken   ein vil michel kraft.
man truog ouch dar mit schilden   vil manigen eschînen schaft.

X

Âventiure wie der künic Gunther ze Wormze mit frou Prünhilt prûtte.

585 Anderthalp des Rînes   sach man mit grôzen scharn   579
den künic mit sînen gesten   zuo dem stade varn.   (538)
ouch sach man dâ bî zoumen   leiten manige meit.
di si enpfâhen solden,   die wâren alle bereit.

---

577 CXa 1. vnd auch uil a. 2. brahte X. wunnichleich a. 3. furbege a, [...] rbuge X. diu more C. 4. dâ von iu iemen] die nieman a.

578 CXa X: *letzte Zeile defekt.*
2. die soltenn pey Kreimhildenn stann a. 3. do komen a. watt a. 4. auch uil wol a. [dô wart ouch] X. mani [c minneclîchiu] X.

579 CXa X: *Zeile 1 und 2 stark defekt.*
1. [Fünfzec unde viere] X. von] aus a. burgon [den lant] X. 2. [sô wâren ez] X. beste C, pstenn a. 3. man *fehlt* X. valevahse] *aus* val vahsen *gebessert* C, vale vah [...] X, si alle a.

580 CXa 1. liehtem richen phelle X, liehtenn phellant a. 2. vor] von X. 3. rehte *unleserlich* (*Platz für ca. drei Buchstaben*) X. wol] wo a. 4. inn swachenn mutt a.

581 CXa X: 581,2 *bis* 586 *im ersten Drittel der Länge nach durchgeschnitten und die Teile bei der Wiederherstellung aufeinander geklebt, wodurch jeweils ein bis zwei Buchstaben fehlen.*
1. *bis* 3. *fehlt* a. *Zeile* 3 *und* 4 *stark defekt* X.
1. [Von] X. [kleider man] X. v[ant] X. 2. gezirt X. 3. boͮge[n] X. 4. iu enkunde] euch chunnde a, ic [....] X. [ditze vlîzen] X. ze ende a. ze ende niem [en gesagen] X.

582 CXa X: *Zeile* 1 *und* 2 *stark defekt.*
1. ma[nigen gürtel spæhen g]uot X. spæhen] spangenn a. 2. vb[er vil rîchiu kleider] X. manich wî [ziu hant] X. weisser hant a. 3. vber die rokͦch ferrans vnd phellant aus arabia a, vil chostlich [siden?] von [p]helle vͦz arabyn X. 4. al der werlde] aller der wellde a, [...] ler werld X. [g]esin X. pessers chunnde nimmer sein a.

583 CXa 1. wart in] war in a, war [..] n X. manig *verwischt* X. 4. nie chain chunig gewann a.

584 CXa X: *stark defekt*
1. minnecliche X. 2. [di si dâ füeren] X. a[l zehant] X. 3. [der hochge] muoten X. ei[n vil michel kraft] X. 4. ouch *fehlt* X. [mit schilden vil] X. vil manigen *fehlt* a. esschinen C, esscheine[n] X, eschein a. [schaft] X.

Überschrift: ze Wormze *fehlt* X. pͮnh' C, vron Prevnhilten X. hochtzeit het mit Praunnhild a.

585 CXa 1. Anderhalp X, Innerhab a. 3. [m]an X. dâ *fehlt* X, dâ bî *fehlt* a. [mei]t X. 4. [al] le X.

586 Dô die von Îslande   zen schiffen kômen dan 580
und ouch von Nibelungen   Sîvrides man, (539)
si gâhten zuo dem lande;   unmüezic wart ir hant,
dâ man des küniges friunde   des stades anderthalben vant.

587 Nu hœrt ouch disiu mære   von der künegîn, 581
Uoten der vil rîchen,   wie si diu mägedîn (540)
gefrumte von der bürge,   dar si dô selbe reit.
dâ gewan ein ander kunde   vil manic ritter unde meit.

588 Der margrâve Gêre   Kriemhilde zoumte dan 582
niwan ûz der bürge: Sîvrit der küene man
dient ir dô minneclîche.   si was ein schœne kint.
des wart im wol gelônet   von der juncfrouwen sint.

589 Ortwîn der küene   bî froun Uoten reit, 583
vil gesellеclîchen   manic ritter unde meit.
ze solhem antphange,   des mac man wol verjehen,
wart nie sô vil der frouwen   bî ein ander gesehen.

590 Vil manic buhurt rîchen   sach man dan getriben 584
von helden loblîchen   – niht wol wær ez beliben – (541)
vor Kriemhilde der schœnen   al zuo den schiffen dan.
dô huop man von den mœren   manige frouwen wol getân.

591 Der künic was komen selbe   und manic werder gast. 585
hey, waz starker schefte   vor den frouwen brast! (542)
man hôrt dâ hurteclîchen   von schilden manigen stôz.
hey, waz dâ rîcher buckelen   von gedrange lût erdôz!

592 Die vil minneclîchen   die stuonden an der habe. 586
Gunther mit sînen gesten   gie von den schiffen abe: (543)
er fuorte Prünhilde   selbe an sîner hant.
dâ lûhten wider ein ander   die edeln stein und ouch daz gewant.

593 In vil grôzen zühten   frou Kriemhilt dô gie 587
dâ si Prünhilde   mit ir gesinde enpfie. (544)
dâ wart gerucket hôher   mit wunneclîcher hant
vil manic schapel rîche,   dô si sie enpfiengen in daz lant.

594 Dô sprach gezogenlîche   Kriemhilt diu künigîn: 588
'ir sult zuo disen landen   grôz willekomen sîn (545)
mir und mîner muoter   unde allen, die wir hân.'
dar nâch wart von den frouwen   mit triuten küssen niht verlân.

586 CXa X: 586,1 *bis* 592,3 *im zweiten Drittel der Länge nach durchgeschnitten und die Teile bei der Wiederherstellung aufeinandergeklebt, wodurch jeweils zwei bis drei Buchstaben fehlen.*
586 *stark defekt.*
1. Do si [von Îslande] X. ze schiffen Xa. 2. [und ouch vo] n niblunge X. Sivrides m[an] X. 3. [si gâhten zuo] dem lande X. vnm[üezic wart ir hant] X. 4. [..] man des ch[üniges friunde] X. des stades and[ert-halben vant] X.

587 CXa X: *die beiden ersten Zeilen teilweise verwischt.*
1. Nv [hœrt] ouch disiv m[ær]e X. 2. Vten der vil [ri] chen X. wi si div [meg]edin X. 3. [gefrumt]e uon der burg[e] X. gefrumte] furt a. [dar si dô selbe reit] X. dô *fehlt* a. 4. [d]a gewan ein[ander künde] X. [vil manic ri]tter vnt meit X. ann einander a.

588 CXa X: *erste und zweite Zeile stark defekt.*
1. Der [margrâve Gêre] X. Chrimhilte zo[umte da]n X. 2. Sifrit [der] chv̊n man X. 3. minnech[lîc]he X. schœn X, schonn a. 4. des [w]art X. von de[r juncfr]owen sint X. sint] sein a.

589 CXa 1. [bî] X. fron C. 2. gesellechlich[en] X. 3. amphange X, aneuang a. 4. der *fehlt* a.

590 CXa X: *die ersten drei Zeilen stark defekt.*
1. Vil man[ic buhur]t richen X. manigenn a. sah ma[n dan getriben] X. dan] da a. 2. [von helde]n loblichen X. helde a. nih[t wol wær ez belibe]n X. war a. 3. vor chrimhilten [der schœnen] X. [al zuo] den schiffen dan X. 4. [von den] X.

591 CXa 1. w[as ko]men X. maniger a. we[rder g]ast X. 2. was C. vor [den] X. 3. [hur]techlichen X, churtzweill a. man[igen] X. 4. *fehlt* a. buc[kel von] X.

592 CXa X: *vierte bis sechste Zeile stark defekt.*
1. minnich[li]che X. die stuonden] stvonden X. 2. [m]it X. sch[iff]en X. 3. er furte pr[ünhilde] X. [sel]be X. ann der hannt a. 4. [dâ lûhten wider]einander X. die edeln [stein und ....] gewant X. die edeln *fehlt* a. ouch *fehlt* a.

593 CXa X: 593,2 *bis* 599,3 (*Ende des Fragments*) *rechter Zeilenrand beschnitten, wodurch am Zeilenende jeweils mehrere Buchstaben fehlen.*
593 *erste und zweite Zeile defekt.*
1. In vil [grôzen zuhten] X. vil grôzen *fehlt* a. frou] vro X, *fehlt* a. 2. da si [Prünhild]e X. 3. geruc[ket] X. han[t] X. 4. [vil] X. dô si [sie empfi]engen in daz lant X. si sie] sis a.

594 CXa X: *dritte bis sechste Zeile stark defekt.*
1. gezogenlich X. Chrie[mhilt] X. chvniginne CX. 2. ir *fehlt* X. sult zv disen [landen] X. disenn lande a. willechomen [sîn] X. 3. [mir und mîner] mvter X. vnt al[len die wir hân] X. habn (*unter* b *Tilgungspunkt*) C, habenn a. 4. [dar] nach von den [frouwen] X. [mit triuten küs]sen niht verla[n] X. mit triuten] mit treuenn a.

595 Dô Prünhilde frouwen   vol kômen ûf den sant, 590
dâ wart vil minneclîchen   genomen bî der hant (547)
von hêrlîchen recken   manic wîp wol getân.
man sach die schœnen megede   vor den küniginnen stân.

596 Ê daz ir gruoz ergienge,   daz was ein langiu stunt. 591
jâ wart dâ geküsset   manic rôsenvarwer munt. (548)
noch stuonden bî ein ander   die küniges töhter rîch:
daz liebet an ze sehene   vil manigen recken lobelîch.

597 Dô speheten mit den ougen   die ê hôrten jehen, 592
daz si sô minneclîches   heten niht gesehen (549)
sô die frouwen beide.   des jach dâ manic man,
daz si den prîs an schœne   in manigen landen müesen hân.

598 Die frouwen spehen kunden   und hêrlîchen lîp, 593
die lobten durch ir schœne   daz Guntheres wîp. (550)
doch sprâchen dâ di wîsen,   die hetenz baz ersehen,
man möhte Kriemhilde   wol für Prünhilde jehen.

599 Wider ein ander giengen   beide magt und wîp. 594
man sach dâ wol gezieret   vil manigen schœnen lîp. (551)
dâ wâren sîdîn hütten   und manic rîch gezelt:
der was dâ vil gespannen   vor Wormez über al daz velt.

600 Von des küniges mâgen   wart dringen niht verlân. 595
man hiez die küniginne   beide dannen gân,
und mit in al die frouwen,   dâ man den scaten vant.
dar brâhten si die degene   ûzer Burgonden lant.

601 Dô wâren ouch die geste   zen rossen alle komen. 596
vil manic rîchiu tjoste   durch schilde wart genomen. (552)
daz velt begunde stouben,   sam ob al daz lant
mit louge enbrunnen wære.   dâ wurden degene bekant.

602 Wes dâ die helde pflægen,   daz sach vil manic meit. 597
man sagt, daz her Sîvrit   mit sînen helden reit (553)
manige widerkêre   für die hütten dan.
er fuort der Nibelunge   tûsint wætlîcher man.

603 Dô kom von Tronege Hagene,   als im der wirt geriet: 598
den buhurt friuntlîche   dô der helt geschiet, (554)
daz si ungestoubet liezen   diu minneclîchen kint.
des wart dô von den gesten   gevolget zühteclîche sint.

604 Dô sprach der herre Gêrnôt: 'diu ros nu lâzet stân, 599
unz ez beginne kuolen: sô sulen wir ane vân
dienen schœnen wîben für den palas wît.
sô der künic welle rîten, daz ir bereite denne sît.'

605 Vor der vesperzîte, dô diu sunne nider gie 601
und ez begunde kuolen, niht langer man daz lie: (556)
in die stat sich huoben man, magt und wîp.
mit ougen wart getriutet vil maniger juncfrouwen lîp.

606 Dâ wart von guoten recken vil kleider ab geriten 602
von den hôchgemuoten nâch ir lande siten, (557)
unz für den palas wîten der künic dâ nider stuont.
dâ wart gedienet frouwen, sô helde hôchgemuote tuont.

607 Dô wurden ouch gescheiden die rîchen künigîn. 603
frou Uote und ouch ir tohter die giengen beide hin (558)
und ir ingesinde in ein vil wîtez gadem.
dô hôrt man allenthalben vil harte grœzlîchen kradem.

---

595 CXa X: *Text z. T. stark verwischt.*
1. Do Prvnhil[de] vrovwen X. cho[men] vf den sant X. 2. da wart [vi]l minnec[hlichen] X. genomen bi [der] hant X. 3. [von hêrlîchen] rechen X. wîp] fraue a. 4. [man] sach die scho[nen] magde X. megede] iūkchfrauenn a. [vor] der [kü]niginne ge[stân] X, vor der chuniginn stann a.

596 CXa 1. [was] X. 2. ge[küs]set X. 3. ch[ü]niges X. 4. an [ze]sehen X.

597 CXa X: *erste bis vierte Zeilr tark defekt*
1. Do spæhten mi[t c ougen] X. [die] e horten iehn X. ê *fehlt* a. 2. [daz si sô minneclî]ches X. minnichleichenn a. heten n[iht gesehen] X. 3. [sô die] vrowen b[eide] X. [des jach dâ manic] man X. iach manig mann a. 4. musen X, muestenn a.

598 CXa 2. sc[hœ]ne X. daz] des a. Gunthers Xa. 3. spr[achen] X. dâ *fehlt* a; *fehlt wohl auch* X (*Zeilenrand*). 4. macht a. für] vor X.

599 Ca; *bis* 599,3: ... siden h [....] X.
1. do giengen X. be[ide] X. 2. dâ *fehlt* a. vil wol gezirt X. sch[œnen] X. 3. warn CX. huet a. 4. der] do a. überall a.

600 Ca 1. chuenes a. 3. mit *fehlt* a. schadenn a. 4. da a.

601 Ca 1. Dv C, die a. zue denn a. 4. mit feur gczunnt war a.

602 Ca 1. Wes] des a. 2. sach a. *vör* her *ist* d *durchgestrichen* C. 3. manigeu widercher a. 4. fuort] fuer a. herleicher a.

603 Ca 3. unstaubet a. diu] *in* a *nur* d. 4. sint *fehlt* a.

604 Ca 1. der *fehlt* a. 3. ze diennenn a. frauenn a. 4. danne a.

605 Ca 1. vnder gie a. 3. man vnd magt vnd auch die weib a. 4. ougen] auchgenn a.

606 Ca 1. abgerieten C. 4. war a. so holde wolgemuetenn a. tuont *fehlt* a.

607 Ca 1. rîchen *fehlt* a. 2. ouch *fehlt* a. 3. und ir] vnd mit ir C. wîtez] weiten 4. uil grösleich gadem a.

608 Gerihtet wart gesidele: der künic wolde gân 604
ze tische mit den gesten. dô sach man bî im stân (559)
die schœnen Prünhilden. krône si dô truoc
in des küniges lande; diu was spæhe und rîch genuoc.

609 Vil manic hergesidele mit guoten taveln breit 605
vol spîse wart gesetzet, als uns daz ist geseit.
des si haben solden, wie wênic des gebrast!
dô sach man bî dem künige vil manigen hêrlîchen gast.

610 Des wirtes kameræere in pecken goldes rôt 606
daz wazzer für truogen. des wære lützil nôt, (560)
ob iu daz iemen seite, daz man diente baz
ze küniges hôchgezîten: ich geloube müelîche daz.

611 Ê daz der vogt von Rîne wazzer dô genam, 607
dô tet der herre Sîvrit, als im dô gezam: (561)
er mant in sîner triuwe, wes er im verjach,
ê daz er Prünhilde dâ heim in Îslande sach.

612 Er sprach zuo dem künege: 'jâ swuor mir iuwer hant, 608
swenne daz frou Prünhilt kœme in ditze lant, (562)
ir gæbt mir iuwer swester. war sint die eide komen?
ich hân an iuwer reise vil michel arebeit genomen.'

613 Dô sprach der künic rîche: 'ir habt mich reht ermant. 609
jâne sol niht meineide werden des mîn hant. (563)
ich wilz iu helfen füegen, sô ich beste kan.'
dô hiez man Kriemhilde ze hove zuo dem künige gân.

614 Mit ir schœnen meiden si kom für den sal. 610
dô spranc von einer stiegen Gîselher zetal; (564)
dô hiez er wider wenden ir schœnen mägedîn:
'niwan mîn swester eine diu sol mit uns ze hove sîn.'

615 Dô brâhter sîne swester dâ man den künic vant. 611
dâ stuonden ritter edele von maniger fürsten lant. (565)
in dem sal enmitten hiez man si stille stân.
dô was diu frouwe Prünhilt an ir sedel nu gegân.

616 Sine wesse niht der mære, waz man dâ wolde tuon.
dô sprach zuo sînen mâgen der Dancrâtes sun:
'helfet mir, daz mîn swester Sîvriden neme ze man.'
dô sprâchens al gelîche: 'si mag in wol mit êren hân.'

617 Dô sprach der künic Gunther: 'lâ dirz niht wesen leit, 612
mîn vil liebiu swester, und lœse mînen eit. (566)
ich swuor dich eime recken, und wirdet er dîn man,
sô hâstu mînen willen mit grôzen triuwen getân.'

618 Dô sprach diu magt edele: 'vil lieber bruoder mîn, 613
irn sult mich niht vlêhen, jâ wil ich immer sîn (567)
swie ir mir gebietet, daz sol sîn getân.
ich sol in loben gerne, den ir mir, herre, gebt ze man.'

619 Von lieber ougenweide wart Sîvrides varwe rôt. 614
ze dienest sich der meide dô der recke bôt. (568)
man hiez si zuo ein ander in dem ringe stân
und vrâgtes, ob si wolde den vil wætlîchen man.

620 In magtlîchen zühten si schamte sich ein teil. 615
iedoch sô was gelücke und Sîvrides heil, (569)
daz si in niht versprechen wolde dâ zehant.
ouch lobte si ze wîbe der edel künic von Niderlant.

621 Dô si in gelobte und ouch er die meit, 616
güetlîch umbevâhen daz was dâ vil bereit (570)
von Sîvrides armen daz minneclîche kint.
nâch siten wart geküsset diu schœne küniginne sint.

---

608 Ca 1. weraitet a. ze tische gann a. 2. ze tische *fehlt* a. 3. dô *fehlt* a. 4. lanndes a.
609 Ca 1. gesidell a. taulenn a. 2. daz] da a. 3. in dez geprast a.
610 Ca 1. in wekes goldes rot a. 4. ze *fehlt* a. hochczeitt a. mugleich a.
611 Ca 1. vom a.
612 Ca 2. wann das a. ditze] das a. 3. die (*Seitenende*) Die (*Seitenanfang*) a.
613 Ca 2. ia a. 3. wil euchs a. 4. fuer den chunig chomenn a.
614 Ca 1. fuer denn chunig für den sall a. 3. vnd hies wider a. ir] die a.
615 Ca 2. manigenn furstenn lanndenn a. 3. dem] den a. 4. sidel gangenn a.
616 Ca 1. si enwest nich vmb die märe a. 2. zuo sînen mâgen der *fehlt* a.
617 Ca 1. künic *fehlt* a. 3. wirdet] wir a.
618 Ca 2. fragenn a. ich *fehlt* a. 4. herre *fehlt* a.
619 Ca 1. seiuride a. 2. ze dinste sich do pot siurid der maide a. 3. in denn ring a. 4. fraget a. den herleichenn a.
620 Ca 1. schambt sy sich a. 2. sô *fehlt* a. 3. in *fehlt* a.
621 Ca 2. guetleichenn a. dâ *fehlt* a. 3. arm a. 4. diu] das die a.

622 Sich teilte daz gesinde.   als schiere daz geschach,   617
an daz gegensidele   man Sîvride sach   (571)
mit Kriemhilde sitzen;   dar dient im manic man.
man sach die Nibelunge   nâch im an den sedel gân.

623 Ouch was der wirt gesezzen   und Prünhilt diu meit.   618
dô sach si Kriemhilde   (dô wart ir nie sô leit)   (572)
bî Sîvride sitzen.   weinen si began.
ir vielen heize trähene   über liehtiu wange dan.

624 Dô sprach der wirt des landes: 'waz ist iu, frouwe mîn,   619
daz ir sô lâzet truoben   liehter ougen schîn?   (573)
ir möhtet sanfter lachen,   wan iu ist undertân
mîn lant unde rîche bürge   und manic wætlîcher man.'

625 'Ich mac wol balde weinen,'   sprach diu schœne meit,   620
'umbe dîne swester   ist mir sô grimme leit;   (574)
di sich ich sitzen nâhen   dem eigenholden dîn;
daz muoz mich immer riuwen,   sol si alsô verstôzen sîn.'

626 Dô sprach der künic Gunther: 'ir mugt wol stille dagen.   621
ich wil iu zandern zîten   disiu mære sagen,   (575)
warumbe ich mîne swester   dem recken hân gegeben.
jâ mac si mit dem degene   immer vrœlîche leben.'

627 Si sprach: 'mich jâmert immer   ir schœne und ouch ir zuht.   622
und wesse ich war ich solde,   ich hete gerne vluht,   (576)
daz ich iu nimmer wolde   geligen nâhen bî,
irn saget mir, wâ von Kriemhilt   diu wine Sîvrides sî.'

628 Dô sprach der künic rîche: 'ich tuonz iu wol bekant: 623
er hât als wol bürge   als ich und wîtiu lant.   (577)
daz wizzet sicherlîchen,   er ist ein künic rîch.
des gan ich im ze minnen   die schœnen magt lobelîch.'

629 Swaz ir der künic sagete,   si hete trüebin muot.   624
dô gâhete von den tischen   vil manic ritter guot.   (578)
ir buhurt wart sô herte,   daz al diu burc erdôz.
den wirt dô bî den gesten   dâ ze wesene verdrôz.

630 Er dâht, er læge sanfter   der schœnen frouwen bî.   625
dô was er des gedingen   niht in herzen vrî,   (579)
im müese von ir minne   ein hôhez liep geschehen.
er begunde vriuntlîche   an die magt dicke sehen.

631 Ir ritterschaft die geste   hiez man dô abe lân: 626
der künic mit sîme wîbe   ze bette wolde gân. (580)
vor des sales stiegen   die frouwen schieden sich
in zühten minneclîche,   als ich wol verwæne mich.

632 Dô kom ir ingesinde;   die sûmten sich des niht, 627
ir rîchen kamerære,   die brâhten in diu lieht. (581)
sich teilten dô die recken,   der zweier künige man.
dô sach man vil der degene   dan mit Sîvride gân.

633 Die herren kômen beide   aldâ si solden ligen. 628
dô gedâht ir ieslîcher   mit minnen an gesigen (582)
den minneclîchen frouwen;   daz trôst in wol den muot.
Sîvrides kurzewîle   diu wart vil grœzlîche guot.

634 Dô der herre Sîvrit   bî Kriemhilde lac, 629
und er sô minneclîche   der juncfrouwen pflac
mit sînen edeln minnen,   si wart im sô der lîp.
daz kunde ouch si verdienen   als ein tugende rîche wîp.

635 Ine sage iu niht mêre,   wie er der frouwen pflac. 630
nu hœret ouch disiu mære,   wie Gunther gelac (583)
bî der sînen briute: der vil mære degen
was vil dicke sanfter   bî andern frouwen gelegen.

---

622 Ca 3. im] inn a. 4. ann sidel gann zehannt a.
623 Ca 2b *und* 3a *vertauscht* a.
2. wart] enwartt a. 3. begund a. 4. hert zähernn a. liechteu augenn a.
624 Ca 2. trvben C, truebenn a. 4. bvrege C. vnd mein reich pürge a. maniger herleicher a.
625 Ca 3. nahn C. dem] pei dem a. 4. vn̄ sol si C.
626 Ca 4. leben *fehlt* a.
627 Ca 1. jâmert immer] reuet a. 2. vnd west war a. ich hiet gernn gefluecht a. 3: ich wolt euch immer ligenn geuanngenn pey a. 4. wine] wîne C, maide a.
628 Ca 1. ich euch tuenn woll a. 4. gan *fehlt* a. zeminne a.
629 Ca 1. si het alczeit a. 2. gach vonn dem tische a. 3. herte] gros a. das es all a. 4. der wirt a.
630 Ca 1. gedacht a. läg da a.
631 Ca 1. Ir] Inn a. ab C. 2. mit] im a. seiner frauenn a. 4. verwæne mich] vernam a.
632 Ca 1. gesinde a. sovmten C. 4. dan *fehlt* a.
633 Ca 3. der minnichenn frauenn a. 4b: wart uill michel guet a.
634 Ca 2. minnichenn a. 3. minne a. 4. si *übergeschrieben* C. tugenntleich a.
635 Ca 1. ich ensag a. er *fehlt* a. 3. wey seiner praut a. 4. dikcher a.

636 Daz volc was im entwichen,   frouwen unde man. 631
dô wart diu kemenâte   balde zuo getân.
er wânde, er solde triuten   ir minneclîchen lîp.
ez was noch vil unnâhen,   ê daz si wurde sîn wîp.

637 In sabenwîzem hemede   si an ein bette gie. 632
dô dâht der ritter edele: 'nu hân ihz allez hie, (584)
des ich ie dâ gerte   in allen mînen tagen.'
si muos im durch ir schœne   von grôzen schulden wol behagen.

638 Diu lieht begunde bergen   diu Guntheres hant. 633
dô gie der künic rîche   dâ er die frouwen vant. (585)
er leite sich ir nâhen: sîn freude diu wart grôz.
die vil minneclîchen   der helt mit armen umbeslôz.

639 Minneclîche triuten   des kunder vil begân, 634
ob im des diu frouwe   gegunnet wolde hân.
dô zurnde si sô sêre,   daz in gemüete daz.
er wânde vinden friunde: dô vander vîntlîchen haz.

640 Si sprach: 'ritter edele,   ir sultez lâzen stân, 635
des ir dâ habt gedingen   jâne mages niht ergân. (586)
ich wil noch magt belîben,   ir sult wol wizzen daz,
unz ich diu rehten mære   ervinde an allen dingen baz.'

641 Dô ranger nâch ir minne;   daz was der frouwen leit. 636
dô greif nâch eime gürtel   diu hêrlîche meit; (587)
daz was ein starker porte,   den si alle zîte truoc.
wie lützil si dem künige   sînes willen dô vertruoc!

642 Die füeze und ouch die hende   ze samne si im bant; 637
si truog in zeinem nagele   und hieng in an die want. (588)
daz enkunder niht erwenden: vil kreftic wart sîn nôt.
jâ het er von ir sterke   vil nâch gewunnen den tôt.

643 Dô begunde vlêgen   der meister wânde sîn: 638
'nu lœset mîn gebende,   vil edeliu künigîn. (589)
ine trouw iu, frouwe, nimmer   mit minnen an gesigen
und sol ouch harte selten   iu sô nâhen mêr geligen.'

644 Sine ruochte, wie im wære,   wande si vil sanfte lac. 639
dort muoser allez hangen   die naht unz an den tac,
unze daz der morgen   durch diu venster schein.
des küniges kurzewîle   was die wîle harte klein.

645 'Nu sagt mir, her Gunther, wær iu daz iht leit, 640
ob iuch gebunden funden,' sô sprach diu schœne meit, (590)
'die iuwern kameræere von einer frouwen hant?'
dô sprach der ritter edele: 'daz wurde iu übele bewant.

646 Ouch hete ichs lützel êre,' sprach der küene man. 641
'durch iuwer selber zühte sô lât mich zuo ziu gân. (591)
sît daz iu mîne minne sint sô grimme leit,
jâne sol ich nimmer rüeren mit mîner hant an iuwer kleit.'

647 Dô si daz gehôrte, zehant si in verlie. 642
wider an daz bette er zuo der frouwen gie. (592)
er leite sich sô verre, daz er ir schœne wât
niht mohte gereichen. des wolde ouch si dô haben rât.

648 Dô kom ir ingesinde und brâhten in diu kleit; 643
der was in an dem morgen harte vil bereit. (593)
swie man dâ gebârte, trûric was genuoc
der edel wirt des landes, swier des tages krône truoc.

649 Nâch siten der si pflâgen unde man durch reht begie, 644
der künic mit sîner frouwen niht langer daz enlie, (594)
si kômen zuo dem münster, dâ man die messe sanc.
ouch kom der herre Sîvrit. sich huop dâ grœzlîch gedranc.

---

636 Ca 1. im *fehlt* a. unde *fehlt* a.
637 Ca 1. sneweisser a. ein *fehlt* a. 2. gedacht a. ich a. 3. *nach* ie *ist* er *übergeschrieben* C. 4. im] inn a.
638 Ca 1. begund^{s} C. bergen] leschen a. Gunth^{s}s C, gunnthers a. 3. er lät sich als nahenn a. was a. 4. de helt armenn mit armenn vmbslos a. vnbesloz C.
639 Ca 1b: wegunnde er uil wegann a. 3. si] inn a. in] ir a.
640 Ca 2. ir habett willenn a. 3. lenger weleibenn a. wol *fehlt* a. daz *fehlt* a. 4. unczt das a.
641 Ca 2. dô] di a. ainer a. 3. parttenn a. denn si da alczeit a. 4. lützil] pald a.
642 Ca 1. im die a. 2. trvge C. hienge C. die] ein a. 3. wendenn a. vil kreftig] u chreftig a. 4. nahen wenommen a.
643 Ca 1. vragenn a. wânde sîn *fehlt* a. 2. meineu pannt a. edel magedein a.
644 Ca 1. wande si] an der wannt si a. 3. vnczt der marigenn a. 4. die wîle] die stunnde a.
645 Ca 1. herre a. 4. wär a. vbel Ca.
646 Ca 1. ich sein a. 2. selber *fehlt* a. czücht a. zu euch a. 3. min Ca. sey a.
647 Ca 1. vernam a. uil zehannt a. 3. schœne] chain a. 4. dô *fehlt* a.
648 Ca 1. chome auch ir gesinde a. 2. dem] denn a. 3. dâ *fehlt* a.
649 Ca 2. daz *fehlt* a.

650 Nâch küniclîchen êren   was in dar bereit 645
swaz si haben solden,   ir krône und ouch ir kleit. (595)
dô wurden si gewîhet.   dô daz was getân,
dô sach mans alle viere   under krône lobelîche stân.

651 Vil knappen swert dâ nâmen,   vier hundert oder baz, 646
den künigen zen êren,   ir sult gelouben daz. (596)
sich huop vil michel freude   in des küniges lant.
man hôrte schefte bresten   an der swertdegene hant.

652 Dô sâzen in den venstern   diu schœnen magedîn: 647
si sâhen vor in glesten   vil maniges schildes schîn. (597)
dô het sich gesundert   der künic von sînen man.
swes ander iemen pflæge,   man sach in trûrende stân.

653 Im und Sîvride   ungelîche stuont der muot. 648
wol wesse sîne swære   der küene degen guot. (598)
dô gienger zuo dem künige,   vrâgen er began:
'wie ist iu hînt gelungen?   des wolt ich gerne kunde hân.'

654 Dô sprach der wirt zem gaste: 'ich klag iu mînen schaden: 649
ich hân den übeln tiufel   heim ze hûs geladen. (599)
dô ich si wânde minnen,   vil sêre si mich bant;
si truog mich zeime nagele   und hie mich hôhe an ein want.

655 Dâ hieng ich angestlîchen   die naht unz an den tac, 650
ê daz si mich enbunde;   unsanfte si mîn pflac. (600)
daz sol iu friwentlîche   ûf genâde sîn gekleit.'
dô sprach der herre Sîvrit: 'daz ist mir grœzlîche leit.

656 Des bringe ich iuch wol innen;   und lât irz âne nît, 651
ich schaffe, daz si noch hînte   sô nâhen bî iu gelît, (601)
sô daz si iuch ir minne   gesûmet nimmer mêr.'
der rede was dô Gunther   nâch sînen arebeiten hêr.

657 'Nu schouwe mîne hende,   wie di geswollen sint;
die twanc si mir sô sêre,   als ob ich wære ein kint,
daz mir bluot zen nagelen   allenthalben dranc.
ich het ze mîme lebene   harte kleinen gedanc.'

658 Dô sprach der starke Sîvrit: 'du maht noch wol genesen. 652
uns zwein ist ungelîche   hînte gewesen:
mir ist dîn swester Kriemhilt   als mîn selbes lîp.
ez muoz diu frouwe Prünhilt   noch hînte werden dîn wîp.

659 Ich kum ze naht vil tougen zer kemenâten dîn 653
in mîner tarnkappen, des soltu sicher sîn, (602)
sô daz sich mîner liste mac niemen wol verstân;
sô heiz die kamerære zuo zir herbergen gân.

660 Sô lesche ouch ich den kinden diu lieht an der hant. 654
bî disem wortzeichen sol dir sîn bekant, (603)
daz ich bî dir sî nâhen. jâ twing ich dir dîn wîp,
daz du si hînte minnest, oder ich verliuse den lîp.'

661 'Âne daz du iht triutest,' sprach der künic dô, 655
'die mîne lieben frouwen, anders bin ich vrô, (604)
sô tuo ir swaz du wellest; und næmstu ir den lîp,
daz solde ich wol verkiesen: si ist ein ungehiurez wîp.'

662 'Daz nim ich,' sô sprach Sîvrit, 'ûf die triuwe mîn, 656
daz ich ir niht enminne. diu schœne swester dîn (605)
diu ist mir vor in allen, die ich noch ie gesach.'
des frouwete sich dô Gunther, dô daz Sîvrit gesprach.

663 Dâ was von kurzewîle in gedrange nôt. 657
den buhurt unde schallen allez man verbôt, (606)
dâ die frouwen solden in den palas gân;
dô hiezen die kameræere die liute von dem wege stân.

---

650 Ca 1. dar] da a. 2. kleit] gekleit C, watt a. 4. stân] gan a.
651 Ca 1. nam a. oder baz] mer a. 2. zeerenn a. 4. prechen a.
652 Ca 1. in] an a. magedîn] frauenn a. 3. manen a. 4. anderṣ C, ander a. phlag a.
653 Ca 3. do gie zue a. er in a.
654 Ca 1. zu dem a. 3. sêre] schier a. 4. trvge C. vnd trueg a. ze ainem a.
655 Ca 1. hienge C, hie a. liechtenn tag a. 2. enloste a. 2b: ich muest iamer leidenn a. 4. der *fehlt* a.
656 Ca 1. irz] es a. 2. hint Ca. bî iu] euch a. geleit C *und* a. 4. nach seiner aribait herre a.
657 Ca 3a: das mir aus zenagel a. 4. gedanc] trost a.
658 Ca 2. vngelukch a. 3. lîp *fehlt* a.
659 Ca 1. zue der a. kemenate C. 3. niemant mag a. 4. zue ir herwerig a.
660 Ca 1. so lesch ich die liecht an der want a. 2. pey dem warczaichenn a. 3. sî] so a. ia entbing a. 4. hint C, noch heint a. meinen a.
661 Ca 1. an das das du a. truttest C. dô *fehlt* a. 4. vngefueges a.
662 Ca 1. auf die treue mein spra do seiurid a. 4. also sprach a.
663 Ca 1. drangē a. 3. solden *fehlt* a. 4. von] aus a.

664 Von rossen und von liuten   gerûmet was der hof. 658
der frouwen ieslîche   fuort ein biscof, (607)
dô si vor den künigen   ze tische solden gân.
in volgte zuo dem sedele   vil manic recke wolgetân.

665 Der künic in guotem wâne   bî sîme wîbe saz; 659
daz im gelobte Sîvrit,   wol gedâhter an daz.
der eine tac in dûhte   wol drîzec tage lanc:
an Prünhilde minne   stuond im aller sîn gedanc,

666 Wand er erbeite kûme,   daz man ze naht von tische gie. 660
die schœnen Prünhilde   man dô komen lie (608)
und ouch Kriemhilde,   si bêde an ir gemach.
hey, waz man küener degene   bî den schœnen frouwen sach!

667 Sîvrit unde Kriemhilt   ie baz unde baz 661
durch liebe ein ander trûten,   ir sult gelouben daz. (609)
swaz si im gedienen kunde,   wie lützil si des liez!
dô muos ouch leisten Sîvrit,   als er Gunther gehiez.

668 Er stal sich von der frouwen.   vil tougen kom er dan, 663
dâ er vil kameræere   vant mit liehten stân; (611)
diu begunder leschen   den kinden an der hant.
daz ez Sîvrit wære,   daz wart dô Gunther bekant.

669 Wol wesser, waz er wolde: dô hiez er dannen gân 664
mägede unde frouwen.   dô daz wart getân, (612)
er beslôz mit vlîze   selbe dô die tür:
starker rigele zwêne   die warfer snelle der für.

670 Diu lieht verbarger schiere   under die bettewât. 665
eines spils begunde   – des was dô niht rât – (613)
Sîvrit der vil starke   und ouch diu schœne meit;
daz was dô dem künige   beide lieb unde leit.

671 Der helt sich leite nâhen   der juncfrouwen bî. 666
si sprach: ‘nu lât ez, Gunther,   als liep als iu daz sî, (614)
daz ir niht arebeite   lîdet alsam ê.’
sît getet diu frouwe   dem künige Sîfride wê.

672 Dô hal er sîne stimme,   daz er niht ensprach. 667
der künic ez allez hôrte,   swie er sîn niht ensach, (615)
daz heimlîcher dinge   von im dâ niht geschach:
si heten an dem bette   harte kleinen gemach.

673 Er gebârte, sam ez wære Gunther der künic rîch: 668
er umbeslôz mit armen die magt lobelîch. (616)
si warfen ûz dem bette dâ bî ûf einen banc,
daz im sîn houbet lûte an eime scamel erklanc.

674 Wider ûf mit kreftin spranc der vil snelle man: 669
er woldez baz versuochen. dô er des began, (617)
daz ers im wolde twingin, dem erz gelobet ê,
solch wer deheiner frouwen, wæn ich, immer mêr ergê.

675 Dô er niht wolde erwinden, diu magt balde ûf spranc: 670
'irn sult mir niht zefüeren mîn hemede alsô blanc (618)
mit iuwer grôz unfuoge, wandez ist mir leit;
des bringe ich iuch wol innen,' sprach dô diu minneclîchiu meit.

676 Mit ir vil starken armen beslôz si den degen. 671
dô wolde si in gebunden alsam den künic legen, (619)
daz si an ir bette möhte haben gemach.
daz er ir wât zerfuorte, diu frouwe ez grœzlîche rach.

677 Waz half sîn grôziu sterke und ouch sîn michel kraft? 672
si erzeigete wol dem degene ir lîbes meisterschaft: (620)
si truog in mit gewalte – dâ wart ir ellen schîn –
und truchtin ungefuoge zwischen der wende und einen schrîn.

---

664 Ca 1. hofe Ca. 2. fuort] weist a. bisscofe C, pischolff a. 4. sedele *aus* sidele *gebessert* C. zue denn sideln a.
665 Ca 1. seiner frauenn a. 4. stvnde Ca.
666 Ca 4. schœnen *fehlt* a.
667 Ca 1. was vñ ie pas a. 3. des] das a. 4. Sîvrit *fehlt* a.
668 Ca 1. den C. er stal vonn dē frauenn sich zehannt a. tougen] palde a. 2. uil cham[s] a. 3. begvnde C. wegunde er a.
669 Ca 2. magedein a. dô *fehlt* a. 4. die *fehlt* a.
670 Ca 1. under] vnd a. 2. wegunndenn phlegen a. 4. das do denn ckchunige paide lieb vnd laid was a.
671 Ca 1. zue der iunnkchfrauenn a. bî *fehlt* a. 2b: als ich euch sei a. 3. alsam ê] alsame a. 4. frouwe *fehlt* a.
672 Ca 1. do hall sein stime da nicht sprach a. 2. swie] iedoch das a. 3. *fehlt* a. 4. uilharte a.
673 Ca 1. ez] er a. 3. ain pannkch a. 4. eime] ainen a.
674 Ca 1. do der snelle a. 4. wæn] wêin C. solicheu wer chainer frauenn immer erge a.
675 Ca 3: mit vngefuege der eurn hannt es ist mir leit a.
676 Ca 1. degen *fehlt* a. 2a: da wold inn si im gepunnden habenn a. legen] vonn wegenn a. 4. wât zerfuorte *fehlt* a (*Lücke dafür gelassen*).
677 Ca 1. sine C. sein sterch gros a. michel *fehlt* a. 3. trvge C. 4. trvchtin C, trukcht inn a. ainem a.

678 'Owê,' gedâht der recke, 'sol ich nu mînen lîp 673
von einer magt verliesen? sô mugen elliu wîp (621)
her nâch immer mêre hôhe tragen den muot:
sô versuochet ez vil mänegiu, diu ez sus nimmer getuot.'

679 Dô schamte sich vil sêre der vil küene man, 674
ob ir gelingen solde. zürnen er began: (622)
mit ungefüeger krefte sazter sich ir wider.
er versuochtez angestlîchen an der küniginne sider.

680 Swie faste si ûf im læge, sîn zorn in dô twanc
und ouch sîn starkez ellen, daz er ân ir danc
sich wider ûf gerihte. sîn angest diu was grôz.
si tâten in dem gademe her und dar vil manigen stôz.

681 Ouch was der künic Gunther niht ân angest gar:
er muose dicke wenken vor in her und dar.
si rungen alsô starke, daz ez grôz wunder was,
daz ir ieslîchez vor dem andern ie genas.

682 Den künic müete sêre beidenthalp diu nôt.
doch vorhter michels mêre den Sîvrides tôt,
wande si het dem degene den lîp nâch benomen.
wan daz er niht getorste, er wære zehelfe im gerne komen.

683 Jâ werte harte lange under in der strît;
doch brâht er die frouwen wider an daz bette sît.
swie vaste si sich werte, ir wer wart ze jungest kranc.
der künic in sînen sorgen hete manigen gedanc.

684 Ez dûhte in harte lange, ê daz er si betwanc. 675
si drucht im sîne hende, daz ûz den nageln spranc (623)
daz bluot im von ir kreften; daz was dem helede leit.
sît brâhter an ein lougen die vil hêrlîchen meit

685 Ir ungefüeges willen, des si ê dâ jach. 676
der künic iz allez hôrte, swier doch niht ensprach. (624)
er druchtes an daz bette, daz si vil lût erschrê.
ir tâten sîne krefte dô vil grœzlîchen wê.

686 Dô greif si nâch dem porten, dâ si den ligen vant, 677
und wold in dâ mit binden: dô wert ez sô sîn hant, (625)
daz ir diu lit erkrachten: dô verzagt ir lîp.
des wart der strît gescheiden: dô wart si Guntheres wîp.

687 Si sprach: 'künic edele,   ir sult mich leben lân. 678
ez wirt vil wol versüenet   swaz ich iu hân getân. (626)
ich gewer mich nimmer mêre   der edeln minne dîn,
wand ich hân wol erfunden,   daz du kanst frouwen meister sîn.'

688 Sîvrit der stuont dannen: ligen liez er die meit, 679
sam er von sînem lîbe   ziehen wolt diu kleit. (627)
er nam ir ê ein vingerlîn   von golde wol getân.
daz wolde got von himele,   daz er daz hête verlân!

689 Dar zuo nam er ir gürtel,   daz was ein porte guot. 680
ine weiz, ob er daz tæte   durch sînen hôhen muot. (628)
er gab ez sîme wîbe: daz wart im sider leit.
dô lâgen bî ein ander   Gunther und Prünhilt diu meit.

690 Er pflag ir minneclîche,   als in daz beiden zam. 681
dô muoste si verkiesen   ir zorn und ouch ir scham.
von sîner heinlîche   si wart ein lützil bleich.
hey, waz ir von der minne   ir vil grôzen krefte entweich!

691 Dône was ouch si niht sterker   dan ein ander wîp. 682
er trûte vil minneclîche   den ir vil schœnen lîp. (629)
ob siz versuochte mêre,   waz kunde daz vervân?
daz het ir der künic Gunther   mit sînen minnen getân.

---

678 Ca 4. versuochter (er *durchgestrichen*) C, uersuecht a. hiet getan a.
679 Ca 1. do der chuene a. 2. gelinge C. begund a. 3. vngefuegē ckchreften a.
680 Ca 1. auf lag dem degenn a. dô] doch a. 2. ân ir] wider ieren a. 3. sich] sy a. diu *fehlt* a. 4. tâten] tratenn a.
681 Ca 1. gar *fehlt* a. 2. vor inn weichenn vor inn her vñ dar a. 3. ein gros a. 4. ie *fehlt* a.
682 Ca 1. der chunig a. paidenthabenn a. 2. michel a. 3. nahennt den leib a. 4. *das erste* er *fehlt* a. er wär zehife chomenn dem degenn a.
683 Ca 3. was da zeiunngist a. 4. het uil a.
684 Ca 1. lenge C. si *fehlt* a. 4. brâhter] pracht a. meit] praunnhildenn a.
685 Ca 1. ungefuegenn a. 2. allez *fehlt* a. wie er do a. 3. drukchte sei a. bette] hercze a. 4. dô *fehlt* a.
686 Ca 2. gepunnden habenn a. 3. diu lit] gelider a. chrachenn wegann a.
687 Ca 4. wan hab ich erfundenn a.
688 Ca 3. ê *fehlt* a.
689 Ca 1. er *fehlt* a. 2. in seinem a.
690 Ca 1. daz] dann a. 3. *und* 4: vonn seiner haimminne ir uil grossen ckchrefft entwaich si ward ein luczel plaich a.
691 Ca 1. ouch] do a. 2. vil *fehlt* a. 3. vervân] gehelfenn a.

692 Wie rehte minneclîche   si im nâhen lac 683
mit vriuntlîcher liebe   unze an den liehten tac! (630)
ouch was der herre Sîvrit   nu hin wider gegân;
dâ wart er wol enpfangen   von einer frouwen wol getân.

693 Er understuont ir vrâge,   der si doch hete muot, 684
und hal siz harte lange,   der küene degen guot. (631)
diz kleinœt er ir dâ heime   doch ze jungest gap:
daz frumte vil der degene   mit samt im selben in daz grap.

694 Der wirt wart an dem morgen   verre baz gemuot, 685
denner dâ vor wære.   des wart diu fröude guot (632)
in allen sînen landen   vorr manigem hôhen man,
die er ze hûse ladete;   den wart dô dienste vil getân.

695 Diu hôchgezît dô werte   unz an den zwelften tac, 686
daz in al der wîle   der scal dâ nie gelac (633)
von aller hande vreuden,   der iemen solde pflegen.
dô wart des küniges koste   vil harte hôhe gewegen.

696 Des edeln wirtes mâge,   als ez der künic gebôt, 687
si gâben rîchiu kleider,   dar zuo daz golt vil rôt, (634)
ros und dar zuo silber   vil manigem varnden man.
die gâbe nemen wolden,   die schieden vrœlîchen dan.

697 Sîvrit der herre   ûzer Niderlant 688
mit tûsint sînen recken,   allez daz gewant, (635)
daz si ze Rîne brâhten,   daz wart gar hin gegeben,
und ouch diu ros mit sätelen: si kunden milteclîche leben.

698 Ê man die rîchen gâbe   alle dâ verswanc, 689
die wider ze lande wolden,   die dûhte des ze lanc. (636)
ezn wart nie geste   mêre baz gepflegen.
sus endet sich diu hôchgezît: daz wolde Gunther der degen.

XI

Âventiure wie Sîfrit sîn wîp heim ze lande fuorte und wie si sît dâ heime brûtten.

699 Sun der Sigemundes mit guotlîchem site 690
sprach zuo sînen heleden: 'tuot des ich iuch bite. (637)
nu bereit uns die mœre: jâ wil ich in mîn lant.'
liep was ez sîme wîbe, dô si diu mære an im ervant.

700 Si sprach zuo dem herren: 'sît wir von hinnen varn, 691
daz ich sô harte gâhe, daz heiz ich wol bewarn:
mir suln ê mîne brüeder teilen mit diu lant.'
leit was ez Sîvride, dô erz an Kriemhilt ervant.

701 Die fürsten zuo zim giengen und sprâchen alle drî: 692
'nu wizzet daz, herre Sîvrit, daz iu immer sî (638)
mit triuwen unser dienest bereit unz in den tôt.'
des neiger dô den degenen, dô manz im sô wol erbôt.

---

692 Ca 3. gegangenn a. 4. dâ *fehlt* a. warde C, wart er a. *das erste* wol] schon a. seiner a.
693 Ca 1. er vnder ir urag a. doch] do a. 3. er ze iungst doch kreimhilden gab a. 4. der *fehlt* a.
694 Ca 1. ann margen deselbenn tags a. verre] vaste a. 2a: danne er an disem marigen was a. 3b–4b: vonn magẽ zehoue man die hies ladenn den wart da uil dienst getan a. 4. ze] zv C.
695 Ca 1. hochgecite C, hochczeit a. dô *fehlt* a. 2. dâ *fehlt* a. 3. von] vnd a.
696 Ca 1. ez *fehlt* a. 3. ros] phärft a.
697 Ca 4. chunndens a. leben] gebenn a.
698 Ca 1. alle dâ *fehlt* a. 2. wolde a. 3. mêre *fehlt* a. pas gepholhenn a. 4. ckchunig gunnther a.

Überschrift: vñ wie er (er *von anderer Hand übergeschrieben*) sit daheime bruͦtten C, vnd mit ir hochczeit hete a.
699 Ca 1. des Sigmundes sun guetleichenn sprach a. 2. zue denn seinenn a. heleden *fehlt* a. 3. weraittet a.
700 Ca gâhe] gabe a. heiz] hies a. 3. teilen *fehlt* a. mit denn lan lautenn a. 4. leit *fehlt* a. erz] er a.
701 Ca 1. zim] im a. 2. wizzet daz] wissett a. 4. naigt er a. da man ims also a.

702 'Wir suln ouch mit iu teilen,' sprach Gîselher daz kint, 693
'lant unde bürge, die unser eigen sint: (639)
swaz der wîten erbe uns ist undertân,
der sult ir teil vil guoten mit samt Kriemhilde hân.'

703 Zuo sînen konemâgen dô der recke sprach, 694
dô er den guoten willen an den herren sach: (640)
'got lâze iu iuwer erbe immer sælic sîn
und ouch der liute drinne: jâ tuot diu liebe wine mîn

704 Des teiles wol ze râte, den ir ir woldet geben. 695
dâ si sol tragen krône, und suln wir daz geleben,
si muoz werden rîcher dann iemen lebender sî.
swaz ir sus gebietet, stên ich iu dienstlîchen bî.'

705 Dô sprach diu frouwe Kriemhilt: 'habt ir der erbe rât, 696
umbe Buregonden degene ez sô lîhte niene stât, (641)
sine müge ein künic gerne füeren in sîn lant.
jâ sol si mit mir teilen mîner lieben brüeder hant.'

706 Dô sprach der herre Gêrnôt: 'nu nim dir swen du wil. 697
die mit dir gerne rîten, der vindestu vil. (642)
von drîzec hundert recken sô habe dir tûsint man:
die sîn dîn heimgesinde.' daz was ir liebe getân.

707 Si bereite sich zir verte, als ir vil wol gezam. 700
ir edeln ingesindes frou Kriemhilt dô nam (645)
zwô und drîzec mägede, dar zuo fünfhundert man.
Eckewart der grâve fuor mit sîner frouwen dan.

708 Urloup si alle nâmen, beide ritter unde kneht, 701
mägede unde frouwen: daz was vil michel reht. (646)
mit küssen gescheiden wurden si zehant.
si rûmten minneclîche dô der Buregonden lant.

709 Dô beleiten si ir mâge vil verre ûf den wegen. 702
man hiez in allenthalben ir nahtselde legen, (647)
swâ si si gerne nâmen, durch der künige lant.
dô wurden boten balde dem künige Sigemunt gesant,

710 Daz er daz wizzen solde und ouch Sigelint, 703
daz Sîvrit komen wolde und ouch froun Uoten kint, (648)
Kriemhilt diu vil schœne, von Wormez über Rîn.
dône kunden in diu mære nimmer lieber gesîn.

711 'Nu wol mich,' sprach dô Sigemunt, 'daz ich gelebt hân, 704
daz hie diu schœne Kriemhilt sol gekrœnet stân. (649)
des müezen wol getiuret sîn diu erbe mîn.
Sîvrit der vil küene sol hie nu selbe voget sîn.'

712 Dô gap diu frouwe Sigelint vil manigen samît rôt, 705
silber und golt daz swære: daz was ir botenbrôt. (650)
si vreute sich der mære und mit ir manic man.
allez ir gesinde mit vlîze kleiden sich began.

713 Man seit ir wer dâ kœme mit Sîvride in daz lant. 706
dô hiezen si gesidele rihten alzehant, (651)
dar zuo er under krône vor fürsten solde gân.
dô riten im engegene des künic Sigemundes man.

714 Ist iemen baz enpfangen, daz ist uns unbekant, 707
denne die helede wurden ze Sigemundes lant. (652)
Sigelint sîn muoter Kriemhilt engegen reit
mit maniger schœnen frouwen; ir volgeten ritter gemeit

715 In einer tageweide, dâ man die geste sach. 708
die vremeden und die kunden die dolten ungemach, (653)
unz daz si kômen zer bürge wol bekant,
rîche unde mære, diu was ze Santen genant.

---

702 Ca 4. vil guoten] mit guetenn willenn a.
703 Ca 1. konemâgen] ckchuenn rekchenn a. 1b: er do sprach a. 4. darinnen a. liebe *fehlt* C.
704 Ca 1. wolt a. 2. da si da C. 3. lebentiger a. sin (n *durchgestrichen*) C. 4b: den gestenn das wil ich inn dinst vmb euch uerdienenn a.
705 Ca 2. vmb wurgandenn a. 2b: es so nicht enstatt a. 3. si mug a.
706 Ca 1. dir] du a. 4. das daz a.
707 Ca 1. zue der a. vil *fehlt* a. 2. ingesinde a. do nam si a. 3. czwen a. magedein a. 4. Ecgewart C.
708 Ca 1. alle *fehlt* a. 2. magedein a. 3. si] da a. 4. rovmten C.
709 Ca 1. vil] so a. weg a. 3. wo sis gern a. 4. balde *fehlt* a.
710 Ca
711 Ca 3. müezen] mugenn a. erbe] eriben a. 4. vil *fehlt* a.
712 Ca 1. samyt C, samat a. 2. golt daz swære] godl gestain a. 4. sich began] wegundenn sich a.
713 Ca 1. dâ kœme *fehlt* a. 3. solde *fehlt* a. 4. mann mann a.
714 Ca 1. Ist] wart a. daz] da a. 3a: siglind deu herleich a.
715 Ca 3. zer] inn dic a. 4. vñ reich a. wart a.

716 Mit lachendem munde   Sigelint und Sigemunt 709
kusten Kriemhilde   mit vröuden sâ zestunt, (654)
darnâch ir vil liebez kint: ir leit in was benomen.
allez ir gesinde   was in grôze willekomen.

717 Dô brâhte man die geste   für Sigemundes sal. 710
die schœnen juncfrouwen   huob man dâ zetal (655)
nider von den mœren.   dâ was vil manic man,
dô man den edeln frouwen   mit vlîze dienen began.

718 Swie grôz ir hôchgezîten   bî Rîne was bekant, 711
noch gap man hie den heleden   rîcher gewant,
danne si ie getrüegen   noch bî allen ir tagen.
man mohte michel wunder   von ir rîcheite sagen.

719 Dô si in ir wirde sâzen   und heten genuoc, 712
waz goltvarwer gêren   ir ingesinde truoc, (656)
und vil der edeln steine   verwieret wol dar in!
sus pflag ir vlîzeclîche   Sigelint diu künigin.

720 Dô sprach vor sînen mâgen   der herre Sigemunt: 713
'allen mînen friunden   sol daz wesen kunt, (657)
daz Sîvrit mîne krône   hinnen für sol tragen.'
diu mære hôrten gerne   die von Niderlanden sagen.

721 Dô bevalh er im die krône,   geriht und ouch diu lant. 714
sît was er ir aller meister,   die er inder vant. (658)
und dâ er rihten solde,   daz wart sô getân,
daz man von schulden vorhte   der schœnen Kriemhilde man.

722 In disen hôhen êren   lebt er, daz ist wâr, 715
und riht ouch under krône   unz in daz zwelfte jâr, (659)
daz diu schœne Kriemhilt   einen sun gewan.
daz was des küniges mâgen   nâch ir willen wol ergân.

723 Den îlte man dô toufen   und gab im den namen 716
Gunther nâch sînem ôheim;   des dorfter sich niht schamen. (660)
geriet er nâch den mâgen,   er wurde ein küener man.
man zôch in wol mit vlîze;   daz wart von schulden getân.

724 In den selben zîten   dô starp frou Sigelint. 717
dô het den gewalt mit alle   der edeln Uoten kint, (661)
der sô rîcher frouwen   ob landen wol gezam;
di mohten ir dô dienen   mit grôzen êren âne scham.

725 Nu het ouch dort bî Rîne, sô wir hœren sagen, 718
bî Gunther dem rîchen einen sun getragen (662)
Prünhilt diu schœne in Burgonden lant.
durch des recken liebe sô wart er Sîvrit genant.

726 Wie rehte vlîzeclîche man sîn hüeten hiez! 719
Gunther der vil rîche im magezogen liez,
diez kunden lêren tugende, gewüehs ez zeinem man.
hey, waz im ungelücke sît der mâge an gewan!

727 Mære zallen zîten wart wider und dar geseit, 720
wie rehte wunneclîche die helde vil gemeit (663)
lebten zallen stunden in Sigemundes lant.
daz selbe tet ouch Gunther mit sînen mâgen ûz erkant.

728 Daz lant ze Nibelunge Sîvride nu diente hie 721
(rîcher sîner mâge wart deheiner nie), (664)
dar zuo sîns vater erbe: er was ein degen guot.
des truoc der vil küene deste hôher den muot.

---

716 Ca 1. lachenden münde a. 2. zehant C. 3. darnâch] daczue a. liebs liebs chinde a. 4. groz Ca.
717 Ca 1. Segemvndes C. 2. schone C. hvben C. dâ *fehlt* a. zetal tal a. 3. vonn örschenn a.
718 Ca 1. hochczeit a. pei dem rein a. 2. gewant] wat a. 3. allenn iren a. 4. michel *fehlt* a.
719 Ca
720 Ca 3. hin fuer a. 4. hortt a.
721 Ca 1. bevalhe C. im] inn a. diu] das a.
722 Ca 4. nagenn a. wol ergân] getann a.
723 Ca 1. dô *fehlt* a. 3. dem a. chuene a. 4. wol *fehlt* a. mit grossem uleis a.
724 Ca 3. lannde a.
725 Ca 1. pey dem Reine a.
726 Ca 1. uleissenn a. huetenns a. 2. im] mit a. magtzogen C, maideczogen a. liez *fehlt* a. 3. di inn ckchundenn lernenn tugennt chausche er ze ainem man a.
727 Ca 1. wurdenn a. *nach* wider : dan *durchgestrichen* C. 2. minnichleichenn a. 3. lobtenn a.
728 Ca 1. ze] vonn a. 2. chainer a. 3. vaters C. er] ein C. waz auch dez degenn guet a. 4. vil *fehlt* a. dester hachenn a.

729 Hort den aller meisten,   den ie künic gewan,   722
âne die es ê pflâgen,   hete nu der küene man,   (665)
den er vor einem berge   mit sîner hant erstreit,
dar umb er sluoc ze tôde   vil manigen ritter gemeit.

730 Er het den wunsch der êren,   und wæres niht geschehen,   723
sô müese man von schulden   Sîvride jehen,   (666)
er wære ein der beste,   der ie ûf ors gesaz.
man vorhte sîne sterke   und tet vil pillîche daz.

XII

Âventiure wie Gunther Sîvriden und Kriemhilt ze Wormze mit bete brâhte, dâ man in ouch sît ersluoc.

731 Nu dâht ouch alle zîte daz Guntheres wîp: 724
'wie treit et alsô hôhe Kriemhilt den lîp? (667)
nu ist doch unser eigen Sîvrit ir man:
daz er uns niht endienet, des wolde ich gerne ein ende hân.'

732 Diz truoc si in ir herzen, und wart doch wol verdeit. 725
daz si ir sô vremde wâren, daz was der frouwen leit. (668)
daz si niht zinses hête von des fürsten lant,
wâ von daz komen wære, daz het si gerne bekant.

733 Sie versuochtez manigen ende, ob kunde daz geschehen, 726
daz si Kriemhilde möhte noch gesehen. (669)
si reitez heinlîche, des si dâ hete muot.
dône dûht den künic rîche der frouwen bete niht ze guot.

734 'Wie kunden wir si bringen,' sprach der lobes rîch, 727
'her zuo disen landen? daz wære unmügelîch. (670)
si sint uns gar ze verre: ich getar sis niht gebiten.'
des antwurt im Prünhilt in vil listigen siten:

735 Swie hôhe rîche wære deheines küniges man, 728
swaz im gebüte sîn herre, wie torster daz verlân?' (671)
des ersmielte Gunther, dô si daz gesprach:
ern jach sîn niht ze dienste, swie dicker Sîvriden sach.

736 Si sprach: 'vil lieber herre, durch den willen mîn 729
sô hilf mir, daz noch Sîvrit mit der swester dîn (672)
kom zuo disem lande, daz wir si hie gesehen:
sône kunde mir zer werlde nimmer lieber geschehen.

---

729 Ca *Nach:* hort denn aller maistenn den *fährt* a *fort mit* 784,1 der frauenn aribait ... – 2. ez C.
730 C 3. ware C.

731 C 1. Gvnth[s]s C.
732 C 2. warn C.
733 C
734 C 3. zerverre (r *mit Tilgungspunkt*) C.
735 C
736 C

737 Dîner swester güete und ir vil zühtic muot, 730
als ich daran gedenke, wie sanfte mir daz tuot, (673)
und ir vil wert enpfâhen, dô ich kom in daz lant!
ez enwart nie antphanc rîcher zer werlde niemen bekant.'

738 Si gertes alsô lange, unz daz der künic sprach: 731
'ir muget mich sanfte vlêgen, wand ich gerner nie gesach (674)
deheiner slahte geste in den landen mîn.
ich wil in boten senden, daz si zuns komen an den Rîn.'

739 Dô sprach diu küniginne: 'nu sult ir mir sagen, 732
wenne ir si welt besenden, oder in welhen tagen (675)
suln unser friunde komen in daz lant?
die ir dar senden wellet, die lât werden mir bekant.'

740 'Daz tuon ich,' sprach dô Gunther, 'drîzec mîner man 733
wil ich dar lâzen rîten.' die hiezer für sich gân; (676)
bî den enbôt er mære in Sîvrides lant.
ze liebe gab in Prünhilt vil harte zierlîch gewant.

741 Dô sprach dô Gunther: 'ir recken, ir sult sagen 734
swaz ich bî iu enbiete, des sult ir niht verdagen (677)
Sîvrit mînen friunt und ouch die swester mîn,
daz in kan in der werlde niemen holder gesîn.

742 Und bitet si von uns beiden leisten âne strît, 735
daz si komen ruochen zunser hôchgezît. (678)
gein disen sunewenden sol er mit sînen man
sehen hie vil manigen, der im vil grôzer êren gan.

743 Sîme vater Sigemunde sagt ouch den dienest mîn, 736
daz ich mit mînen mâgen im immer wæge sîn; (679)
und saget ouch mîner swester, daz si niht lâze daz,
sine kom zir friunden: irn gezam nie hôchgezîten baz.'

744 Frou Uote und al die frouwen, die man ze hove vant, 737
enbuten ouch ir dienest in Sîvrides lant (680)
den minneclîchen meiden und manigem küenen man.
Gêre der vil küene sich huop mit den mæren dan.

745 Si fuoren reislîche. ir pfärit und ir gewant 738
daz was in komen allen: dô rûmten si daz lant. (681)
in zogte wol der reise dar si dâ solden varn.
der künic mit geleite bat die boten wol bewarn.

746 Inre tagen zwelfen   si kômen in daz lant 739
ze Nibelunges bürge.   dar wâren si gesant; (682)
dâ vunden si mit freuden   den vil küenen degen.
diu ros den boten wâren   müede von den langen wegen.

747 Dem künige und sîme wîbe   wart zehant geseit, 740
in wæren komen geste,   die trüegen solhiu kleit, (683)
als man zen Burgonden   dô der site pflac.
Kriemhilt spranc von dem bette,   dar an si bî ir liebe lac.

748 Si bat an ein venster   ir mägede eine gên; 741
diu sach den küenen Gêren   an dem hove stên (684)
mit sînen hergesellen,   die wâren dar gesant.
gein ir herzeleide   wie liebiu mære si bevant!

749 Si sprach zuo dem künige: 'ir sult ûf stên. 742
ich sihe den starken Gêren   her ze hove gên; (685)
in hât min bruoder Gunther   wætlîch her gesant.
waz der recke werbe,   daz het ich gerne bekant.'

750 Allez das gesinde   dar lief unde gie. 743
in vil grôzen freuden   man die geste enpfie, (686)
und tâten in daz beste   daz si kunden dô,
wande si ir künfte   in ir herzen wâren vrô.

751 Gêre wol enpfangen   wart mit sînen man; 744
ir ros man hiez behalten,   die helde brâht man dan, (687)
dâ der herre Sîvrit   bî Kriemhilde saz.
si sâhen in vil gerne,   daz sult ir wizzen âne haz.

---

737 C 4. welde C.
738 C
739 C
740 C
741 C 3. Sivrit mine friunde C. 4. in kan] enchan C.
742 C 1. bite C.
743 C 4. frivnde C. hocgeciten C.
744 C
745 C 3. zǒgte C.
746 C 2. warn C.
747 C 2. wærn C.
748 C 3. warn C.
749 C
750 C 4. warn C.
751 C

752 Gegen den lieben gesten si stuonden ûf zehant. 745
wol wart enpfangen Gêre von Buregonden lant (688)
und sîne hergesellen. bî der hende dan
Kriemhilt fuorte Gêren; daz wart durch liebe getân.

753 Si bat in zuo zir sitzen. er sprach: 'wir suln stên. 746
erloubet uns die boteschaft, ê daz wir sitzen gên, (689)
und hœret disiu mære, waz iu enboten hât
Gunther unde Prünhilt, der dinc an êren hôhe stât,

754 Und waz iu iuwer muoter, mîn frouwe, her enbôt. 747
Gîselher der junge und ouch Gêrnôt (690)
und iuwer besten mâge, die hânt uns her gesant
und enbietent iu ir dienest ûzer Burgonden lant.'

755 'Nu lôn in got,' sprach Sîvrit, 'ich getrouw in allen wol 748
triuwen unde guotes, alsô man friunden sol; (691)
daz selbe tuot ir swester. wie si gehaben sich,
die unsern lieben friunde, daz sult ir lâzen hœren mich.

756 Sît daz wir von in schieden, hât ieman iht getân 749
den mînen konemâgen, daz lâzet mich verstân; (692)
daz wil ich in mit triuwen immer helfen tragen,
unze daz ir vîende den mînen dienest müezen klagen.'

757 Dô sprach der marcgrâve Gêre, ein recke guot: 750
'si sint in allen tugenden mit freuden wol gemuot. (693)
si ladent iuch ze Rîne zeiner hôchgezît,
wande si iuch gerne sæhen, daz ir des âne zwîvel sît.

758 Und bitent mîne frouwen, si sul mit iu komen; 751
swenne sô der winder ein ende habe genomen, (694)
gein disen sunewenden sô wolden si iuch sehen.'
dô sprach der herre Sîvrit: 'daz kunde müelîch geschehen.'

759 Dô sprach aber Gêre ûz Buregonden lant: 752
'iuwer muoter Uote diu hât iuch gemant (695)
und iuwer brüeder beide, ir sult in niht versagen.
daz ir in sît sô verre, daz hœre ich si vil dicke klagen.

760 Prünhilt mîn vrouwe und alle ir magedîn, 753
die fröuwent sich der gegene, ob daz kunde sîn, (696)
daz si iuch noch gesæhen, sô si des habent muot.'
dô dûhten disiu mære die schœnen Kriemhilde guot.

761 Gêre was ir sippe: der wirt in sitzen hiez. 754
den gesten hiez man schenken,   niht langer man daz liez. (697)
dô was ouch komen Sigemunt.   dô er die boten sach,
der herre minneclîche   zuo den Burgonden sprach:

762 'Sît willekomen ir recken,   ir Guntheres man. 755
sît Kriemhilt ze wîbe   Sîvrit mîn sun gewan, (698)
sô solde man iuch degene   dicker bî uns sehen,
ob ir uns mit triuwen   woldet friuntschefte jehen.'

763 Si sprâchen, swenner wolde,   si solden gerne komen. 756
in wart ir michel müede   mit freuden vil benomen. (699)
die boten bat man sitzen,   spîse man in truoc;
der wart den lieben gesten   gegeben volleclîch genuoc.

764 Man gab in herberge   und schuof in guot gemach. 757
der herre zuo den gesten   minneclîchen sprach: (700)
'lât iuch niht betrâgen;   darumbe ir sît gesant
her von unsern friunden,   wir sulenz iu schiere tuon bekant:

765 Ich muoz michs noch berâten   mit den friunden mîn.' 758
er gie zeiner sprâche   mit den recken sîn. (701)
er sprach: 'mîn friunt Gunther   hât nâch uns gesant
zeiner hôchgezîte: nu ist ze verre mir sîn lant;

766 Und bitent mîne frouwen,   daz si mit var. 759
nu râtent, liebe vriunde,   wie sol si komen dar? (702)
und solde ich herverten   durch si in drîzec lant,
dâ müese in gerne dienen   hin diu Sîvrides hant.'

---

752 C 2. *nach* enpfangen *Punkt* C. 4. daz *aus* dar *verbessert* C.
753 C
754 C
755 C 3. si] sich (ch *unterstrichen*) C.
756 C
757 C
758 C 1. svln C.
759 C
760 C 3. gesehen noch C.
761 C
762 C 1. Gvnth^{s}s C. 2. sit Chriemhilde ze m͠an. Sivrit minen sv̊n gewan (m͠an *von neuerer Hand auf geschabter Stelle*) C.
763 C
764 C
765 C
766 C

767 Dô sprâchen sîne recken: ‘habt ir der reise muot, 760
sô wellen wir iu râten, daz iu wirdet guot: (703)
ir sult mit tûsint recken rîten an den Rîn.
sô mugt ir wol mit êren dâ zer hôchgezîte sîn.’

768 Dô sprach von Niderlanden der herre Sigemunt: 761
‘welt ir zir hôchgezîte, wan tuot ir mir daz kunt? (704)
ob ez iu niht versmâhet, sô rîte ich mit iu dar
und bringe iu hundert degene: dâ mit mêr ich iuwer schar.’

769 ‘Sît ir welt mit uns rîten, vil lieber vater mîn,’ 762
sprach der herre Sîvrit, ‘vrô sol ich des sîn. (705)
inre tage zwelfen sô rûm ich mîniu lant.’
die si dô füeren wolden, den gap man ros und ouch gewant.

770 Dô der künic edele der reise hete muot, 763
dô hiez man wider rîten die snellen boten guot. (706)
den sînen konemâgen enbôt er an den Rîn,
daz er gerne wolde dâ zir hôchgezîte sîn.

771 Sîvrit unde Kriemhilt, als wir hœren sagen, 764
sô vil den boten gâben, daz ez niht mohten tragen (707)
ir mœre heim ze lande: er was ein rîcher man.
ir starken soumære si triben vrœlîchen dan.

772 Ir volc daz kleite Sîvrit und ouch Sigemunt. 765
Eckewart der grâve der hiez dô an der stunt (708)
frouwen kleider suochen, die besten, die man vant
oder iemen vinden kunde über allez Sîvrides lant.

773 Sätil unde schilde bereiten man began. 766
rittern unde frouwen, die mit im wolden dan, (709)
den gab man swaz si wolden: wie wênic in gebrast!
dô brâhter sînen friunden manigen hêrlîchen gast.

774 Den boten zogete sêre wider ûf den wegen. 767
dô kom wol ze lande Gêre der degen. (710)
er wart vil wol enpfangen: dô stuonden si zetal
nider von den mœren für den Guntheres sal.

775 Der künic durch grôze liebe von dem sedele spranc. 769
daz si sô snelle kœmen, des bat si haben danc (712)
Prünhilt diu schœne. der künic zen boten sprach:
‘wie vert mîn friunt Sîvrit, von dem mir liebes vil geschach?’

776 Dô sprach der küene Gêre: 'dâ wart er freuden rôt, 770
er und iuwer swester.   nie friunden baz enbôt (713)
sô friuntlîcher mære   deheiner slahte man,
als iu der herre Sîvrit   und ouch sîn vater hât getân.'

777 Dô sprach zem marcgrâven   des edeln küniges wîp: 771
'nu sagt mir, kumet Kriemhilt?   hât noch ir schœner lîp (714)
behalten iht der zühte,   der si wol kunde pflegen?'
er sprach: 'si koment beide,   und mit in manic küener degen.'

778 Frou Uote bat dô drâte   die boten zuo zir gên. 772
daz mac man an ir vrâge   harte wol verstên, (715)
daz si vil gerne hôrte,   was Kriemhilt noch gesunt.
er sagete, wie er si funde,   und daz si kœme in kurzer stunt.

779 Ouch wart von in diu gâbe   ze hove niht verdeit, 773
die in dort gab Sîvrit: golt, silber unde kleit (716)
daz brâhte man ze sehene   der drîer künige man.
der ir vil grôzen milte   wart in dô dankes vil getân.

780 'Er mac wol geben ringe,'   sprach Hagene der degen, 774
'ern kundez niht verswenden,   und solt er immer leben: (717)
hort der Nibelunge   beslozzen hât sîn hant.
hey, solden wir den teilen   noch in Buregonden lant!'

781 Allez daz gedigene   freute sich der zuo, 775
daz si komen solden.   spâte unde fruo (718)
wâren vil unmüezic   des fürsten ambtman.
waz rîcher hergesidele   man dâ rihten began!

---

767 C
768 C
769 C
770 C
771 C   3. heime C.
772 C   1. volche C.
773 C
774 C   2. chome C.   4. Gunth^{s}s C.
775 C   2. *das erste* si *fehlt* C.
776 C
777 C   4. kuniger C.
778 C   4. *das erste* si *fehlt* C.
779 C
780 C
781 C   3. warn C.

782 Ortwîn unde Sindolt, die zwêne küene degen, 776
die wâren vil unmüezic. die zît si muosin pflegen, (719)
der truhsæze und der schenke, rihten manigen banc;
des hulfen ir undertânen. des sagete in Gunther dô danc.

783 Rûmolt der kuchenmeister vil wol berihte sît 777
die sînen undertânen. vil manigen kezzil wît, (720)
häfene unde pfannen, hey, waz man der dâ vant!
dô bereite man den spîse, die dâ kômen in daz lant.

784 Der frouwen arebeiten was ouch niht kleine,
dâ si bereiten ir kleider. die edeln steine
mit glanze verre glesten, verwieret in daz golt,
dô si sie ane leiten, daz in die liute wurden holt.

XIII

Âventiure wie Kriemhilt mit ir man zer hôchgezîte fuor.

785 Alle ir unmuoze die lâzen wir nu sîn, 778
und sagen iu, wie Kriemhilt und ouch ir magedîn (721)
zer hôchgezîte fuoren von Nibelunge lant.
nie getruogen mœre sô manic hêrlîch gewant.

786 Vil der leitschrîne man schicte zuo den wegen. 779
dô reit mit sînen friunden Sîvrit der degen (722)
und ouch diu küniginne ûf hôher freuden wân.
ir freude muose leider mit grôzem jâmer sît zergân.

787 Dâheime si dô liezen ir beider kindelîn 780
belîben in ir landen: daz muos et alsô sîn. (723)
von ir hovereise erstuonden starkiu sêr:
vater unde muoter gesach daz kindel nimmer mêr.

788 Dâ mite reit der herre, der künic Sigemunt. 781
solder des getrouwen, wie ez im nâch der stunt (724)
zer hôchgezîte ergienge, ern het ir niht gesehen.
jâ kunde im in der werlde leider nimmer geschehen.

789 Boten man für sande, die diu mære sagten dar. 782
dô reit ouch in engegene mit maniger liehten schar (725)
vil der guoten degene, der Guntheres man.
der wirt sich gegen den gesten sêre vlîzen began.

---

782 C 2. warn C.
783 C
784 Ca 1. aribait a. 2. weraitenn die chlaid a. gestaine a. 3. verwirret a. 4. do si sich legtenn ann a.

Überschrift: ze der hochczeit fuer ze dem Reinne a.
785 Ca 2. vnd auch vnd ir a. 3. ze der hochczeit a.
786 Ca 1. leitschrîne] schrein a. 2. friunden] frauenn a. der] der der a. 3. mit grossenn frauden wann a. 4. leider *fehlt* a. sît *fehlt* a.
787 Ca 1. Dâheime] dahnnen a. dô *fehlt* a. 2. et *fehlt* a. 3. vonn h ir a. 4. gesachenn a. chindlein a.
788 Ca 1. der herre *fehlt* a. chunigum a. 2. des] der C. nach] hernach a. 3. zer] ze der a. hochczeit a. ern] er a. 4. enchunnde a.
789 Ca 1. dar *fehlt* a. 2. in] im a. manig a. 3. *das zweite* der] des a. Gunthers Ca. 4. gegen *fehlt* a.

790 Er gie zuo Prünhilde dâ er si sitzen vant: 783
‘wie enpfie et iuch mîn swester, dô ir kômet in daz lant, (726)
sam sult ouch ir enpfâhen daz Sîvrides wîp.’
‘daz tuon ich,’ sprach diu frouwe, ‘daz hât verschuldet wol ir lîp.’

791 Dô sprach aber Gunther: ‘si koment uns morgen fruo. 784
nu ir si welt enpfâhen, dâ grîfet balde zuo, (727)
daz wir ir in der bürge niht erbîten hie:
mir kom in manigen zîten sô rehte lieber geste nie.’

792 Ir meide und ouch ir frouwen die hiez si dô zehant 785
suochen guotiu kleider, diu besten diu man vant, (728)
diu si wol mit êren vor gesten mohten tragen.
wie gerne si daz tæten, daz mac man lîhte gesagen.

793 Ouch îlten in dô dienen die Guntheres man; 786
alle sîne degene der wirt zuo sich gewan. (729)
dâ reit diu küniginne mit ir frouwen mite
gegen den lieben gesten al nâch friuntlîchem site.

794 Mit wie getânen êren man die geste enpfie! 787
si dûhte, daz frou Kriemhilt Prünhilde nie (730)
sô rehte wol enpfienge in Burgonden lant.
die si ê niene gesâhen, den wart vil hôher muot erkant.

795 Nu was ouch komen Sîvrit mit den sînen man. 788
man sach die helde wenden wider unde dan (731)
des veldes allenthalben mit ungefüegen scharn.
dringen unde stouben kunde niemen dâ bewarn.

796 Dô der wirt des landes Sîvriden sach 789
und ouch Sigemunden, wie güetlîch er sprach: (732)
‘nu sît mir grôze willekomen und al den vriunden mîn.
der iuwer hovereise suln wir hôchgemuote sîn.’

797 ‘Nu lône iu got,’ sprach Sigemunt, der êre gernder man, 790
‘sît daz iuch mîn sun Sîvrit ze friunde gewan, (733)
dô rieten mîne sinne, daz ich iuch solde sehen.’
dô sprach der wirt zem gaste: ‘nu ist mir liebe dran geschehen.’

798 Sîvrit wart enpfangen, als im daz wol gezam, 791
mit vil grôzen êren: im was dâ niemen gram. (734)
des half mit grôzen zühten Gîselher und Gêrnôt.
ich wæne, man ez gesten nie sô minneclîch erbôt.

799 Dô nâhten zuo zein ander   der zweier künige wîp. 792
dâ wart vil sätil lære: maneger schœnen frouwen lîp (735)
wart von recken handen   erhaben ûf daz gras.
die frouwen gerne dienten,   waz der mit unmuozen was!

800 Dô giengen zuo zein ander   diu minneclîchen wîp. 793
des was in grôzen freuden   vil maniges recken lîp, (736)
daz ir beider grüezen   sô schône wart getân.
dô sach man vil der degene   mit zühten bî den frouwen stân.

801 Daz herrenlîch gesinde   sich viengen bî der hant. 794
in zühten grôze nîgen,   des man vil dâ vant, (737)
und küssen minneclîche   von frouwen wolgetân.
daz was liep ze sehene   den künigen und ir beider man.

802 Sine biten dâ niht langer,   si riten zuo der stat. 795
der wirt den sînen gesten   daz wol erzeigen bat, (738)
daz man si gerne sæhe   in Buregonden lant.
vil manigen puneyz rîchen   man vor den juncfrouwen vant.

---

790 Ca 1. Prünhilde] kreimhilden a. 2. wir sullenn enphahan die swester mein die chumpt inn das lannt a. 3. ir sult auch enphahenn sam des Seiuridenn weib a. 4. *nach dem zweiten* daz *ist* sch *durchgestrichen* C.
791 Ca 2. nu welt ir enphahenn a. dâ] so a. darczue a. 3. niht] iht a. 4. chomennt a.
792 Ca 2. *beide* diu] die Ca. 3. diu] die Ca. mocht a. 4. gern Ca. sagenn a.
793 Ca 2. zue im nam a. 3. mite *fehlt* a. 4. entgegenn a. lieben *fehlt* a. als nach fraunntleichenn sitenn a.
794 Ca 1. Mit grossenn erenn a. 2. daz *fehlt* a. Prunhilt C, *fehlt* a. 3. wol *fehlt* a. 4. niene] nie a.
795 Ca 1. mit seinenn mannenn a.
796 Ca 2. guetleichenn er do a. 3. die fraunde a.
797 Ca 1. Nu *fehlt* a. gernder man *fehlt* a. 4. zue den gestenn a. lieb darann a.
798 Ca 2. êren fehlt a. 3. grôzen *fehlt* a. Gigelher C. 4. wän das mann a.
799 Ca 1. nahent a. zue ainader a. 2. vil satellar a. vonn maniger a. 3.4. die wurdenn vonn frauem rekchenn handenn ab gehebt auf das gras a.
800 Ca 1. zue ainainder a. minnichenn frauenn a. 4. sahe C. der *fehlt* a. bî] vor a.
801 Ca 1. herleich a. den henndenn a. 2. da uill da a.
802 Ca 1. sine] si a. 2. bat] pott a. 3. sach a. 4. puneyz rîchen] chuennen rekchen a. fraucnn a.

803 Ûzer Tronege Hagene   und ouch Ortewîn, 796
daz si gewaltic wæren,   daz wart dâ vil wol schîn: (739)
swaz si gebieten wolden   daz torste nieman lân.
von in wart michel dienest   den edeln gesten getân.

804 Vil schilde hôrt man schellen   dâ zem bürgetor 797
von stichen und von stôzen.   vil lange habt der vor (740)
der wirt mit sînen gesten,   ê daz si kômen drin.
jâ gie in diu stunde   mit vil grôzen vreuden hin.

805 Für den palas rîchen   mit freuden si dô riten. 798
vil manigen pfellel spæhen,   rîch und wol gesniten (741)
sach man über sätele   den frouwen wolgetân
allenthalben hangen.   dô kômen Guntheres man.

806 Die hiezen si dô füeren   balde an ir gemach. 799
under wîlen blicken   man Prünhilde sach (742)
an frouwen Kriemhilde,   diu schœne was genuoc:
ir varwe gegen dem glanze   den schîn vil hêrlîchen truoc.

807 Allenthalben schallen   ze Wormez in der stat 800
hôrt manz gesinde.   der wirt den marschalc bat, (743)
Dancwart, Hagenen bruoder,   er solde ir selbe pflegen.
dô begunder daz gesinde   harte güetlîche legen.

808 Dar ûze und ouch dar inne   spîsen man si lie. 801
ez enwart deheiner geste   baz gepflegen nie: (744)
allez daz si wolden,   des was man in bereit.
der künic was sô rîche,   daz dâ wart niemen niht verseit.

809 Man dient in frîuntlîche   und âne allen haz. 802
der wirt dô ze tische   mit sînen gesten saz: (745)
dô muose sitzen Sîvrit   als er ê het getân.
mit im gie ze tische   vil manic wætlîcher man.

810 Einlif hundert recken   an dem ringe sîn 803
mit im zem ezzen sâzen.   Prünhilt diu künigîn (746)
gedâht, daz eigen holde   niht rîcher kunden wesen.
si was im noch sô wæge,   daz si in gerne lie genesen.

811 Aldâ der wirt mit freuden   mit sînen gesten saz, 804
vil der rîchen kleider   wart von wîne naz, (747)
dâ die schenken solden   zuo den tischen gân.
dâ wart vil voller dienest   mit grôzem willen getân,

812 Sô man ze hôchgezîten lange hât gepflegen. 805
frouwen unde meide hiez man schône legen. (748)
von swannen si dar kômen, der wirt in willen truoc.
mit vil grôzen zühten man gab in allen genuoc.

813 Dô diu naht het ende und daz der tac erschein, 806
ûz den lcitschrînen vil manic edel stein (749)
erlûht in guoter wæte, die ruorte frouwen hant.
dô wart dar für gesuochet vil manic hêrlîch gewant.

814 Ê daz ez vol ertagete, dô kômen für den sal 807
vil ritter unde knehte: dô huop sich aber schal (750)
vor einer fruomesse, die man dem künige sanc.
dâ riten junge degene, daz mans in muose sagen danc.

815 Lût und âne mâze manic pusûn erdôz; 808
von trumben unde floyten wart der schal sô grôz, (751)
daz Wormez diu vil wîte darnâch vil lûte erschal.
die hôchgemuoten degene zen rossen kômen über al.

---

803 Ca 1. aus drange Hagen a. ortbim a. 2. das die da warenn gebaltig a. wart] was a.
804 Ca 1. schallenn a. dacz einem purtor a. 2. vonn stossenn vnd vnd vonn slegenn a. vil *fehlt* a. der vor *fehlt* a. 3. drin] inn die pürg a. 4. vil *fehlt* a. hin *fehlt* a.
805 C; a *fehlt bis* 805,4b: do chomenn
4. die gunnthers a.
806 Ca 1. ierenn a. 2. Prunh' C, praunnhildenn a. 3. Chriemh' C, kreimhildenn a. die was schonn a.
807 Ca 2 *und* 3: da hort mann denn wirt das gesinde dem marschalch dannkchwarten vnd Hagenn prueder Si soldenn ir selber phlegenn a. 4. begunndenn si a.
808 Ca 1. Da vze C. 2. chainer a. 4. daz *fehlt* a. war a.
809 Ca lb: vnd allenn daz a. 4. herleich a.
810 Ca 1. Einlife C. Aindlef rekchenn hundert a. 1b: *fehlt* a. 2. zem ezzen] zetische a. 3. aigenn helde a. 4. im] inn a. daz] da a.
811 Ca 1. alda da der a. 2. uill reicher watt mann da sach a. 3. dâ *fehlt* a. zu dem tische tragenn a. 4a: da wart uil grosser dinst getann a.
812 Ca 1. hochczeittenn a. gepflegen] getann a. 3. dar *fehlt* a. 4. gab mann a.
813 Ca 1. erschein] herschain a. 2. ladschrein a. gestainn a. 3. erlauchtenn a. 3b: inn ritter frauenn hanntt a. 4. geschůchet C. herfuer geczükcht a.
814 Ca 4. mann inns a.
815 Ca 1. erdôz *fehlt* a. 2. *fehlt* a. 3. *das zweite* vil *fehlt* a. 4. chomenn zue denn rossen a.

816 Dô huop sich in dem lande   harte hôch ein spil 809
von manigem guoten degene.   der was dâ harte vil, (752)
den ir tumbiu herzen   rieten hôhen muot:
der sach man under schilde   manigen zieren recken guot.

817 In diu venster sâzen   diu hêrlîchen wîp 810
und vil der schœnen mägede: gezieret was ir lîp. (753)
si sâhen kurzewîle   von manigem küenem man.
der wirt mit sînen degenen   selbe rîten dâ began.

818 Alsô vergie ir wîle;   diu dûhte si niht lanc. 811
dô hôrte man zem tuome   vil maniger glocken klanc. (754)
dô kômen in die mœre: die frouwen riten dan.
den edeln küniginnen   volget vil manic küene man.

819 Si stuonden vor dem münster   nider ûf daz gras. 812
Prünhilt ir gesten   dannoch vil wæge was. (755)
si giengen under krône   in daz münster wît.
diu liebe wart sît gescheiden: daz frumte grœzlîcher nît.

820 Dô si gehôrten messe,   si fuoren wider dan 813
mit vil grôzen zühten;   man sach si sider gân (756)
ze tische minneclîche.   ir freude nie gelac
dâ zer hôchgezîte   unz an den einliften tac.

821 Dô gedâht diu küniginne: 'ine mac niht langer dagen.
swie ich daz gefüege,   Kriemhilt muoz mir sagen,
warumbe uns alsô lange   den zins versezzen hât
ir man, derst unser eigen.   der vrâge hân ich keinen rât.'

822 Sus warte si der wîle,   als ez der tiufel riet.
die fröude und ouch die hôhgezît   mit jâmer si dô schiet.
daz ir lac amme herzen,   ze lieht ez muose komen.
des wart in mangen landen   von ir jâmers vil vernomen.

XIV

Âventiure wie die küniginne sich mit einander zerwurfen.

823 Vor einer vesperzîte man ûfem hove sach 814
ze rossen manigen recken. hiusir unde dach (757)
was allez vol durch schouwen von liuten überal.
dô wâren ouch die frouwen zen venstern komen in den sal.

824 Ze samene dô gesâzen die küniginne rîch. 815
si reiten von zwein recken, die wæren lobelîch. (758)
dô sprach diu frouwe Kriemhilt: ‘ich hân einen man,
daz elliu disiu rîche zuo sînen henden solden stân.’

825 Des antwurt ir Prünhilt: ‘daz möhte vil wol sîn, 816
ob niemen mêre enlebte wan sîn unde dîn, (759)
sô möhten im diu rîche wol wesen undertân:
die wîle aber lebt Gunther, sô kundez nimmer ergân.’

---

816 Ca 1. in] ann a. 1b: ein hoches spill a. 2. manigenn a. rekchenn a. harte] so a. 3. tumbe hercze a. 4. *fehlt* a.
817 Ca 1. den uensternn a. minichleichenn a. 2. Junnkchfrau a. 2b: *fehlt* a. 3. man da sach chürczweill a. chuennen a. 4b: selbenn raitt a.
818 Ca 1. wîle] wille a. diu] die weille a. 2. hort man (*danach ein durch Rasur(?) unleserliches Wort am Zeilenende*) ze dem tuem a. manigenn a. 4. kchuener a.
819 Ca 4. frumbt grösleich neid a.
820 Ca 1. fuoren] rittenn a. 2. vil *fehlt* a. 3. nie gelac *fehlt* a. 4a: ze der hochczeit wert a.
821 Ca 1. ine] ich a. 4. derst] ist a.
822 Ca 1. sus] sunst a. 2. hochczeit a. si] sich a. 3. das ir lag ann dem herczen lag zelest es muest chomen ann den tag a. 4. irs iamers vil uernamm a.

Überschrift: chuniginne mit ander zer wvfen C. wie sich praunnhilt vnd kchreimhild sich czbiten inn vnwillenn a.
823 Ca 1. auf dem a. 2. haüser vnd dächer a. 4. warn C. ze denn a.
824 Ca 3. da da sprach a. frouwe] frue a. 4. alleu reich a. zuo] inn a. solde a.
825 Ca 2. mer lebt a. 2b: endu vnd er a. 4. enchunnde es a.

826 Dô sprach aber Kriemhilt: 'nu sihstu wier stât, 817
wie rehte herrenlîche er vor den recken gât, (760)
alsam der liehte mâne vor den sternen tuot:
des muoz ich wol von schulden tragen vrœlîchen muot.'

827 Dô sprach diu hûsfrouwe: 'swie wætlîch sî dîn man, 818
swie schœne und swie biderbe, sô muostu vor im lân (761)
Gunthern den recken, den edeln pruoder dîn:
der muoz vor allen künigen mit lobe wærlîche sîn.'

828 Des antwurt ir Kriemhilt: 'sô tiuwer ist wol mîn man, 819
daz ich in âne schulde niht gelobet hân: (762)
an vil manigen tugenden ist sîn êre grôz.
geloubestu des, Prünhilt, er ist wol Gunthers genôz.'

829 'Jâne soltu mir ez, Kriemhilt, zarge niht vervân, 820
wande ich doch âne schulde die rede niht hân getân. (763)
ich hôrt si jehen beide, dô ichs alrêrste sach
und dâ des küniges wille an mîme lîbe geschach,

830 Und dâ er mîne minne sô ritterlîch gewan: 821
dô jach des selbe Sîvrit, er wære sküniges man. (764)
des hân ich in für eigen, sît ichs in hôrte jehen.'
dô sprach diu frouwe Kriemhilt: 'sô wær mir übele geschehen.

831 Wie heten sô geworben die edeln brüeder mîn, 822
daz ich eigenmannes wine solde sîn? (765)
des wil ich dich, Prünhilt, vil vriuntlîchen biten,
daz du die rede lâzest mit vil minneclîchen siten.'

832 'Ine mag ir niht gelâzen,' sprach dô des küniges wîp. 823
'zwiu sold ich verkiesen sô maniges recken lîp, (766)
der uns mit dem künige ist dienstlîch undertân?
mich müet, daz ich sô lange niht zins von im gehabt hân.'

833 'Du muost in von im verkiesen, daz er dir nimmer bî 824
wone deheiner dienste. er ist tiurer danne sî (767)
Gunther mîn bruoder: du solt nimmer daz geleben,
daz er dir zins deheinen von sînen landen müeze geben.'

834 'Du ziuhest dich ze hôhe,' sprach aber des küniges wîp. 826
'nu wil ich sehen gerne, ob man den dînen lîp (769)
habe ze solhen êren als man den mînen tuot.'
die frouwen wâren beide harte zornic gemuot.

835 Dô sprach diu frouwe Kriemhilt: 'daz muoz et nu geschehen. 827
sît du mînes mannes für eigen hâst verjehen, (770)
nu müezen hiute kiesen der zweier künige man,
ob ich vor küniges wîbe türre zuo der kirchen gân.

836 Ich lâze dich wol schouwen, daz ich bin adelvrî: 828
mîn man ist verre tiuwerr danne der dîne sî; (771)
dâ mite wil ich selbe niht bescholten sîn.
du muost daz hînte kiesen, wie diu eigene diu dîn

837 Ze hove gê vor recken in Buregonde lant. 829
ich wil selbe wesen edeler danne iemen habe bekant (772)
deheine küniginne, diu krône ie her getruoc.'
dô huop sich under den frouwen grôzes nîdes genuoc.

838 Dô sprach aber Prünhilt: 'wiltu niht eigen sîn, 830
sô muostu dich scheiden von den frouwen mîn (773)
mit dînem ingesinde, dâ wir zem münster gân.'
'entriuwen,' sprach dô Kriemhilt, 'daz sol werden getân.'

---

826 Ca 1. wie er a. 2. herleich a. gât] stat vnd gett a. 3. liehte *fehlt* a. tuot] stat C. 4. wol *fehlt* a.
827 Ca 1. diu hûsfrouwe] praunnhild a. wætlîch] herleich a. 2a: *fehlt* a. 2. vor] vonn a. 4. chunigin vnd chunigenn a. mit herleichenn lobe gann a.
828 Ca 1. ir *fehlt* a. kchreimhild helde a. 2. gelobenn chan a. 3. manigen *fehlt* a. 4. gelaubstu das a.
829 Ca 1. ia a. mir *fehlt* a. ze arge a. 2. getan hann a. 3. redenn a. doch ich se a. 4. an] am C. an meinenn leibe gesach a.
830 Ca 1. er *fehlt* a. 2. des selbe] daselb a. dez chuniges a. 3. seit fuer aigenn a. 4. vbel Ca.
831 Ca 1. hett a. 2. aigenn aines weibes solde a.
832 Ca 1: ich enmag sprach praunnhild a. 2. zwiu] wes a. 3. dienstleich ist a. vndertannt a. 4. mvte C, muett a. zinsse C. genomenn han a.
833 Ca 1. du müst dich von im a. 2. wane chain dienst a. teur a. sî *fehlt* a. 3. des soltu nimmer gelebenn a. 4. zinss C. chainenn czins a. seinem lant a.
834 Ca 1. des küniges wîb] praunnhild a. 2. ob] do a. 4. czornigkchleich a.
835 Ca 1. diu *fehlt* a. et *fehlt* a. 4. getuer a.
836 Ca 1. adelvrî] edell vnd frei a. 2. verre *fehlt* a. teuer a. sî *fehlt* a. 3: damit so will ich mich nicht selbenn wescholten sein a. 4. mvste C. 4: du muest noch heint das chiesenn ze aigenn a.
837 Ca 1: die rekchenn aus wurganndenn lannt a. 2. danne daz a. erchannt a. 3. chain a. 4. gros neidenn a.
838 Ca 3. ze munster a. 4. wesenn sein getann a.

839 'Nu kleidet iuch, mîn mägede,'   sprach Sîvrides wîp.   831
'ez muoz âne schande   belîben hie mîn lîp.   (774)
ir sult daz lâzen schouwen,   und habt ir rîche wât.
si mac sîn lougen gerne,   des Prünhilt verjehen hât.'

840 Man moht in lîhte râten: si suochten rîchiu kleit.   832
dâ wart vil wol gezieret   manic frouwe unde meit.   (775)
dô gie mit ir gesinde   des edeln wirtes wîp,
(ze wunsche wart gekleidet   der schœnen Kriemhilde lîp)

841 Mit drin und vierzec meiden,   di brâhtes an den Rîn;   833
die truogen liehte pfellel,   geworht in Arâbîn.   (776)
sus kômen zuo dem münster   die meide wolgetân.
in warten vor dem hûse   alle Sîvrides man.

842 Die liute nam des wunder,   wâ von daz geschach,   834
daz man die küniginne   nu gescheiden sach,   (777)
daz si niht bî ein ander   giengen alsam ê.
dâ von wart manigem degene   sît vil sorclîchen wê.

843 Hie stuont vor dem münster   daz Guntheres wîp.   835
dô hete kurzewîle   vil maniges recken lîp   (778)
mit den schœnen frouwen,   der si dâ nâmen war.
dô kom diu edel Kriemhilt   mit maniger hêrlîchen schar.

844 Swaz kleider ie getruogen   edeler ritter kint,   836
wider ir gesinde   was iz gar ein wint: (779)
si was sô rîch des guotes,   daz drîzec künige wîp
niht möhten wol erziugen   daz tet der Kriemhilde lîp.

845 Ob iemen wünschen solde,   der kunde niht gesagen,   837
daz man sô rîcher kleider   gesæhe ie mêr getragen   (780)
als in der wîle truogen   ir meide wolgetân.
wan ze leide Prünhilde,   ez hete Kriemhilt verlân.

846 Zesamne si dô kômen   vor dem münster wît.   838
ez tet diu hûsfrouwe   durch einen grôzen nît,   (781)
die edeln Kriemhilde   hiez si stille stân:
'jâ sol vor küniges wîbe   nimmer eigen diu gegân.'

847 Dô sprach diu frouwe Kriemhilt   (zornic was ir muot):   839
'kundest noch geswîgen,   daz wære dir guot.   (782)
du hâst geschendet selbe   den dînen schœnen lîp:
wie mac immer kebse   mit rehte werden küniges wîp?'

848 'Wen hâstu hie verkebset?' sprach des küniges wîp. 840
'daz tuon ich dich,' sprach Kriemhilt, 'den dînen schœnen lîp (783)
minnet êrste Sîvrit, mîn vil lieber man:
jâ enwas ez niht mîn bruoder, der dir den magetuom an gewan.

849 War kômen dîne sinne? ez was ein arger list. 841
zwiu lieze du in minnen, sît er dîn eigen ist? (784)
ich hœre dich,' sprach Kriemhilt, 'âne alle schulde klagen.'
'entriuwen,' sprach dô Prünhilt, 'daz wil ich Gunthere sagen.'

850 'Dich hât dîn übermüete,' sprach Kriemhilt, 'betrogen. 842
du hâst mich ze dienste mit rede dich an gezogen. (785)
daz wizze in rehten triuwen, ez ist mir immer leit:
getriuwer heinlîche wirde ich dir nimmer mêr bereit.'

851 Prünhilt dô weinde. Kriemhilt niht langer lie, 843
vor des küniges wîbe inz münster si dô gie (786)
mit ir ingesinde. dô huop sich grôzer haz.
des wurden liehtiu ougen vil starke trüebe unde naz.

852 Swaz man gote gediente oder iemen dâ gesanc, 844
des dûhte Prünhilde diu wîle gar ze lanc, (787)
wand ir was vil trüebe der lîp und al der muot.
des muosin sît engelten recken küene unde guot.

---

839 Ca 1. kleidet] schaidet a. mägede] mgge a. Sîvrides wîp] kchreimhild a. 2. schanndenn a. 3. reicheu a.
840 Ca 1. in *fehlt* a.
841 Ca 1. junnkchfrauenn a. prachtens a. 2. liehte pfellel] phellat a. arabeine a. 3. junnkchfraun a. 4. wartett a. all a.
842 Ca 1. des *fehlt* a. warumb a. 4. degene *fehlt* a.
843 Ca 1. Hie] si a. des a. gvnth^{s}s C, gunnthers a. 2. czburczweil a. 4. chome Ca. mit] uil a.
844 Ca 1. chlainder a. getrueg a. 3. chunigweib a. 4. geczeugenn a.
845 Ca 1. wold a. 2. daz] da a. gesæhe] geschehe C, gesach a. ie mêr] niemant a. 3. junnchfrauenn a.
846 Ca 2. diu hûsfrouwe] die praunnhild a. 3. die hies a. 4. aigen weib genn a.
847 Ca 1. zorgnig a. 2. gewseigenn a. war a. 3. den *fehlt* a. 4: wie magstu immer wesenn des chuniges weip a.
848 Ca 1 *und* 2a: denn hastu hie geschenndet das tuenn ich dir chunnt sprach kchreimhild a. 4. was a.
849 Ca 1. wa cham dein sinne a. 2. warumb liestu a. sît] seut a. 4. dô *fehlt* a. gunnthernn a.
850 Ca 1. wetrogenn sprach kchreimhild a. 2. dich *fehlt* a.
851 Ca 2. vor *fehlt* a. inz] in daz a. 4. des] da a.
852 Ca 1. da got dinet a. sankch a. 2. gar *fehlt* a. 3. ir leib vnd auch ir muet a.

853 Prünhilt mit ir frouwen   gie für daz münster stân. 845
si gedâhte: 'mich muoz Kriemhilt   mêre hœren lân (788)
des mich sô lûte zîhet   daz wortræze wîp;
und hât er sichs gerüemet,   ez gât Sîvride an den lîp.'

854 Nu kom diu frouwe Kriemhilt   mit manigem küenen man. 846
dô sprach diu hûsfrouwe: 'ir sult noch stille stân. (789)
ir jâhet mîn ze kebsen,   daz sult ir lâzen sehen,
und sult ez hie bewæren,   wâ mir daz laster sî geschehen.'

855 Dô sprach diu schœne Kriemhilt: 'ir möht mich lâzen gân. 847
ich erziugez mit dem golde,   daz ich an der hende hân: (790)
daz brâhte mir mîn vriedel,   dô er êrste bî dir lac.'
nie gelebte Prünhilt   deheinen leideren tac.

856 'Diz golt ich wol erkenne: ez wart mir verstoln,' 848
sprach diu küniginne,   'und ist lange mich verholn. (791)
ich kum es an ein ende,   wer mirz habe genomen.'
die frouwen beide wâren   in grôz ungemüete komen.

857 Dô sprach aber Kriemhilt: 'ine wils niht wesen diep. 849
du möhtes wol gedaget hân,   und wære dir êre liep. (792)
ich erziugez mit dem gürtel,   den ich hie umbe hân,
daz ich ez niht enliuge: jâ wart mîn Sîvrit dîn man.'

858 Von Ninnivê der sîden   si den porten truoc, 850
von edelem gesteine: guot was er genuoc. (793)
dô den Prünhilt gesach,   weinen si began.
daz muose vreischen Gunther   und alle Buregonde man.

859 Dô sprach diu küniginne: 'heizet her gân 851
den fürsten vom Rîne: ich wil in hœren lân, (794)
wie mich hât gehœnet   sîner swester lîp.
si sagt hie offenlîche,   ich sî Sîvrides wîp.'

860 Der künic kom mit recken.   weinen er dô sach 852
die sînen triutinne.   wie güetlîch er sprach: (795)
'saget mir, liebiu frouwe,   waz ist iu getân?'
si sprach: 'vil lieber herre,   von schulden muoz ich trûric stân.

861 Von allen mînen êren   mich diu swester dîn 853
gerne wolde scheiden.   dir sol geklaget sîn, (796)
si giht, mich habe gekebset   Sîvrit ir man.'
dô sprach der künic Gunther: 'sô hetes übele getân.'

862 'Si treit hie mînen gürtil, den ich lange hân verlorn, 854
und ouch mîn guldîn vingerlîn. daz ich ie wart geborn, (797)
daz muoz mich immer riuwen, dune beredest mich,
künic, der grôzen schanden: daz diene ich immer umbe dich.'

863 Dô sprach der künic Gunther: 'nu lât in her gân. 855
hât er sichs gerüemet, daz sol er hœren lân, (798)
oder sîn muoz lougen der helt ûz Niderlant.'
den Kriemhilde vriedel hiez man bringen sâ zehant.

864 Dô der herre Sîvrit die ungemuoten sach, 856
ern wiste niht der mære. wie balde er dô sprach: (799)
'waz weinent dise frouwen, daz het ich gerne erkant,
oder von welhen schulden der künic habe nâch mir gesant.'

865 Dô sprach der künic Gunther: 'daz ist mir durch dich leit. 857
mir hât mîn frouwe Prünhilt ein mære hie geseit, (800)
du habst dich des gerüemet, daz du ir schœnen lîp
êrste habest geminnet: daz seit frou Kriemhilt dîn wîp.'

---

853 Ca 1. muster a. 2. mir a. 3. wortræze] rässe a; *in* C *ist die Stelle durch einen Wasserfleck verwischt: nach* wort *ist von jüngerer Hand* ho^{s}te *nachgetragen.* 4. sich a.

854 Ca 1. chome Ca. frouwe] *in* C *durch Wasserfleck verwischt; von jüngerer Hand nachgetragen:* fr$\overset{u}{a}$ C. 2. noch stille stân] no stille stann a. 2b *in* C *verwischt; von neuerer Hand nachgetragen:* ir sult mich ez l$\overset{u}{a}$n verstan. 3. *das erste* ir *über der Zeile* C. jehett a. sehen *fehlt* a. 4. sî *fehlt* a.

855 Ca 1. möht] sul a. 2. hân] trag a. 3. vriedel] Seiurid a. gelach C. 4. geleb a. leidern C. chainen laidigern a.

856 Ca 1. verstoln] geschenkcht a. 2. mir verloren a. 3. an ent a. 4. warn paid a. grossenn vngemuet a.

857 Ca 1. aber *fehlt* a. 2. mohtes C, macht dez a. gedaht C, gedacht a. war a. 3. portenn a. hab a.

858 Ca 1. vonn minne der seindenn a. 2. was er] war a. 3. ersach a. 4. frischen a.

859 Ca 1. diu küniginne] praunnhild a. nu haisset a. 3. geschenndet a. die seiner a.

860 Ca 1. chome C. sach] vannd a. 2. triutinne] praunnhildenn a. er do a. 4. vil *fehlt* a.

861 Ca 4. hietestu vbele a.

862 Ca 1. treit] tratt a. mînen gürtil] denn portenn mein a. den lang ich verlorn a. 2. vingerll a. auwe das ich gepornn a. 3. du werest mich a.

863 Ca 1. in *fehlt* a. 2. sich des a. er] mann a. 4. chomenn so a. zehant *fehlt* a.

864 Ca 2. er west nicht vmb die märe a. 3. waz *fehlt* a. bechant a.

865 Ca 3. dich gruemet des a. 4. frowe C. daz fraue kchreimhild hat gesprochenn a.

866 Dô sprach der herre Sîvrit: ‘und hât si daz geseit, 858
ê daz ich erwinde,   ez sol ir werden leit, (801)
und wil dir daz enpfüeren   vor allen dînen man
mit mînen hôhen eiden,   daz ichs ir niht gesaget hân.’

867 Dô sprach der künic von Rîne: ‘daz soltu lâzen sehen. 859
daz gerihte, daz du biutest,   und mac daz hie geschehen, (802)
aller valschen dinge   wil ich dich ledic lân.’
man hiez zuo zeime ringe   die stolzen Buregonde gân.

868 Sîvrit gein dem eide   hôhe bôt die hant. 860
dô sprach der künic rîche: ‘mir ist sô wol erkant (803)
iuwer grôz unschulde: ich wil iuch ledic lân,
des iuch mîn swester zîhet,   daz ir des nine habt getân.’

869 Dô sprach aber Sîvrit: ‘geniuzet es mîn wîp, 861
daz si sô hât betrüebet   den Prünhilde lîp, (804)
daz ist mir sicherlîchen   âne mâze leit.’
dô sâhen zuo ein ander   die guoten ritter gemeit.

870 ‘Man sol sô frouwen ziehen,’   sprach Sîvrit der degen, 862
‘daz si üppeclîche sprüche   lâzen under wegen. (805)
verbiut ez dîme wîbe,   der mînen tuon ich sam:
ir grôzen unfuoge   ich mich wærlîchen scham.’

871 Mit rede was gescheiden   manic schœne wîp. 863
dô trûret alsô sêre   der Prünhilde lîp, (806)
daz ez erbarmen muose   die Guntheres man.
dô kom von Tronege Hagene   zuo sîner frouwen gegân.

872 Er vrâgte, waz ir wære: weinende er si vant. 864
dô sagtes im diu mære.   er lobt ir sâ zehant, (807)
daz ez erarnen müese   der Kriemhilde man,
oder ern wolde nimmer   dar umbe vrœlîch gestân.

873 Zuo der rede kom Ortwîn   und ouch Gêrnôt, 865
dâ die helde rieten   den Sîvrides tôt. (808)
dar zuo kom ouch Gîselher,   der edeln Uoten kint.
dô er ir rede gehôrte,   er sprach vil güetlîchen sint:

874 ‘Owê, ir guoten knehte,   warumbe tuot ir daz? 866
jâne gediente Sîvrit   nie alsolhen haz, (809)
daz er darumbe solde   verliesen sînen lîp.
jâ ist es harte lîhte,   darumbe zürnent diu wîp.’

875 'Suln wir gouche ziehen?' sprach aber Hagene. 867
'des habent lützil êre sô guote degene. (810)
daz er sich hât gerüemet der lieben frouwen mîn,
darumbe wil ich sterben, ez engê im an daz leben sîn.'

876 Dô sprach der künic Gunther: 'ern hât uns niht getân 868
wan getriuwer dienste: man sol in leben lân. (811)
waz toug, ob wir dem degene wæren nu gehaz?
er was uns ie getriuwe und tet vil willeclîche daz.'

877 Dô sprach ûzer Mezzen der degen Ortwîn: 869
'jâne kan in niht gehelfen diu grôze sterke sîn. (812)
erloubt mirz mîn herre, ez muoz im werden leit.'
dô heten im die degene âne schulde widerseit.

878 Dô liezen siz belîben: spilen man dô sach. 871
hey, waz man starker schefte vor dem münster brach (814)
vor Sîvrides wîbe al zuo dem sale dan!
dô wurden in unmuote genuoge Guntheres man.

---

866 Ca 2. wesenn a. 3. daz *fehlt* a. mannenn a. 4. nie a.
867 Ca 1. von] vom a. sechenn lassen a. 3. valscen C. 3a: der ualschenn dingenn a. 4. hiez *fehlt* a. stann a.
868 Ca 2. rîche] Gunnther a. 2b: mir ist eur vnschuld wolbechannt a. 3: die wil ich euch ledig lann a. 4b: das ir nie habt getann a.
869 Ca 2. sô *fehlt* a. getruebt a. der praunnhildenn mut a. 3. massenn a. 4. sassenn a. die ritter wollgetann a.
870 Ca 2. vnpilleich sprechenn a. 3. verwurkcht ez dein weib a. 4. vngefuege a. wærlîchen *fehlt* a. scam C.
871 Ca 1. die rede was geschehenn a. 2. traurent a. alsô] so a. 3. Gunth^{s}s C. des gunnthers mann a. 4. gegân] begann a.
872 Ca 1. frag a. wainenn a. 2. sâ] so a. 3. erarmenn a. 4. ern] er a. froleich darumb stann a.
873 Ca 2. den] des a. 3. ouch *fehlt* a. 4. vernam die rede a. vil *fehlt* a. sint *fehlt* a.
874 Ca 2. jâne] ia a. solichenn a. 4. czuernnt a.
875 Ca 1. Vnd sullenn a. aber *fehlt* a. 4. engê] ge a.
876 Ca 1. ern] er a. 3. wærn C, warn a. gehassig a. 4. getriuwe] mit treuenn pei a. guetleich a.
877 Ca 1. ûzer Mezzen] aussermessenn a. 2. Ja enchan a. 3. erlovbt C. erlaubet mir a. 4. dô heten] dez a.
878 Ca 1. liessens si ezz a. 2. schafft a. 4. Gunth^{s}s C. do giengenn Inn wurmis uil der gunnthers mann a.

879 Sîn gevolgete niemen,   niwan daz Hagene 870
riet alle zîte   Gunther dem degene, (813)
ob Sîvrit niht enlebete,   sô wurde in undertân
vil der künige lande.   der helt dô trûren began.

880 Er sprach: ‘nu lât belîben   den mortlîchen zorn. 872
er ist uns ze sælden   und zen êren geborn; (815)
ouch ist sô grimme küene   der vil starke man:
ob er sîn innen wurde,   sône torst in niemen bestân.’

881 ‘Nein ich,’ sprach dô Hagene,   ‘ir mugt wol stille dagen: 873
ich kanz heinlîche   wol alsô an getragen, (816)
daz Prünhilde weinen   sol im werden leit.
jâ muoz im von Hagene   immer wesen widerseit.’

882 Dô sprach der künic Gunther: ‘wie möhte daz ergân?’ 874
des antwurt im Hagene: ‘ich wilz iuch hœren lân: (817)
wir heizen boten rîten   zuo zuns in daz lant
widersagen offenlîche,   die hie niemen sîn bekant.

883 Sô jehet vor den gesten,   daz ir und iuwer man 875
wellet herverten.   alsô daz ist getân, (818)
sô lobt er iu die reise: des vliuset er den lîp.
dâ man in mac verhouwen,   diu mære saget mir sîn wîp.’

884 Der künic gevolget übele   Hagene sînem man. 876
vil michel untriuwe   begunden tragen an, (819)
ê iemen daz erfunde,   die recken ûz erkorn.
von zweier frouwen bâgen   wart vil der degene verlorn.

XV

Âventiure wie ze Wormze widersaget wart.

885 An dem vierden morgen   zwên und drîzec man   877
sach man ze hove rîten.   dô wart ez kunt getân   (820)
Gunther dem vil rîchen,   im wære widerseit.
von lüge erstuonden frouwen   diu aller grœzisten leit.

886 Urloup si gewunnen,   si solden für gân,   878
und jâhen, daz si wæren   die Liudegêres man,   (821)
den ê dâ het betwungen   diu Sîvrides hant
und in ze gîsel brâhte   in daz Guntheres lant.

887 Die boten er dô gruozte   und hiez si sitzen gân.   879
ir einer sprach dar under: 'herre, lât uns stân,   (822)
unz wir sagen diu mære,   diu iu enboten sint.
jâ habt ir ze vînde,   daz wizzet, manic muoter kint.

888 Iu widersagt Liudegast   unde Liudegêr,   880
den ir dâ wîlen tâtent   diu gremlîchen sêr: (823)
die wellent zuo ziu rîten   mit her in ditze lant.'
dô begunde zurnen Gunther,   als ob ez wære im unbekant.

---

879 Ca 1. si voligtenn niemant dann Hagenn a. 2. allczeit gunnthernn a. 3. wrde C, wurde a. in] im a. 4. chunigk lannt a.
880 Ca 1. nu] ir a. 2. zue den Saldenn a. zue denn Erenn a. 3. sô] uill a. der] wider a. 4. wrde C, wurde a. so entorste a.
881 Ca 1. ich *fehlt* a. 2. ich chan es wol haimleich an getragenn a. 3. sol im woll a.
882 Ca 1. der *fehlt* a. 2. wil a. lân *fehlt* a. 3. zue vns a. 4. erchannt sein a.
883 Ca 1. iehennt a. 3. iu] in C. lob er inn a.
884 Ca 1. Der künic *fehlt* a. 3. ê *fehlt* a. eruannde a. die recken *fehlt* a. 4. bâgen] wegenn a.

Überschrift: wart *fehlt* C. Auennteur wie widersagte luedegast vnd luediger vonn praunnhildenn lüge auf Seiurides tode a.
885 Ca 1. An] Inn a. czbenn vnd uierczig a. 2. man *fehlt* a. 3: dem chunig Gunnther dem war widersait a. 4. vonn frauenn lug erstundenn a.
886 Ca 2. die] des a. Livdegers Ca. 3. dâ *fehlt* a. diu] des a. 4. daz] des a. Gunth^{s}s C, gunnthers a.
887 Ca 1. hiez *fehlt* a. 3. wir] wir euch a. 4. daz wizzet *fehlt* a.
888 Ca 2. tatet a. diu] uill a. 3. ziu] euch a. mit *fehlt* a. 4. der chunig gunnther a. es im wär a.

889 Man hiez die trügenære zen herbergen varn. 881
wie kunde sich Sîvrit dô dâ vor bewarn, (824)
er oder ander iemen, daz si truogen an?
daz wart sider in selben ze grôzem leide getân.

890 Der künic mit sînen friunden rûnende gie: 882
Hagene von Tronege in nie geruowen lie. (825)
noch heten ez gescheiden genuoge skünigen man:
dône wolde Hagene nie des râtes abe gân.

891 Eines tages Sîvrit si rûnende vant. 883
dô begunde vrâgen der helt von Niderlant: (826)
'wie gêt sô trûreclîche dẹr künic und sîne man?
daz sol ich immer rechen, hât im iemen iht getân.'

892 Dô sprach der künic Gunther: 'mir ist von schulden leit: 884
Liudegast und Liudegêr di hânt mir widerseit. (827)
si wellent nu offenlîche rîten in mîn lant.'
dô sprach der degen küene: 'daz sol diu Sîvrides hant

893 Wol nâch iuwern êren mit vlîze understân. 885
jâ getuon ich den degenen, als ich hân ê getân: (828)
ich gelege in wüeste ir bürge und ouch ir lant,
ê daz ich erwinde; des sî mîn houbet iuwer pfant.

894 Ịr und iuwer recken, ir sult hie bestân, 886
und lât mich zuo zin rîten mit den und ich hie hân. (829)
daz ich iu gerne diene, daz lâz ich iuch gesehen.'
dô begunde im Gunther darumbe grôz genâde jehen.

895 Dô schicten si die reise mit den knehten dan: 888
Sîvride und sînen degenen ze sehen ez was getân. (831)
dô hiez er sich bereiten die von Niderlant.
die ûzerwelten degene die suohten strîtlîch gewant.

896 Dô sprach der herre Sîfrit: 'mîn vater Sigemunt, 889
ir sult hie belîben. ich kum in kurzer stunt, (832)
gît uns got gelücke, her wider an den Rîn.
ir sult bî dem künige hie vil vrœlîche sîn.'

897 Diu zeichen si an bunden, alsô si wolden dan. 890
dô wâren dâ genuoge Guntheres man, (833)
dine wessen niht der mære, wâ von ez was geschehen:
man mohte grôz gesinde dô bî Sîvride sehen.

898 Ir helm und ouch ir prünne   si bunden ûf diu marc. 891
dô wolde von dem lande   vil manic recke starc. (834)
dô gie von Tronege Hagene   dâ er Kriemhilde vant,
und bat im geben urloup: si wolden rûmen daz lant.

899 'Sô wol mich,' sprach dô Kriemhilt,   'daz ich ie gewan den man, 892
der mînen lieben friunden   sô tar vor gestân, (835)
alsô mîn herre Sîvrit   tuot den friunden mîn.
des muoz ich hôhes muotes,'   sprach diu küniginne, 'sîn.

900 Vil lieber friunt Hagene,   nu gedenket an daz, 893
daz ich iu gerne diene   und nie noch wart gehaz. (836)
des lâzet mich geniezen   an mînem lieben man:
ern sol des niht engelten,   hab ich Prünhilde iht getân.

901 Daz hât mich sît gerouwen,'   sprach daz edel wîp. 894
'ouch hât er sô zerblouwen   dar umbe mînen lîp. (837)
daz ich ie beswârte   ir mit rede den muot,
daz hât vil wol errochen   der helt küene unde guot.'

902 'Ir werdet wol gefriunde   her nâch disen tagen. 895
Kriemhilt, liebiu frouwe,   jâ sult ir mir sagen, (838)
wie ich iu müge gedienen   an Sîfride, iuwerm man.
daz tuon ich, frouwe, gerne: baz ichs niemen engan.'

---

889 Ca 1. ze herwerg a. 2. dauor Seiurid pewarnn a. 3. er *fehlt* a.
890 Ca 1. mannen vnd freuntenn a. gie] gan a. 2. geraunenn a. 3. gnuoge C. genueg des chuniges a. 4. abe stann a.
891 Ca 1. si] da a. raunenden a. 2. von] aus a. 3. sîne] sein a. 4. ich *fehlt* a. rechenn mein hannt a. vnd hatt a.
892 Ca 3. nu *fehlt* a. 4. küene] Seiurid a. diu] des a.
893 Ca 1. Wol *fehlt* a. 2. tuen a. e han a. 3. ir purge inn wueste a. 4. houbet *fehlt* a.
894 Ca 1. bestân] stille stann a. 2. zue inn a. und] die a. 3. sechenn a. 4. darumb grosse gnad a.
895 Ca 2. sein mann a. 3. er *fehlt* a. 4. ir stereitt gewanntt a.
896 Ca 3. vnd geit mir a. 4. bî] hie pei a. hie vil] vil a.
897 Ca 1. alsô] als a. 2. Gunth^{s} C, dez gunnthers a. 3. wann vonn a. 4. grosse gesinde a.
898 Ca
899 Ca 2. tar so a. 4. sîn *fehlt* a.
900 Ca 2. daz *fehlt* a. 3. an minen lieben C. 4. soltes niht a.
901 Ca 1. daz edel wîp] do kchreimhild a. 2. ouch hât er] er hatt a. denn leib mein a. 4. gerochenn a. der] seit der a.
902 Ca 1. gefreunndet a. 4. frouwe *fehlt* a. ich ez a. gan Ca.

903 'Ich wær ân alle sorge,' sprach daz edel wîp, 896
'daz im niemen næme in sturme sînen lîp, (839)
ob er niht volgen wolde sîner übermuot;
sô wær ouch immer sicher der helt küene unde guot.'

904 Dô sprach aber Hagene: 'frouwe, habt ir wân, 897
ob man in müge versnîden, ir sult mich wizzen lân, (840)
mit wie getânen listen ich daz sul understân:
ich wil im ze huote immer rîten unde gân.'

905 Si sprach: 'du bist mîn mâg, sam bin ich der dîn: 898
ich bevilhe dir mit triuwen den holden wine mîn, (841)
daz du mir behüetest den mînen lieben man.'
si seit im kundiu mære, daz bezzer wære verlân.

906 Si sprach: 'mîn man ist küene, dar zuo starc genuoc. 899
dô er den lintrachen an dem berge sluoc, (842)
dô batte sich in dem bluote der recke vil gemeit;
dâ von in sît in stürmen nie dehein wâfen versneit.

907 Idoch sô hân ich sorge, swenner in sturme stât 900
und vil der gêreschüzze von recken handen gât, (843)
daz ich dâ verliese den mînen lieben man.
hey, waz ich grôzer leide dicke umbe mînen friunt hân!

908 Ich meldez ûf genâde, vil lieber friunt, dir, 901
daz du dîne triuwe behaldest ane mir. (844)
dâ man dâ mac verhouwen den mînen lieben man,
daz lâz ich dich wol hœren: dêst ûf genâde getân.

909 Dô von des trachen wunden vlôz daz heize bluot 902
und sich dar inne badete der küene recke guot, (845)
dô gehafte im zwischen herten ein linden blat vil breit.
dâ mac man in verhouwen; des ist mir sorgen vil bereit.'

910 Dô sprach der ungetriuwe: 'ûf daz sîn gewant 903
næt ir ein kleinez zeichen mit iuwer selbes hant, (846)
wâ ich in sule behüeten, daz ich daz müge verstân.'
si wânden helt dô vristen: ez was ûf sînen tôt getân.

911 Si sprach: 'mit kleinen sîden næ ich ûf sîn gewant 904
ein tougenlîchez kriuze: dâ sol, helt, dîn hant (847)
den mînen man behüeten, sôz an die herte gât,
und er in starken stürmen vor sînen vîanden stât.'

912 ‘Daz tuon ich,’ sprach dô Hagene, ‘vil liebiu frouwe mîn.’ 905
dô wânde ouch des diu frouwe, ez solde ir frum sîn; (848)
dâ mite was verrâten der vil küene man.
urloup nam dô Hagene: dô gie er vrœlîche dan.

913 Daz er revarn hête bat im sîn herre sagen.
‘muget ir die reise wenden, sô suln wir rîten jagen.
ich hân nu gar diu mære, wie ich in gewinnen sol.
muget ir nu daz gefüegen?’ ‘daz tuon ich,’ sprach der künic, ‘wol.’

914 Des küniges ingesinde was allez wol gemuot. 906
ich wæn, immer recken deheiner mêr getuot (849)
sô grôzer meinræte, sô von im ergie,
dô sich an sîne triuwe Kriemhilt diu küniginne verlie.

915 An dem dritten morgen mit tûsint sîner man 907
reit der herre Sîvrit vrœlîche dan. (850)
er wânde, er solde rechen sîner friunde leit.
Hagene im reit sô nâhen, daz er geschouwet diu kleit.

916 Als er gesach das pilde, dô schicter tougen dan, 908
die sagten ander mære, zwêne sîner man, (851)
daz vride haben solde Guntheres lant:
si het der herre Liudegêr zuo dem künige gesant.

---

903 Ca 1. ân *fehlt* C. alleu a. daz edel wîp] da kchreimhild a. 3. sîner] seinem a. 4. küene] schon a.
904 Ca 1. ir] ir icht a. 2. versenden C, versern a.
905 Ca 2. holden wine] liebenn wirt a. 3: *fehlt* a.
906 Ca 1. vnd darczue a. 2. erslug a. 3. padet a. 4. *das erste* in] im a. stvremen C, stuerm a. nie dehein] chain a.
907 Ca 1. sô *fehlt* a. swenner] so er a. 4b: vmb meinen liebenn freunnde ich hann a.
908 Ca 2. wrhalten wellest a. 4. lsse a. hŏre C. dich wissenn a. dêst] das ist a.
909 Ca 3. bebhaft a. herczen a. 4. das ist mein sarige aller maist a.
910 Ca 2. nêt C, naet a. ir *fehlt* a. iuwer] eurs a. 4. wannt denn rekchen a.
911 Ca 3a: behuetten meinen liebenn mann a.
912 Ca 2. des *fehlt* a. 3. was] wart a.
913 Ca 1. was er eruarenn het a. im] in a. fragenn a. 2. jagenn reittenn a. 3. nv *aus* iv *verbessert* C. 4. nu *fehlt* a. gefuͤge C.
914 Ca 1. was do alles a. 2. chainer me getet a. 3. naintät a. sô] sam a.
915 Ca 1. manne a. 3. wande solde C. 3a: er wannt er solt freunnt ubenn Im hann es wan[s] a. 4. sein tod veint hagenn rait a.
916 Ca 1. do er sach a. 3. Gunth[s]s C, gunnthers a. 4. herre *fehlt* a.

917 Wie ungerne Sîvrit dô hin wider reit, 909
ern getætes küniges vînden eteslîchiu leit! (852)
wande in vil kûme erwanden die Guntheres man.
dô reit er zuo dem künige: der wirt im danken began.

918 'Nu lôn iu got des willen, friunt Sîvrit, 910
daz ir sô willeclîchen tuot des ich iuch bit: (853)
daz sol ich immer dienen, als ich von rehte sol.
vor allen mînen friunden sô getrouwe ich iu wol.

919 Nu wir der hereverte ledic worden sîn, 911
sô wil ich jagen rîten von Wormez über den Rîn, (854)
und wil kurzewîle zem Otenwalde hân,
jagen mit den hunden, als ich vil dicke hân getân.

920 Allen mînen gesten den sol man daz sagen, 912
daz ich vil fruo rîte: die mit mir wellen jagen, (855)
daz si sich bereiten; die hie wellen bestân
höfschen mit den frouwen, daz sî mir liebe getân.'

921 Dô sprach der herre Sîvrit in hêrlîchem site: 913
'swenne ir jagen rîtet, dâ wil ich gerne mite. (856)
sô sult ir mir lîhen einen suochman
und eteslîchen bracken: sô rîte ich mit iu in den tan.'

922 'Bedurfet ir niht wan eines?' sprach der künic zehant. 914
'ich lîhiu, welt ir, viere, den wol ist bekant (857)
der walt und ouch die stîge, swâ diu tier hine gânt,
die iuch urwîse nâch uns rîten niht enlânt.'

923 Dô die vil ungetriuwen ûf geleiten sînen tôt,
si wistenz al gemeine: Gîselher und Gêrnôt
wolden niht jagen rîten. ine weiz durch welhen nît,
daz si in niht enwarnden: idoch erarneten siz sît.

XVI

Âventiure wie Sîvrit ermort wart.

924 Gunther unde Hagene,   die recken vil balt,   916
lobten mit untriuwen   ein pirsen in den walt.   (859)
mit ir scharpfen gêren   si wolden jagen swîn,
pern unde wisende.   waz mohte küeners gesîn?

925 Dâ mite reit ouch Sîvrit   in vrœlîchem site.   917
herrenlîche spîse   die fuorte man in mite.   (860)
zeinem kalten brunnen   nâmens im den lîp.
daz het gerâten Prünhilt,   des künic Guntheres wîp.

926 Dô gie der degen küene   dâ er Kriemhilde vant.   918
ez was nu ûf gesoumet   sîn edel pirsgewant   (861)
und ander der gesellen: si wolden über Rîn.
dône dorfte Kriemhilde   leider nimmer gesîn.

927 Die sînen triutinne   die kuster an den munt: 919
'got lâze mich dich, frouwe,   gesehen noch gesunt,   (862)
und mich diu dînen ougen.   mit holden mâgen dîn
soltu kurzwîlen: ine mac hie heime niht gesîn.'

---

917 Ca 2. er getat des a. etleichen a. 3. Gunth^{s}s C, gunnthers a. man] nam a.
918 Ca 2. bite C. 3. daz will immer a.
919 Ca 2. vber Rein a.
920 Ca 2. frue reittenn a. 3. stann a. 4a: *fehlt* a. 4. daz] da C.
921 Ca 2. jagenn reittenn wellet a.
922 Ca 1. niht wan] niht C. icht ains prak a. der chunig zehann sprach a. 2. ich lîhiu *fehlt* a. 3. tiere C. wahin die tier gannt a. 4. gar vnweise a. nach reittenn nicht enwant a.
923 Ca 2. alle emain a. 3. si wolden a. ich enwais a. 4. in *fehlt* a. en warenden C, enwarden a. 4b: iedoch es seit a.

924 Ca 4. wisenden a.
925 Ca 1. damit rait der auch a. froleichenn sitenn a. 2. herleicheu peis a. mite] nach a. 3. zu einem a. 4b: *fehlt* a.
926 Ca 1. degene C. 2. nu *fehlt* a. 3. der] sein a. 4. do pedarft a. nimmer] nichtt a.
927 Ca 1. trauttenn a. 2. fraue dich a. 3. dîn *fehlt* a. 4. ich enmag nicht an haim gesein a.

928 Dô gedâhtes an diu mære (sine torst ir niht gesagen), 920
dâ von si Hagene ê vrâgte. dô begunde klagen (863)
diu edele küniginne, daz si ie gewan den lîp.
dô weinte âne mâze des küenen Sîvrides wîp.

929 Si sprach zuo dem recken: 'lât iuwer jagen sîn. 921
mir troumte hînte leide, wie iuch zwei wildiu swîn (864)
jagten über heide: dâ wurden bluomen rôt.
daz ich sô sêre weine, daz tuot mir armem wîbe nôt.

930 Jâ fürhte ich, herre Sîvrit, eteslîchen rât, 922
ob man der deheinen missedienet hât, (865)
die uns gefüegen kunnen eteslîchen haz.
belîbet, herre Sîvrit, mit triuwen râte ich iu daz.'

931 Er sprach: 'liebiu frouwe, ich kum in kurzen tagen. 923
ine weiz hie niht der vînde, die uns iht hazzes tragen. (866)
alle dîne mâge sint mir gemeine holt:
ouch enhân ich an den degenen hie niht anders verscholt.'

932 'Neinâ, herre Sîvrit, jâ vürht ich dînen val. 924
mir troumte hînte leide, wie ob dir ze tal (867)
vielen zwêne berge: ich ensach dich nimmer mê.
wiltu nu von mir scheiden, daz tuot mir inneclîchen wê.'

933 Er umbevie mit armen daz tugende rîche wîp; 925
mit minneclîchem küssen trût er ir schœnen lîp. (868)
mit urloube er dannen schiet in kurzer stunt.
sine gesach in leider dar nâch nimmer mêr gesunt.

934 Dô riten si von dannen in einen tiefen walt 926
durch kurzewîle willen. vil manic degen balt (869)
riten mit dem wirte. man fuort ouch mit in dan
vil der edeln spîse, die di helede solden hân.

935 Geladen vil der rosse kom vor in über Rîn, 927
die den jegeren truogen brôt unde wîn, (870)
vleisch unde vische und anders manigen rât,
den ein künic sô rîche harte billîchen hât.

936 Si hiezen herbergen für den grüenen walt 928
gêns wildes abeloufe, die stolzen jägere balt, (871)
dâ si dâ jagen solden, ûf einen wert vil breit.
dô kom der herre Sîvrit: daz wart dem künige geseit.

937 Von den jagtgesellen   wurden gar bestân 929
die warte an allen enden.   dô sprach der küene man, (872)
Sîvrit der starke: 'wer sol uns durch den walt
wîsen vor den bergen,   ir recken küen unde balt?'

938 'Jâ müezen wir uns scheiden,'   sprach dô Hagene, 930
'ê daz wir beginnen   hie ze jagene. (873)
dâ bî wir bekennen,   ich und der herre mîn,
wer die besten jägere   an dirre waltreise sîn.

939 Liut und ouch gehünde   wir suln teilen gar: 931
sô kêr ieslîcher   swar er gerne var. (874)
der danne jage daz beste,   des sage man im danc.'
dô wart ir bîten   niht zen herbergen lanc.

940 Dô sprach der herre Sîvrit: 'ich hân der hunde rât, 932
niwan einen bracken,   der sô genozzen hât, (875)
daz er die verte erkenne   der tiere durch den tan.'
dô schuof der künic Gunther   zuo zim den er wolde hân.

---

928 Ca 1. gedacht a. 2. ê *fehlt* a.
929 Ca 3. iagent C, jagenn a. wurdenn si pluemenn a. 4. armenn a.
930 Ca 1. herre Sîvrit *fehlt* a. etleichenn (*so öfter*) a. 3. eteslichēz C, etleichen a. 4. ich euch das ratt a.
931 Ca 1. Er sprach *fehlt* a. 2. ine] ich a. iht *fehlt* a. 4. hann a. hie *fehlt* a.
932 Ca 1. nain a. herre *fehlt* a. jâ] ich a. 2. leide] paid a. 3. gesach a. nimmermer a. 4. von *fehlt* C. daz] da a. minnchleich a.
933 Ca 2. minnichleichenn a. 4. sine] si a.
934 Ca 1. tiefen] *fehlt* C, grossenn a. 2. willen *fehlt* a.
935 Ca 1. chomenn vor inn an denn Rein a. 2–4: *fehlt* a. 4. billechin C.
936 Ca 2: *fehlt* C. 2–4: da si da iagenn soldenn di werdenn ritter dar chomenn der herre Seifrid zue dem chunig sprach si wurdenn seiner chunnft all fro vnd gemait a.
937 Ca 1. den] dem C. 2. an] inn a. 2b *und* 3a: do sprach der herre Seifreid a.
938 Ca 2. hie weginnen ze iagenn a. 4: wer ann diser raise der pest muge gesein a.
939 Ca 1. die hunnd a. 2b: wo er hin will oder far a. 3. jage *fehlt* a. 3b: da man von im dankch a. 4. dô] danne a. 4b: ze denn pergenn nicht zelankch a.
940 Ca 2. niwan] nur wenn a. 3. die verte erkenne] fert erchennenn a. 4. zim] im a.

941 Dô nam ein jägermeister   einen guoten spürhunt: 933
er brâhte den herren   in einer kurzen stunt (876)
dâ si vil tiere funden.   swaz der von legere stuont,
die erjageten die gesellen,   sô noch guote jägere tuont.

942 Swaz ir der bracke ersprancte,   die sluoc mit sîner hant 934
Sîvrit der vil küene,   der helt ûz Niderlant. (877)
sîn ros daz lief sô sêre,   daz ir im niht entran.
daz lop an dem gejägede   er vor in allen dâ gewan.

943 Er was an allen dingen   biderbe genuoc: 935
sîn tier was daz êrste,   daz er ze tôde sluoc, (878)
ein vil starkez halpful   mit der sînen hant.
dar nâch er harte schiere   einen grimmen lewen vant.

944 Dô der wart ersprenget,   den schôz er mit dem bogen; 936
eine scharpfe strâlen   het er dar in gezogen: (879)
der lewe lief nâch dem schuzze   wan drîer sprünge lanc.
die sînen jagtgesellen   die sagten Sîvride danc.

945 Dar nâch sluoger schiere   einen wisent und einen elch, 937
starker ûre viere   und einen grimmen schelch. (880)
sîn ros truog in sô balde,   daz ir im niht entran:
hirz oder hinden   kund im wênic iht engân.

946 Einen eber grôzen   den sach der spürehunt. 938
als er begunde vliehen,   dô kom an der stunt (881)
des selben gejägedes meister,   der bestuont in ûf der slâ.
daz swîn vil zorniclîche   lief an den küenen recken sâ.

947 Dô sluoc in mit dem swerte   der Kriemhilde man: 939
ez hete ein ander jägere   sô sanfte niht getân. (882)
dô er in het ervellet,   man vie den spürehunt.
dô wart sîn jagt daz rîche   wol den Buregonden kunt.

948 Dô sprâchen sîne jägere: 'magez mit hulden wesen, 940
sô lât uns, herre Sîvrit,   der tier ein teil genesen:
ir tuot uns hiute lære   den berc und ouch den walt.'
des begunde smielen   der degen küene unde balt.

949 Dô hôrtens allenthalben   ludem unde dôz. 941
von liuten und ouch von hunden   der schal was sô grôz, (883)
daz in dâ von antwurte   berge und ouch der tan.
vier und drîzec ruore   die jägere hêten verlân.

950 Dô muose vil der tiere verliesen dâ daz leben. 942
dô wânden si daz füegen, daz man in müeste geben (884)
den prîs an dem gejägede: des enkunde niht geschehen,
dô der starke Sîvrit wart zer viuwerstete gesehen.

951 Daz pirsen was ergangen, und idoch niht gar. 943
die zem viuwer wolden di brâhten mit in dar (885)
vil maniger hande tiere und wildes genuoc.
hey, waz man des zer kuchen des küniges ingesinde truoc!

952 Dô hiez der künic künden den jägern ûz erkorn, 944
daz er enbîzen wolde. dô wart vil lût ein horn (886)
zeiner stunt geblâsen: dâ mit in wart erkant,
daz man den fürsten edele dâ zen herbergen vant.

953 Ein Sîvrides jägere sprach: 'ich hân vernomen 945
von eines hornes duzze, daz wir nu suln komen
zuo den herbergen: antwurten ich des wil.'
dô wart nâch den jägeren gevrâget blâsende vil.

954 Dô sprach der herre Sîvrit: 'nu rûmen ouch wir den tan!' 946
sîn ros daz truogin ebene: si îlten mit im dan. (887)
si ersprancten mit ir schalle ein tier vil gremilîch,
daz was ein ber wilde. dô sprach der degen hinder sich:

---

941 Ca 1. ein] er einen Ca. vnd ainenn a. 2. er] der a. 4. *das erste* die] do a. er iagennt a.
942 Ca 1. ersprannkch a. slueg er mit a. 3. daz lief] lof a. ir] er a. 4. das lob er an dem iagen vor a. dâ *fehlt* a.
943 Ca 2. tyere C. daz êrste *fehlt* a. erslueg a. 3. halpfẘl C, halphul a. 4: Darnach er vannt einenn grimmen lebenn a.
944 Ca 2. ain scharf stral a.
945 Ca 1. vñ elch C. 2. starkch a. ûre viere *fehlt* a. 3. sô *fehlt* a. ir] er a. 4. hiersch und a. chunndenn im wenig entrinnen a.
946 Ca 1. ebyr C. 2. an der] er ze a. 4. den] der a.
947 Ca 2. ez enhiet a. sanfte] sonnst a. 3. het *fehlt* a. gevellet a. 4. iagenn a. daz rîche *fehlt* a. wol] vil woll wart a.
948 Ca 1. sprach sein a. 2. tyer ein C, *fehlt* a. 4. lachenn a.
949 Ca 1. ludem] vonn bildenn a. dôz *fehlt* a. 2. ouch *fehlt* a. 3. berg a. die tall a. 4. ruore] rue a. verlân] getann a.
950 Ca 1. dâ *fehlt* a. 3. geiaide a. en *fehlt* a. 4: *fehlt* a.
951 Ca 1. doch a. 2. die *fehlt* a. ze dem a. 4. chuchelnn a.
952 Ca 2. dô wart] das was a. 3. wart in bechant a. 4. edelnn a.
953 Ca 1. Ein *fehlt* a. 2. dozze a.
954 Ca 1. rum auch a. 2. daz *fehlt* a. mit inn a. 3. grimleich a. 4. wilde] will a.

955 'Welt ir uns hergesellen   kurzewîle wern, 947
den bracken sult ir lâzen: jâ sih ich einen bern, (888)
der sol zen herbergen   mit uns hinnen varn.
swie übele er gebâre,   ern kan sihs nimmer bewarn.'

956 Der bracke wart verlâzen,   der ber spranc von dan. 948
dô wolde in errîten   der Kriemhilde man. (889)
er kom in ein gevelle: dône kundes niht wesen.
daz starke tier dô wânde   vor dem jägere genesen.

957 Dô spranc von sînem rosse   der stolze ritter guot. 949
er begunde laufen sêre: daz tier was unbehuot, (890)
ez enkunde im niht entrinnen.   dô vienger ez zehant;
âne aller slahte wunden   der helt ez schiere gebant.

958 Kratzen noch gebîzen   kundez niht den man: 950
er bandez zuo dem satele.   gewalteclîchen dan (891)
brâht erz an die fiurstat   durch sînen hôhen muot
zeiner kurzwîle,   der recke küene unde guot.

959 Wie rehte weigerlîche   er zen herbergen reit! 951
sîn gêr was vil michel,   starc unde breit. (892)
im hieng ein starkez wâfen   nider an den sporn.
von vil rôtem golde   fuorter ein hêrlîchez horn.

960 Von bezzerm birsgewæte   gehôrt ir nie gesagen. 952
einen roc von swarzem pfellel   den sach man in tragen, (893)
und einen huot von zobele,   der rîche was genuoc.
hey, waz er guoter porten   an sînem kochære truoc!

961 Ein hût von einem pantel   dar über was gezogen 953
durch rîcheite und durch süeze.   ouch fuorter einen bogen, (894)
den man ziehen muose   mit antwerke dan,
der in spannen solde,   ern hete iz selbe getân.

962 Von einer ludemes hiute   was allez sîn gewant. 954
von houpte unz an daz ende   gestreut man drûfe vant. (895)
ûz der liehten riuhe   vil manic goldes zein
ze beiden sînen sîten   dem küenen jägermeister schein.

963 Ouch fuorter Palmungen,   ein ziere wâfen breit, 955
sô starc und ouch sô scherpfe.   wie vreislîch ez sneit, (896)
swâ man ez sluoc ûf helme!   sîn ecke wâren guot.
der hêrlîche jägere   der was vil hôhgemuot.

964 Sît daz ich iuch der mære   gar bescheiden sol,   956
im was sîn guot kocher   vil guoter strâlen vol,   (897)
mit guldînen tüllen,   diu sahs wol spannen breit.
ez muose bald ersterben,   swaz er mit schiezen versneit.

965 Dô reit der ritter edele   vil weidenlîchen dan.   957
in sâhen zuo zin kumende   die Guntheres man.   (898)
si liefen im engegene   und enpfiengen im daz marc.
dô fuorter bî dem satele   einen bern grôz unde starc.

966 Als er gestuont von rosse,   dô lôster im diu bant   958
von füezen und von munde.   dô erlûtte dâ zehant   (899)
vil grôze daz gehünde,   swaz des den bern sach.
daz tier ze walde wolde: die liute heten ungemach.

967 Der ber von dem schalle   durch die kuchen geriet: 959
hey, waz er kuchenknehte   von dem fiure schiet!   (900)
vil kezzil wart gerüeret,   zerfüeret manic brant.
hey, waz man guoter spîse   in der aschen ligen vant!

968 Dô sprungen von dem sedele   die herren und ir man.   960
der ber begunde zürnen: der künic hiez dô lân   (901)
allez daz gehünde,   daz an seilen lac.
wær iz wol verendet,   si heten vrœlîchen tac.

---

955 Ca 3. hinnen *fehlt* a. 4. er wäre a. er chunnd a.
956 Ca 1. war a. 3. do enchunnde es a. 4. dô wânde] das enwannd a. den iägern a.
957 Ca 1. dem seinen örsch a. 2. tyere C. 4. schiere gebant] pannt a.
958 Ca 1. peissenn a. 3. zue der a. 4. ze ainer a.
959 Ca 1. herleichenn a. ze herwerge a. 2. Gere Ca. vil *fehlt* a. 3. hienge C. scharfes a. hin nider a. den] die a. 4. er *fehlt* a.
960 Ca 1. piers gebannt a. hort a. sagenn a. 2. phellannt a. 3. huot] rokch a. der was reich a. 4: *fehlt* a.
961 Ca 1. einenn huet a. vonn vonn a. 2. fuer er a. 4. selbe nicht a.
962 Ca 1. vonn ludmes haut a. 2. gestreute C, gestraut a. darauf a. 3. ausser liehten rück a. maniges a.
963 Ca 2a: starch vnd auch scharf a. 3. warn C. 4. hereliche C. 4b: was stolcz vnd hochgemuet a.
964 Ca 1. iuch *fehlt* a. 2. guot] edel a. 2b: mit strall uol a. 3. tüllen *fehlt* a. 4. palde sterbenn a.
965 Ca 2. zue inn chomenn a. Gunth^{s}s C, gunnthers a.
966 Ca 1. Als] do a. vonn dem a. 4. laut a.
967 Ca 1. die kuchen] chucheln a. 2. er] der a. chuchelchnecht a. 3. zerfüeret *fehlt* a. 4. der *fehlt* a.
968 Ca 1. den sidel a. vnd auch ir a. 3. lac] stuennde a. 4. vnd wär es a.

969 Mit bogen und mit spiezen,   niht langer man daz lie,   961
dô liefen dar die snellen,   dâ der ber gie.   (902)
sô vil was der hunde,   daz dâ niemen schôz.
von dem grôzen schalle   beidiu berc und walt erdôz.

970 Der ber begunde vliehen   vor den hunden dan;   962
im enkunde niht gevolgen   wan Kriemhilde man.   (903)
der erliefen mit dem swerte,   ze tôde er in dô sluoc.
hin wider zuo der kuchen   man den bern sider truoc.

971 Dô sprâchen die daz sâhen,   er wær ein kreftic man.   963
die stolzen jagtgesellen   hiez man zen tischen gân: (904)
ûf einen schœnen anger   saz ir dâ genuoc.
waz man dô rîcher spîse   den jagtgesellen dar truoc!

972 Die schenken kômen seine,   die tragen solden wîn.   964
ez enkunde baz gedienet   nimmer heleden sîn: (905)
heten si dar under   niht sô valschen muot,
sô wæren wol die degene   vor allen schanden behuot.

973 Dône hete niht der sinne   der küene veige man,
daz er sich ir untriuwe   kunde hân verstân:
er was in ganzen tugenden   alles valsches blôz.
sîns sterbens muose engelten   sît der sîn nie niht genôz.

974 Dô sprach der herre Sîvrit: 'wunder mich des hât,   965
sît man uns von der kuchen   gît sô manigen rât,   (906)
durch waz uns die schenken   bringen niht den wîn.
man enpflege baz der jägere,   ine wil niht jagtgeselle sîn.

975 Ich hete wol gedienet,   daz man mîn næme war.'   966
der künic ob dem tische   sprach in valsche dar: (907)
'man solz iu gerne büezen   swes wir gebresten hân.
wir sîn von Hagenen schulde   hiut âne trinken bestân.'

976 Dô sprach der von Tronege: 'vil lieber herre mîn,   967
ich wânde, daz diz pirsen   hiute solde sîn   (908)
dâ zem Spehtsharte: den wîn-den sande ich dar.
sîn wir hie ungetrunken,   wie wol ihz immer mêr bewar!'

977 Dô sprach der herre Sîvrit: 'ir lîp der habe undanc.   968
man solde mir siben soume   wîn und lûtertranc   (909)
haben her gefüeret.   dô des niht mohte sîn,
dô solde man uns nâher   hân gesidelt an den Rîn.'

978 Dô sprach aber Hagene: 'ir edeln ritter balt, 969
ich weiz hie vil nâhen einen brunnen, der ist kalt (910)
(daz ir niht enzürnet): dâ suln wir hine gân.'
der rât wart manigem degene ze grôzen sorgen getân.

979 Den helt von Niderlanden dwanc des durstes nôt. 970
den tisch er deste zîter rucken dan gebôt: (911)
er wolde für die berge zuo dem brunnen gân.
dô was der rât mit meine von den degenen getân.

980 Diu tier man hiez ûf wägenen füeren in daz lant, 971
diu dâ verhouwen hête diu Sîvrides hant. (912)
man jach im grôzer êren swer ez ie gesach.
Gunther sîne triuwe vaste an Sîvride brach.

981 Dô si dannen wolden zuo der linden breit, 972
dô sprach aber Hagene: 'mir ist dicke daz geseit, (913)
daz niht gevolgen kunne dem Kriemhilde man,
swenner wolde gâhen: hey, wolder uns daz sehen lân!'

---

969 Ca 1. Mit degenn a. daz] da a. 4. gro (*am Ende des Blattes*) C. und] vnd auch der a.
970 Ca 2. chunnde a. 3. do erlief er es a. 4. zuo der kuchen *fehlt* a. sider *fehlt* a.
971 Ca 2. jagtgesellen] jager gesellenn a. zue dem tische a. 4. Jägern gesellenn mann a.
972 Ca 4. allenn schadenn a.
973 Ca 1. veige] frei a. 2. vntreuenn a. 4. sterbes C, sterbenns a. muestenn a. niht *fehlt* a.
974 Ca 1. gewundert a. 2. chuchelnn a. 4. jag gesell a.
975 Ca 2b: do sprach der falsch a. 3. mann euch soll gern a. 4. Hagene C, Hagenn a. schuldenn a.
976 Ca 3. dâ zem] dacz zem a. denn wein sannt a. 4. seit wir a.
977 Ca 1. ir leib hab a. 2. mir *fehlt* a. luttertranc C. wein langst getrunnkchenn habenn a. 3a: *fehlt* a. 3. des] das a. 4. nahen a.
978 Ca 2. weiz hie *fehlt* a. 3. czuernct a. 4. uil manigenn degenn a.
979 Ca 2. dem a. tische C. rukte pot er danne a. 4. mit gemain a. von dem dem degen a.
980 Ca 1. hies man a. furten a. 2. verhouwen hête] verhauet a. diu] des a. 3. im *fehlt* a. wer es ersach a.
981 Ca 1. si nu a. 2. daz *fehlt* a. 4. wolde vns C, wold er vns a.

982 Dô sprach von Niderlanden   der herre Sîvrit: 973
'ir mugt ez wol versuochen,   welt ir mir loufen mit (914)
ze wette zuo dem brunnen.   sô daz sî getân,
der sol hân gewunnen,   den man siht ze vorderst stân.'

983 'Nu welle ouch wirz versuochen,'   sprach Hagene der degen. 974
dô sprach der starke Sîvrit: 'sô wil ich mich legen (915)
für die iuwern füeze   nider an daz gras.'
dô Gunther daz gehôrte,   hey, wie lieb im daz was!

984 Dô sprach der degen küene: 'ich wil iu mêre sagen: 975
allez mîn gewæte   wil ich an mir tragen, (916)
den gêr zuo dem schilte   und al mîn pirsgewant.'
den kocher zuo dem swerte   vil schier er umbe gebant.

985 Dô zugen si diu kleider   von dem lîbe dan: 976
in zwein wîzen hemeden   sach man si beide stân. (917)
sam zwei wildiu pantel   sie liefen durch den klê:
doch sach man bî dem brunnen   den snellen Sîvriden ê.

986 Den prîs an allen dingen   truoger vor manigem man. 977
daz swert er lôste balde,   den kocher leit er dan. (918)
sînen gêr den starken   leinter an der linden ast:
bî des prunnen vluzze   stuont der hêrlîche gast.

987 Di Sîvrides tugende   wâren harte grôz: 978
den schilt leit er nidere   al dâ der brunne vlôz. (919)
swie harte sô in durste,   der helt doch niene tranc,
ê daz der künic kœme: daz dûhte Sîvriden lanc.

988 Der brunne was vil küele,   lûter unde guot. 979
Gunther sich dô legete   nider zuo der fluot: (920)
daz wazzer mit dem munde   er von der fluote nam.
si gedâhten, daz ouch Sîvrit   nâch im müese tuon alsam.

989 Dô engalt er sîner zühte: den bogen und daz swert 980
daz truog allez Hagene   von im danewert. (921)
dô spranger hin widere   dâ er den gêr dâ vant:
er sach nâch eime kriuze   an des küniges gewant.

990 Dâ der herre Sîvrit   ob dem brunnen tranc, 981
er schôz in durch daz kriuze,   daz ûz der wunden spranc (922)
daz bluot im von dem herzen   an die Hagenen wât.
sô grôze missewende   ein helt nu nimmer mêr begât.

991 Den gêr gegen dem herzen stecken er im lie. 982
alsô angestlîchen ze flühten Hagene nie (923)
gelief noch in der werlde vor decheinem man.
dô sich der herre Sîvrit der starken wunden versan,

992 Der recke toblîche von dem brunnen spranc: 983
im ragete von dem herzen ein gêrstange lanc. (924)
der fürst wânde vinden bogen oder swert:
sô müese wesen Hagene nâch sîme dienste gewert.

993 Dô der sêre wunde des swertes niht envant, 984
dône het et er niht mêre wan des schildes rant; (925)
den zuhter von dem brunnen: dô lief er Hagenen an.
dône kunde im niht entrinnen der vil ungetriuwe man.

994 Swie wunt er was zem tôde, sô krefteclîch er sluoc, 985
daz ûzer dem schilde dræte genuoc (926)
des edeln gesteines: der schilt vil gar zebrast.
sich hete gerne errochen der vil hêrlîche gast.

995 Hagene muose vallen von sîner hant zetal. 986
von des slages krefte der wert vil lûte erhal. (927)
het er daz swert enhende, sô wær ez Hagenen tôt.
der helt entran vil kûme ûz der angestlîchen nôt.

---

982 Ca 1: do sprach der vonn niderlannt a. 2. mite C. 3. zeweite a. 4. sol hân] hab a.
983 Ca 1. der degen *fehlt* a. 2. wil] mues a. 4. im was das a.
984 Ca 1. mêre] mære C, mer a. 2. gewannt a. 3. zuo] mit a. al] als a. 4. zuo] mit a. vmb pannt a.
985 Ca 1: do czugenn vonn leib ir gewann dann a.
986 Ca 1. an] ob a. manigenn mannenn a. 2. lost er a. 3. den starken *fehlt* a. die lindenn a.
987 Ca 1. warn C. harte] allso a. 2. nidere] da nider a. 3. sô *fehlt* a. durstet a. niene] nicht a. 4. cham a.
988 Ca 1. vil *fehlt* a. lutter C. 2a: gunnther legt sich a. 4. im] in a.
989 Ca 1. er *fehlt* a. 2. danewert] dannen a. 3. gêr dâ] gere a.
990 Ca 1. do a.
991 Ca 1. im] do a. 3b: nie chain mann a.
992 Ca 1. tobichleichenn a. 4. sô *fehlt* a. nâch] vonn a. gewertt sein a.
993 Ca 1. der wunnt a. 2. done het et] do enhet a. 4. vil *fehlt* a.
994 Ca 1. zue dem a. chreftichleichenn er do a. 2. aus dem vestenn schilde a. dräten a. 4. sich hehet uill gern gerochen a. vil] *fehlt* a. herlich Ca.
995 Ca 2. wert] walt a. 3. enhende] gehabt a. so war hagenn tod a. 4. vil *fehlt* a.

996 Sîn kraft was im geswichen: ern kunde niht gestân. 987
sînes lîbes sterke diu muose gar zergân, (928)
wander des tôdes zeichen bî liehter varwe truoc.
sît wart er beweinet von schœnen vrouwen genuoc.

997 Dô viel in die bluomen der Kriemhilde man: 988
daz bluot von sînen wunden sach man vaste gân. (929)
dô begunder schelten – des twanc in michel nôt –
die ûf in gerâten heten den ungetriuwen tôt.

998 Dô sprach der sêre wunde: 'jâ ir vil bœse zagen, 989
waz hilfet mich mîn dienest, daz ir mich habt erslagen? (930)
ich was iu ie getriuwe: des ich engolten hân.
ir habt an iuwern mâgen leider übele getân.

999 Die sint dâ von bescholten, swaz ir wirt geborn 990
her nâch disen zîten. jâ habt ir iuwern zorn (931)
vil übele gerochen an dem lîbe mîn:
mit laster ir gescheiden sult von guoten recken sîn.'

1000 Die liute liefen alle dâ er reslagen lac. 991
ez was ir genuogen ein freudelôser tac. (932)
die iht triuwe hêten, von den wart er bekleit.
daz het wol gedienet der ritter küen und gemeit.

1001 Der künic von Burgonden klagete sînen tôt. 992
dô sprach der verchwunde: 'daz ist âne nôt, (933)
daz der nâch schaden weinet der in dâ hât getân.
der dienet michel schelten: ez wære bezzer verlân.'

1002 Dô sprach der grimme Hagene: 'jâne weiz ich waz ir kleit. 993
ez hât nu allez ende unser sorge und unser leit: (934)
wir vinden ir vil kleine die türren uns bestân.
wol mich, deich sîner hêrschaft hân ze râte getân.'

1003 'Ir mugt iuch lîhte rüemen,' sprach dô Sîvrit. 994
'het ich an iu erkennet den mortlîchen sit, (935)
ich hete wol behalten vor iu mînen lîp.
mich enriuwet niht sô sêre sô frou Kriemhilt mîn wîp.

1004 Nu müeze got erbarmen, deich ie gewan den sun, 995
dem man solch itewîzen sol nâch den zîten tuon, (936)
daz sîne mâge iemen mit morde haben erslagen.
möht ich,' sô sprach Sîvrit, 'daz solt ich billîche klagen.

1005 Zer werlde wart nie mêre   grœzer mort begân,'
sprach er zuo dem künige,   'denne an mir ist getân.
ich behielt iu lîb und êre   in angestlîcher nôt.
ich hâns engolten sêre,   daz ihz iu ie sô wol erbôt.'

1006 Dô sprach vil senelîche   der verchwunde man: 996
'welt ir, künic rîche,   triuwen iht begân (937)
in der werlt an iemen,   lât iu bevolhen sîn
ûf triuwe und ûf genâde   di lieben triutinne mîn,

1007 Und lât si des geniezen,   daz si iu swester sî: 997
durch aller fürsten tugende   wont ir mit triuwen bî. (938)
mir müezen warten lange   mîn vater und mîne man:
ez enwart nie frouwen mêre   an friunde leider getân.'

1008 Er rampf sich bitterlîche,   als im diu nôt gebôt,
und sprach dô jæmerlîche: 'der mortlîche tôt
mag iuch wol geriuwen   her nâch disen tagen.
geloubt an rehten triuwen,   daz ir iuch selben habt erslagen.'

1009 Die bluomen allenthalben   von bluote wâren naz. 998
dô ranger mit dem tôde: unlange tet er daz, (939)
wande in des tôdes wâfen   al ze sêre sneit.
dô mohte reden niht mêre   der recke küen und gemeit.

---

996 Ca 1. entwichenn a. er a. niht gestân *fehlt* a. 3. var a. 4. seitt wart erbannet a.
997 Ca 1. uiel er a. 3. er *fehlt* a. 4. hettenn geraten denn uill a.
998 Ca 1. vil *fehlt* a. posē a. 3. getriuwe] mit treuen pei a. 4. iuwern *fehlt* a. vbel Ca.
999 Ca 4. ir *fehlt* a.
1000 Ca 1. alle dâ] alda a. 2. genueg a. fraudenn laster a. 3. treuen a.
1001 Ca 2. verbunnt a. 3. dâ *fehlt* a.
1002 Ca 1b: ich wais ir chlagt a. 3. die vns nu turrenn a. 4. das ich a. ia zeratte hat a.
1003 Ca 1. iuch *fehlt* a. dô *fehlt* a. 2. erchannt a. sit] sin a. 4. reuet a.
1004 Ca 1. muessenn es a. sin *zu* svn *gebessert* C. 2. man *fehlt* Ca ietwissenn a. 3. siner Ca.
1005 Ca 1. so grosser mord getann a. 2. danne a. getân] wegann a. 3. iu] nu a. 4. ich hann sein ser engolten a. ie *fehlt* a.
1006 Ca 1. Dô] auch a. verich wunnd a. 3. so lat a. bevolhen] enphihē a. 4. triutinne] kchrimhilden a.
1007 Ca 1. iu] eur a. sî] ist a. 2. mit triuwen *fehlt* a. 3. lange] lenger a. 4. freunndenn a.
1008 Ca 1. rapf a. 2. mortlich Ca. 3. wol] noch a. 4. selbe a.
1009 Ca 1. von] vor a. warn C, wurdenn a. 2. drang er a. vnleng a. 3. al ze] also a. 4. enmacht geredenn nimmer a.

1010 Dô die herren sâhen,   daz der helt was tôt, 999
si leiten in ûf einen schilt,   der was von golde rôt, (940)
und wurden des ze râte,   wie daz solde ergân,
daz man iz verhæle,   daz iz het Hagene getân.

1011 Dô sprâchen ir genuoge: 'uns ist übele geschehen. 1000
ir sult ez heln alle   und sult gelîche jehen, (941)
dâ er rite jagen eine,   der Kriemhilde man,
in slüegen schâchære,   dâ er füere durch den tan.'

1012 Dô sprach der ungetriuwe: 'ich füeren in daz lant. 1001
mir ist vil unmære,   und wirt ez ir bekant, (942)
diu sô hât getrüebet   mîner frouwen muot.
ez ahtet mich vil ringe,   swaz si weinens getuot.'

1013 Von dem selben brunnen,   dâ Sîvrit wart erslagen,
sult ir diu rehten mære   von mir hœren sagen:
vor dem Otenwalde   ein dorf lît Otenhein,
dâ vliuzet noch der brunne,   des ist zwîfel dehein.

XVII

Âventiure wie Kriemhilt ir man klagte und wie man in begruop.

1014 Dô erbiten si der nahte und fuoren über Rîn. 1002
von heleden kunde nimmer wirs gejaget sîn. (943)
ein tier daz si dâ sluogen, daz weinten edeliu kint.
jâ muosin sîn engelten vil guote wîgande sint.

1015 Von grôzer übermüete mugt ir nu hœren sagen, 1003
und von starker râche. dô hiez Hagen tragen (944)
Sîvride den herren von Nibelunge lant
für eine kemenâten, dâ man Kriemhilde vant.

1016 Er hiez in alsô tôten legen an die tür, 1004
daz si in dâ solde vinden, sô si der gienge für (945)
hin zer mettîne, ê daz ez wurde tac,
der diu frouwe Kriemhilt deheine selten verlac.

1017 Man lûte dâ zem münster nâch gewonheit. 1005
dô wachte diu frouwe vor ir manige meit. (946)
si bat ir balde bringen lieht und ir gewant.
dô kom ein kameræere dâ er Sîvriden vant.

1018 Er sach in bluotes rôten: sîn wât was elliu naz. 1006
daz ez sîn herre wære, niht enwesser daz. (947)
hin zer kemenâten daz lieht truog an der hant,
von dem vil leider mære sît vrou Kriemhilt ervant.

1010 Ca 1. helt] rekche a. 4. hagenn hiet a.
1011 Ca 1. vbell hie a. 3: das rit ain man der kchreimhildenn a. 4. dâ] do a. er fvre C, er raitt a.
1012 Ca 1. füeren in] fuer inn a. 2. ez *fehlt* a. 3. betruebt a. 4. acht mir a.
1013 Ca 1. Von] ob a. 2. horn C. 3. vor dem *fehlt* a. 4. dehein] chaine a.

Überschrift: und wie man in begruop *fehlt* a.
1014 Ca 3. pewainntenn a. 4. guote] edell a.
1015 Ca 1. nu *fehlt* a. 3. den herren] denn totenn a.
1016 Ca 2. der gienge für] gieng a. 3. hin *fehlt* a. zer mettenn a. 4. frauenn kchreimhilde a. selten chaine a.
1017 Ca 1. dâ zem] ze dem a.
1018 Ca 1. pluet rott a. was *fehlt* a. 3. zer] ze a.

1019 Dô si mit ir vrouwen   zem münster wolde gân, 1007
dô sprach der kameræere: 'jâ sult ir stille stân: (948)
ez lît vor dem gademe   ein ritter tôt erslagen.'
dâ begunde Kriemhilt   harte unmæzlîche klagen.

1020 Ê daz si reht erfunde,   daz ez wære ir man, 1008
an die Hagenen vrâge   denken si began, (949)
wier in wolde vristen: dô wart ir êrste leit.
ir was al ir freuden   mit sîme tôde widerseit.

1021 Dô seic si zuo der erden,   daz si niht ensprach; 1009
die schœnen freudelôsen   ligen man dô sach. (950)
der edeln frouwen jâmer   wart unmâzen grôz.
dô erschrê si nâch unkrefte,   daz al diu kemenâte erdôz.

1022 Dô sprach ir gesinde: 'waz ob ez ist ein gast? ' 1010
daz bluot ir ûzem munde   von herzen jâmer brast. (951)
si sprach: 'ez ist Sîvrit,   der mîn vil lieber man.
ez hât gerâten Prünhilt,   daz ez hât Hagene getân.'

1023 Diu frouwe bat sich wîsen   dâ si den recken vant. 1011
si huop sîn schœne houbet   mit ir wîzen hant: (952)
swie rôt er was von bluote,   si het in schier bekant.
dô was missevarwe   des küenen degenes gewant.

1024 Dô rief vil jæmerlîche   diu küniginne milt: 1012
'owê mir mîner leide!   nune ist dir dîn schilt (953)
mit swerten niht verhouwen: du lîst ermorderôt!
und wesse ich, wer daz tæte,   ich riet im immer sînen tôt.'

1025 Allez ir gesinde   klagt unde schrê 1013
mit ir vil lieben frouwen,   wande in was starke wê (954)
umbe ir vil edeln herren,   den si dâ heten verlorn.
dô het gerochen Hagene   harte Prünhilde zorn.

1026 Dô sprach diu jâmerhafte: 'man sol hin gân 1014
und wecken vil balde   die Sîvrides man, (955)
und sol ouch Sigemunde   disiu mære sagen,
ob er mir helfen welle   den herren Sîvriden klagen.'

1027 Dô lief ein bote balde   dâ er ligen vant 1015
die Sîvrides helede   von Nibelunge lant. (956)
mit disen leiden mæren   wachter manigen man;
die sprungen âne sinne   vil balde von ir betten dan.

1028 Ouch kom der bote schiere   dâ der künic lac. 1016
Sigemunt der herre   des slâfes niht enpflac. (957)
ich wæn, sîn herze im sagete   daz im dâ was geschehen:
ern möhte sînen lieben sun   lebenden nimmer mê gesehen.

1029 'Wachet, herre Sigemunt,   wande ir sult balde gân 1017
ze Kriemhilt mîner frouwen,   der ist ein leit getân, (958)
daz ir vor allen leiden   an ir herze gât;
daz sult ir klagen helfen,   wandez iuch sêre bestât.'

1030 Ûf rihte sich dô Sigemunt;   er sprach: 'waz sint diu leit 1018
der schœnen Kriemhilde,   di du mir hâst geseit?' (959)
der bote sprach mit jâmer: 'si muoz von schulden klagen:
jâ ist von Niderlanden   der küene Sîvrit erslagen.'

1031 Dô sprach der herre Sigemunt: 'lât daz schimpfen sîn 1019
und alsô bœsiu mære   von dem sune mîn, (960)
daz ir daz saget iemen,   daz er sî erslagen;
wande ich enkunde in nimmer   unz an mîn ende verklagen.'

1032 'Und welt ir niht gelouben   daz ir mich hœret sagen, 1020
ir mugt wol selbe hœren   Kriemhilde klagen (961)
und allez ir gesinde   den Sîvrides tôt.'
vil sêre erschrac dô Sigemunt;   des gie im grœzlîche nôt.

1019 Ca 3. zetod a. 4. harte unmæzlîche] grosleich a.
1020 Ca 1. war a. 2. hagene a. wegund a. 3. wie er a. erst a. 4. alle C. fraude a. sîme] dem a.
1021 Ca 3. was a. 4. vnchreftenn a.
1022 Ca 1. wer wais ob ez ist a. 2. aus dem munnd a. jâmer *fehlt* a. 4. hagenn hat a.
1023 Ca 2. schœne *fehlt* a. iren weissenn henden a. 4. in misseuarbe a. dez edeln degenn a.
1024 Ca 1. rueft a. 2. laid a. nu enist a. 3. zerhauenn a. pist ermort a. 4. wer es hiet getann a. im *fehlt* a.
1025 Ca 2. wande in starche we C, wannt in starkcher we a. 3. edeln herren] liebenn man a. hett a. 4. Hagene *fehlt* a. harte *fehlt* a. praunnhild ierenn czorn a.
1026 Ca 2. vil balde *fehlt* C. wekche uil pald a. 4. well helfen chlagenn denn herren seifrid a.
1027 Ca 1. balde *fehlt* a. 2. helede] man a. 3. wachter] macht er a. 4. die *fehlt* a. springenn ann ir sinnenn a. von irem pette a.
1028 Ca 4. er moch sein a. lebenntig a.
1029 Ca 3. leide a.
1030 Ca 4. küene] herre a.
1031 Ca 1. daz] eur a. 4. nimmerr mer a.
1032 Ca 2. chlagenn kchreimhilden a. 3. allez *fehlt* a. den] des a. 4. gie inn grosleich a.

1033 Mit hundert sînen mannen   er von den betten spranc; 1021
si zuchten zuo den handen   diu scharpfen wâfen lanc; (962)
si liefen zuo dem wuofe   vil senelîche dan.
dô kômen tûsint recken   des küenen Sîvrides man.

1034 Dô si sô jæmerlîche   die frouwen hôrten klagen, 1022
dô wânden sumelîche,   si solden kleider tragen. (963)
jâne mohten si der sinne   vor leide niht gehaben.
in was vil starkiu swære   in ir herzen begraben.

1035 Dô kom der künic Sigemunt   dâ er Kriemhilt vant. 1023
er sprach: 'owê der reise   her in ditze lant! (964)
wer hât mich mînes kindes   und iuch iuwers man
bî sô guoten friunden   vergebene âne getân? '

1036 'Hey, solde ich den bekennen,'   sprach daz edel wîp, 1024
'holt enwurde im nimmer   mîn herze und ouch der lîp. (965)
ich getæt im als leide,   daz die mâge sîn
mit jâmer müesen weinen,   daz wizzet, von den schulden mîn.'

1037 Sigemunt mit armen   den fürsten umbeslôz. 1025
dô wart von sînen friunden   der jâmer alsô grôz, (966)
daz von dem starken wuofe   palas unde sal
und ouch diu stat ze Wormze   von ir weinen erschal.

1038 Dône kunde niemen trœsten   daz Sîvrides wîp. 1026
man zôch ûz den kleidern   den sînen schœnen lîp; (967)
den edeln künic rîche   si leiten ûf den rê.
dô was von grôzem jâmer   sînen liuten allen wê.

1039 Dô sprâchen sîne recken   von Nibelunge lant: 1027
'in sol immer rechen   mit willen unser hant. (968)
er ist in dirre bürge,   der iz dâ hât getân.'
dô îlten nâch gewæfen   alle Sîvrides man.

1040 Die ûz erwelten recken   mit schilden kômen dar, 1028
einlif hundert recken,   die het an sîner schar (969)
Sigemunt der herre.   den Sîvrides tôt
den wolde er gerne rechen;   des gie im wærlîche nôt.

1041 Sine wessen wen si solden   mit strîte bestân, 1029
sine tætenz Gunther   unde sîne man, (970)
mit den der herre Sîvrit   an daz gejägede reit.
Kriemhilt si sach gewâfent: dô was ir grœzlîche leit.

1042 Swie starc ir jâmer wære   und swie grôz ir nôt, 1030
dô vorhte si sô sêre   der Nibelunge tôt (971)
von Guntheres mannen,   daz si ez understuont.
si warnt si güetlîche,   sô friunt noch liebe friunde tuont.

1043 Dô rief diu jâmers rîche: 'mîn her Sigemunt, 1031
wes welt ir beginnen?   iu enist niht rehte kunt: (972)
ez hât der künic Gunther   sô manigen küenen man.
ir sît verlorn alle,   welt ir mit strîte si bestân.'

1044 Mit ûf erburten schilden   ze strîte was in nôt. 1032
Kriemhilt diu frouwe   bat und ouch gebôt, (973)
daz siz mîden solden,   die recken vil gemeit.
ob siz niht wenden kunde,   daz wære ir bêdenthalben leit.

1045 Si sprach: 'herre Sigemunt,   ir sult iz lâzen stân, 1033
unz iz sich baz gefüege: sô wil ich mînen man (974)
immer mit iu rechen.   der mir in hât benommen,
wirde ich des bewîset,   ich sol im schädelîche komen.

1046 Ez ist der übermüeten   hie bî Rîne vil, 1034
dâ von ich iu des strîtes   râten niene wil. (975)
si habent wider einen   ie wol drîzec man.
nu lâz in got gelingen,   als si an uns gedienet hân.

1033 Ca 1. dem pette a. 2. ir scharfeu a. 3. zuo dem *fehlt* a. 4. man *fehlt* a.
1034 Ca 1. sô *fehlt* a. 2. wante C. si solden *fehlt* a. 3. ia a. si] sumleich a.
1035 Ca 2. ditzee C. 3. vnd eurs werdenn man a. 4. âne] also an a.
1036 Ca 2. enwuerd a. und ouch der] noch mein a. 4. mîn] meine a.
1037 Ca 2. war a. 3. grossen wuffenn a. 4. wormz C, wurmis a.
1038 Ca 1. dez a. 2: man czoch denn denn schonenn leib aus der chlaider a. 3. reichenn a. inn auf a. 4. grossenn a.
1039 Ca 3. iz dâ] es a. 4. gewefen C, gewaffenn a.
1040 Ca 2. einlief C, aindlef a. weigannt a. 4. den *fehlt* a. wolde gerne C, wolt er gerne a. im] inn a.
1041 Ca 2. entatenns a. gunnthernn a. vnd sein man a.
1042 Ca 1. was a. swie grôz *fehlt* a. 2. dô *fehlt* a. sy foricht a. Nibelunget C, niblunngen a. 3. Gunthers Ca. 4. als freunte noch freunnte a. tv̊t C.
1043 Ca 1. rueft a. iammerhaft a. 2. euch ist a. 4. welt si mit streite westan a.
1044 Ca 2. die patt a. und ouch gebôt *fehlt* a. 3. si ez a. 4. si es a. war a.
1045 Ca 2. gefuegenn chann a. 3. immer mit treuenn mit ew a. 4. bewîset] gewist a.
1046 Ca 1. hie bî Rîne] hie so a. 2. râten niene wil] enraten a. 3. ie wider ainen czwelif mann a. 4. verdiennt habennt a.

1047 Ir sult hie belîben,   und dolt mit mir diu leit. 1035
sô ez tagen beginne,   ir helde vil gemeit, (976)
sô helfet mir besarken   den mînen lieben man.'
dô sprâchen die degene: 'daz sol werden getân.'

1048 Nune kundiu niemen   daz wunder wol gesagen 1036
von rittern unde frouwen,   wie man die hôrte klagen. (977)
dô wart man des wuofes   in der stete gewar.
vil der burgære   die kômen gâhende dar.

1049 Si klagten mit den gesten,   wande in was starke leit. 1037
die Sîvrides schulde   in niemen het geseit, (978)
wâ von der edele recke   verlür den sînen lîp.
dô weinten mit den frouwen   der guoten kaufliute wîp.

1050 Smide hiez man gâhen   bewurken einen sarc 1038
von edelm märmelsteine,   vil michel unde starc; (979)
man hiez in vaste binden   mit gespenge guot.
dô was al den liuten   harte trûric der muot.

1051 Diu naht diu was zergangen,   man sagt, iz wolde tagen. 1039
dô bat diu edele frouwe   zuo dem münster tragen (980)
den vil edeln tôten,   ir vil lieben man.
swaz er dâ friunde hête,   die sach man weinende gân.

1052 Dô man in zem münster brâhte,   vil der glocken klanc. 1040
man hôrte von den pfaffen   vil michel gesanc. (981)
dô kom der künic Gunther   mit den sînen man,
mit im der grimme Hagene,   zuo dem wuofe gegân.

1053 Er sprach: 'vil liebiu swester,   owê der leide dîn, 1041
daz wir der starken leide   niht mohten über sîn. (982)
wir müezen klagen immer   den sînen schœnen lîp.'
'daz tuot ir âne schulde,'   sprach dô daz jâmerhafte wîp.

1054 'Wær iu dar umbe leide,   sône wær es niht geschehen. 1042
ir hetet mîn vergezzen,   des mag ich wol nu jehen, (983)
dâ ich dâ wart gescheiden   von mîme lieben man.
daz wolde got von himele,   wær ez mir selber getân.'

1055 'Dir ist von mînen liuten   leides niht geschehen,' 1043
sprach der künic Gunther,   'des wil ich dir verjehen.' (984)
'die wellen sîn unschuldic,   die heizet nâher gên,'
sprach si, 'zuo der bâre,   daz wir die wârheit verstên.'

1056 Daz ist ein michel wunder: vil dicke ez noch geschiht, 1044
swâ man den mortmeilen   bî dem tôten siht, (985)
sô bluotent im die wunden;   als ouch dâ geschach.
dâ von man die sculde   dâ ze Hagene gesach.

1057 Die wunden vluzzen sêre,   alsô si tâten ê. 1045
die ê dâ sêre klageten,   des wart nu michel mê. (986)
dô sprach der künic Gunther: 'ich wilz iuch wizzen lân:
in sluogen schâchære,   Hagene hât es niht getân.'

1058 Si sprach: 'die selben schâchman   sint mir wol bekant. 1046
got lâz iz noch errechen   sîner friunde hant. (987)
Gunther unde Hagene,   jâ habt ir ez getân.'
die Sîvrides recken   heten dô ze strîte wân.

1059 Dô sprach aber Kriemhilt: 'nu dolt mit mir die nôt.' 1047
dô kômen dise beide,   dâ si in funden tôt, (988)
Gêrnôt ir bruoder   und Gîselher daz kint.
in triuwen si in klageten   mit den anderen sint.

1060 Si weinten inneclîche   den Kriemhilde man. 1048
man solde messe singen: zuo dem münster dan (989)
giengen allenthalben   man, wîp und kint.
die sîn doch lîhte enbâren,   die weinten Sîvriden sint.

1047 Ca
1048 Ca 1. ia enchund euch a. 2. vnd vonn frauen a. 3. wuffenn a. stat a. 4. gâhende *fehlt* a.
1049 Ca 1. starke] vnmassen a. 2. schuld a. het inn niemant a. 3. verloren het den leib a. 4. der frauenn a. guoten] edelnn a.
1050 Ca 1. smidē a. 2. marmelstainenn a. michel] mich a.
1051 Ca 1. *das zweite* diu *fehlt* a. 2. diu edele frouwe] kchreimhild a. dem] dennn a. 3. *das erste* vil *fehlt* a. 4. wainend a.
1052 Ca 1. zue dem a. 3. mannenn a. 4a: vnd der falsch hagen a.
1053 Ca 2. vbrig sein a. 4. daz jâmerhafte wîp] kchreimhild a.
1054 Ca 2. das a. mage C. nu *fehlt* a. 3. da ich wart a. 4. des wolt a. selb a.
1055 Ca 1. nie laid geschehenn a. 3. nâher] herfur a. gann a. 4. sprach si *fehlt* a.
1056 Ca 4. dâ von] wann a.
1057 Ca 1. flussenn im a. 3. will a.
1058 Ca 4. dô *fehlt* a.
1059 Ca 1. mit *fehlt* a. 2. chom diseu paideu a. tôt] den totenn a. 4. mit treuenn a. and^{s}n C, andernn a.
1060 Ca 1. Si] dic si a. minnichlcich a. 2. soldc] soll a. 4. cnpcrtcnn a.

1061 Gêrnôt und Gîselher sprâchen: 'swester mîn, 1049
nu trœste dich nâch tôde, als ez doch muoz nu sîn. (990)
wir wellens dich ergetzen, die wîl und wir geleben.'
dône kunde ir trôst deheinen zer werlde niemen gegeben.

1062 Sîn sarc der was bereitet umben mitten tac. 1050
man huob in von der bâre dâ er ûf lac. (991)
noch enwolde si den recken lâzen niht begraben.
des muosen al die liute vil michel arebeite haben.

1063 In einen rîchen pfellel man den tôten want. 1051
ich wæne, man dâ iemen âne weinen vant. (992)
dô klagete herzenlîche Uote, ein edel wîp,
und allez ir gesinde den sînen wætlîchen lîp.

1064 Dô man daz gehôrte, daz man zem münster sanc 1052
und in gesarket hête, vil grôz wart der gedranc. (993)
durch willen sîner sêle waz opfers man dô truoc!
er hete bî den vînden guoter friunde doch genuoc.

1065 Dô man dâ gote gediente, daz volc huop sich von dan. 1055
dô sprach diu küniginne: 'irn sult niht eine lân (996)
mich hînte bewachen den ûz erwelten degen.
ez ist an sîme lîbe al mîn freude gelegen.

1066 Drî tage und drî nahte wil ich in lâzen stân, 1056
unz ich mich wol geniete mîns vil lieben man. (997)
waz ob daz got gebiutet, daz mich ouch nimt der tôt?
sô wære wol verendet mîn armer Kriemhilde nôt.'

1067 Zen herbergen giengen die liute von der stat. 1057
pfaffen unde müniche si belîben bat (998)
und allez sîn gesinde, daz sîn von rehte pflac.
si heten naht vil arge und ouch vil müelîchen tac.

1068 Âne ezzen und âne trinken beleip dâ manic man. 1058
die ez nemen wolden, den wart daz kunt getân, (999)
man gæbes in den vollen: daz schuof Sigemunt.
dô was den Nibelungen michel arebeiten kunt.

1069 Die drîe tagezîte, sô wir hœren sagen, 1059
die dâ singen kunden, daz si muosen tragen
vil michel arebeite durch ir herzen sêr.
si bâten umbe die sêle des recken küen unde hêr.

1070 Urbor ûf der erden diu teiltes in diu lant, 1061
swâ sô man diu klôster und guote liute vant. (1001)
ouch hiez si geben den armen der sînen habe genuoc.
si tet dem wol gelîche, daz si im holden willen truoc.

1071 An dem dritten morgen ze rehter messezît, 1062
sô was bî dem münster der kirchof alsô wît (1002)
von den landliuten weinens harte vol.
si dienten im nâch tôde, als man lieben friunden sol.

1072 In den tagen vieren, ist uns gesagt daz, 1063
ze drîzec tûsint marken oder dannoch baz (1003)
wart durch sîne sêle den armen dâ gegeben.
dô was gelegen ringe sîn grôziu schœne und ouch sîn leben.

1073 Dô gote wart dâ gedienet und daz man dâ gesanc, 1064
mit ungefüegem leide vil des volkes ranc. (1004)
man hiez in ûz dem münster zuo dem grabe tragen.
die sîn doch lîht enbâren, die sach man weinen unde klagen.

1074 Vil lûte schrîende daz volc gie mit im dan; 1065
vrô enwas dâ niemen, weder wîp noch man. (1005)
ê er begraben wurde, man sanc unde las.
hey, waz der wîsen pfaffen bî sîner bivilde was!

1061 Ca 2. nach nach tode a. doch *fehlt* a. 3. lebenn a.
1062 Ca 1. der sarich was a. vmb a. 4. des] es a. alle a. arebeite haben] chlagenn a.
1063 Ca 1. phellat a. 3. frau vtte a. ein edel wîp *fehlt* a. 4. allez *fehlt* a. sînen wætlîchen] herleichen a.
1064 Ca 1b: da man inn dem munnster gesankch a. 2. und wesarchet hette a. der] das a. 4. guet freunnt a. doch *fehlt* a.
1065 Ca 1. dâ *fehlt* a. 2. ir a. 3. pey wachenn a. 4. ist *fehlt* a.
1066 Ca 2. mich sein wol a. vil *fehlt* a. 3. *das erste* daz *fehlt* a. ouch *fehlt* a. 4. war a.
1067 Ca 1. ze den a. 3. allez *fehlt* a.
1068 Ca 1. an ezzenn vnd trinkchenn a. dâ] vil a. 2. nu nemen a. 3. gabes C, gab es a. 4. aribait a.
1069 Ca 1. horn Ca. 2. daz] da Ca. mvsn C, muestenn a. 3. hercze sere a. 4. die] de a. 4b: des edelnn leichnam vnd herre a.
1070 Ca 1. urbar a. die tailtenn a. 2. swâ sô] wa a. guet laut a.
1071 Ca 3. waines also voll a. 4. nach dem a. tuenn soll a.
1072 Ca 2. markch a. 4. grôziu *fehlt* a.
1073 Ca 1. *das erste* dâ *fehlt* a. 3. in *fehlt* a. 4. enpertenn a. man da a.
1074 Ca 2. was a. weder *fehlt* a. noch] vnd a. 3. wart a. 4. weissenn a.

1075 Ê daz zem grabe kœme   daz Sîvrides wîp, 1066
dô ranc mit solhem jâmer   der ir getriuwer lîp, (1006)
daz man si mit wazzer   vil dicke dâ begôz.
ez was ir ungemüete   harte unmæzlîche grôz.

1076 Ez was ein michel wunder,   daz si ie genas. 1067
mit klage ir helfende   vil manic frouwe was. (1007)
dô sprach diu küniginne: 'ir Sîvrides man,
ir sult durch iuwer triuwe   dise genâde an mir begân:

1077 Lât mir nâch mîme leide   daz kleine liep geschehen, 1068
daz ich sîn schœne houbet   noch eines müeze sehen.' (1008)
dô bat si alsô lange   mit jâmers siten starc,
daz man wider ûf brechen   muose den hêrlîchen sarc.

1078 Dô brâhte man die frouwen   dâ si in ligen vant. 1069
si huop sîn schœne houbet   mit ir wîzen hant; (1009)
dô kustes alsô tôten   den edeln ritter guot.
ir vil liehten ougen   vor leide weinten dô bluot.

1079 Ein jæmerlîchez scheiden   wart dô dâ getân. 1070
man truoc die frouwen dannen: sine mohte niht gegân. (1010)
dô lac in unsinne   daz hêrlîche wîp.
vor leide möht ersterben   der ir vil wünneclîche lîp.

1080 Dô man den edeln herren   hete nu begraben, 1071
leit âne mâze   sach man die alle haben, (1011)
die mit im komen wâren   von Nibelunge lant.
vil selten wol gemuoten   man dô Sigemunden vant.

1081 Dô was der etelîcher,   der drîer tage lanc 1072
vor dem starken leide   niht az noch entranc. (1012)
doch enmohten si dem lîbe   sô gar geswîchen niht;
si nerten sich nâch jâmer,   sô noch genuogen geschiht.

1082 Kriemhilt unversunnen   in unkreften lac
den tac und den âbent   unz an den andern tac.
swaz iemen sprechen kunde,   daz was ir gar unkunt.
in den selben nœten   lag ouch der künic Sigemunt.

1083 Vil kûme wart der herre   wider ze sinnen brâht.
von dem starken leide   kranc was gar sîn maht;
daz enwas niht wunder.   dô sprâchen sîne man:
'herre, ir sult ze lande,   wir mugen niht langer hie bestân.'

XVIII

Âventiure wie Kriemhilt dâ bestuont und ir sweher dannen reit.

1084 Dô brâhte man den herren dâ er Kriemhilt vant. 1073
er sprach zer küniginne: 'wir suln in unser lant. (1013)
wir wæn unmære geste hie ze Rîne sîn.
mîn vil liebiu frouwe, nu vart ir zuo den landen mîn.

1085 Sît daz uns untriuwe âne hât getân 1074
hie in disen landen des iuren edeln man, (1014)
des ensult ir niht engelten: ich wil iu wæge sîn
durch mînes suns liebe; des sult ir gar âne angest sîn.

1086 Ir sult ouch haben, frouwe, allen den gewalt, 1075
den iu ê tet kunde der küene degen balt; (1015)
daz lant und ouch diu krône daz sî iu undertân.
iu suln gerne dienen alle Sîvrides man.'

1087 Dô sagte man den knehten, si solden rîten dan; 1076
dô wart ein michel gâhen nâch rossen getân. (1016)
bî ir starken vînden was in ze wesen leit.
der frouwen und ir mägeden hiez man suochen diu kleit.

1075 Ca 1. ze dem a. cham a. daz] des a. 3. si *fehlt* a. 4. hart vnmæzlich Ca.
1076 Ca 2. mit chlagenn hulfenn ir a. vil *fehlt* a. was] bas a. 3. die kchreimhild a.
1077 Ca 2. hovbt C. ainst a. 3. sis] si a. starc *fehlt* a.
1078 Ca 1. si] man a. 2. schœne *fehlt* a. 3. chuste a.
1079 Ca 2. dann a. niht *fehlt* a. gan a. 3. unsinnenn a. 4. mochte sterbenn a.
1080 Ca 1. nu *fehlt* a. 2. laide a.
1081 C; *fehlt* a.
1082 Ca 1. in unkreften *fehlt* a. 3. gar unkunt] vnchunnde a. 4. lage C.
1083 Ca 2: *fehlt* a.

Überschrift: fehlt a.
1084 Ca 2. zue der a. in *fehlt* a. vnsere a. 3. ich wänn wir a. sein hie zelannde ; 4. ir *fehlt* a. dem lannde a.
1085 Ca 1. uns *fehlt* a. 3. sult a. 4. mins C. meins liebenn suns a. gar *fehlt* a.
1086 Ca 1. fraue habenn a. 2. chunnt a. 2b: der sun mein a. 3. diu] die Ca. daz sî] sein a.
1087 Ca 2. war a. 4. pringenn a.

1088 Dô der künic Sigemunt   wolde sîn geriten, 1077
dô begunden Kriemhilt   ir besten friunde biten, (1017)
daz si bî ir friunden   solde dâ bestân.
dô sprach diu küniginne: 'daz kunde müelîch ergân.

1089 Wie möht ich den mit ougen   immer an gesehen, 1078
von dem mir armem wîbe   sô leide ist geschehen?' (1018)
dô sprach ir bruoder Gîselher: 'vil liebiu swester mîn,
du solt durch dîne triuwe   hie bî dîner muoter sîn.

1090 Die dir dâ hânt betrüebet   den lîp und ouch den muot, 1079
der bedarfstu vil kleine: zer mîn eines guot.' (1019)
si sprach zuo dem degene: 'wie kunde daz geschehen?
vor leide mües ich sterben,   swenne ich Hagenen solde sehen.'

1091 'Des tuon ich dir ze râte,   vil liebiu swester mîn. 1080
du solt bî dînem bruoder   Gîselhere sîn. (1020)
ich wil dich ergetzen   dînes mannes tôt.'
dô sprach diu küniginne: 'des wær mir armen wîbe nôt.'

1092 Dô ez ir der junge   sô güetlîch erbôt, 1081
si begunden vlêgen   Uote und Gêrnôt (1021)
und ir getriuwen mâge   si bâten dâ bestân:
si hete lützil friunde   bî den Sîvrides man.

1093 'Si sint iu alle fremede,'   sô sprach Gêrnôt. 1082
'niemen lebt sô starker,   ern müeze ligen tôt; (1022)
daz bedenket, swester,   und getrœstet iuren muot.
belîbet bî den friunden,   ez wirt iu wærlîchen guot.'

1094 Dô lobte si ir mâgen,   si wolde dâ bestân. 1083
diu ros bereitet wâren   den Sigemundes man, (1023)
alsô si wolden rîten   heim in Niderlant.
si heten ûf gesoumet   al der recken gewant.

1095 Dô gie der herre Sigemunt   zuo Kriemhilde stân. 1084
er sprach zuo der frouwen: 'die Sîvrides man (1024)
iu wartent bî den rossen: wir suln rîten hin,
wande ich vil ungerne   bî den Buregonden bin.'

1096 Dô sprach diu frouwe Kriemhilt: 'mir râtent friunde mîn, 1085
swaz ich hân der getriuwen,   ich sule hie bî in sîn: (1025)
ich habe lützel mâge   in Nibelunge lant.'
leit was ez Sigemunde,   dô er diu mære an ir ervant.

1097 Dô sprach der künic Sigemunt: 'daz enlât iu niemen sagen. 1086
vor allen mînen mâgen sult ir krône tragen (1026)
alsam gewalteclîche, als ir ê habt getân.
irn sult des niht engelten, daz wir den helt verlorn hân.

1098 Und vart ouch mit uns widere durch iuwer kindelîn; 1087
daz ensult ir sô niht, frouwe, verweiset lâzen sîn. (1027)
swenne iuwer sun gewähset, der trœstet iu den muot.
die wîle sol iu dienen von recken manic helt guot.'

1099 Si sprach: 'herre Sigemunt, ine mac gerîten niht. 1088
ich muoz hie belîben, swaz halt mir geschiht, (1028)
bî den mînen mâgen, daz si mir helfen klagen.'
dô begunden disiu mære den guoten recken missehagen.

1100 Si sprâchen al gelîche: 'sô möhten wir wol jehen, 1089
daz uns aller êrste wære leit geschehen, (1029)
ob ir belîben woldet bî unsern vînden hie;
sô geriten hovereise noch helde sorclîcher nie.'

1101 'Ir sult âne alle sorge gote bevolhen varn: 1090
ich schaffe iu guot geleite und heiz iuch wol bewarn (1030)
zuo Sigemundes lande. mîn liebez kindelîn
daz sol ûf genâde iu recken wol bevolhen sîn.'

1088 Ca 1. Dô *fehlt* a. nu wolde nu sein geriten a. 2. wegund a. ir freunde uast pittenn a. 3. freunnde a. 4. daz] diz a. chunnt a.
1089 Ca 2. dem] der a. arm beib a.
1090 Ca 1. da *übergeschrieben* C. 2. mîn] nimer a. 4. muest sterbenn ich a.
1091 Ca 1. dir] der a. 2. dinen C. 4. dô *fehlt* a.
1092 Ca 2. sy begund volgenn a. 3. und *fehlt* a. mâge] magde a. 4. fraude a.
1093 Ca 1. fremede] freunnt a. 2a: niemannt lebt starich also in der welld a. er mues a. 3. das wenkcht a. trostet a.
1094 Ca 2. warn C. warn weraitet a. den *fehlt* a. 4. si *fehlt* a.
1095 Ca 3. iu wartent] wartetenn a.
1096 Ca 4. ez] das was a. beuannt a.
1097 Ca 1. lat a. 2. mînen *fehlt* a. 2b: inn meinem lannt sult ir chronn tragen a. 3. alsam] also a. als] al a. 4. degenn a.
1098 Ca 1. eurs chindes willen a. 2. sult a. frouwe] verlann fraue a. sîn *fehlt* a. 4b: manig rekch guet a.
1099 Ca 2. weleib a. 3. den *fehlt* a. das mir helfenn si a. 4. begunde disiu C, wegunnde dise a.
1100 Ca 1. alle a. moht a. gehn C. 4. helde *fehlt* a.
1101 Ca 1. enpholhenn a. 4. sol *fehlt* a.

1102 Dô si daz vernâmen, daz si niht wolde dan, 1091
dô weinten al gemeine die Sîvrides man. (1031)
wie rehte jæmerlîche sich schiet Sigemunt
von der küniginne! dô was im ungemüete kunt.

1103 'Wê geschehe der hôchgezît,' sprach der künic hêr, 1092
'ez geschiht von kurzewîle leider nimmer mêr (1032)
deheinen küniges mâgen, danne uns ist geschehen.
man sol uns nimmer mêre hie zen Buregonden sehen.'

1104 Dô sprâchen offenlîche die Sîvrides man: 1093
'ez möhte noch ein reise in ditze lant ergân, (1033)
sô wir den reht erfunden, der uns den herren sluoc.
si hânt von sînen mâgen der starken vînde genuoc.'

1105 Er kuste Kriemhilde. wie jæmerlîch er sprach, 1094
dô si niht rîten wolde, und er daz reht ersach: (1034)
'nu rîten vreuden âne heim in unser lant.
alle mîne sorge sint mir êrste nu bekant.'

1106 Si riten ungeleitet von Wormz zetal den Rîn; 1095
si mohten sicherlîchen wol des muotes sîn, (1035)
ob si in vîntschefte würden an gerant,
daz sich wern wolde der küenen Nibelunge hant.

1107 Sine gerten urloubes dâ ze keinem man. 1096
dô sach man Gêrnôten und Gîselhern gân (1036)
zuo zim minneclîchen: in was sîn schade leit.
des brâhten in wol innen die helde küen und gemeit.

1108 Dô sprach gezogenlîche der künic Gêrnôt: 1097
'got weiz daz wol von himele, an Sîvrides tôt (1037)
gewan ich nie die schulde, daz ich daz hôrte sagen,
wer im hie vînt wære. ich sol in pillîche klagen.'

1109 Dô gab in sîn geleite Gîselher daz kint; 1098
er brâhte sorgende ûz dem lande sint (1038)
den künic mit sînen recken heim ze Niderlant.
wie lützil man der mâge dar inne vrœlîche vant!

1110 Wie si nu gefüeren, des enkan ich niht gesagen. 1099
man hôrte zallen zîten hie Kriemhilde klagen, (1039)
daz ir niemen trôste daz herze und ouch den muot,
ez entæt ir bruoder Gîselher: der was getriuwe unde guot.

1111 Prünhilt diu schœne mit übermüete saz. 1100
swaz Kriemhilt geweinte, unmære was ir daz. (1040)
sine wart ir rehter triuwen nimmer mê bereit.
sît geriet ouch ir vrou Kriemhilt ich wæn als ungefügiu leit.

1102 Ca 1. vernomenn a. 3. der herre Sigmunnd a.
1103 Ca 1. Wê geschehe] weschehenn a. der hochtzeit a. hochgecite C. 3. chains a. 4. hie ze wurgannden nimmermer sechenn a.
1104 Ca 3. rechtenn findenn a. ersluoch C.
1105 Ca 2. ez Ca. an sach a. 3. reitent freunnde aine a. 4. aller erst a. nu *fehlt* a.
1106 Ca 1. vngelait a. wormez C, wurmis a. 4. daz sich] da si sich a. wolden a.
1107 Ca 2. geiselher zue im gann a. 3. zuo zim *fehlt* a. 4. prachtenn si in a. 4b: die edelnn helt gemait a.
1108 Ca 2. daz] es es a. 3. nie chain schuld a. 4. war a.
1109 Ca 1. in] im a. 2. er pracht aus dem lannde sargenden seint a. 4. der] die a.
1110 Ca 1. si *fehlt* a. ich euch nicht sagen a. 2. ze allen a. hie *fehlt* a. 3. chunde trostenn a. und ouch] noch a. 4. ir getreu vnd a.
1111 Ca 1. schœne] schann a. 2. wainte a. das was ir vnmär a. 3. ir inn rechtenn treuenn a. 4. ir vrou *fehlt* a.

XIX

Âventiure wie der Nibelunge hort ze Wormze brâht wart.

1112 Dô diu minneclîche also verwitewet wart, 1101
bî ir imme lande der grâve Eckewart (1041)
beleip mit sînen mannen: sîn triuwe im daz gebôt.
er diente sîner frouwen mit willen unz an sînen tôt.

1113 Ze Wormze bî dem münster ein gezimber man ir slôz 1102
von holze harte michel, wît unde grôz, (1042)
dâ si mit ir gesinde sît âne freude saz.
si was zer kirchen gerne und tet vil willeclîche daz.

1114 Dâ man begruop ir vriedel, wie selten si daz lie, 1103
mit trûrigem muote si allezît dar gie; (1043)
si bat got den rîchen der sînen sêle pflegen.
vil dicke wart beweinet mit grôzen triuwen der degen.

1115 Uote und ir gesinde si trôsten zaller stunt. 1104
dô was ir daz herze sô grœzlîche wunt: (1044)
ez kunde niht vervâhen, swaz man ir trôstes bôt.
si hete nâch ir friunde die aller grœzisten nôt,

1116 Die nâch liebem manne ie mêre wîp gewan. 1105
man moht ir starke tugende kiesen wol dar an. (1045)
si klaget unz an ir ende die wîle wert ir lîp.
sît rach sich harte swinde in grôzen triuwen daz wîp.

1117 Sus saz si in ir leiden, daz ist al wâr, 1106
nâch ir mannes tôde unz in daz vierde jâr, (1046)
daz si zir bruoder Gunther dehein wort nie gesprach,
und ouch ir vînt Hagenen in der zîte niene gesach.

1118 Hagene sprach zem künige: 'möhten wir daz tragen an, 1107
daz ir iuwer swester hulde möhtet hân, (1047)
sô kœm zuo disen landen daz Nibelunges golt:
des wurde uns vil ze teile, wær uns diu küniginne holt.'

1119 'Daz schuln wir versuochen,' sprach der künic sân. 1108
'ich wil ez mîne brüeder hinze ir werben lân, (1048)
daz si mir daz füegen, daz si uns gerne sehe.'
'ine trouwes niht,' sprach Hagene, 'daz ez immer geschehe.'

1120 Dô hiez er Ortwînen hin ze hove gân 1109
und den marcgrâven Gêren. dô daz was getân, (1049)
man brâht ouch Gêrnôten und Gîselher daz kint.
si versuohtenz vriuntlîche an frouwen Kriemhilde sint.

1121 Dô sprach von Buregonden der küene Gêrnôt: 1110
'frouwe, ir klaget ze lange den Sîvrides tôt. (1050)
nu wil der künic iu rihten, daz ers niht hât erslagen.
man hœrt iuch zallen zîten sô rehte grœzlîche klagen.'

1122 Si sprach: 'des zîht in niemen: in sluoc diu Hagenen hant. 1111
wâ man in verhouwen möhte, dô er daz an mir ervant, (1051)
solt ich des getrouwen, daz er im trüege haz,
ich hete wol behüetet,' sprach diu küniginne, 'daz,

1123 Daz ich niht vermeldet hete sînen lîp. 1112
sô liez ich nu mîn weinen, ich vil armez wîp. (1052)
holt wirde ich in nimmer, die ez dâ habent getân.'
dô begunde vlêgen Gîselher, der vil wætlîche man.

1124 Si sprach: 'ich muoz in grüezen: irn welts mich niht erlân.
des habt ir grôze sünde. der künic hât mir getân
sô vil der herzenswære gar âne mîne scholt.
mîn munt im giht der suone, im wirt daz herze nimmer holt.'

1112 Ca
1113 Ca 1. czimmär a. 2. harte *fehlt* a. wît *fehlt* a. 3. inngesinde a. ann fraude seit a. 4. zer] ze a.
1114 Ca 2. allecite C, *fehlt* a.
1115 Ca 1. vttenn a. ze aller a. 2. dô] doch a. daz *fehlt* a. 4. die *fehlt* a. grostenn a.
1116 Ca 1a: nie me nach liebenn freu mannenn a. 2. man moht *fehlt* a. starkchen tugennt a. 3b: *fehlt* a.
1117 Ca 1. sus] sunnst a. si *fehlt* a. al *fehlt* a. 3. zue ierem a. chain wart sprach a. 4. ir *fehlt* a. niene] nie a.
1118 Ca 1. zu dem a. mocht wir a. 2. mochte a.
1119 Ca 1. sa C, sam a. 4. ich entraue es sph sprach a.
1120 Ca 1. hin ze] hincz a. 2. marchrauin C, markgraue a. Gêren *fehlt* a. 4. an frouwen *fehlt* a. sint] der witib a.
1121 Ca 3. ers] er a. 4. ze allenn a. rehte *fehlt* a.
1122 Ca 1. zihet niemen.in. C, czeicht in niemant a. 1b: slueg dann des hagenn hant a. 2. mocht verhauenn a.
1123 Ca 3. in] im a. 4. vlêgen] voligenn a. vlegen.Giselher.C. vil wætlich C, herleich a.
1124 Ca 1. enwelt michs a. 2. des] der C. ir *fehlt* C. 3. ann mein schulde a. 4. munt] muet a. gich inn suonn a. daz hercze im wirt a. holde a.

1125 'Dar nâch wirt ez bezzer,' sprâchen ir mâge dô;
'waz ob er ir an verdienet, daz si noch wirdet vrô?'
'er mac si wol ergetzen,' sprach Gêrnôt der helt.
dô sprach diu jâmersrîche: 'seht, nu tuon ich swaz ir welt.'

1126 Si wolden künic grüezen, dô si in des verjach, 1113
mit sînen besten friunden ers in ir hûse sach. (1053)
dône torste Hagene für si niht gegân.
wol wesser sîne schulde: er het ir leide getân.

1127 Dô si verkiesen wolde ûf in den grôzen haz, 1114
Gunther gezogenlîche gie gegen ir dar nâher baz. (1054)
durch des hordes liebe was der rât getân;
dar umbe riet die suone der vil ungetriuwe man.

1128 Ez enwart nie suone mit sô vil trähenen mê 1115
mit valsche gefüeget. ir tet ir schade wê. (1055)
si verkôs ûf si alle wan ûf den einen man.
in het erslagen niemen, het ez niht Hagene getân.

1129 Dar nâch vil unlange dô truogen si daz an, 1116
daz diu küniginne den grôzen hort gewan (1056)
von Nibelunge lande und fuort in an den Rîn.
ez was ir morgengâbe, er solt ir wol von rehte sîn.

1130 Dar nâch si beide fuoren, Gîselher und Gêrnôt. 1117
zwelf hundert mannen Kriemhilt dô gebôt, (1057)
die in dâ holn solden, dâ er verborgen lac,
dâ sîn der degen Albrîch mit sînen besten friunden pflac.

1131 Dô die von Rîne kômen in Nibelunge lant, 1118
dô sprach zuo sînen mâgen Albrîch al zehant: (1058)
'wir mugen ir des hordes vor gehaben niht,
sît sîn ze morgengâbe diu edele küniginne giht.

1132 Doch enwurde ez nimmer,' sprach Albrîch, 'getân, 1119
niwan daz wir übele dâ verlorn hân (1059)
mit dem vil edeln recken die guoten tarnhût;
die truoc von allem rehte der schœnen Kriemhilde trût.

1133 Nu ist ez leider übele Sîvride komen, 1120
daz uns die tarnkappen het der helt benomen (1060)
und daz im muose dienen mit vorhten ditze lant.'
dô gie der kameræere dâ er des hordes slüzzel vant.

1134 Ez stuonden vor dem berge die Kriemhilde man, 1121
und ouch ein teil ir mâge. den schaz man truoc dan (1061)
nider zuo den ünden an diu schiffelîn;
den fuort man ûf dem sêwe ûf ze berge unz in den Rîn.

1135 Nu mugt ir von dem horde wunder hœren sagen: 1122
swaz zwelf kanzwägene meiste mohten tragen (1062)
viere tage lange von dem berge dan.
ouch muos ir ieslîcher des tages niunstunden gân.

1136 Ez enwas niht anders wan gesteine und golt. 1123
und ob man die werlt alle het dâ von gesolt, (1063)
sîn wurde nimmer minre einer marke wert.
jâne hete is Hagene âne schulde niht gegert.

1137 Der wunsch der lac dar under: von golde ein rüetelîn. 1124
der daz het erkunnen, der möhte meister sîn (1064)
wol in aller werlde über ieslîchen man.
der Albrîches mâge kom mit Gêrnôte vil dan.

1138 Dô sich der herre Gêrnôt und Gîselher daz kint
des hordes underwunden, dô underwunden si sich sint
des landes und der bürge und maniges recken balt:
daz muos in sider dienen bêdiu durch vorht und gewalt.

1125 Ca 1. dô *fehlt* a. 2. waz *fehlt* a. 4. jâmersrîche] kchreimhild a. nu secht ich tuenn a.
1126 Ca 1. wolde denn a. 2. er inn ir haus gacht a. 3. entorst a. gann a. 4. ir *fehlt* a.
1127 Ca 2. gezogenliche. gie C. 3. hartes a. wart a.
1128 Ca 1b: vonn so uil zaher denn mer a. 3. alle ir a. 4. *das erste* het *fehlt* a. vnd het es hagenn nicht a.
1129 Ca
1130 Ca 1. beide] laide a. 2. mit czwelif hunndert a. der degen Albrîch] albrich degenn phlag a. pflac] *fehlt* a.
1131 Ca 1. in] ze a. 2. al *fehlt* a.
1132 Ca 1. getann sprach albrich a. 3. edeln] guetenn a. torhuet a. 4. rehten C. vor allenn rekchen a.
1133 Ca 1. ez *fehlt* a. 2. der helt hat genomen a.
1134 Ca 2. schazze C. trvge C. trueg mann a. 3. nider *fehlt* a. schef a. 4. in] ann a.
1135 Ca 1. hœren] horn C. 2. kanzwägene] wagenn a. 4. neunnstunnd a.
1136 Ca 1. was a. wan] danne a. 2. hiet alle a. gesoldet a. 3. wurde nich minne a. wert] wer a. 4. jâne hete] iehent a.
1137 Ca 2. enchunnenn a. 3. aller] all der a. 4. chomenn mit gernottenn a.
1138 Ca 2. dô underwunden si *fehlt* a. 3. manigenn a. 4. sider] sinder a.

1139 Dô si den hort behielten in Guntheres lant 1125
und sichs diu küniginne alles underwant, (1065)
kamern unde türne sîn wurden vol getragen.
man gehôrt daz wunder von guote mêre nie gesagen.

1140 Und wær sîn tûsint stunden noch alsô vil gewesen, 1126
und solt der herre Sîvrit gesunder sîn gewesen, (1066)
bî im wære Kriemhilt hendeblôz bestân.
getriuwer wîbes künne ein helt nie mêre noch gewan.

1141 Dô si den hort nu hête, dô brâhtes in daz lant 1127
vil der vremden recken. jâ gab der frouwen hant, (1067)
daz man sô grôzer milte mêre nie gesach.
si pflac vil grôzer tugende; des man der küniginne jach.

1142 Den armen und den rîchen begunde si dô geben, 1128
daz daz reite Hagene, ob si solde leben (1068)
noch deheine wîle, daz si sô manigen man
ze dienste ir gewunne, daz si des angest müesen hân.

1143 Dô sprach der künic Gunther: 'ir ist lîp unde guot. 1129
zwiu solde ich daz wenden, swaz si dâ mit getuot? (1069)
ich erwarbez vil kûme, daz si mir wart sider holt.
nune ruochen, war si teile bêdiu ir silber und ir golt.'

1144 Hagene sprach zem künige: 'ez ensolde ein frumer man 1130
deheinem einem wîbe niht des hordes lân. (1070)
si bringet ez mit gâbe noch unz ûf den tac,
daz vil wol geriuwen die küenen Burgonden mac.'

1145 Des antwurt im Gunther: 'ich swuor ir einen eit, 1131
daz ich ir getæte nimmer mêre leit, (1071)
und wil es fürbaz hüeten: si ist diu swester mîn.'
dô sprach aber Hagene: 'lât mich der schuldige sîn.'

1146 Ir sumelîcher eide wâren unbehuot. 1132
dô nâmen si der witewen daz vil grôze guot: (1072)
Hagen sich der slüzzel aller underwant.
vil sêre ez zurnde Gêrnôt, dô er daz rehte ervant.

1147 Dô sprach der herre Gîselher: 'mîner swester hât getân 1133
Hagene sô vil der leide: ich soldez understân. (1073)
und wær er mir niht sippe, ez gienge im an den lîp.'
iteniuwez weinen tet dô Sîvrides wîp.

1148 Dô sprach der herre Gêrnôt: 'ê daz wir immer sîn   1134
gemüet mit disem golde,   wir soldenz in den Rîn   (1074)
allez heizen senken,   daz ez immer wurde man.'
si gie vil klagelîche   für Gîselher ir bruoder stân.

1149 Si sprach: 'vil lieber bruoder,   du solt gedenken mîn: 1135
des lîbes und des guotes   soltu mîn vogt sîn.'   (1075)
er sprach: 'vil liebiu swester,   daz sol sîn getân,
als wir komen widere: wir hân ze rîtene wân.'

1150 Der künic und sîne mâge   rûmten dô daz lant,   1136
mit in die besten drunder,   die man inder vant,   (1076)
niwan aleine Hagene: der beleip dâ durch den haz,
den er truoc der frouwen,   und tet vil willeclîche daz.

1151 Die herren swuoren eide,   unz si möhten leben,
daz si den schatz niht zeigen   noch niemen solden geben,
wan mit gemeinem râte,   sô si des dûhte guot.
des muosen si in vliesen   durch ir gîteclîchen muot.

1152 Ê daz die künige widere   ze Rîne wæren komen,   1137
die wîle hete Hagene   den grôzen hort genomen.   (1077)
er sancten dâ zem loche   allen in den Rîn.
er wânde in niezen eine: des enkunde sider niht gesîn.

1139 Ca 2. sich a. 3. chämer vnd tuernn a. 4. hört a. nie mer a.
1140 Ca 1. sîn *fehlt* a. 2. genesenn a. 3. gestann a. 4. getreuers a. chuenne a. mêre noch *fehlt* a.
1141 Ca 1. prachtenns a. 3. milte] miet a. nie mêr sach a. 4. vil] so a.
1142 Ca 1. dô *fehlt* a. 2. daz daz] das also a. 3. deheine wile] chain weib a. si *fehlt* a.
1143 Ca 1. ist *fehlt* a. 2. sol a. dâ mit getuot] miet da tut a. 4. nu ruech war a. teile] fail a. bêdiu *fehlt* a.
1144 Ca 1. czue dem a. frumer] piders a. 2: weib chainē hartte nicht zegewald lann a. 3. unz] hincz a. 4. daz] daz si a. mac] lanntherrenn a.
1145 Ca 2. leit] chaine laid a.
1146 Ca 1. vnbehuelt a. 3. aller *fehlt* a. 4. ez zurnde] erczuernet a. dô] daz Ca.
1147 Ca 2. der *fehlt* a. soldez] sold a. 4. ietcniwez C. ietneues a.
1148 Ca 2. soldenn inn dem Reine a. 3. allez *fehlt* a. ez *fehlt* C. nimmer a.
1149 Ca 1. bruoder *fehlt* a. 2. mîn *fehlt* a. vogt über a. 3. vil *fehlt* a. 4. nu chomenn a. ze riten C, zu reitenn nu a.
1150 Ca 1. dô *fehlt* a. 2. in] im a. darunnder a. inder *fehlt* a. 3. der *fehlt* a. 4. vil *fehlt* a. willichenn a.
1151 Ca 1. unczt daz a. 2. schazt C. niht zeigen *zweimal* C. 2b: noch gewen niemannt solde a.
1152 Ca 2. genomen *fehlt* a. 3a: er sannkchte dacz dem loch a.

1153 Erne mohte des hordes   sît gewinnen niht,
daz den ungetriuwen   vil dicke noch geschiht.
er wânde in niezen eine,   die wîl er möhte leben.
sît moht ers im selben   noch ander niemen gegeben.

1154 Die fürsten kômen widere,   mit in vil manic man. 1138
Kriemhilt ir schaden grôzen   klagen dô began (1078)
mit meiden und mit frouwen: in was harte leit.
dô gebârten die degene   sam si im heten widerseit.

1155 Dô sprâchen si gemeine: 'er hât übele getân.' 1139
er entweich der fürsten zorne   alsô lange dan, (1079)
unz er gewan ir hulde.   si liezen in genesen;
doch enkunde im Kriemhilt   nimmer vînder gewesen.

1156 Mit iteniuwem leide   beswæret was ir muot, 1141
umbe ir mannes ende,   und dô si ir daz guot (1081)
alsô gar genâmen.   dô gestuont ir jâmers klage
des lîbes immer mêre   unz an ir jungesten tage.

1157 Nâch Sîvrides tôde,   daz ist al wâr, 1142
was si in manigen leiden   unz in daz zwelfte jâr, (1082)
daz si des recken tôdes   mit klage nie vergaz.
si was in triuwen stæte,   und tet vil willeclîche daz.

1158 Eine rîche fürsten aptey   stifte vrou Uote
nâch Dancrâtes tôde   von ir guote,
mit starken rîchen urborn,   als ez noch hiute hât,
daz klôster dâ ze Lôrse,   des dinc vil hôhe an êren stât.

1159 Dar zuo gab ouch Kriemhilt   sît ein michel teil,
durch Sîvrides sêle   und umb aller sêle heil,
golt und edel steine   mit williger hant.
getriuwer wîp deheine   ist uns selten ê bekant.

1160 Sît daz diu frouwe Kriemhilt   ûf Gunther verkôs
und doch von sînen schulden   den grôzen hort verlôs,
dô wart ir herzenleide   tûsint stunde mêr.
dô wære gerne dannen   diu frouwe edel unde hêr.

1161 Dô was der frouwen Uoten   ein sedelhof bereit
ze Lôrse bî ir klôster   mit grôzer rîcheit.
dar zôch sich diu witewe   von ir kinden sît,
dâ noch diu frouwe hêre   begraben in eime sarke lît.

1162 Dô sprach diu küniginne: 'vil liebiu tohter mîn,
sît du hie niht maht belîben, sô soltu bî mir sîn
ze Lôrse in mîme hûse, und solt dîn weinen lân.'
des antwurt ir Kriemhilt: 'wem liez ich danne mînen man?'

1163 'Den lâz et hie belîben,' sprach frou Uote.
'nune welle got von himele,' sprach aber diu guote,
'mîn vil liebiu muoter: daz sol ich wol bewarn,
wander muoz fon hinnen mit mir wærlîche varn.'

1164 Dô schuof diu jâmers rîche, daz er wart ûf erhaben.
sîn edelez gebeine wart an der stunt begraben
ze Lôrse bî dem münster vil werdeclîchen sît,
dâ der helt vil küene in eime langen sarke lît.

1165 In den selben zîten, dô Kriemhilt solde
varn mit ir muoter, dar si doch wolde,
dô muoste si belîben, als ez solde sîn.
daz understuonden mære, vil verre komen über Rîn.

1153 Ca 1a: er wart vnd mocht des hartes a. 4. er ims a. geben a.
1154 Ca 2. wegunnd a. 3. meiden] mannenn a. 4. gelartenn a.
1155 Ca 1. si] die a. hât] hiet a. 3. ir hulde gewann a. 4. nimmerer veinter sein gebsenn a.
1156 Ca 1. weswärt denn muet a. waz *in* was *gebessert* C. 3a: gar wenomenn a. 3. iammer a. 4. ir] irn a.
1157 Ca 1. als war a. 2. si was a. leide a. 4. si waz treue vnd stät a.
1158 Ca 2. da nach a. 4. daz chloster ze ors lorse a. an êren *fehlt* a.
1159 Ca 1. *nach* Chriemh' *fehlt Trennungspunkt* C. die ckchreimhilde a. sît *fehlt* a. 2. umb *fehlt* a. 3. und gesteine a.
1160 Ca 2. schuden C. 3. wart] war a. 4. ware C, war a. hêr] herlich a.
1161 Ca 1. der *fehlt* a. 3. dar zôch] darczue a. 4: dannoch die fraue herwergenn ainenn saricher leit a.
1162 Ca
1163 Ca 1. lâz et] lasset a. 2. aber *fehlt* a. guot C. 4. varerenn a.
1164 Ca 1. iamerrich a. 2b: anders stunnde wart wegrabenn a. 3. herleichenn a. 4. der degen edel a. ainem saricher leit a.
1165 Ca 1 In] an a. 2. dar] als a. 3. si *fehlt* a. die märe a. vil *fehlt* a.

XX

Âventiure wie der künic Ezele nâch froun Kriemhilt ze Wormze sînen boten sande.

1166 Daz geschach in den gezîten, dô frou Helche erstarp, 1143
und daz der künic Ezele ein ander wîp warp, (1083)
dô rieten sîne friunde in Buregonden lant
zeiner werden witewen, diu was frou Kriemhilt genant.

1167 Sît daz erstorben wære der schœnen Helchen lîp, 1144
si sprâchen: ‘welt ir immer gewinnen edel wîp, (1084)
die hœhsten und die besten, die ie künic gewan,
sô nemt die selben witewen: der starke Sîvrit was ir man.’

1168 Dô sprach der künic rîche: ‘wie kunde daz ergân, 1145
sît ich bin ein heiden und toufes nine hân? (1085)
sô ist diu frouwe kristen und tuot es lîhte niht.
ez muoz sîn ein wunder, ob ez immer geschiht.’

1169 Dô sprachen aber die snellen: ‘waz ob siz lîhte tuot? 1146
durch iuwern namen den hôhen und iuwer michel guot, (1086)
sô sol manz doch versuochen an daz vil edel wîp;
sô mugt ir gerne minnen den ir vil wunneclîchen lîp.’

1170 Dô sprach der künic Ezele: ‘wem ist under iu bekant 1147
bî Rîne aller beste liute und ouch daz lant?’ (1087)
dô sprach von Bechelâren der guote Rüedegêr:
‘ich hân irkant von kinde die edeln küniginne hêr,

1171 Gunthern und Gêrnôten, die küenen ritter guot; 1148
Gîselher der junge: ir ieslîcher tuot, (1088)
swaz er der hôhen êren mit tugenden mac begân.
ouch hânt ir alten mâge al daz selbe her getân.’

1172 Dô sprach der künic rîche: ‘friunt, du solt mir sagen, 1149
ob si ob mînen landen krône solde tragen. (1089)
ist ir lîp sô schœne, sô man mir hât geseit?’
des antwurt im Rüedegêr, der recke küene und gemeit:

1173 ‘Si gelîchet sich mit schœne wol der frouwen mîn, 1150
Helchen der vil rîchen, und kunde niht gesîn (1090)
in dirre werlde schœner deheines küniges wîp.
den si lobt ze friunde, der mac wol trœsten den lîp.’

1174 Er sprach: 'sô wirbez, Rüedegêr, sô lieb als ich dir sî. 1151
und sol ich Kriemhilde immer geligen bî, (1091)
des wil ich dir lônen, sô ich beste kan:
sô hâstu mînen willen mit grôzen triuwen getân.

1175 Ûzer mîner kameren sô heiz ich dir geben, 1152
daz du und dîne geverten vrœlîche mügt leben. (1092)
von kleidern und von rossen des nim, swaz du wil;
des gib ich dir zewâre zuo der boteschefte vil.'

1176 Des antwurte Rüedegêr, der marcgrâve rîch: 1153
'gert ich dînes guotes, daz wære unlobelîch. (1093)
ich wil dîn bote gerne wesen an den Rîn
mit mîn selbes guote, des soltu gar âne angest sîn.'

1177 Dô sprach der künic Ezele: 'nu wenne welt ir varn 1154
nâch der vil minneclîchen? got sol iuch bewarn (1094)
der reise an allen êren und ouch die frouwen mîn.
des helfe mir gelücke, daz si uns genædic müeze sîn.'

1178 Dô sprach aber Rüedegêr: 'ê ich rûme ditze lant, 1155
wir müezin ê bereiten wâfen und gewant, (1095)
schilde unde sätele, des wir êre hân.
ich wil ze Rîne füeren fünfhundert mîner küenen man.

Überschrift: der *fehlt* a. froun *fehlt* a. ze Wormze *fehlt* a. sein poten a.
1166 Ca 1. pei denn czeitenn a. starb a. 2b: ein andereu warib a. 4. ze ainer a. was] wär a, *fehlt* C. frou *fehlt* a.
1167 Ca 1. schœnen] werdenn a. 2. ein edel a. 3b: die *fehlt* a.
1168 Ca 2. taufe nicht enhann a. 4. ein ein michell wunder a.
1169 Ca 1. aber *fehlt* a. wer wais ob si es a. 2. durich evren mainē hochenn nam a. 4. minnichleichenn a.
1170 Ca 2. ouch daz *fehlt* a. 4. hêr *fehlt* a.
1171 Ca 1. gunnther vnd gernot a. edelnn ritter chuenn a. 3. mit grossenn ernn a. mit *fehlt* a. dugennt a. 4. daz] diz a.
1172 Ca 4b *fehlt* a.
1173 Ca 1. mit schœne *fehlt* a. 3. dirre] der a. deheines *fehlt* a. 4. ze fraudenn a.
1174 Ca 1. wirb mir es a. 2. nimmer a. 3. sô ich] sich a.
1175 Ca 1. aus a. 2. dein magen a. mugenn a. 3. und *fehlt* C. nime C. wilde a. 4. zware C, *fehlt* a.
1176 Ca 1. rîch *fehlt* a. 2. ware C, war a. 4. selbers a. âne *fehlt* a.
1177 Ca 1. nu *fehlt* a. wann will du a. 4. sey genädig a. mvse *in* mvze *gebessert* C.
1178 Ca 4. mîner küenen *fehlt* a. man der meinen a.

1179 Swâ man in vremden landen mich und die mîne sehe, 1156
daz ir ieslîcher denne dir des jehe, (1096)
daz nie künic deheiner alsô manigen man
sô verre baz gesande, danne du ze Rîne habest getân.

1180 Ob duz, künic rîche, dar umbe niht wellest lân: 1157
si was ir edeln minne Sîvride undertân, (1097)
dem Sigemundes kinde, den hâstu hie gesehen.
man muose im grôzer êren mit rehter wârheite jehen.'

1181 'Dar umbe ich si niht vremde, was si des recken wîp. 1158
jâ was wol alsô tiure sîn vil edel lîp, (1098)
daz ich niht versmæhen die küniginne sol:
durch ir grôzen schœne sô gevellet si mir wol.'

1182 'Sô wil ich iu die wârheit,' sprach Rüedegêr dô, 'sagen, 1159
daz wir hinnen rîten in vier und zweinzic tagen. (1099)
ich enbiut ez Gotelinde, der vil lieben frouwen mîn,
daz ich nâch Kriemhilde selbe bote welle sîn.'

1183 Hin ze Bechelâren sande Rüedegêr 1160
boten sîme wîbe, der marcgrâvinne hêr, (1100)
und enbôt ir, daz er solde dem künige werben wîp.
si gedâhte friuntlîche an der guoten Helchen lîp.

1184 Dô diu marcgrâvinne die boteschaft vernam, 1161
der mære si sich freute; doch weinens si gezam, (1101)
ob si gewinnen solde noch frouwen alsam ê.
sô si gedâht an Helchen, daz tet Gotelinde wê.

1185 Uzer Hiunin lande der marcgrâve reit. 1162
des was der künic Ezele vrô und ouch gemeit. (1102)
dâ zer stat ze Wiene bereite man in wât,
die er füeren solde, als man uns gesagt hât.

1186 Dâ ze Bechelâren im warte Gotelint. 1163
diu junge marcgrâvinne, daz Rüedegêres kint, (1103)
sach ir vater gerne und ouch sîne man.
dô wart ein liebez bîten von schœnen kinden getân.

1187 Dô der marcgrâve ze Bechelâren reit, 1164
dô was in mit vlîze ir gewæfen und ir kleit (1104)
bereitet gar ze wunsche, im und sînen man.
ir soumer ûf der strâze sach man mit in zogen dan.

1188 Dô si ze Bechelâren kômen in die stat, 1165
di sînen reisgesellen herebergen bat (1105)
der wirt vil minneclîchen, und schuof in guot gemach.
Gotelint diu rîche den wirt si niht zungerne sach.

1189 Sam tet sîn liebiu tohter, diu junge marcgrâvîn; 1166
diu enkunde ir vater künfte niht hôhers muotes sîn. (1106)
die von Hiunen landen, wie gerne si die sach!
mit lachendem munde diu süeze juncfrouwe sprach:

1190 'Nu sî uns grôze willekomen, mîn vater und sîne man.' 1167
dô wart vil grôze danken mit vlîze getân (1107)
des marcgrâven kinde von manigem recken guot.
vil wol erkande Gotelint des guoten Rüedegêres muot.

1191 Dô si des nahtes nâhen bî Rüedegêre lac, 1168
vil minneclîche vrâgen in diu frouwe pflac, (1108)
war in gesendet hête der künic von Huinin lant.
er sprach: 'mîn liebiu frouwe, daz sol werden dir bekant.

1179 Ca 1: wa man mich inn fromdenn lannden sach a. 2: das dir jesleicher das iäch a. 3. das nie chain chunig a. 4. besannt a. *nach* Rîne *Punkt* C. habst C. hast getann ze Reine a.
1180 Ca 1. du a. niht *fehlt* a. 4. gros ernn a. wârheite] manhait a.
1181 Ca 2. vil *fehlt* a. 3. versmach a. 4. schonne grosse a. sô *fehlt* a. si *fehlt* a.
1182 Ca 1. iu *fehlt* a. wareheit C. 1b: sagen sprach der graue Ruediger a. 2. vonn hinnenn a. 3. vil *fehlt* a.
1183 Ca 2: seinenn pottenn zue der markgrauinne a. 3. ir *fehlt* a.
1184 Ca 1. pothaft a. 2. wainenn a. 3: ob si wainenn solde nach frauen helchenn a. 4a: *fehlt* a. Gotlinde C, glindenn a.
1185 Ca 1. hannenn lanntenn a. 2. ouch *fehlt* a. 3. dâ zer] ze der a. 4. hat gesaget a.
1186 C; *fehlt* a.
1187 Ca 2. in] im a. ir gewæfen] waffenn a. 3. manen a. 4. cziehenn a.
1188 Ca 2. herwergten a. bat *fehlt* a. 4. die fraue a. vngern a.
1189 Ca 1. alsam a. liebiu] iungeu a. 1b: *fehlt* a. 2. enchunnden a. niht *fehlt* a.
1190 Ca 1. sein a. uns] mir a. vnd auch sein a. 2. mit willenn a. 3. manigenn a.
1191 Ca 1. nâhen *fehlt* a. 3a: warumb gesennt inn a. 4. mîn] uil a. dir werden a.

1192 Ich sol mîme herren   werben umbe ein wîp, 1169
sît daz ist erstorben   mîner frouwen lîp. (1109)
ich wil nâch Kriemhilde   rîten an den Rîn:
diu sol hie zen Hiunen   gewaltec küniginne sîn.'

1193 'Daz wolde got,' sprach Gotelint,   'möht uns daz heil geschehen! 1170
sît daz wir ir hœren   sô grôzer êren jehen, (1110)
si ergazt uns mîner frouwen   lîht in alten tagen
mit ir hôhen tugenden,   daz wir müesin si verklagen.'

1194 Dô sprach der marcgrâve: 'triutinne mîn, 1171
di mit mir suln rîten   hinnen an den Rîn, (1111)
den sult ir friuntlîche   bieten iuwer guot.
sô helde varent rîche,   sô sint si vrœlîch gemuot.'

1195 Si sprach: 'ez ist deheiner   derz von mir gerne nimt, 1172
ine geb ir ieslîchem   swaz im wol gezimt, (1112)
ê daz ir hinnen scheidet   mit den iuwern man.'
daz si dem wirte lobte,   daz wart mit vlîze getân.

1196 Hey, waz man dô von kamere   der rîchen pfellel truoc! 1173
der wart mit den recken   geteilet dô genuoc, (1113)
erfüllet vlîzeclîche   von halse unz ûf den sporn.
die im dâ zuo behageten,   die het im Rüedegêr erkorn.

1197 An dem sibenden morgen   von Bechelâren reit 1174
der wirt mit sînen degenen.   wâfen unde kleit (1114)
fuorten si den vollen   durch der Baier lant.
si wurden ûf der strâzen   durch rouben selten an gerant.

1198 Dâ die helede fuoren,   niemen niht in nam.
man moht in dannen dienen   als in wol gezam.
ritter unde knehte   die wâren wol gekleit.
der guote marcgrâve   alsus von Bechelâren reit.

1199 Inre tagen zwelfen   si kômen an den Rîn. 1175
dône kunden disiu mære   niht verholn sîn. (1115)
man sagte dem künige   und ouch sînen man,
dâ kœmen hôhe geste.   der wirt dô vrâgen began,

1200 Ob iemen si bekande,   daz manz im solde sagen. 1176
man sah ir soumære   sô rehte swære tragen: (1116)
daz si vil rîche wæren,   daz wart dâ wol bekant.
man hiez si herbergen   dâ ze Wormez al zehant.

1201 Dô die geste wâren zen herebergen komen, 1177
dô wart ir gevertes vaste war genomen. (1117)
si wundert, wannen füeren die recken an den Rîn.
der wirt nâch Hagene sande, ob ez im kündic möhte sîn.

1202 Dô sprach der von Tronege: 'nu lât mich si sehen. 1178
als ich si nu geschouwe, ich kan iu wol verjehen, (1118)
von swannen si gesendet sîn in ditze lant.
si suln sîn vil vremde, ine habe si schiere bekant.'

1203 Inlende hêten die geste nu genomen. 1179
in vil rîchiu kleider was der bote komen (1119)
mit sînen hergesellen. ze hove si dô riten;
si fuorten guotiu kleider wol und spæhe gesniten.

1204 Dô sprach der snelle Hagene: 'als ich mich kan verstân, 1180
wande ich die helde lange niht gesehen hân, (1120)
si varnt dem gelîche als ez sî Rüedegêr,
von hiunischen rîchen der degen küene unde hêr.'

1205 'Wie solde ich des getrouwen,' sprach der künic zehant, 1181
'daz der von Bechelâren kœme in ditze lant?' (1121)
ê daz der künic rîche die rede vol sprach,
Hagene der küene den guoten Rüedegêren sach.

1192 Ca 1. ein *fehlt* a. 3. frauenn kchreimhildenn a. 4: du solt hie an haim gewaltig sein a.
1193 Ca 2. ir *fehlt* a. 4b: *fehlt* a.
1194 Ca 2. hin a. 4. si *fehlt* C.
1195 Ca 1. der es a. gerne *fehlt* a. 2. ich gab a. ieslichem C. geczäm a. 4. denn wirt lobtenn a.
1196 C; *fehlt* a.
1197 Ca 2. sînen *fehlt* a. 2b *und* 3a: wollgewappent a.
1198 Ca 1. ritenn a. 1b: vngeraubet a. 2. danne a. 3. bechlait a. 4. alsus *fehlt* a. der rait a.
1199 Ca 1. Inner czwelif tagenn a. 2. do enchunnde a. 4. komen Ca. dô *fehlt* a. wegunnd fragenn a.
1200 Ca 1. erchant a. mann ims a. 2. saume a. 2b: so swär a. 3a: si warnn reich a. 3. dâ *fehlt* a. 4. al] sa a.
1201 Ca 1a: do die geste a. waren chomenn a. 2. vaste *fehlt* a. 3. vonn wanne a. 4. sannt nach hagenn a. kündic möhte sîn] chunnt war a.
1202 Ca 1. sich mich a. 2. schaue a. sagenn a. 3: von wan si sein gesannt inn dicz lannt a. 4. vremden Ca. ich hab a.
1203 Ca 1. Inlende] phenntleichen a. wenomenn a. 2. ir uil a. 4. spæhe] schonn a.
1204 Ca 4. reiche a.
1205 Ca 2. cham a. 3. gesprach a. 4. Rvdegern C, Ruediger a.

1206 Mit sînen besten friunden   lief er zuo zim dan. 1182
man sach fünfhundert degene   von den rossen stân. (1122)
dô wurden wol enpfangen   die von Hiunin lant.
boten nie getruogen   alsô hêrlîch gewant.

1207 Dô sprach in hôher stimme   der herre Hagene: 1183
'nu sîn grôze willekomen   dise degene, (1123)
der vogt von Bechelâren   und alle sîne man.'
daz grüezen wart mit êren   den snellen Hiunin getân.

1208 Des küniges næhsten mâge   kômen dâ man si sach. 1184
Ortwîn von Mezzin   zuo Rüedegêre sprach: (1124)
'wir haben in aller wîle   mêre nie gesehen
geste hie sô gerne: des wil ich wærlîche jehen.'

1209 Des gruozes si dô dancten   den helden über al. 1185
mit dem hergesinde   si giengen in den sal, (1125)
dâ si den künic funden   bî manigem küenen man.
der wirt dô von dem sedele   gie gegen Rüedegêre dan.

1210 Wie rehte friuntlîche   er den gast enpfie 1186
und alle sîne degene!   Gêrnôt dô niht enlie, (1126)
ern enpfienge in ouch mit êren   und alle sîne man.
der künic Rüedegêre   fuorte bî der hende dan.

1211 Er brâht in zuo dem sedele   dâ er selbe saz. 1187
den gesten hiez man schenken   (mit willen tet man daz) (1127)
mete den vil guoten   und den besten wîn,
den iemen vinden kunde   in dem lande al umben Rîn.

1212 Gîselher und Gêre   die bêde wâren komen; 1188
Dancwart unde Volkêr   die heten wol vernomen (1128)
von den werden gesten,   si wæren hôchgemuot.
si enpfiengen vor dem künige   die ritter edel unde guot.

1213 Dô sprach zuo sîme herren   der degen Hagene: 1189
'ez solden immer dienen   alle iuwer degene (1129)
daz uns der marcgrâve   ze liebe hât getân.
des solde man enpfâhen   wol den Gotelinde man.'

1214 Dô sprach der künic Gunther: 'ine kan niht langer dagen. 1190
wie si sich gehaben beide,   daz sult ir mir sagen, (1130)
Ezele unde Helche   ûzer Hiunin lant.'
dô sprach der marcgrâve: 'ich solz iu sagen hie zehant.'

1215 Dô stuont er von dem sedele   mit allen sînen man. 1191
er sprach zuo dem künige: 'lât mich urloup hân (1131)
ze sagene solhiu mære,   dar umbe ich bin gesant
von deme künic Ezele   her zuo der Buregonden lant.'

1216 Er sprach: 'swaz man uns mære   bî iu enboten hât, 1192
diu erloub ich iu ze sagene   âne friunde rât. (1132)
ir sult si lâzen hœren   mich und mîne man,
wande ich iu aller êren   hie ze werbene gan.'

1217 Dô sprach der bote hêre: 'iu enbiutet an den Rîn 1193
getriuwelîchen dienest   der grôze voget mîn, (1133)
und allen iuwern friunden,   die ir müget hân;
und wizzet, disiu boteschaft   ist in triuwen gar getân.

1218 Iu bat der künic edele   klagen sîne nôt. 1194
sîniu lant sint verweiset: mîn frouwe diu ist tôt, (1134)
Helche diu vil rîche,   ein küniginne hêr,
nâch der mîn herre lîdet,   daz wizzet, ungefügiu sêr.

1219 Kint der edeln fürsten,   diu si gezogen hât, 1195
dar an ez inme lande   vil jæmerlîchen stât: (1135)
die enhânt nu leider niemen   der ir mit triuwen pflege.
des wæn ouch sich vil seine   des küniges sorge gelege.'

1206 Ca 1. zim] im a. 3. lanntenn a.
1207 Ca 1b: hagenn der weigant a. 2. werdenn degenn a.
1208 Ca
1209 Ca 1. gruessen a. 3. küenen] werdenn a. 4. dô *fehlt* a. gesidell a.
1210 Ca 2 *und* 3a: *fehlt* a. 4: der chunig pei der hennde fuert Ruedigern danne a.
1211 Ca 1. gesidell a. 3: met vnd wein denn pestenn a. 4. vmb denn a.
1212 Ca 1a: geiselher gere dannkchwart vnde volker a. 1. bêde *fehlt* a. warn Ca. 2a: *fehlt* a. 2. die] vnd a. wol *fehlt* a. 3a: die werden geste a. 4. die edelnn ritter vnd gut a.
1213 Ca 4. sold mann woll enphahenn a. der frauenn gotlindenn a.
1214 Ca 1. ich enchann a. 2. daz] die a. 4. soll a. hie *fehlt* a.
1215 Ca 1. Dô *fehlt* a. er *fehlt* a. dē gesidelle a. 2. nu lat mich erlaubt hann a. 4. Burgā a.
1216 Ca 2. vrlaub a. 4. eu hie a. hie ze werbene *fehlt* a.
1217 Ca 1. hêre] herre a. 2. getreuleich seinenn dinst a. grôze *fehlt* a. 3. hân *fehlt* a. 4. wissenn a. gar *fehlt* a.
1218 Ca 3. vil *fehlt* a. 4. daz] da a.
1219 Ca 2. inn dem a. 3. phlegenn a. 4. *das erste* des] das a. sich] ich a. seine] chleine *in* seine *gebessert* C, chleine a.

1220 'Nu lôn im got,' sprach Gunther, 'daz er den dienest sîn 1196
sô willeclîch enbiutet mir und den friunden mîn. (1136)
sînen gruoz ich gerne hie vernomen hân,
den mir enbiutet Ezele: des sol er grôz genâde hân.'

1221 Dô sprach von Burgonden der herre Gêrnôt: 1197
'die werlt mac wol riuwen der schœnen Helchen tôt (1137)
durch ir manige tugende, der si wol kunde pflegen.'
der rede gestuont im Hagene, der vil zierlîche degen.

1222 Dô sprach aber Rüedegêr, der edel bote hêr: 1198
'sît ir mir, künic, erloubet, ich sol iu sagen mêr, (1138)
waz iu mîn lieber herre her enboten hât,
sît im nâch mîner frouwen sîn dinc sô kumberlîchen stât.

1223 Man sagt mîme herren, iuwer swester sî âne man, 1199
Sîvrit sî erstorben. ist daz alsô getân, (1139)
sô sol mîn frou Kriemhilt die rîchen krône tragen
vor den Ezelen recken: diz bat iu der künic sagen.'

1224 Dô sprach der künic rîche, wol gezogen was sîn muot: 1200
'sô hœret mînen willen (ob siz gerne tuot), (1140)
den wil ich iu künden in disen siben tagen.
ê ichz an ir erfüere, zwiu solde ich Ezelen versagen?'

1225 Die wîle man den gesten hiez schaffen guot gemach. 1201
in wart dâ sô gedienet, daz Rüedegêr des jach, (1141)
daz er dâ friunde hæte bî Guntheres man.
Hagene im diente gerne: er hete im alsam getân.

1226 Alsus beleip dô Rüedegêr unz an den vierden tac. 1202
der künic nâch râte sande. wie wîslîch er pflac (1142)
vrâgen sîne mâge, ob si dûhte guot getân,
daz Kriemhilt nemen solde den künic Ezelen ze man.

1227 Si rietenz al gemeine, wan eine Hagene. 1203
der sprach ze Gunther dem degene: (1143)
'habt ir rehte sinne, sô wirt ez wol behuot,
ob sis joch volgen wolde, daz irz nimmer getuot.'

1228 'Warumbe,' sprach dô Gunther, 'solde ichs volgen niht? 1204
swaz der küniginne liebes geschiht, (1144)
des sol ich ir wol gunnen: si ist diu swester mîn.
wir soldenz selbe werben, ob ez ir êre möhte sîn.'

1229 Dô sprach aber Hagene: 'nu lât die rede stân. 1205
und het ir Ezelen kunde, als ich sîn kunde hân, (1145)
solte si in danne minnen, als ich iuch hœre jehen,
sô wære iu aller êrste von schulden sorgen geschehen.'

1230 'Warumbe?' sprach dô Gunther; 'ich behüete wol immer daz, 1206
daz ich im kome sô nâhen, daz ich deheinen haz (1146)
von im müese dulden, und wurde si sîn wîp.'
dô sprach aber Hagene: 'ez geræetet nimmer mîn lîp.'

1231 Man hiez nâch Gêrnôte und Gîselhere gân, 1207
ob der frouwen brüeder dûhte guot getân, (1147)
daz Kriemhilt nemen solde den rîchen künic hêr.
noch widerreit ez Hagene unde ander niemen mêr.

1232 Dô sprach von Burgonden Gîselher der degen: 1208
'nu mugt ir, friunt Hagene, noch der triuwen pflegen: (1148)
ergetzet si der leide und ir ir habt getân.
swar an ir wol gelunge, daz solt ir ungevêhet lân.'

1233 'Jâ habt ir mîner swester getân sô starkiu leit,' 1209
sô sprach aber Gîselher, der degen vil gemeit, (1149)
'daz si des hete schulde, ob si iu wære gram:
nie man deheiner frouwen mêre freuden noch genam.'

1220 Ca 2. willichenn enpaut a. 4. mir *fehlt* a. er *fehlt* a. grosse *zweimal* a.
1221 Ca 2. tôt] leib a. 3. der so sy a. 4. vil *fehlt* a.
1222 Ca 3. lieber *fehlt* a. her *fehlt* a.
1223 Ca 4. dem eczelln reiche a. bat] lat a.
1224 Ca 1. rîche] gunnther a. 2. si es a. 3. den] daz a. 4. eruinde a. zwiu] was a.
1225 Ca 1. guetenn a. 2. sô *fehlt* a. geiennt a. des *fehlt* a. 3. hate C, het a. Gunth^{s}s Ca. 4. diennt inn a. wanne er het a.
1226 Ca 1. dô *fehlt* a. sibenntenn a. 2. wiselich C. 3. sîne mâge] die seinenn a.
1227 Ca 1. alle a. 2. *nach* Gunth^{s} *fehlt Trennungspunkt* C. der *fehlt* a. also ze gunnthernn dem werdenn degenn a. 3. es euch woll a. 4. si es iäch a. wolde *fehlt* a. 4b: daz solt ir ir nimmer geuoligenn tuet a.
1228 Ca
1229 Ca 2. chunne a. chunne a. 3. sagenn a. 4. sorige weschehen a.
1230 Ca 1. wol das immer daz a.
1231 Ca 1b: vnd nach gern vnd geiselhern gan a. 2. guote C. 3. neme C. sold nemenn a. rîchen *fehlt* a. 4. widerriet a.
1232 Ca 1. der *fehlt* a. 3. und] die a. 4. wol] wellt a.
1233 Ca 1b: uill laide getann a. 2. sô] do a. uil her a. 4. mer feude a.

1234 'Daz ich dâ wol bekenne, daz tuon ich iu kunt: 1210
sol si nemen Ezele, gelebt si an die stunt, (1150)
si getuot uns leide, swie siz getraget an.
jâ gewinnet si ze dienste, daz wizzet, manigen küenen man.'

1235 Des antwurte Hagene der herre Gêrnôt: 1211
'ez mag alsô belîben unz an ir beider tôt, (1151)
daz wir gerîten immer in Ezelen lant.
wir suln ir leisten triuwe: daz ist zen êren uns gewant.'

1236 Dô sprach aber Hagene: 'mir kan niemen widersagen. 1212
und sol diu frouwe Kriemhilt Helchen krône tragen, (1152)
si getuot uns leide, swie si gefüeget daz.
ir sult ez lân belîben: daz kumt iu recken michel baz.'

1237 Mit zorne sprach dô Gîselher, der edeln Uoten sun: 1213
'wir ensulen niht alle meinlîche tuon. (1153)
swaz liebes ir geschæhe, vrô solten wir des sîn.
swaz ir geredet,Hagene, ich dien ir durch die triuwe mîn.'

1238 Dô daz Hagene hôrte, dô wart er ungemuot. 1214
Gêrnôt unde Gîselher, die stolzen ritter guot, (1154)
und Gunther der rîche gerieten sider daz,
ob siz loben wolde, daz siz liezen âne haz.

1239 Dô sprach der küene Gêre: 'sô wil ich hine gân 1215
und wil mîne frouwen die rede wizzen lân, (1155)
waz ir der künic Ezele her enboten hât,
ob si in nemen welle: daz sî mit triuwen unser rât.'

1240 Dô gie der snelle recke dâ er Kriemhilde sach. 1216
si enpfie in minneclîche. wie balde er dô sprach: (1156)
'ir mugt mich gerne grüezen und geben botenprôt.
iuch wil gelücke scheiden ûzir aller iuwer nôt.

1241 Ez hât durch iuwer minne, frouwe, her gesant 1217
ein der aller beste, der ie küniges lant (1157)
besaz mit vollen êren oder krône solde tragen.
ez werbent boten edele, daz hiezen iu die künige sagen.'

1242 Dô sprach diu jâmers rîche: 'iu sol verbieten got 1218
und andern mînen friunden, daz si deheinen spot (1158)
an mir armen üeben. waz soldich einem man,
der ie herzenliebe von guotem wîbe gewan?'

1243 Si widerreit iz sêre.   dô kômen aber sint 1219
Gêrnôt ir bruoder   und Gîselher daz kint; (1159)
di bâten minneclîche   trœsten si den muot:
ob si den künic næme,   ez wær ir wærlîchen guot.

1244 Überwinden niemen   kunde dô daz wîp, 1220
daz si minnen wolde   deheines mannes lîp. (1160)
dô bâten si die recken: ‘nu lâzet doch geschehen,
ob ir niht anders wellet tuon,   sô sult ir Rüedegêren sehen.’

1245 ‘Daz enwil ich niht versprechen,   ine welle in gerne sehen, 1221
den guoten Rüedegêren;   daz lâz ich wol geschehen (1161)
durch sîne manige tugende.   wær er niht her gesant,
swerz ander boten wæren,   den wær ich immer unbekant.’

1246 Si sprach: ‘ir sult in morgen   heizen her gân 1222
zuo mîner kemenâten: ich wil in hœren lân (1162)
wes ich mich habe berâten   wil ich im denne sagen.’
ir wart eriteniuwet   daz ir vil grœzlîche klagen.

1247 Dô engert ouch nihtes mêre   der edel Rüedegêr, 1223
niwan daz er gesæhe   die küniginne hêr: (1163)
er wiste sich sô wîsen,   daz er wol an getragen
möhte swaz er wolde.   ir rede im muose wol behagen.

1234 Ca 2. eczelnn denn chunig a. 3. wie si es getregt a.
1235 Ca 1. antwrt C. 1: do anntwurt gernot a. 2. paider hannt tode a. 3. des eczeln a.
1236 Ca 1. abe a. 4. ir es sullet a.
1237 Ca 1. sun] chint a. 2. sullenn a. meinlîche] gemainechleich a. 3. ir *fehlt* a. 4. dienn euch ir a.
1238 Ca 2. ritter guot] degenn a. 4. si es a. si es a.
1239 Ca 1. küene] graue a. hinnenn a. 2. meiner a. 3. Ezele her *fehlt* a. enpotenn hat *zweimal* a.
1240 Ca 4. aus a.
1241 Ca 2a: ain denn pestenn a. 3. tragenn solde a.
1242 Ca 1. jammerleich a. 2. andernn niemannt freundenn a. 3. armer a. einem] einenn a. 4. guetenn weiben a.
1243 Ca 1. chome a. seint a. 4. ez] er a.
1244 Ca 4. ir] er C. sult ir] lat euch doch a.
1245 Ca 1. daz will a. ich welle a. 2a: denn degenn chuenn a. 4: swar ez ander pottenn dem wär ich nimmer bechannt a.
1246 Ca 1. her haissen her a. 2. wil *fehlt* a. 3. danne a. 4. eriteniuwet] nitneu a. grœzlich Ca.
1247 Ca 1. nicht a. Rvdegere C. 2. here C. 2b: die edelnn chunigin her a. 3. *das erste* er *fehlt* a. an *fehlt* a. 4. inn muessenn a.

1248 Des anderen morgens, dô man früemesse sanc, 1224
die edeln boten kômen; dô wart dâ grôz gedranc. (1164)
die mit Rüedegêre ze hofe solden gân,
der sach man wol gekleidet manigen wætlîchen man.

1249 Kriemhilt diu vil arme, diu trûric gemuot, 1225
si warte Rüedegêre, dem edeln boten guot. (1165)
der vant si in der wæte die si alle zîte truoc:
dâ bî het ir gesinde rîcher kleider genuoc.

1250 Si gie im hin begegene zuo der türe stân, 1226
und enpfie vil lieplîche den Ezelen man. (1166)
niwan mit zwelf gesellen man in dar in verlie.
man bôt im michel êre: ir kom ein hôher bote nie.

1251 Man bat den herren sitzen unde sîne man. 1227
die zwêne marcgrâven sach man vor in stân, (1167)
Gêrn und Ecgewarten: daz schuof diu künigîn.
die selben boten kunden nimmer baz gewirdet sîn.

1252 Dô si dâ wol gesâzen und sâhen manic wîp, 1228
dô pflac niwan weinens der Kriemhilde lîp. (1168)
ir wât was vor den brüsten der heizen trähene naz.
daz sach der marcgrâve: der helt niht langer dô dâ saz.

1253 Er sprach in grôzen zühten: 'vil edel küniges kint, 1229
mir und mînen geverten, di mit mir komen sint, (1169)
sult ir, frou, erlouben, daz wir für iuch stân
und sagen iu diu mære, durch waz wir her geriten hân.'

1254 'Nu sî iu erloubet,' sprach diu künigîn, 1230
'ze sagen iuwer mære, alsô stât mîn sin; (1170)
sprechet swaz ir wellet, des iuch dunke guot.'
di boten an ir wol sâhen ir vil trûrigen muot.

1255 Dô sprach von Bechelâren der fürste Rüedegêr: 1231
'dienst unde triuwe Ezel, ein künic hêr, (1171)
hât iu enboten, frouwe, her in ditze lant.
er hât nâch iuwer minne vil guote degene gesant

1256 Und enbiutet iu innenclîche freude âne leit. 1232
der stæten friuntschefte sî er iu bereit (1172)
als Helchen mîner frouwen, diu im ze herzen lac.
ir sult nu tragen krône, der mîn frouwe wîlen pflac.'

1257 Dô sprach diu küniginne: 'vil edel Rüedegêr, 1233
wær ieman, der bekande diu mînen scharpfen sêr, (1173)
der riete mir niht triuten noch deheinen man:
wan ich vlôs ein den besten, den ie frouwe mêr gewan.'

1258 'Waz mag ergetzen leides,' sprach dô der küene man, 1234
'wan vriuntlîche liebe swer die kan begân, (1174)
und dann der einen kiuset, der im ze rehte kumet?
für herzenlîche swære niht sô grœzlîche frumet.

1259 Und ruochet ir ze minnen den hôhen voget mîn, 1235
zwelf rîcher krône sult ir frouwe sîn. (1175)
dar zuo gît iu mîn herre wol drîzec fürsten lant;
diu hât er betwungen mit sîner ellenthaften hant.

1260 Ir sult ouch werden frouwe über manigen küenen man, 1236
die ouch mîner frouwen wâren undertân, (1176)
und vil der schœnen mägede, der si hete gewalt,
und hôher recken mâge, edel, küene unde balt.

1261 Dar zuo iu mîn herre gît, daz heizet er iu sagen, 1237
ob ir geruochet krône bî dem künige tragen, (1177)
gewalt den aller hôhsten, den Helche ie gewan;
den sult ir gewaldeclîche hân ob allen sînen man.'

1248 Ca 1. andern Ca. 2. wart uill grosleich a. 4. wolbechlaidet a. manigem C. herleichenn a.
1249 Ca 1. *das zweite* diu *fehlt* a. 2. si] die a. 3. ze allenn czeitenn a. 4. klei-der *fehlt* a.
1250 Ca 1. Si] do a. enkegenn a. 2. werdenn eczeln mann a. 3. inn man a. 4. im] inn a. ir] im a.
1251 Ca 2. in *fehlt* a. 3. kuniginne Ca.
1252 Ca 2. de edelnn kchreimhildenn a. 3. wât] wart C. vor] vonn a. czaher a. 4. dô dâ *fehlt* a. gesas a.
1253 Ca 1. in] mit a. edels a. 2. getreutenn a. 3. frou *fehlt* a. *vor* ivch *(Zeilenanfang) ist* v *(Zeilenende) durchgestrichen* C. 4. hân] sein a.
1254 Ca 3. daz euch tunnkcht a. 4. wol ann ir a. traurichleichenn a.
1255 Ca 1. fürste] markgraue a. Rüedegêr *fehlt* a. 3. her fraue a. 4. guetenn degenn a.
1256 Ca 1. minnichleichenn freunnde a.
1257 Ca 2. starkchenn a. 3. der *fehlt* a. 4. ich *fehlt* a. ainen a. die ie ain fraue gewan a.
1258 Ca 3. danne der der aine a.
1259 Ca 1. ze minne a. 4. elennthafter a.
1260 Ca 1. chuennen werdenn mann a. 3. magedein a. 4: *fehlt* a. magen C.
1261 Ca 1. iu *fehlt* a. herre.git. C. er *fehlt* a.

1262 Dô sprach diu küniginne: 'wie möhte mînen lîp 1238
immer des gelüsten, deich wurde heledes wîp? (1178)
mir hât der tôt an einem sô rehte leit getân,
des ich unz an mîn ende muoz in riuwen immer stân.'

1263 Dô sprâchen aber die Hiunin: 'küniginne rîch, 1239
iuwer leben wirt bî Ezele sô rehte lobelîch, (1179)
daz ir des wol vergezzet, ist daz ez ergât;
wan der künic rîche vil manigen zieren degen hât.

1264 Die mîner frouwen mägede und iuwer mägedîn 1240
suln die bî ein ander ein gesinde sîn, (1180)
dâ bî sô möhten recken werden wol gemuot.
lât ez iu, frouwe, râten, ez wirt iu wærlîchen guot.'

1265 Si sprach in ir zühten: 'nu lât die rede stân 1241
unze morgen früeje, sô sult ir her gân; (1181)
sô wil ich iu antwurten des ir dâ habet muot.'
des muosen dô gevolgen die recken küene unde guot.

1266 Dô si zen herbergen alle kômen dan, 1242
dô hiez diu frouwe Kriemhilt nâch Gîselhere gân, (1182)
und ouch nâch ir muoter. si saget in beiden daz,
daz si gezæme weinen und niht anderes baz.

1267 Dô sprach ir bruoder Gîselher: 'swester, mir ist geseit 1243
und wilz ouch wol gelouben, daz elliu dîniu leit (1183)
Ezel der künic swende, und nimstu in ze man.
swaz ander iemen râte, sô dunket ez mich guot getân.'

1268 'Er mac dich wol ergetzen,' sprach aber Gîselher. 1244
'vonme Roten zuo dem Rine, ûf bî Elbe unz an das mer, (1184)
sô ist ir deheiner alsô gewaltic niht.
du maht dich freun balde, sôr dîn ze küniginne giht.'

1269 Si sprach zuo zir bruoder: 'zwiu rætestu mir daz? 1245
klagen unde weinen mir immer zæme baz. (1185)
wie solde ich vor recken dâ ze hove gân?
wart mîn lîp ie schœne, des bin ich âne getân.'

1270 Uote, ir beider muoter, sprach ir tohter zuo: 1246
'swaz dîne brüeder râten, vil liebez kint, daz tuo. (1186)
nu volge dînen friunden; sô mac dir wol geschehen.
ich hân dich doch sô lange in grôzem leide gesehen.'

1271 Dô bat si got den rîchen füegen ir den rât, 1247
daz si ze gebene hête golt, silber unde wât (1187)
sam bî ir êrsten manne, dô der noch was gesunt.
si gelebte doch nimmer mêre sît sô vrœlîche stunt.

1272 Dô gedâhtes in ir sinne: 'sol ich mînen lîp 1248
geben einem heiden (ich bin ein kristen wîp), (1188)
des müese ich von der werlde grôz itewîze hân.
gæb er mir elliu rîche, sô ist ez immer ungetân.'

1273 Dâ mite siz lie belîben. die naht unz an den tac 1249
diu frouwe in vil gedanken an ir bette lac. (1189)
diu ir vil liehten ougen wurden trucken nie,
unze si aber den morgen hin zer mettîne gie.

1274 Ze rehter messezîte die herren wâren komen. 1250
si heten aber ir swester under hende genomen; (1190)
jâ rieten si ir minnen den künic ûz Hiunen lant.
die frouwen ir deheiner vil lützil vrœlîche vant.

1275 Si bâten dar gewinnen die Ezelen man. 1251
Rüedegêr der rîche biten dô began (1191)
die frouwen minneclîche, waz si nu wolde tuon,
ob si ze manne wolde des künic Botelunges sun.

1262 Ca 1. mochte daz a. 2. des *fehlt* a. wrde C, werde a. 4: das ich muess vnnczt ann meine ent in reuenn immer stann a.
1263 Ca 1: sprachenns aber die chuennenn mann zue der chuniginne reich a. 2. rechte *fehlt* a. 3. vergessenn a. ez *fehlt* a. 4. degen *fehlt* a.
1264 Ca 2. die *fehlt* a. 4. lat euchs a. râten *fehlt* a.
1265 Ca 4. muestenn voligenn a.
1266 Ca 1. ze herwerge a. 4. anders Ca.
1267 Ca 2. gelouben wol C. 3. ze ainem manne a. 4. rätet a.
1268 Ca 2. vonn dem a. an] inn a. 4. so er a.
1269 Ca 1. zue irem a. 2. zäm immer a. 3. dâ ze hove] ze houe immer a.
1270 Ca 1. *das zweite* ir *fehlt* a. zuo *fehlt* a. 2. dein prueder reted a. 4. doch *fehlt* a. grossenn a.
1271 Ca 1. riche C. 2. golt. silber. C. 4. mêre *fehlt* a.
1272 Ca 1. gedachs a. irenn sinnenn a. 2. vnd ich a. 3. so mues a. ietbiss a. 4. gêb C, gäbe a.
1273 Ca 1. si es a. an *fehlt* a. 2. ir] dem a. 3. vil *fehlt* a. 4. aber den] ann dem a. ze a.
1274 Ca 1. mettenn zeit a. 2. hendē a. 3. minne dem a. lanndenn a. 4. deheiner] chin a.
1275 Ca 1. eczelinessr a.

1276 Si jach, daz si geminnen nimmer mêre wolde man. 1254
dô sprach der marcgrâve: 'daz wære missetân. (1194)
zwiu woldet ir verderben alsô schœnen lîp?
ir muget noch mit êren werden hôhes recken wîp.'

1277 Niht half, daz si gebâten, unze Rüedegêr 1255
sprach in heinlîche die küniginne hêr, (1195)
er wolde si ergetzen swaz ir ie geschach.
ein teil begundir senften ir vil unsenftez ungemach.

1278 Er sprach: 'frouwe hêre, lât iuwer weinen sîn. 1256
ob ir zen Hiunin hêtent niemens danne mîn, (1196)
getriuwer mîner friunde und ouch der mînen man,
er müeses sêre engelten, und het iu iemen iht getân.'

1279 Dâ von ein teil geringet wart dô der frouwen muot. 1257
si sprach: 'so swert mir, Rüedegêr, swaz mir iemen tuot, (1197)
daz ir mir sît der næhste, der reche mîniu leit.'
dô sprach der marcgrâve: 'des bin ich, frouwe, bereit.'

1280 Mit allen sînen mannen swuor ir dô Rüedegêr 1258
mit triuwen immer dienen, und daz die recken hêr (1198)
ir nimmer niht versageten ûz Ezelen lant,
des si êre haben solde: des sichert ir Rüedegêres hant.

1281 Dô gedâhte diu getriuwe: 'sît daz ich friunde hân 1259
alsô vil gewunnen, nu sol ich reden lân (1199)
die liute swaz si wellen, ich jâmerhaftez wîp.
waz,ob noch wirt errochen mîns vil lieben mannes lîp?'

1282 Si gedâhte: 'sît daz Ezele der recken hât sô vil, 1260
sol ich den gebieten, sô tuon ich swaz ich wil. (1200)
er ist ouch wol sô rîche, daz ich ze gebene hân:
mich hât der mordær Hagene des mînen âne gar getân.'

1283 Si sprach ze Rüedegêre: 'het ich daz vernomen, 1261
daz er niht wære ein heiden, sô wolde ich gerne komen (1201)
swar er hete willen, und næme in zeinem man.'
dô sprach der marcgrâve: 'die rede sult ir, frouwe, lân.

1284 Ern ist niht gar ein heiden, des sult ir sicher sîn.
jâ was vil wol bekêret der liebe herre mîn,
wan daz er sich widere vernogieret hât.
wolt ir in, frouwe, minnen, sô möhte sîn noch werden rât.

1285 Ouch hât er sô vil recken in kristenlîcher ê, 1262
daz iu bî dem künige nimmer wirdet wê. (1202)
ir mugt ouch lîhte erwerben, daz der fürste guot
wider ze gote wendet beide sêle unde muot.'

1286 Dô sprâchen aber ir brüeder: 'lobt iz, swester mîn. 1263
iuwer ungemüete sult ir nu lâzen sîn.' (1203)
si gertens alsô lange, daz ir vil trûric lîp
lobte vor den degenen, si würde Ezelen wîp.

1287 Si sprach: 'ich muoz iu volgen, ich armiu künigîn, 1264
daz ich var zen Hiunin, sô daz nu mac gesîn, (1204)
swenne ich die friunt gewinne, die mich füeren in sîn lant.'
des bôt diu küniginne vor den degen ir hant.

1288 Dô sprach der marcgrâve: 'habt ir zwêne man, 1265
dar zuo hân ich ir mêre: ez wirdet wol getân, (1205)
daz wir iuch mit den êren bringen über Rîn.
ine lâze iuch nu niht langer hie zen Buregonden sîn.

1289 Fünfhundert mîner manne und ouch der mâge mîn, 1266
die suln iu hie dienen und ouch dâ heime sîn (1206)
swie ir in gebietet: ich selbe tuon alsam,
sô ir mich ermant der mære, daz ichs nimmer mich gescham.

1276 Ca 1. si sprach daz das a. 3. zwiu] was a. alsô] so a.
1277 Ca 1. patenn a. 2. inn haimleichait a. die] der a. 3. geschach ie a. 4. begundir senften] si säuftenn a. vnsennfter a.
1278 Ca 1. sîn *fehlt* C. 2. zen] ze a. hietetenn a. 3. getriuwer mîner *fehlt* a. der] die a. 4. het *fehlt* a.
1279 Ca 1. dô *fehlt* a. 4. fraue meine a.
1280 Ca 3. niht *fehlt* a. chunig eczell a. 4. soldenn a. ir] si a.
1281 Ca 1. diu] ir die a. 2. lân *fehlt* a. 3. die laute lann a. 4. waz *fehlt* a. vil *fehlt* a.
1282 Ca 1. gedacht das seit das a. 2. den gebieten] danne pietenn a. swaz ich *fehlt* a. 3. ouch *fehlt* a. 4. mörde a. gar ane a.
1283 Ca 1. vnd het a. 3. swar er] swär a. ze ainem a. 4. frouwe *fehlt* a.
1284 Ca 1. er ist a. 3. wann dann daz er a. widere *fehlt* a. 4. in *übergeschrieben* C *fehlt* a. minnenn fraue a. woll werden a.
1285 Ca 1. er *fehlt* a. 3. das das a. 4. paideu a.
1286 Ca 1a: sprachenn aber do ir prueder a. iz] ir Ca. 4. das si wurde dez eczll a.
1287 Ca 1b: ich] ir C. ich uil armes weib a. 2. ze heunnenn lanndenn a. so nu daz muge a. 4. pat a. degn C. degenn a.
1288 Ca 2. ir *fehlt* a. 3. den *fehlt* a. 4. nu *fehlt* a. ze a.
1289 Ca 1. die mage a. 3. pietet a. 4. manet a. daz *fehlt* a. ich mich nimmer schame a.

1290 Nu heizet iu bereiten   iuwer pferitkleit 1267
(die Rüedegêres ræte   iu nimmer werdent leit), (1207)
und sagetez iuwern mägeden,   die ir dâ füeren welt.
jâ kumet uns begegene   vil manic ûzerwelter helt.'

1291 Si heten noch gesmîde,   daz man dâ vor reit 1268
bî Sîvrides zîten,   daz si vil manige meit (1208)
mit êren mohten füeren,   sô si wolden dan.
hey, waz man guoter sätele   den schœnen frouwen gewan!

1292 Ob si dâ vor getrüegen   deheiniu rîchen kleit, 1269
der wart in zuo der verte   vil manigez nu bereit, (1209)
wande in von dem künige   sô vil gesaget wart.
si sluzzen ûf die kisten,   die ê stuonden wol bespart.

1293 Si heten grôz unmuoze   unz an den zwelften tac: 1270
si suochten ûz den valden   des vil dar inne lac. (1210)
Kriemhilt hiez entsliezen   balde ir kameren dan:
si wolde machen rîche   alle Rüedegêres man.

1294 Si hete noch des goldes   von Nibelunge lant 1271
(si wânde ez dâ zen Hiunin   teilen solde ir hant), (1211)
daz iz sehs hundert mœre   ninder kunden tragen.
diu mære hôrte Hagene   dâ von Kriemhilde sagen.

1295 Er sprach: 'sît mir Kriemhilt   doch nimmer wirdet holt, 1272
sô muoz ouch hie belîben   daz Sîvrides golt. (1212)
zwiu solde ich mînen vînden   lân sô michel guot?
ich weiz wol, daz diu frouwe   wunder mit dem schatze getuot.

1296 Und bræhte si in zen Hiunin,   ich wil gelouben daz, 1273
er würde doch zerteilet   niwan ûf mînen haz. (1213)
sine habent ouch niht der rosse,   die in solden tragen.
in wil behalten Hagene,   daz sol man Kriemhilde sagen.'

1297 Dô si vernam diu mære,   dô wart ir grimme leit. 1274
ez wart ouch den künigen   allen drin geseit. (1214)
si woldenz gerne wenden.   dô des niht geschach,
Rüedegêr der edele   dar zuo hêrlîche sprach:

1298 'Vil rîchiu küniginne,   zwiu klaget ir daz golt? 1275
iu ist der künic Ezele   in der mâze holt, (1215)
gesehent iuch sîniu ougen,   er gît iu alsô vil,
daz irz zerteilet nimmer: des ich iu eide swern wil.'

1299 Dô sprach diu küniginne: 'vil edel Rüedegêr, 1276
ez gewan nie küniges tohter die rîcheite mêr, (1216)
denne der mich Hagene âne hât getân.'
dô kom der starke Gêrnôt hin zer kameren gegân.

1300 Mit gewalt des küniges slüzzil stiez er an die tür: 1277
golt daz Kriemhilde reichte man der für. (1217)
ze drîzec tûsint marken oder dannoch baz
hiez er nemen die geste: liep was Gunthere daz.

1301 Dô sprach von Bechelâren der Gotelinde man: 1278
'ob ez mîn frouwe Kriemhilt allez möhte hân, (1218)
swaz sîn ie wart gefüeret von Nibelunge lant,
sîn gerüeret nimmer marke mîn noch der küniginne hant.

1302 Lât ez nemen, frouwe, swerz gerne haben wil. 1279
ich brâhte ûz mîme lande des mînen alsô vil, (1219)
daz wir es ûf der strâze haben guoten rât,
und unser koste hinnen mit vollen hêrlîchen stât.'

1290 Ca 1. euer pfärft vnd chlaider a. 4. ckegenn a.
1291 Ca 1. gesinde daz inn da vor rait a. 2. da sy a. 3. füeren *fehlt* a. wollde danne a.
1292 Ca 1. reicheu a. 2. beraitet a. 4. woll stuenndenn a.
1293 Ca 4. wolldenn a.
1294 Ca 1. niblunnges a. 2. zen] ze a. 3. ninder] nicht a.
1295 Ca; *ab* 1295,3: zwiu U.
1. seit des mir a. 2. daz] des a. 3. zwiu solde] waz wolde a. 4. wæiz C. dem] dem selbenn a. tuet a. ich weiz wol waz div vrowe mit dem schatze getuot U.
1296 CUa 1. prehten si in hintz den hivnen U. 2. er doch wurde getailet a. niht wan U. 3. si Ua. 4. chrimhildē U.
1297 CUa 2. drien U, drein a. 3. dô] so a. 4. herlich U, herleichenn a.
1298 CUa 1. zwiu] was a. 3. also uil des goldes a. 4. nimmer gar a.
1299 CUa 3. danne a. 4. da U. chome Ca. der helde gernot a. hin zuo (ze a) der chemenaten gegan Ua.
1300 CUa 1. an *fehlt* a. 2a: golt daz] das der a. 2. er her fuͤr U, mann herfuer a. 3. dennoch U. dannoch mer a. 4. die werden geste a. Gvnther U. 4b: *fehlt* a.
1301 CUa 1. der vonn pechlarnn a. 2. Kriemhilt *fehlt* U. 4. sein gereret a. der küniginne] die der kchunig a.
1302 CUa 1. swer ez U, der es a. 2. minē U. 3. es] ez *in* es *verbessert* C, sin U. 4. vonn hinnenn a.

1303 Dâ vor in aller wîle   erfüllet zwelf schrîn 1280
des aller besten goldes,   daz inder möhte sîn, (1220)
heten noch ir meide: daz fuorte man von dan
mit der küniginne.   daz ander muosin si dâ lân.

1304 Gewalt des übelen Hagenen   der dûhte si ze starc. 1281
si het ir opfergoldes   noch wol tûsint marc: (1221)
daz teilte si der sêle   irs vil lieben man.
daz dûhte Rüedegêre   in grôzen triuwen getân.

1305 Dô sprach diu frouwe Kriemhilt: 'wâ nu friunde mîn, 1282
die durch mich ellende   zen Hiunin wellen sîn, (1222)
und mit mir suln rîten   in Ezelen lant?
die nemen golt daz mîne   und kaufen ros und ouch gewant.'

1306 Des antwurte ir schiere   der marcgrâve Ekkewart: 1283
'sît ich iuwer gesinde   ie von êrste wart, (1223)
sô entweich ich iu nie triuwen,'   sprach der küene degen,
'und wil iu immer dienen,   die wîle wir beide leben megen.

1307 Ich wil ouch mit mir füeren   hundert mîner man, 1284
der ich iu ze dienste   wol mit triuwen gan. (1224)
wir sîn ungescheiden,   ez entuo der tôt.'
der rede neig im Kriemhilt,   daz irz der helt sô wol erbôt.

1308 Dô zôch man dar die mœre: si wolden varn dan. 1285
dâ wart vil michel weinen   von friunden getân. (1225)
frou Uote diu guote   und manic schœne meit
die zeigeten, daz in wære   nâch der küniginne leit.

1309 Hundert schœner megede   diu frouwe mit ir nam: 1286
die wurden sô gekleidet,   als in daz wol gezam. (1226)
ûf ir vil liehten bouge   die trähene vielen nider.
si gelebten vil der freude   dort bî Ezelen sider.

1310 Ir brüeder kômen beide,   Gîselher und Gêrnôt, 1287
mit ir ingesinde   als in ir zuht gebôt. (1227)
dô wolden si beleiten   ir liebe swester dan.
ouch fuorten si ir degene   mit in wol tûsint küene man.

1311 Dô kom der snelle Gêre   und ouch Ortewîn; 1288
Rûmolt der kuchenmeister   dâ mite muose sîn. (1228)
si schuofen die nahtselde   der frouwen ûf den wegen.
Volkêr was ir marschalc,   der solde ir herberge pflegen.

1312 Nâch küssen michel weinen wart dâ vil vernomen,
ê daz si von der bürge ze velde wæren komen.
ûz riten unde giengen die sis niene gebat.
dô reit der künic Gunther mit ir ein wênic für die stat.

1313 Ê si von hûse füeren, si heten für gesant 1289
ir boten harte snelle in der Hiunin lant, (1229)
die dem künige sageten, daz im Rüedegêr
ze wîbe hete gewunnen die edeln küniginne hêr.

1314 Die boten strichen sêre: in was der reise nôt
durch die grôzen êre und durch rîchiu potenbrôt.
dô si ze lande wâren mit den mæren komen,
dô het der künic Ezele nie sô liebes niht vernomen.

1315 Durch disiu lieben mære hiez der künic geben
den boten solhe gâbe, daz si wol mohten leben
mit freuden immer mêre dar nâch unze an ir tôt.
mit liebe was verswunden des küniges kumber unde nôt.

1303 CUa 1. erfvllet wrden U. 2. in der werlte U. 3. fvrt U, fuetenn a. 4. mvsse si da U, muest man da a.
1304 CUa 3. man *fehlt* a. 4. taücht a. Rvdeger U, Ruedigernn a. in vil grozen U. güt vnd inn getreuen a.
1305 CUa 2. mich *fehlt* U. zen] ze U. 2b *und* 3: zen heunnenn wellennt mit mir reitenn inn chunig eczelnn lannt a. 3. rieten U. 4. die niemen das golde meine a. rosse C. ouch *fehlt* a.
1306 CUa 1. antwrt U. antwurt ir uil a. 2. ie *fehlt* a. 3. nie] nimmer inn a. degenn kchuenne a. 4. beide leben megen] lebenn mugenn a, bæide geleben U.
1307 CUa 1. ouch *fehlt* a. 3. ez tvo denn der tot U, es tue dē der grime tod a. 4. neig im] naigt do a. daz] do U.
1308 CUa 1. dar *fehlt* U. 1: do weist mann danne die mit ir wolten reittenn danne a. 2. dâ] do U. 3. diu guote *fehlt* a. 4. erzaigten Ua.
1309 Ca; *bis* 1309,2: ... gezam U.
1. wol hundert a. megede] frauenn a, maide U. 2. wrdet U. daz *fehlt* a. zame a. 3. liechteu wange a. zaher a. 4. chunig eczell a.
1310 Ca 1b: *fehlt* a. 2. pott a. 3. liebe *fehlt* a. 4. chuenner manne a.
1311 Ca 2. kchuchell maister a. da mit auch a. 3. die] vmb die a. der] denn a.
1312 Ca 1. wart uill da geschehenn a. 2. wærn C, warn a. 3. sis niene] si nie a. 4. stat] stat rait a.
1313 Ca 2. harte *fehlt* a.
1314 Ca 2. rîchiu] guet a. 3. ze *fehlt* a. warn chomenn mit denn märn a.
1315 Ca 1. liebeu a. 2. solicheu a.

XXI

Âventiure wie Kriemhilt von Wormze schiet, dô si gein den Hiunen fuor.

1316 Die boten lâzen rîten und tuon iu daz erkant, 1290
wie diu küniginne füere durch daz lant, (1230)
oder wâ von ir kêrten ir brüeder beide wider.
si heten ir sô gedienet, daz sis in muose danken sider.

1317 Urloubes von ir gerte dô vil manic degen. 1291
si muosin sich ze Vergen der reise hine bewegen. (1231)
dô si wider wolden rîten an den Rîn,
dône mohtez âne weinen von lieben friunden niht gesîn.

1318 Gîselher der snelle sprach zer swester sîn: 1292
'swenne daz du, frouwe, bedurfen wellest mîn, (1232)
ob dir iht gewerre, daz tuo mir bekant:
sô rîte ich dir ze dienste in daz Ezelen lant.'

1319 Die ir sippe wâren, die kustes an den munt. 1293
vil minneclîche scheiden kôs man an der stunt (1233)
die snellen Burgonden von Rüedegêres man.
dô fuort diu küniginne manige magt wolgetân,

1320 Hundert unde viere, die truogen pfâwen kleit, 1294
von genagelten rîchen pfellen. vil der schilde breit (1234)
man fuorte bî den frouwen nâhen ûf den wegen.
dô nam ouch urloup Volkêr, der vil zierlîche degen.

1321 Dô si über Tuonouwe kômen in Beyerlant, 1295
dô wurden disiu mære wîten bekant, (1235)
daz zen Hiunin füere Kriemhilt diu künigîn.
des freut sich ir œheim, ein bischof, der hiez Pilgerîn.

1322 In der stat ze Pazzouwe was er bischof. 1296
die herberge wurden lære und ouch des fürsten hof: (1236)
si îlten gegen den gesten ûf in Bayerlant,
dâ der bischof Pilgerîn die schœnen Kriemhilde vant.

1323 Sînem ingesinde was daz niht ze leit, 1297
daz si ir volgen sâhen sô manige schœne meit. (1237)
dâ trûte man mit ougen der edeln ritter kint.
vil rîche herberge gap man den edeln gesten sint.

1324 Dâ ze Pledelingen schuof man in gemach.
daz volc man allenthalben zuo zin rîten sach.
man gab in willeclîche des si bedorften dâ.
si nâmenz wol mit êren. als tet man sider anderswâ.

1325 Diu frouwe mit ir œheim ze Pazzouwe reit. 1298
ez was den burgæren darinne niht ze leit, (1238)
daz dar komen solde des fürsten swester kint.
si wart vil wol enpfangen von den koufliuten sint.

1326 Daz si belîben solden, der bischof hetes wân. 1299
dô sprach der marcgrâve: 'es enmac niht ergân. (1239)
wir müezin nider rîten in der Hiunin lant.
uns wartet vil der degene: wande ez in allen ist bekant.'

1327 Disiu mære ouch wiste diu schœne Gotelint. 1300
si bereite sich mit vlîze gein ir frouwen sint. (1240)
ir het enboten Rüedegêr, daz in daz dûhte guot,
daz si der küniginne dâ mite trôste den muot,

1328 Daz si ir rite engegene mit den sînen man 1301
ûf zuo der Ense. dô daz wart getân, (1241)
dô sach man allenthalben vil unmuoze pflegen.
durch der geste liebe si muosin ruowe sich bewegen.

Überschrift: schied vn̄ zē heüne̅ fuer a.
1316 Ca 1. lassenn wir a. daz *fehlt* a. wekchannt a. 2. aus dem a. 3: oder wo ir prueder kcherten wider a. 4. daz si ins muesten a.
1317 Ca 1: vrlaub gewann vil manik degenn a. 2 *und* 3a: sy muesten sich vewegen der raise hin wider sy wolden a. 4. do enmochtenns a. gesein nicht a.
1318 Ca 1. ze der a. 2b: pedurftes meine a. 4. daz Ezelen] des kchunigs a.
1319 Ca 1. kchustenns an ieren mund a. 2. minneklichez C, minnichleichs a. man da a. 4. dô *fehlt* a. die kchunigine fuert a. vil manig maget a.
1320 Ca 1: hunndert fier die fuertenn edell kchlaider genuegk a. 2 *und* 3: *fehlt* a. 4: volker der uill zierleich degenn vrlaub er do nam a.
1321 Ca 3. kchreimhild fuer deu kchuniginne a. 4. fräute a.
1322 Ca 2. wurden *fehlt* a.
1323 Ca 3. der] die a. riters a. 4. edeln] werden a. sint *fehlt* a.
1324 Ca 2. zue inn a. 3b: was si da wedarftenn a. 4. daz namenn woll a. also a.
1325 Ca 2: *fehlt* a. 3. soldenn a.
1326 Ca 1. het des a. 2. es mag a. 3. der *fehlt* a. 4. wartennt a. alles a.
1327 Ca 2. si peraitet si mit a. 3. daz inn da a. 4. getrostet ir denn muet a.
1328 Ca 4. verwegenn a.

1329 Si was der næhsten nahte ze Everdingen komen. 1302
gnuoge ûz Bayerlande, solden si hân genomen (1242)
den roup ûf der strâze nâch ir gewonheit,
sô heten si den gesten erboten eteslîchiu leit.

1330 Daz hete wol behüetet der edel Rüedegêr: 1303
er fuorte tûsint ritter unde dannoch mêr. (1243)
dô was ouch komen Gotelint, des marcgrâven wîp;
mit ir fuor herrenlîche vil maniges küenen recken lîp.

1331 Dô si über die Trûne kômen bî Ense ûf daz velt, 1304
dô sach man ûf gespannen hütten und gezelt, (1244)
dâ die geste solden die nahtselde hân.
von Rüedegêres friunden wart in dienste vil getân.

1332 Gotelint diu schœne die herberge lie 1305
hinder ir belîben. ûf den wegen gie (1245)
mit klingenden zöumen die mœre wolgetân.
der antfanc wart vil schœne: liep was iz Rüedegêre ir man.

1333 Di in ze bêden sîten kômen ûf den wegen, 1306
die riten vrœlîche: der was vil manic degen. (1246)
si pflâgen ritterschefte: daz sach vil manic meit.
ouch was der helede dienest den schœnen frouwen niht ze leit.

1334 Dô zuo den gesten kômen die Rüedegêres man, 1307
vil der trunzûne sach man ze berge gân (1247)
von der recken handen mit ritterlîchen siten.
dâ wart wol ze prîse vor den frouwen geriten.

1335 Daz liezen si belîben. dô gruozte manic man 1308
vil güetlîch ein ander. dô fuorten si von dan (1248)
die schœnen Gotelinde dâ si Kriemhilde sach.
die frouwen dienen kunden, die muosin lîden ungemach.

1336 Der voget von Bechelâren zuo sîme wîbe reit. 1309
der edeln marcgrâvinne was daz niht ze leit, (1249)
daz er sô wol gesunder was von Rîne komen.
jâ was ir vil ir sorgen mit grôzen vreuden benomen.

1337 Dô si in het enpfangen, er hiez si ûf daz gras 1310
erbeizen mit den frouwen, swaz ir dâ mit ir was. (1250)
mit dienste was unmüezic dâ vil manic man:
der wart den schœnen frouwen mit grôzem vlîze getân.

1338 Dô sach diu küniginne hie Gotelinde stên 1311
mit ir ingesinde. si lie niht nâher gên: (1251)
daz pferit mit dem zoume zucken si began.
si bat sich heben balde nider von dem satel dan.

1339 Den bischof sach man wîsen sîner swester kint 1312
(in und Ekkewarten) zuo Gotelinde sint. (1252)
dâ wart vil michel wîchen an der selben stunt.
dô kuste diu ellende an der marcgrâvinne munt.

1340 Dô sprach vil minneclîche daz Rüedegêres wîp: 1313
'nu wol mich, liebiu frouwe, deich iuwern schœnen lîp (1253)
hân in disen landen mit freuden hie gesehen.
mir enkunde in disen zîten nimmer lieber geschehen.'

1341 'Nu lôn iu got,' sprach Kriemhilt, 'vil edel Gotelint. 1314
sol ich gesunt belîben und Botelunges kint, (1254)
ez mag iu komen ze liebe, daz ir mich habt gesehen.'
in beiden was unkunde daz sider muose geschehen.

1342 Mit zühten zuo zein ander si sâzen ûf den klê. 1315
die gerne frouwen sâhen, den was dâ niht ze wê. (1255)
ir süeziu ougenweide brâht in hôhen muot,
den wîben sam den mannen, als ez noch vil dicke tuot.

1329 Ca 1. der] zer a. chomenn ze Euerding a. 2. die soldenns habenn a.
1330 Ca 4. herrenlîche *fehlt* a. 4b: uil manigk man a.
1331 Ca 1. bî] ze a. ûf] vber a. 2. czelt a. 4. uil diennst a.
1332 Ca 4. anuankch waz a. iz] ir a.ı.
1333 Ca 3. ritterschaft a. meit] mann vnd maide a. 4. dienest] ze dinst a. ze leit *fehlt* a.
1334 Ca 1. den *fehlt* a. die] des a. 3. der] den C.
1335 Ca 1. si da a. 2. ann ainander a. 4. frauenn die da a. 4b: die lidenn grossenn vngemach a.
1336 Ca 2. daz] da a. 3. sô *fehlt* a. waz chomen von a. Rîne *fehlt* a. 4: ia wart uil sorgenn vnd jammer der frauenn benomen a.
1337 Ca 1. si hiez *mit Umstellungszeichen* C, hies sy a. 2. erwaisen a. was] warnn a. 4. grôzem *fehlt* a.
1338 Ca 2. si enlie a. gann a.
1339 Ca 4. an der] der suessenn a.
1340 Ca 2. deich] daz ich a. 3. hân] hie a. hie] han a.
1341 Ca 1. lann a. 3. zeliebe kchomenn a. 4. muose] solt a.
1342 Ca 1. si zue a. zein] ein a. si sâzen] sassenn a. 2. denn tet das nicht we a. 3. deu pracht a. 4. sam] als a. vil *fehlt* a.

1343 Man hiez den gesten schenken: ez was wol mitter tac. 1316
daz edel ingesinde dâ niht langer lac: (1256)
si riten dâ si funden vil manige hütten breit.
dâ was den werden gesten vil grôziu wirtschaft bereit.

1344 Die naht si heten ruowe unz an den morgen fruo. 1317
die von Bechelâren bereiten sich dar zuo, (1257)
wie si behalten solden vil manigen werden gast.
wol het geschaffen Rüedegêr, daz in vil wênic iht gebrast.

1345 Diu venster an den mûren sach man offen stân: 1318
diu guote Bechelâren diu was ûf getân; (1258)
dar in riten geste, die man vil gerne sach.
den het der wirt vil edele geschaffen rîchen gemach.

1346 Diu Rüedegêres tohter mit ir gesinde gie 1319
dâ si die küniginne vil minneclîch enpfie. (1259)
dâ bî was ouch ir muoter, des marcgrâven wîp.
mit liebe wart gegrüezet vil maniger juncfrouwen lîp.

1347 Sie viengen sich bî henden unde giengen dan 1320
in einen palas wîten, der was vil wolgetân, (1260)
dâ diu Tuonouwe unden hine vlôz.
si sâzen gegen dem lufte und heten kurzewîle grôz.

1348 Wes si nu mêre pflægen, des kan ich niht gesagen. 1321
daz in sô übele zogete, daz hôrte man dô klagen (1261)
die Kriemhilde recken, wandez was in leit.
hey, was guoter degene mit ir von Bechelâren reit!

1349 Vil minneclîchen dienest der marcgrâve in bôt. 1322
dô gab diu küniginne zwelf pouge rôt (1262)
der Gotelinde tohter, und alsô guot gewant,
daz si niht bezzers brâhte in daz Etzelen lant.

1350 Swie ir genomen wære der Nibelunge golt, 1323
alle die si gesâhen, die machte si ir holt (1263)
noch mit dem kleinem guote, daz si dâ mohte hân.
des wirtes ingesinde wart michel gâbe getân.

1351 Dâ widere bôt dô êre diu frouwe Gotelint 1324
den gesten von dem Rîne sô minneclîche sint, (1264)
daz man dô der fremden harte wênic vant,
sine trüegen ir gesteine oder ir vil hêrlîch gewant.

1352 Dô si enbizzen wâren und daz si solden dan, 1325
von der hûsfrouwen wart geboten an (1265)
getriuwelîcher dienest daz Etzelen wîp.
dô wart ouch vil getriutet der schœnen juncfrouwen lîp.

1353 Si sprach zer küniginne: 'swenne iuch nu dunket guot, 1326
ich weiz wol, daz iz gerne mîn lieber vater tuot, (1266)
daz er mich zuo ziu sendet in der Hiunin lant.'
daz si ir getriuwe wære, vil wol daz Kriemhilt ervant.

1354 Diu ros bereitet wâren für Bechelâren komen. 1327
ouch het diu küniginne urloup nu genomen (1267)
von Rüedegêres wîbe und von der tohter sîn.
dô schiet ouch sich mit gruoze vil manic schœne magedîn.

1355 Ein ander si vil selten gesâhen nâch den tagen. 1328
ûzer Medelicke ûf handen wart getragen (1268)
manic goltvaz rîche, dar inne brâht man wîn
den gesten ûf die strâze und bat si willekomen sîn.

1343 Ca 2. gesinde a. 3b: vil manigenn czelt vnd hüttenn a. 4. weraitet a.
1344 Ca 3. werden gast] mann a. 4. geschaffen] geschafft daz a.
1345 Ca 1. die sa man a. 2. guote] gue a. 3. dar in] dar ine C, dr'inne a. 4. vil edele *fehlt* a. schaffen C, geschaffet a.
1346 Ca; *ab* 1346,3: da bi ... R.
1. dy Ruedigers hannt tochter a. 2. minnichleichen a. 3. (ouch i)r R.
1347 CRa 1. sich bî henden] sich bi den henden R, sy pey denn hennden a. 2. in eine(n palas) R. 3. vlo(z) R. 4. (heten) R.
1348 CRa 1. pflægen] pflêgen C, pflagenn a. ich *fehlt* C. ich euch a. 2. vbel Ra. 3. wan daz R, wanne daz a. 4. degene] rekehenn a. ir] in Ra.
1349 CRa 1. inn der markgraue a. 2. gabt C. 4. brâhte] me gesach a. in des kvneg ezlen (eczel a) Ra.
1350 CRa 1. wære] was a. 2: alle dy da sachenn daz die macht sy ir hold a. 3. (n)och R. chleinen Ra. mohte hân] hett hann a. 4. wart] was a.
1351 Ca; *bis* 1351,2: ... den gesten von d(em) R.
1. da widerpot da a. wider R. 3. dô *fehlt* a. fremden] freunden a. wênic *fehlt* a. 4. si truegenn a. oder] vnd a.
1352 Ca 1. enbizzen] inne a. und *fehlt* a. 2. wart *fehlt* a. 3. des eczelns a. 4. war a.
1353 Ca 1. zue der a. wann a. 2. iz gerne *fehlt* a. 3. zue euch a. 4. wie woll a.
1354 Ca 1. warnn werait a. 2. nu *fehlt* a. 4. sich *fehlt* a. schones a.
1355 Ca 1. aneinannder a. sachenn a. 2. Medeliche C, medeleicher a. 3. denn weinn a. 4. strassenn a.

1356 Ein wirt was dâ gesezzen,   Astolt was der genant; 1329
der wîste si die strâze   nider in Ôsterlant (1269)
gegen Mûtâren   die Tuonouwe nider.
dâ wart vil wol gedienet   der rîchen küniginne sider.

1357 Der bischof minneclîche   von sîner nifteln schiet. 1330
daz si den künic bekêrte,   wie vast er ir daz riet, (1270)
und daz si ir êre koufte   sam Helche het getân.
hey, waz si grôzer êren   sît dâ zen Hiunin gewan!

1358 Zuo der Treysem brâhte   man die geste dan. 1331
ir pflâgen vlîzeclîche   die Rüedegêres man, (1271)
unze daz die Hiunin   riten über lant.
dô wart der küniginne   vil michel êre bekant.

1359 Bî der Treysem hête   der künic von Hiunin lant 1332
eine burc vil rîche,   diu was wol bekant, (1272)
geheizen Treysenmûre.   frou Helche saz dâ ê
und pflac sô grôzer tugende,   deiz wætlîch nimmer mêr ergê,

1360 Ez entæte danne Kriemhilt,   diu alsô kunde geben: 1333
si mohte nâch ir leide   daz liep vil wol geleben, (1273)
daz ir jâhen êre   die Etzelen man,
der si sît grôzen vollen   bî den helden gewan.

1361 Diu Etzelen hêrschaft   was sô wît erkant, 1334
daz man zallen zîten   in sîme hofe vant (1274)
die aller besten recken,   von den ie wart vernomen
under kristen und under heiden: die wâren gein der briute komen.

1362 Bî im was zallen zîten,   daz wætlîch mêr ergê, 1335
kristenlîcher orden   und ouch der heiden ê. (1275)
in swie getânem lebene   sich ieslîcher truoc,
daz schuof des küniges milte,   daz man allen gap genuoc.

XXII

Âventiure wie Kriemhilt und Ezele brûten in der stat ze Wienne.

1363 Si was ze Treysenmûre unz an den vierden tac. 1336
diu molte ûf der strâze die wîle nie gelac, (1276)
sine stübe, sam iz brünne, allenthalben dan.
dâ riten durch Ôsterrîche des künic Ezelen man.

1364 Dô wâren ouch dem künige diu mære nu geseit, 1337
des im von gedanken swunden sîniu leit, (1277)
wie herrenlîchen Kriemhilt dâ kœme durch diu lant.
er begunde vaste gâhen dâ er die minneclîchen vant.

1365 Von vil maniger sprâche sach man ûf den wegen 1338
vor Ezelen rîten vil manigen küenen degen, (1278)
kristen unde heiden, vil manic wîtiu schar.
dâ si ir frouwen funden, si fuoren vrœlîchen dar.

1356 Ca 1. genant] nant C. 2. strassenn a. nider] zetall a. 4. rîchen *fehlt* a.
1357 Ca 1. pischolf uil a. nifteln] swester chint a. 2. wie *fehlt* a. 3. sam] als a. 4. sît *fehlt* a.
1358 Ca 3. unze daz] vnczt a.
1359 Ca 2. ein prukch a. 4. sô *fehlt* a. deiz] daz a. wætlîch] wärleich a. erget a.
1360 Ca 1. täte a. 2. vil *fehlt* a. 3. êre] ern a. des kchunig eczelnn a.
1361 Ca 1b: weitē waz erchannt a. 2. ze allenn a.
1362 Ca; *ab* 1362,4: daz schvf ... R.
1. im] inn a. ze allenn a. wætlîch] herleich a. 3. lebene] lebe a.
4. kv(ni)g(es) R. in allen Ra.

Überschrift: brvten ze w(i)ne in der stat R, braute ze Wynn in der stat a.
1363 CRa 1. (an) den R. 2. molte] welt a. d(er stra)ze d(i)e R. ie nicht gelag a. 3. s(ine) stube sam (iz br)vnne R. es stob alsam a. 4. des richen kvnec ezlen (eczelnn a) man Ra.
1364 CRa 1. ovch (dem) kvnige R. deu mär wechannt a. 2. des (im) von gedanchen R. sîniu leit *fehlt* a. 3. herrenlîchen] herczennlieb a. dâ *fehlt* a. 4. er b(e)gunde R. van(t) R.
1365 CRa 2. v(or) kvnec Ezeln R, vor kchunig eczell a. 3. wîtiu] dikcheu a. 4. fuoren] riten Ra.

1366 Von Riuzen und von Kriechen   reit dâ vil manic man: 1339
Pôlânen unde Vlâchen   den sach man ebene gân (1279)
ir pferit und ros diu guoten,   dâ si mit kreften riten.
swaz si site habeten   der wart vil wênic iht vermiten.

1367 Von dem lande ûz Kyewen   reit ouch dâ manic man, 1340
und die wilden Pescenære.   dâ wart des vil getân, (1280)
mit den bogen schiezen   zen vogelen die dâ flugen.
ir pfîle si vil sêre   mit kraft unz an die wende zugen.

1368 Ein stat bî Tuonouwe   lît in Ôsterlant, 1341
diu ist geheizen Tulne: dâ wart ir sît bekant (1281)
vil manic site vremde,   den si nie dâ vor gesach.
si enpfiengen dâ genuoge,   den leide sît von ir geschach.

1369 Vor Ezele dem rîchen   ein gesinde reit, 1342
vrô in hôhem muote,   hobesch und ouch gemeit, (1282)
wol vier und zweinzec fürsten,   rîch unde hêr.
daz si ir frouwen sæhen,   dâ von negerten si niht mêr.

1370 Der herzoge Râmunc   ûzer Vlâchen lant 1343
mit sibenhundert mannen   kom er für si gerant: (1283)
sam die wilden vogele   sô sach man si varn.
dô kom der fürste Gibeche   mit vil hêrlîchen scharn.

1371 Hornboge der snelle   wol mit tûsint man 1344
kêrte vonme künige   gein sîner frouwen dan. (1284)
vil lût wart geschallet   nâch des landes siten.
von den Hiunin mâgen   wart ouch dâ sêre geriten.

1372 Dô kom von Tenemarke   der küene Hâwart 1345
und Îrinc der starke,   vor valsche wol bewart, (1285)
und Irnfrit von Düringen,   ein fürste lobesam:
die enpfiengen Kriemhilde,   als ez ir êren wol gezam,

1373 Mit zwelf hundert mannen,   die hetens in ir schar. 1346
ouch kom der herre Blœdelîn   mit tûsint helden dar, (1286)
der Etzelen bruoder   ûz der Hiunin lant:
der îlte mit den sînen   dâ er die küniginne vant.

1374 Dô kom der künic Ezele   und ouch her Dietrîch 1347
mit allen sînen degenen.   dâ was vil lobelîch (1287)
manic ritter edele,   biderb unde guot.
des wart der küniginne   ein teil gesenftet der muot.

1375 Dô sprach von Bechelâren der herre Rüedegêr: 1348
'frouwe, iuch wil enpfâhen hie der künic hêr. (1288)
swen ich iu râte küssen, daz sol sîn getân:
jâne mugt ir niht gelîche grüezen alle sküniges man.'

1376 Dô huop man von dem mœre die küniginne hêr. 1349
Ezele der rîche enbeite ouch dô niht mêr, (1289)
er stuont von sînem rosse mit manigem küenen man:
man sach in vrœlîche gein Kriemhilde gân.

1377 Zwêne fürsten rîche, als uns daz ist geseit, 1350
bî der frouwen giengen und habten ir diu kleit, (1290)
dô ir der künic Ezele hin begegene gie,
dâ si den fürsten edele mit kusse güetlîch enpfie.

1378 Ûf rihte si ir gebende: ir varwe wolgetân 1351
diu lûhte ir ûzem golde. dâ stuont vil manic man; (1291)
die jâhen, daz frou Helche niht schœner kunde sîn.
dâ bî stuont vil nâhen des wirtes bruoder Blœdelîn.

1366 Ca; *bis* 1366,4: swaz si d(er) si(t) R. *Die folgende Zeile der Hs. ist beschnitten; die Oberlängen sind teilweise erhalten.* R.
1. rvzzen C, Revzzen R, Raüssenn a. 2. Pollachen vnd polanenn a. eben Ra. 3. pferit und *fehlt* a. ors Ra. 4. site] d(er) si(t) R, der seit a. wart vil] vannt w man a.

1367 Ca 4. sy zugenn a.

1368 Ca 1. Inn ain stat die pey der tuenau a. 2. tuln a. sît *fehlt* a. 3. vil] mit a. sitenn a. da vor nie a. 4. enphieng a.

1369 Ca 2. vrô] vor a. ouch *fehlt* a.

1370 Ca 1. aus walachenn a. 2. sybenn hunderten mannẽ a. 3. si] inn a. 4. chome Ca.

1371 Ca 1. mit *fehlt* a. 2. chertenn vonn dem a. 4. mâgen] manig a.

1372 Ca 4. wol *fehlt* a.

1373 Ca 1. mit tasennt a. in ir] an der a. 2. plödell a. 3a: der] des a.

1374 Ca 1. herre C. 2. degenen] mannen a. dâ] daz a. 3b: *fehlt* a. 4. des wart] da war a. gesenfter a.

1375 Ca 3. ich *fehlt* a. 4. alle sküniges] alle kchunigs a; s *vor* kuniges *übergeschrieben* C.

1376 Ca 2. ouch *fehlt* a. 4. gen C.

1377 Ca 1. zwen Ca. ist daz a. 2. habt a. 4. kusse güetlîch] chussen a.

1378 Ca 1. ruchtenns a. si *fehlt* a. 2. aus dem a. 4. dapey stuennt uil da stuennt nahenn a. blvder C, pruede a.

1379 Den hiez si küssen Rüedegêr,   der marcgrâve rîch, 1352
und den künic Gibechen: dâ stuont ouch her Dietrîch. (1292)
der recken kuste zwelfe   daz Ezelen wîp.
dô enpfie si sus mit gruoze   vil maniges küenen recken lîp.

1380 In der selben wîle   und Ezele bî ir stuont, 1353
dô gebârten dâ die tumben,   sô noch die liute tuont: (1293)
vil manigen puneyz langen   sach man dâ geriten.
daz tâten kristen degene   und ouch die heiden nâch ir siten.

1381 Wie rehte hurteclîchen   die Dietrîches man 1354
die schefte liezen vliegen   mit trunzûnen dan (1294)
vil hôhe über schilde   von guoter ritter hant!
die si dâ gerne sâhen,   die wurden schiere bekant.

1382 Dâ wart von schefte brechen   vil michel krach vernomen. 1355
dô wâren von dem lande   die recken alle komen (1295)
und ouch des küniges geste,   vil manic edel man:
dô gie der künic rîche   mit der küniginne dan.

1383 Si sâhen bî in stênde   ein vil hêrlîch gezelt. 1356
von hütten was erfüllet   alumbe gar daz velt, (1296)
dâ si under solden ruowen   nâch ir arebeit.
von helden wart gewîset   vil manic wætlîchiu meit

1384 Mit Kriemhilde dannen   dâ si sît gesaz 1357
ûf rîche gesidele: der marcgrâve daz (1297)
hete sô geschaffen,   daz man ez vant vil guot.
dô stuont dem künige Ezelen   harte hôhe der muot.

1385 Waz si zesamne redeten,   daz ist mir unbekant; 1358
wan zwischen sînen handen   was ir wîziu hant. (1298)
si gesâzen minneclîche   dâ Rüedegêr der degen
den künic niht lâzen wolde   der frouwen heinlîche pflegen.

1386 Dô hiez man lân belîben   den buhurt überal; 1359
mit êren wart verendet   dâ der grôze schal. (1299)
dô giengen zuo den hütten   die Ezelen man:
man gab in herberge   vil wîten allenthalben dan.

1387 Den âbent zuo der nahte   si heten guot gemach, 1360
unz man den liehten morgen   aber schînen sach. (1300)
dô was gesatelet Ezelen   und allen sînen man:
vil maniger kurzewîle   man im zen êren dâ began.

1388 Der künic ez lobelîche die Hiunin scaffen bat. 1361
dô riten si von Tulme ze Wiene zuo der stat. (1301)
dâ was vil wol gezieret vil maniger frouwen lîp:
si enpfiengen wol mit êren des künic Ezelen wîp.

1389 Mit vil grôzem vollen sô was in bereit 1362
swaz si haben solden. vil manic helt gemeit (1302)
entrusten rîche sätele, die Ezelen man.
sich huop mit grôzen êren des küniges hôchgezîten an.

1390 Sine mohten niht belîben ze Wiene in der stat: 1363
die niht geste wâren, Rüedegêr die bat (1303)
von der bürge dannen herbergen in daz lant.
ich wæn, man alle zîte bî frouwen Kriemhilde vant

1391 Den herren Dietrîchen und anders manigen degen: 1364
si heten sich der ruowe mit arebeite bewegen, (1304)
durch daz si den gesten getrôsten wol den muot.
der künic mit sînen friunden hete kurzewîle guot.

1392 Diu hôchzît was gevallen an einen pfinxtac, 1365
dô der künic Ezele bî Kriemhilde lac (1305)
in der stat ze Wiene. si wæn sô manigen man
bî ir êrsten vriedel nie ze dienste gewan.

1379 Ca 1. si *fehlt* a. 2. den *fehlt* a. ouch *fehlt* a. 3. kchüst sy a. 4. grues-sen a. küenen *fehlt* a.
1380 Ca 2b: sam sy noch gern tuennt a. 3. punney a. 4. tâten *fehlt* a. degene *fehlt* a. ouch die *fehlt* a.
1381 Ca 1. hurtleichenn a. 2. drunczaume a.
1382 Ca 1. krach] kchraft a. 4. rîche *fehlt* a.
1383 Ca 1. stenn a. ein *fehlt* a. 2. alumbe gar] als a. 3. solden ruowen] rünnen a. 4. herleicheu a.
1384 Ca 3. geschaffet a.
1385 Ca 1. unbekant] vbel bechannt a. 3. sazzenn a.
1386 Ca 1: do hies mann wuhurt vnd denn schall weleibenn vberall a.
1387 Ca 1. guetenn a.
1388 Ca 1. ez lobelîche] blodelein a. 4. denn chunig eczel vnd sein weib a.
1389 Ca 1. vil *fehlt* a. 3. entlostenn vil der reich satell a. 4. huebenn a. hochczeit do ann a.
1390 Ca 3. burege C. 4. wänn daz mann alczeit a.
1391 Ca 1. andern a. 3. wol *fehlt* a.
1392 Ca 1. hochgeeite C. pfineztag a. 2. Kriemhilde] seiner frauenn a. 3. wæn] warnn a.

1393 Si kunte sich mit gâbe dem der si nie gesach. 1366
vil maniger darunder zuo den gesten sprach: (1306)
'wir wânden, daz frou Kriemhilt niht guotes möhte hân:
nu ist hie michel wunder von ir gâbe getân.'

1394 Diu hôchgezît dô werte wol sibenzehen tage. 1367
ob künic ie deheiner mit wârheit oder nâch sage (1307)
deheine grœzer gewunne, daz ist uns gar verdeit.
alle di dâ wâren die truogen iteniuwe kleit.

1395 Si wæn in Niderlanden dâ vor nie gesâz 1368
mit sô manigem recken: dâ von geloube ich daz, (1308)
was Sîvrit rîch des guotes, daz er doch nie gewan
sô manigen recken edelen, als si zen Hiunin mohte hân.

1396 Ouch gab ir nie deheiner zuo sîn selbes hôchgezît 1369
sô manigen rîchen mantel, lanc, tief und wît, (1309)
noch sô rîcher kleider, der si vil mohten hân,
sô si durch Kriemhilde alle heten hie getân.

1397 Die kunden und die geste die heten einen muot, 1370
daz si dâ niht sparten deheiner slahte guot. (1310)
swes ieman an si gerte, daz gâben si bereit.
des stuont dâ vil der degene von milte blôz âne kleit.

1398 Wie si ze Rîne sæze, si gedâht an daz, 1371
bî ir vil edelem manne: ir ougen wurden naz. (1311)
si hetes vaste hæle, deiz iemen kunde sehen:
ir was nâch manigem leide sô vil der êren hie geschehen.

1399 Swaz iemen tet mit milte, daz was gar ein wint 1372
unz an Dietrîchen: swaz Botelunges kint (1312)
im gegeben hête, daz was gar verswant.
ouch tet dâ michel wunder des milten Rüedegêres hant.

1400 Ûzer Ungerlande der fürste Blœdelîn 1373
der hiez dâ machen lære vil manigiu leitschrîn (1313)
von silber und von golde: daz wart gar hin gegeben.
man gesach nie küniges degene sô rehte vrœlîche leben.

1401 Swemmel unde Werbel, die Ezelen spileman, 1374
ich wæn, ir ieslîcher zer hôchzît dâ gewan (1314)
wol ze tûsint marken oder dannoch baz,
dâ diu frouwe Kriemhilt bî Ezelen under krône saz.

1402 An dem ahtzehenden morgen von Wiene si dô riten. 1375
dâ wart in ritterschefte schilde vil versniten (1315)
von spern die dâ fuorten die recken an der hant.
sus kom der künic Ezele mit freuden in der Hiunin lant.

1403 Ze Heimburc der alten si wâren über naht. 1376
dône kunde niemen wizzen wol des volkes aht, (1316)
mit wie getâner krefte si riten durch daz lant.
hey, waz man schœner frouwen in ir heimüete vant!

1404 Ze Misenburc der rîchen dâ schiften si sich an: 1377
daz wazzer wart verdecket von ros und ouch von man, (1317)
sam ez erde wære, swaz man sîn übersach.
die wegemüeden frouwen heten senfte und ouch gemach.

1405 Zesamene was gebunden manic schif vil guot, 1378
daz in niht schaden kunde die ünden noch diu fluot. (1318)
dar über was gespannen vil manic guot gezelt,
sam ob si noch hêten bêdiu lant unde velt.

1406 Ze Ezelen bürge diu mære kômen dan. 1379
dô freuten sich dar inne wîb unde man. (1319)
daz Helchen ingesinde, des ê diu frouwe pflac,
gelebte bî Kriemhilde sît manigen frœlîchen tac.

1393 Ca 2. darunder *fehlt* a. 4. hie uil a.
1394 Ca 1. dô *fehlt* a. 2. nâch] mit a. 3. chain a. gewnne C. verdeit] pedäut a. 4. iteniuwe] neue a.
1395 Ca 1. niderlant a. 2. manigenn a.
1396 Ca 1. chaine a. seins a. 2. mantel reich a. 2b: vnd lannkch vnd auch weit a. 3. mochte a.
1397 Ca 1. kunden] kchunngen a. 1b: die *fehlt* a. 2. dâ niht] damit a. chainer laie guet a. 3. gertenn a. 4. an chlaite a.
1398 Ca 2. edelem] liebenn a. 3. daz es a.
1399 Ca 1. was *fehlt* a. 3. was gar] wart a. 4. dâ] daz a.
1400 Ca 2. manigenn a. 3. wart] war a. 4. degene *fehlt* a. rehte vrœlîche] wunnichleich a.
1401 Ca 2. hochgecite C. zer hôchzît dâ *fehlt* a. 3. ze tûsint] zehentausennt a. baz] mer a. 4. dâ *fehlt* a. chronen C.
1402 Ca 4. chome Ca.
1403 Ca 2. wol *fehlt* a. 4. man *fehlt* a.
1404 Ca 1b: sy schiftenn ann a. 2. daz wasser daz was wart a. mit rossen vnd mit man a. 3. swaz man sîn] so man es a. 4. wegemüeden] wege mit den a. die heten a. ouch *fehlt* a.
1405 Ca 2. die ünden noch *fehlt* a. 3. was] wa a. guot *fehlt* a. 4. noch *fehlt* a. bêdiu,
1406 Ca 1. eczelburg a. 2. wibe C. man vnd weib a. 4. bî *fehlt* a. sît manigen] uil a. tag pei a.

1407 Dô stuont in lieber warte   vil manic edel meit, 1380
die von Helchen tôde   heten manigiu leit. (1320)
siben künige tohter   Kriemhilt noch dâ vant;
von den was wol gezieret   allez Ezelen lant.

1408 Diu juncfrouwe Herrât   noch des gesindes pflac, 1381
diu Helchen swester tohter,   an der vil tugende lac, (1321)
diu gemahele Dietrîches,   eins rîchen küniges kint,
diu tohter Näntwînes: diu hete vil der êren sint.

1409 Von der geste künfte   sô trôste sich ir muot. 1382
ouch was dar zuo bereitet   vil krefteclîchez guot. (1322)
wer kunde iu daz bescheiden,   wie sît der künic saz?
sine gelebten dâ zen Hiunin   mit deheiner küniginne baz.

1410 ô der wirt mit sîme wîbe   von dem stade reit, 1383
wer ieslîchiu wære,   daz wart zehant geseit (1323)
der edeln küniginne: si gruoztes deste baz.
hey, wie gewalteclîche   si sît an Helchen stat gesaz!

1411 Mit triuwen hôher dienste   wart ir vil bekant. 1384
dô teilte diu frouwe Kriemhilt   golt und ouch gewant, (1324)
silber und gesteine: swaz si des über Rîn
mit ir zen Hiunin brâhte,   daz muose gar zerteilet sîn.

1412 Ouch wurden ir mit dienste   sider undertân 1385
al des küniges mâge   und alle sîne man, (1325)
daz nie diu frouwe Helche   sô gewaldeclîch gebôt,
sô si nu muosin dienen   unz an den Kriemhilde tôt.

1413 Dô stuont mit solhen êren   der hof und ouch daz lant, 1386
daz man dâ zallen zîten   die kurzewîle vant, (1326)
swar nâch ieslîchem   daz herze truoc den muot,
durch des küniges liebe   und ouch die küniginne guot.

XXIII

Âventiure wie der künec Ezele und diu frouwe Kriemhilt nâch ir friunden ze Wormez sanden.

1414 In alsô hôhen êren, daz ist alwâr, 1387
si wonte bî dem künige unz in daz sibende jâr. (1327)
di zît diu küniginne eines sunes was genesen.
des kunde der künic Ezele nimmer vrœlîcher gewesen.

1415 Sine wolde niht erwinden, sine würbe sint, 1388
daz getoufet würde daz Ezelen kint (1328)
nâch kristenlîchem rechte: Ortliep wart ez genant.
si woldenz hân ze herren über elliu Ezelen lant.

1416 Swaz ie guoter tugende an froun Helchen lac, 1389
des vleiz sich frou Kriemhilt dar nâch vil manigen tac. (1329)
die site si lêrte Herrât, diu ellende meit:
diu hete tougenlîche nâch ir frouwen grôziu leit.

1417 Die fremden und die kunden die jâhen dâ zehant, 1390
daz nie milter frouwe besæze ein küniges lant, (1330)
noch deheiniu tiurer lebte: des jach man ir für wâr.
si erwarp ir lop vil grôzen zen Hiunin in daz zwelfte jâr.

1407 Ca 1. edel meit] magedeine a. 2. manigiu leit] grosseu chlait a. 3. noch *fehlt* a. 4. den] des a. allez *fehlt* a.
1408 Ca 1. junnkchfrauenn heirat a. 3. gemahelt dietreich a. 4. tohter] doch a.
1409 Ca 1. so strostet sic a. 3a: *fehlt* a. 4. sine] sy a.
1410 Ca 1. stade] kstate a. 2. wære] was a. 3. gruestenn a. 4. gewaltec-lîche] herleichenn a. si *fehlt* C.
1411 Ca 1. hocher diennst a. vil *fehlt* a.
1412 Ca 2. al] alle a. 4. den *fehlt* a.
1413 Ca 2. dâ *fehlt* a. ze allenn a. 3. swar nâch] darnach a. 4. die] der a.

Überschrift: diu *fehlt* a. ze Wormez *fehlt* a.
1414 Ca 1. alwâr] nu war a. 2. wonten (n *ausradiert*) C. in] ann a. 3. di zit C, deu czeit a. was genesen] genas a. 4. enchunnd a. gesein a.
1415 Ca 2. dasselb eczelnn a. 3. kchristennleichenn rechtenn a. ez *aus* er *gebessert* C.
1416 Ca 1. hechen a. 2. vleisset a. 3. lerrt sy harrt a. 4. tugentleichenn a.
1417 Ca 2. ein] des a. 3: *fehlt* a.

1418 Si hete nu wol erkunnen, daz ir niemen widerstuont, 1391
als iz noch fürsten wîbe küniges recken tuont, (1331)
und daz si alle zîte zwelf künige vor ir sach.
dô gedâhtes maniger leide, der ir dâ heime geschach.

1419 Sie gedâht ouch maniger êren von Nibelunge lant, 1392
der si dâ was gewaltec und die ir Hagenen hant (1332)
mit Sîvrides tôde hete gar benomen:
si gedâht, ob im daz immer noch ze leide möhte komen.

1420 Si wunschte, daz ir muoter wære in Hiunin lant. 1393
ir troumte, daz ir Giselher gienge an der hant (1333)
bî Ezele dem künige: si kusten zaller stunt
vil dicke in senftem slâfe: sît wart in arebeiten kunt.

1421 Sine kunde ouch nie vergezzen, swie wol ir anders was, 1394
ir starken herzen leide: in ir herzen si ez las (1334)
mit jâmer zallen stunden, daz man sît wol bevant.
dô begunde ir aber salwen von heizen trähenen ir gewant.

1422 Ez lac ir an dem herzen spât unde fruo, 1395
wie man si âne schulde brâhte der zuo, (1335)
daz si muose minnen einen heiden man:
daz het ir friunt Hagene und ouch Gunther getân.

1423 Daz si daz rechen möhte, des wunschtes alle tage: 1396
'ich bin nu wol sô rîche, swem iz ouch missehage, (1336)
daz ich wol mînen vînden mac gefüegen leit:
des wær et ich von Tronege Hagene gerne bereit.

1424 Nâch den getriuwen jâmert dickez herze mîn: 1397
die mir dâ leide tâten, möht ich bî den gesîn, (1337)
sô würde noch errochen mînes mannes lîp,
des ich vil kûme erbîte,' sprach daz jâmerhafte wîp.

1425 Ze liebe si dô hêten alle sküniges man, 1398
die Kriemhilde recken: daz was wol getân. (1338)
der kamern der pflac Ekkewart, dâ von er friunt gewan.
den Kriemhilde willen mohte niemen verstân.

1426 Si gedâhte zallen zîten, si wolden künic biten, 1399
daz er ir des gunde mit güetlîchen siten, (1339)
daz man ir friunde bræhte in der Hiunin lant.
den argen willen niemen an froun Kriemhilt ervant.

1427 Dô si eines nahtes bî dem künige lac, 1400
mit armen umbevangen, als er vil dicke pflac (1340)
die edelen frouwen triuten (si was im sô der lîp),
dô gedâhte an ir vînde daz vil hêrlîche wîp.

1428 Si sprach zuo dem künige: 'vil lieber herre mîn, 1401
ich wolde iuch biten gerne, möht ez mit fuoge sîn, (1341)
daz ir mich sehen liezet, wie ich hete daz versolt,
ob ir mînen friunden wæret inneclîchen holt.'

1429 Dô sprach der künic rîche (getriuwe was sîn muot): 1402
'ich bringe iuch des wol innen, swâ lieb unde guot (1342)
den helden widerfüere, des mües ich freude hân,
wande ich von wîbes minne bezzer friunde nie gewan.'

1430 Dô sprach diu küniginne: 'iu ist daz wol geseit, 1403
ich hân vil hôher mâge: darumbe ist mir sô leit, (1343)
daz mich die sô selten ruochent hie gesehen.
ich hœre mîn die liute niwan für ellende jehen.'

1431 Dô sprach der künic Ezele: 'vil liebiu frouwe mîn, 1404
diuhtez si niht ze verre, sô ladet ich über Rîn (1344)
swelh ir dâ gerne sæhit her in mîniu lant.'
diu rede ir wol behagete, dô si den willen sîn ervant.

1418 Ca 1. wol erkunnen] erchundet a. 2. wîbe *fehlt* a. küniges recken] vnd kchunigs weib a. 3. alle zîte] ze allem malle a. 4. gedacht sy a. da an haim a.
1419 Ca 2. der si dâ] das sy der a. und *fehlt* a.
1420 Ca 1. ze heunnen lannt war a. 3. chuste inn ze aller a. 4. im aribait a.
1421 Ca 2. starken] grossenn a. 2b. herzen] gemuet a. 3. ze allenn a. 3b: daz wart seit wolbechannt a. 4. trahen C, czahernn a.
1422 Ca 2. darczue a. 3. minnen muest a. 4. ouch *fehlt* a.
1423 Ca 1. wunscht si a. 2. nu wol *fehlt* a. swem] wenn a. ouch *fehlt* a. 4. et *fehlt* a. gerne bereit] uil gern a.
1424 Ca 1. dikche daz a. 2: die mir laide habennt gemacht ich dapey geseine a.
1425 Ca 1. hete a. *nach* hêten *fehlt Trennungspunkt* C. alle sküniges] des kchuniges a. 3. kchamern phlag a. 4. den] dem a. 4b: west niemant a.
1426 Ca 1. ze allenn a. wolt denn a. 3. frivnde.bræhte. C. 4. vannt a.
1427 Ca 1a: sy nu aines snachtes do sy a. 2. vil *fehlt* a. 3. sô der lîp] so lieb a.
1428 Ca 1. liebe a. 2. fuegen a. 3. ir] ich C.
1429 Ca 2. swâ lieb] wo a. 3. den] vonn a. 4. friunde] fräude a.
1430 Ca 2. ich *fehlt* a. 3. ruechet hie sechenn a. 4. niwan für] hie a.
1431 Ca 2. dvhtez C. si] euch a. luede a. 3. swelh ir dâ gerne] die ir gern a. 4. dô] da C.

1432 Si sprach: 'welt ir mir triuwe   leisten, herre mîn, 1405
sô sult ir boten senden   von uns über Rîn. (1345)
sô enbiute ich mînen mâgen   des ich dâ habe muot:
sô kumt uns her ze lande   vil manic edel ritter guot.'

1433 Er sprach: 'swenne ir gebietet,   sô lâzet ez geschehen. 1406
irn dorftet iuwer friunde   nie sô gerne sehen, (1346)
als ich hie gesæhe   der edeln Uoten kint:
mich müet daz harte sêre,   daz si uns sô lange fremde sint.'

1434 Er sprach: 'ob du ez râtest,   vil liebiu frouwe mîn, 1407
di mîne videlære   nâch den friunden dîn (1347)
wil ich ze boten senden   in Burgonden lant.'
die Ezelen videlære   hiez man bringen sâ zehant.

1435 Die knappen kômen beide   dâ ir herre saz. 1408
bî der küniginne   der künic in sagte daz, (1348)
si solden boten werden   in sîner friunde lant.
dô hiez man in bereiten   harte schiere guot gewant,

1436 Und ir vartgesellen,   vier unt zweinzec man, 1409
di mit in varn solden   zen Burgonden dan. (1349)
in tet der künic Ezele   kunt den willen sîn,
wie si laden solden   Gunthern mit den friunden sîn.

1437 Dô sprach der künic rîche: 'ich kündiu mînen muot: 1410
ich enbiut mînen friunden   lieb und allez guot, (1350)
daz si geruochen rîten   her in mîniu lant.
ich hân sô lieber geste   harte selten noch bekant.

1438 Und ob si mînes willen   wellen iht begân, 1411
die mîne konemâge,   daz si des niht lân, (1351)
sine komen mir ze liebe   zuo mîner hôchgezît,
wande vil der mînen wünne   an mîner frouwen mâgen lît.'

1439 Dô sprach der knappen einer,   der hiez Swämmelîn: 1412
'benennet uns die hôchgezît,   wenne sol diu sîn, (1352)
daz mîner frouwen friunde   dar zuo mügen komen.'
des wart der küniginne   ir leides harte vil benomen.

1440 Dô sprach der künic hêre: 'die mînen hôchgezît
sult ir ze Rîne künden,   daz ir gewis des sît:
zen næhsten sunewenden   sô wil ich si hân;
die uns mit triuwen minnen,   daz si die reise niht enlân.'

1441 'Wir tuon swaz ir gebietet,' sprach dô Wärbelîn. 1413
in ir kemenâten bat si diu künigîn (1353)
bringen tougenlîchen, dâ si die boten sprach.
dâ von sît manigem degene harte leide geschach.

1442 Si sprach zen boten beiden: 'ir dienet michel guot, 1414
ob ir mînen willen tougenlîchen tuot; (1354)
sô sagt, swaz ich enbiete, heim in unser lant.
ich mache iuch guotes rîche und gibe iu hêrlîch gewant.

1443 Swaz ir der mînen friunde immer muget gesehen 1415
ze Wormze bî dem Rîne, den sult ir niht verjehen, (1355)
daz ir noch ie gesæhet betrüebet mînen muot,
und saget mînen dienest den heleden küen unde guot.

1444 Bitet, daz si leisten daz in der künic enbôt, 1416
und mich dâ mite scheiden von aller mîner nôt. (1356)
die Hiunen mugen wænen, deich âne friunde sî.
ob ich ein ritter hieze, ich wær in eteswenne bî.

1445 Ir saget ouch Gêrnôte, dem lieben bruoder mîn, 1417
daz im zer werlde niemen holder müge sîn; (1357)
und bitte in, daz er füere mit im in ditze lant
die unser besten friunde, deiz uns zen êren sî gewant.

1432 Ca 1. Si] do a. 3. sone bivte C, so enpeut a. 4. chomennt a.
1433 Ca 2. ir enpedorffet a. so gernn nie gesehenn a. 3. säch a. 4. freunnde a.
1434 Ca 3. ich wil a. 4. die hies a. bringen] bringe C, chomen a. sâ *fehlt* a.
1435 Ca 2. in do sagt a. 3. potenn soldenn a. 4. harte schiere *fehlt* a.
1436 Ca 2. di *fehlt* a. zen] ze a. 4b: gunnther vnd sein freunnt a.
1437 Ca 1. chunnde euch a. 3. lant] leit C.
1438 Ca 2. chonnē mage a. enlann a. 3. mir ze liebe] durich denn willenn meine a. 3b: *fehlt* a. 4. wunnenn a.
1439 Ca 2. wenenne a. die sull a. 4. leides harte] laide a.
1440 Ca 1. hêre *fehlt* a. 3. ze C, ze denn a. 4. die reise] des a.
1441 Ca 1. pietet a. 3. dâ] daz a. die *übergeschrieben* C. gesprach a. 4. degene *fehlt* a. harte *fehlt* a.
1442 Ca 1. zue denn a. beiden *fehlt* a. 3. gepiet a.
1443 Ca 1. immer muget *fehlt* a. secht a. 2. bî] an a. 3. ie] hie a. den meinen a. 4. unde guot *fehlt* a.
1444 Ca 1. pit a. enpeut a. 2. aller *fehlt* a. 3. das ich a. 4. ainenn a. etwann a.
1445 Ca 2. mug holder gesein a. 3. far a. ditze] daz a. 4. das uns a. sî] ist a.

1446 Und sagt ouch Gîselhere,   er denke wol dar an, 1418
daz er von mînen schulden   nie leides niht gewan; (1358)
des sæhen in vil gerne   hie diu ougen mîn;
daz wolde ich immer mêre   hinz im dienende sîn.

1447 Nu sagt ouch mîner muoter   die êre, die ich hân. 1419
und ob von Tronege Hagene   welle dort bestân, (1359)
wer si danne solde   wîsen durch diu lant?
dem sint die wege von kinde   her zen Hiunin wol bekant.'

1448 Die boten niene wessen,   wâ von daz was getân, 1420
daz Hagene der küene   solde niht bestân (1360)
hinder in ze Rîne;   daz wart in sider leit:
mit im was manigem degene   zem grimmem tôde widerseit.

1449 Boteschaft und brieve   daz was nu gegeben. 1421
si fuoren guotes rîche   und mohten schône leben. (1361)
urloup gab in Ezele   und ouch des küniges wîp.
in was mit rîcher wæte   vil wol gezieret der lîp.

1450 Dô der künic Ezele   von im gesande 1422
sîne boten zuo dem Rîne,   von manigem lande (1362)
brâht er vil der recken   zuo sîner hôchgezît,
der deheiner nimmer mêre   kom zuo sîme lande sît.

XXIV

Âventiure wie die boten ze Rîne quâmen und wie si danne schieden.

1451 Die boten dannen fuoren über Hiunin lant 1423
zuo den Burgonden: dar wâren si gesant (1363)
nâch drin edeln künigen und ouch nâch ir man,
die solden komen Ezelen; des man gâhen dô began.

1452 Hinze Bechelâren kômen si geriten. 1424
dâ diente man in gerne. daz wart niht vermiten, (1364)
sîn dienst enbôt dô Rüedegêr und ouch Gotelint
bî in hin ze Rîne, und ouch des marcgrâven kint.

1453 Sine liezens âne gâbe von in niht scheiden dan, 1425
daz deste baz gefüeren die Ezelen man. (1365)
Uoten und ir kinden enbôt dô Rüedegêr,
sine heten in sô wæge deheinen marcgrâven mêr.

1454 Si enbuten ouch Prünhilde dienest unde guot, 1426
triuwe unde minne und willigen muot. (1366)
dô si die rede gehôrten, die boten muosin varn.
si bat diu marcgrâvinne got von himele bewarn.

1455 Ê daz die boten kômen vol durch Bayerlant, 1427
Wärbel der vil snelle den guoten bischof vant. (1367)
waz der dô sînen friunden hinze Rîne enbôt,
daz ist mir ungewizzen: niwan sîn golt alsô rôt

1446 Ca 3. sehenn a. hie *fehlt* a. 4. im] inn a. diende C, diennen a.
1447 Ca 1. Nu] vnd a. 2. welle] wolt a. 3. wolde a.
1448 Ca 1. niene] nicht a. wâ von] vonn weu a. 2. nicht solt a. 3. ze *fehlt* C. 4. mangen a. zu dem grimen a. tot gesait a.
1449 Ca 1. daz was] waren a. 3. in] im a. 4. wol *fehlt* a.
1450 Ca 2. zuo dem Rîne *fehlt* a. mangen landen a. 4. der *fehlt* a. seinen lande a.

Überschrift: schieden von danne a.
1451 Ca 3. künigen] chůniginne a. 4. die] in die a.
1452 Ca 1. Hinze] Ein ze a. 4. si bei a.
1453 Ca 1. zi enliezzen a. 2. des der paz a. Ezelen] chunig Eczel a. 3. Otten a. Ridtger a.
1454 Ca 1. ouch *fehlt* a. dienste C, dienst a. 3. *das erste* die] des a. gehorte C.
1455 Ca 2: *fehlt* a. 4. niuwan] newr a.

1456 Daz gab er in ze minne; rîten er si lie. 1428
dô sprach der bischof Pilgerîm: 'solde ich si sehen hie, (1368)
mir wære wol ze muote, die swester süne mîn:
ich mac leider selten zuo zin komen an den Rîn.'

1457 Welhe wege si füeren ze Rîne durch diu lant, 1429
des enkan ich niht bescheiden. ir golt und ir gewant (1369)
daz ennam in niemen: man vorht ir herren haz.
Ezel was vil gewaltic, man erkande in allen landen daz.

1458 Inre tagen zehenen si kômen an den Rîn, 1430
ze Wormze zuo der veste, Wärbel und Swämmelîn. (1370)
dô sagte man diu mære den künigen und ir man,
dâ kœmen boten vremde. Gunther vrâgen dô began.

1459 Dô sprach der vogt von Rîne: 'wer tuot uns bekant 1431
von disen vremden recken, die koment in daz lant? ' (1371)
daz enwesse nieman, unze si gesach
Hagene der küene. der helt zuo Gunthere sprach:

1460 'Uns koment niuwe mære, des wil ich iu verjehen: 1432
die Ezeln videlære die hân ich hie gesehen. (1372)
si hât iuwer swester gesendet an den Rîn.
durch die Ezelen liebe si suln uns willekomen sîn.'

1461 Si riten vil bereite für den palas dan. 1433
ez gefuoren herrenlîcher nie fürsten spileman. (1373)
des küniges ingesinde enpfie si sâ zehant:
ir ros man herbergen hiez und behalten ir gewant.

1462 Ir reisekleider wâren rîch und sô getân, 1434
daz si mit êren mohten für den künic gân: (1374)
der enwolden si niht mêre dâ ze hove tragen.
obs iemen nemen wolde, die boten hiezen daz sagen.

1463 In der selben mâze man ouch liute vant, 1435
die ez vil gerne nâmen: den wart ez gesant. (1375)
dô leiten an die geste verre rîcher wât,
als ez boten küniges ze tragen hêrlîchen stât.

1464 Dô gie mit urloube dâ der künic saz 1436
daz Ezelen gesinde: vil gerne sach man daz. (1376)
Hagene von dem sedele gein den boten spranc
und lief in engegene: des sagten im die knappen danc.

1465 Durch diu kunden mære vrâgen er began, 1437
wie sich gehabte Ezele und ouch sîne man. (1377)
dô sprach der videlære: 'daz lant gestuont nie baz
noch wurden vrô die liute: ich sag iu endeclîche daz.'

1466 Er brâhtes zuo dem wirte: der palas der was vol. 1438
dô enpfie man die geste, sô man von rehte sol (1378)
minneclîche grüezen in ander künige lant.
Swämmil vil der degene dâ bî Gunthere vant.

1467 Der künic gezogenlîche grüezen si began: 1439
'sît willekomen beide, ir Ezelen spileman, (1379)
und iuwer hergesellen. hât iuch her gesant
der künic von den Hiunin zuo der Burgonden lant?'

1468 Mit zuht si nigen beide. dô sprach Wärbelîn: 1440
'iu enbiutet sînen dienest der liebe herre mîn, (1380)
und Kriemhilt, iuwer swester, her in ditze lant.
si habent uns iu heleden in grôzen triuwen her gesant.'

1469 Dô sprach der fürste rîche: 'der mære bin ich vrô. 1441
wie gehabt sich Ezele,' sô sprach der künic dô, (1381)
'und Kriemhilt,mîn swester, ûzer Hiunen lant?'
dô sprach der videlære: 'diu mære tuon ich iu bekant.

1456 Ca 4. wan ich a. zu in a.
1457 Ca 1. welchen wege a. 3. haz] pas a.
1458 Ca 1. in Iner a. si *fehlt* a.
1459 Ca 1. uns daz a. 4. der holt ze a.
1460 Ca 3. er (*durchstrichen*) ew[s] swester a.
1461 Ca 1. rieten a. 2. herlicher a. fürsten] chunigs a. 4. herbergen. vn̄ hiez behalten C, herbergen hiez vnd halden a.
1462 Ca 1. sô] wol a. 3. dâ *fehlt* a.
1463 Ca 3. an *fehlt* a. verre] michel a. 4. chunig a.
1464 Ca 3. den sedele C. dem poten a. 4. des] daz a. im] in a.
1465 Ca 4. die (*Seitenende*) die C.
1466 Ca 1. pracht si a. dem] den C. wart a.
1467 Ca 1. grüzz a. 3. vnd hat a.
1468 Ca 1. zuchten a. 3. ditze] das a.
1469 Ca 1. maeres a.

1470 Sich gehabten künige,   ir sult wol wizzen daz,   1442
in deheinem lande   vrœlîcher noch baz,   (1382)
und allez ir gedigene,   die mâge und ouch ir man.
si freuten sich der reise,   dô wir schieden von in dan.'

1471 'Gnâde sîner dienste,   die er mir enboten hât,   1443
und ouch mîner swester: mir ist liep, daz alsô stât,   (1383)
daz si sô lebent mit vreuden,   der künic und sîne man;
wande ich doch der mære   gevrâget sorgende hân.'

1472 Die zwêne jungen künige   wâren ouch nu komen,   1444
wande si diu mære   heten êrst vernomen.   (1384)
durch ir swester liebe   die boten gerne sach
Gîselher der junge,   der zuo zin güetlîchen sprach:

1473 'Ir boten soldet grôze   uns willekomen sîn,   1445
ob ir dicker woldet   zuns rîten an den Rîn.   (1385)
ich wæn, ir friunde fündet,   die ir gerne möhtet sehen.
iu solde von uns degenen   lützil leides geschehen.'

1474 'Wir getrouwen iu aller êren,'   sprach dô Swämmelîn.   1446
'ine kund iu niht bewæren   mit den sinnen mîn,   (1386)
wie minneclîch iu Ezele   her enboten hât
und iuwer edeliu swester,   der dinc in hôher wirde stât.

1475 Gnâde unde triuwe   mant iuch des küniges wîp,   1447
und daz ir ie was wæge   iuwer herze und iuwer lîp.   (1387)
und ze vorderst dem künige   sîn wir her gesant,
daz ir geruochet rîten   zuo zin in der Hiunin lant.

1476 Ez sol ouch mit iu rîten   der herre Gêrnôt.   1448
Ezele der rîche   iu allen daz enbôt,   (1388)
ob ir iuch iuwer swester   niht sehen woldet lân,
sô wolde er gerne wizzen,   waz er iu recken hete getân,

1477 Daz ir alsô vremdet   in und sîniu lant.   1449
ob iu diu küniginne   wære nie bekant,   (1389)
sô möht er doch verdienen,   daz ir in ruochet sehen.
swenne daz geschæhe,   sô wær im liebe geschehen.'

1478 Dô sprach der künic Gunther: 'nu lât die rede stân   1450
und vart ze herbergen.   ich wil iuch hœren lân   (1390)
in disen siben *nahten,   wil ich in sîn lant.*
swes ich mich berâte,   diu mære tuon ich iu bekant.'

1479 *Dô sprach der bote Wärbel: 'kunde daz geschehen,* 1451
daz wir mîne vrouwen möhten ê gesehen, (1391)
Uoten die vil rîchen, ê wir schüefen uns gemach?'
Gîselher der edele dô vil zühteclîchen sprach:

1480 *'Daz ensol iu niemen wenden, welt ir für si gân:* 1452
dâ habt ir mîner muoter willen an getân, (1392)
wand si sihet iuch gerne durch die swester mîn
und durch den künic Ezele, des sult ir âne zwîfel sîn.'

1481 *Gîselher si brâhte dâ sîn muoter saz.* 1453
si sach di boten gerne, mit triuwen tet si daz. (1393)
si gruozte si mit tugende, wan si was wolgemuot;
jâ dûhten si diu mære von der küniginne guot.

1482 *'Mîn frouwe iu here enbiutet,' sô sprach Swämmelîn,* 1454
'ir dienst in grôzen triuwen, des sult ir sicher sîn. (1394)
daz ir ir sît sô vremde, daz heizet si iu [klagen]
. . . . . muote tragen.'

1483 *Dô sprach diu küniginne: 'des mac leider niht gesîn.* 1455
swie gerne ich dicke sæhe die lieben tohter mîn, (1395)
jâ ist mir ze verre des edeln küniges wîp.
nu sîn immer sælec beide si und Ezelen lîp.

1470 Ca 2. chainē a. 3. gedigene] gedinge a. die] ir a. 4. si freuten sich] sich frewten a.
1471 Ca 3. sô] wol a.
1472 Ca 2. erste a. 3. die] dier a. 4. der zuo zin] zu im a.
1473 Ca 1. sullet a. uns *fehlt* a. 2. zu vns a. 4. soldet a.
1474 Ca 2. ich a.
1475 Ca 1. Genaden vnd trewen a. 3. vodrist a. sei a. 4. zin] in a.
1476 Ca
1477 Ca 1. sein a. 2. diu küniginne] der chunig inn a. 3. in ir C.
1478 a; *bis* 1478,3 siben C.
2. zu herberge a.
1479 a 2. mochte a. 3. zuchticleich a.
1480 a
1481 a 3. tugent a. 4. ia daucht si die macre a.
1482 a 3 *und* 4: das ir seit ir so froͤmde das haizzet si ew mute tragen a.
1483 a 1. das mag nicht leider gesein a. 2. liebe a. 4. sacl saelich a.

1484 *Ir sult mich lâzen wizzen, ê daz ir rûmet hie,* 1456
wenne ir rîten wellet: ine gesach sô gerne nie (1396)
boten in langen zîten denne ich iuch hân gesehen.'
di boten ir dô lobten, daz si daz liezen geschehen.

1485 *Zen herbergen fuoren die von Hiunin lant.* 1457
dô het der künic rîche nâch friunden sîn gesant. (1397)
Gunther der vil edele vrâgte sîne man,
wie in diu rede behagete. vil maniger râten dô began,

1486 *Er rite wol mit êren in künic Ezelen lant.* 1458
daz rieten im die besten, die er dar under vant, (1398)
niwan Hagene al eine: dem was ez grimme leit.
er sprach zem künige tougen: 'ir habt iu selben widerseit.

1487 *Nu ist iu wol gewizzen, waz wir hân getân:* 1459
des muge wir immer sorge ûf Kriemhilde hân; (1399)
ouch sluoc ich ze tôde ir man mit mîner hant.
wie getorste wir gerîten in daz Ezelen lant?'

1488 *Dô sprach der künic rîche: 'mîn swester lie den zorn* 1460
mit kusse minneclîche: si hât ûf uns verkorn (1400)
daz wir ir ie getâten, ê daz si hinnen reit,
ez ensî et, Hagene, danne iu einem von ir widerseit.'

1489 *'Nu lât iuch niht betriegen,' sprach Hagene, 'swes si jehen,* 1461
die boten von den Hiunen. welt ir Kriemhilde sehen, (1401)
ir mugt dâ wol verliesen iuwer êre und iuwern lîp.
ez ist vil lancræche des künic Ezelen wîp.'

1490 *Dô sprach zuo dem râte der fürste Gêrnôt:* 1462
'ob ir nu von schulden fürhtet den tôt (1402)
in hiunischen rîchen, solden wir ez dar durch lân,
wir ensæhen unser swester, daz wære zägelîch getan.'

1491 *Dô sprach der herre Gîselher zuo dem degene:* 1463
'sît ir iuch schuldic wizzet, friunt her Hagene, (1403)
sô sult ir hie belîben und iuch vil wol bewarn,
und lâzet, die getürren, mit uns zuo den Hiunen varn.'

1492 *Dô begunde zürnen von Tronege der degen:* 1464
'ine wil, daz ir iemen füeret ûf den wegen (1404)
der mit iu türre rîten hin ze hove baz.
sît ir niht welt erwinden, ich lâze iuch wol versuochen daz.'

1493 *Dô sprach der kuchenmeister,　　Rûmolt der degen:* 1465
'der geste und iuwer selber　　mugt ir heizen pflegen (1405)
nâch iuwer selbes willen:　　ir habt vil guoten rât;
und wizzet, daz iu Hagene　　daz wægist noch gerâten hât.

1494 *Und welt ir im niht volgen,　　iu rætet Rûmolt* 1466
(ich bin iu mit triuwen　　vil dienstlîchen holt), (1406)
daz ir hie belîbet　　durch den willen mîn,
und lât den künic Ezele　　dort bî Kriemhilde sîn.

1495 *Wie kunde iu in der werlde　　immer baz gewesen?* 1467
ir mugt vor iuwern vînden　　hie heime wol genesen: (1407)
ir sult mit rîcher wæte　　zieren wol den lîp,
trinket wîn den besten　　und minnet wætlîchiu wîp.

1496 *Dar zuo gît man iu spîse,　　die besten die man hât* 1468
inder in der werlde:　　iuwer lant vil schône stât. (1408)
ir mugt iuch Ezelen hôchgezît　　mit êren wol bewegen,
und mugt mit iuwern friunden　　vil guoter kurzewîle pflegen.

1497 *Ob ir niht anders hêtet,　　des ir möht geleben,*
ich wolde iu eine spîse　　den vollen immer geben,
sniten in öl gebrouwen:　　deist Rûmoldes rât,
sît ez sus angestlîchen　　erhaben dâ zen Hiunin stât.

1484 a　2. ine] in a.　3. danne a.　ew a.
1485 a　1. do furen a.　2. nach den frwndē a.　3. fragt sein man a.　4. diu] die a.
1486 a　2. die dar vnder a.　3. niuwan] newer a.　4. zu dem a.
1487 a　2. muͤg a.　4. getorst a.　des chünigs Etczln a.
1488 a　4. ew ainer a.
1489 a　1. ew a.　2. vnd welt ir Chrimhelden a.　3. do wol a.　4. reichen chünig Eczeln a.
1490 a　4. waer zaegleich a.
1491 a　2. ew a.　3. iuch *fehlt* a.　4. mit vns zu *zweimal* a.
1492 a　1. zuren a.　2. ich wil a.　4. ew a.
1493 a　2. der geste] gester a.　3. ewers selben a.
1494 a　1. ratet a.　4. Chrimhilden a.
1495 a　1. in der wolde a.
1496 a　3. euch wol Eczln a.　hochczeit a.
1497 a　1. hiete a.　des] daz a.　möchte a.　2. ze den vollen a.　3. sniten] sieden a.　daz ist a.　4. so ist ez sust a.　erhebn a.　zeu heunē a.

1498 *Ich weiz, daz mîn frou Kriemhilt   iu nimmer wirdet holt;*
ouch habt ir und Hagene   zir anders niht verscholt :
des sult ir belîben,   ez mag iu werden leit.
ir kumet es an ein ende,   daz ich iu niht hân misseseit.

1499 *Des rât ich iu belîben :   rîch sint iuwer lant.* 1469
man mag iu michel sanfter   lœsen hie diu pfant (1409)
danne dâ zen Hiunen :   ine weiz, wiez dâ gestât.
ir sult belîben, herre :   daz ist mit triuwen mîn rât.'

1500 *'Wir enwellen niht belîben,'   sprach dô Gêrnôt,* 1470
'sît daz uns mîn swester   sô friuntlîch enbôt (1410)
und Ezele der rîche,   zwiu solden wir daz lân?
der dar niht gerne welle,   der mac hie heime bestân.'

1501 *'Entriuwen,' sprach dô Rûmolt,   'ich sols der eine sîn,*
der durch Ezelen hôchgezît   kumt nimmer über Rîn.
zwiu solde ich daz wâgen   daz ich wæger hân?
die wîle ich mag immer,   wil ich mich selbe leben lân.'

1502 *'Des selben wil ich volgen,'   sprach Ortwîn der degen:*
'ich wil des geschäftes   hie heime mit iu pflegen.'
dô sprâchen ir genuoge,   si woldenz ouch bewarn:
'got lâz iuch, liebe herren,   zuo den Hiunin wol gevarn.'

1503 *Der künic begunde zürnen,   dô er daz gesach,*
daz die hie heime wolden   schaffen ir gemach:
'darumbe wirz niht lâzen,   wir müezen an die vart.
ez waldet guoter sinne   der sich alle zît bewart.'

1504 'Nu lât iuch unbilden,'   sprach dô Hagene, 'niht 1471
mîne rede darumbe,   swie halt iu geschiht. (1411)
ich rât iu an den triuwen,   welt ir iuch wol bewarn,
sô sult ir zuo den Hiunen   vil gewärlîche varn.

1505 Sît ir niht welt erwinden,   sô besendet iuwer man, 1472
die besten, die ir vinden   oder inder müget hân: (1412)
sô wel ich ûz in allen   tûsent ritter guot;
sône kan uns niht gewerren   der argen Kriemhilde muot.'

1506 'Des wil ich gerne volgen,'   sprach der künic zehant. 1473
dô hiez er boten rîten   wîten in sîn lant: (1413)
dô brâhte man der helde   driu tûsint unde mêr.
si wânden niht erwerben   alsô gremelîchiu sêr.

1507 Si riten willeclîche   in Guntheres lant. 1474
man hiez in geben allen   ros und ouch gewant, (1414)
die mit in varn wolden   zuo den Hiunen dan.
der künic in guotem willen   der vil manigen gewan.

1508 Dô hiez von Tronege Hagene   Dancwart den bruoder sîn 1475
ir beider recken sehzic   bringen an den Rîn. (1415)
die kômen ritterlîche: harnasch und gewant,
des brâhten vil die degene   in daz Guntheres lant.

1509 Dô kom der herre Volkêr,   ein küene spileman, 1476
hinze hove nâch êren   mit drîzec sîner man; (1416)
die heten sölch gewæte,   ez möht ein künic tragen.
daz er zen Hiunin wolde,   daz hiez er dem künige sagen.

1498 a 2. zir] zu ir a. 4. es] ez a.

1499 a; *ab* 1499,1: ... (iuwer lant) R.
1. belîben rîch sint iuwer lant *fehlt* a. 2. man mag iu *fehlt* a. sanf(ter) (l)osen hie di(v?) pfant R. 3. (z)en Hvnen R. in weiz wiez R, ich wais wie ez a. 4. (ir) svlt bel(îben) herre R. mit *fehlt* a. t(riu)wen R.

1500 Ra 1. (W)ir enwellen n(iht) beliben R. (do) R. 3. Eczel a. sold (e)n R, solde a. 4. der dar niht ger(ne we)lle R. gerne *fehlt* a.

1501 Ra 1. (Entriu)wen R. 2. E(zl)en hochgez(it) R, Eczel hochczeit a. (immer) R. vber den Rein a. 3. sold ich a, solde ic(h) R. (d)az i(ch) wæger R. waegers a. 4. (die) wille ich ma(c immer) R. ich wil a. selben a.

1502 Ra 1. D(e)s R. ortwi(n) d(e)r degn R. 3. (d)o (sprachen) ir (ge)nvge R. sprach a. genüg a. si wol(den)s ovch b(e)warn R. 4. got lazz ivch liebe her(ren) R. ew lieben hern a. zen Heunen wol bewaren a. 4b: *unleserlich* R.

1503 Ra; *ab* 1503,3: .. wir mvzen an die vart C.
1. D(e)r kvnec begv(n)de (z)vrnen R. züren a. (gesa)ch R. 2. daz d(ie hie he)ime wolden (schaffe)n ir ge(mach) R. 3. darvmb wir ez a. (dar)vmbe wir(z) (*der Rest des Verses ist unleserlich bis auf* an di vart) R. 4. *z. T. weggeschnitten und unleserlich R.* alle zite R, alczeit a.

1504 Ca; *durch Abschneiden der unteren Blattkante erst ab* 1504,2: dar vmbe R.
1. dô] der a. 2. wie swie habt ew geschit a. 3. w(o)le R. 4. gewærliche C, gewaerlichen Ra.

1505 CRa 2. vindet a. eder R. 3. (u)z R. 4. sone] son R, so en a.

1506 CRa 1. sprach do der a. 2. weit a. 3. braht Ra. 4. gremlichiv R, grewleich a.

1507 CRa 1. Gunth[S]s Ca. 2. rosse C. ouch *fehlt* Ra. 3. varen Ra. wolden] solden a. 4. gute R, guten a.

1508 CRa 1. von *fehlt* a. Hagne R, Hagen a. den] der R. 2. bed[S] R. 4. (des) R. daz Gunthers C, des Gunth[S]es R, des Gunthers a.

1509 Ca; *bis* 1509,2: .. hin (z)e hove (nach) (*danach am unteren beschnittenen Blattrand nur noch Buchstabenreste*) R. 2. hincz a. dreiczig a. 3. hette a. ez mochte chünig tragen a. 4. ze den a.

1510 Wer der Volkêr wære, daz wil ich wizzen lân. 1477
er was ein edel herre; im was ouch undertân (1417)
vil der guoten recken in Burgonden lant.
durch daz er videln kunde, was er der spileman genant.

1511 Tûsent welte Hagene: die hete er wol bekant, 1478
und waz in starken stürmen hete gefrümt ir hant, (1418)
und swaz si ie begiengen, des het er vil gesehen.
in kunde ouch anders niemen niwan frümkeite jehen.

1512 Die boten von den Hiunen vil sêre dâ verdrôz, 1479
wande ir vorht zir herren diu was harte grôz: (1419)
si gerten tägelîche urloubes von dan.
des engunde niht Hagene: daz was durch liste getân.

1513 Er sprach zuo sîme herren: 'wir suln daz wol bewarn, 1480
daz wir si iht lâzen rîten, ê daz wir selbe varn (1420)
dar nâch in tagen sibenen wider in ir lant.
treit uns iemen argen muot, daz wirt uns deste baz bekant.

1514 Sône kan ouch sich vrou Kriemhilt bereiten niht dar zuo, 1481
daz uns durch ir ræte iemen schaden tuo. (1421)
hât aber si den willen, ez mag ir leide ergân,
wande wir füeren hinnen manigen ûz erwelten man.'

1515 Sätil unde schilde und ander ir gewant, 1482
daz si füeren solden in Ezelen lant, (1422)
daz was nu gar bereitet vil manigem küenem man:
die Ezelen videlære hiez man dô ze hove gân.

1516 Dô si die fürsten sâhen, dô sprach Gêrnôt: 1483
'der künic wil nu leisten daz Ezel uns enbôt. (1423)
wir wellen komen gerne zuo sîner hôchgezît
und sehen unser swester: daz ir des âne zwîvel sît.'

1517 Dô sprach der künic Gunther: 'ir sult uns wizzen lân, 1484
wenne si die hôchgezît zen Hiunen wellen hân.' (1424)
des antwurtem künige der bote Swämmelîn:
'ze næhsten sunewenden sô sol si sicherlîchen sîn.'

1518 Der künic in erloubte, des was noch niht geschehen, 1485
ob si gerne wolden Prünhilde sehen, (1425)
daz si für si solden mit sîme willen gân.
daz understuont dô Volkêr: daz was ir liebe getân.

1519 'Jân ist,' sô sprach Volkêr,   ein edel ritter guot,   1486
'Prünhilt mîn frouwe   nu niht wol gemuot: (1426)
bîtet unze morgen,   sô læt mans iuch sehen.'
dô si sie wânden schouwen,   dône kundes niht geschehen.

1520 Dô hiez der künic rîche,   der was den boten holt,   1487
durch sînes herzen tugende   tragen dar sîn golt   (1427)
ûf den breiten schilden,   des er vil mohte hân.
ouch wart in rîchiu gâbe   von sînen friunden getân.

1521 Gêrnôt unde Gîselher,   Gêre und Ortwîn,   1488
daz ouch si milte wæren,   daz wart dâ vil wol schîn.   (1428)
alsô rîche gâbe   si sie buten an,
daz si ir vor ir herren   deheine torsten enpfân.

1522 Dô sprach zuo dem künige   der bote Wärbelîn: 1489
'her künic, lât iuwer gâbe   in iurem lande sîn.   (1429)
wir mugen ir niht gefüeren: mîn herre ez uns verbôt,
daz wir iht gâbe enpfiengen: ouch ist es deheiner slahte nôt.'

1510 CRa 1. ich ivch R. 2. er] ez a. 4. vidlen R. der *fehlt* Ra.
1511 CRa 1. welte] welt C, welt do Ra. 2. sturmen R, sturme a. gefrumet R. 4. in chvnd R, in enchunde a. ander R. frvmcheit Ra.
1512 CRa 2. wan Ra. ze herren R, zu iren herrn a.
1513 CRa 1. ze sinem R, zu seinem a. 2. wirs ih R, wirs icht a. selbe] sebe R. 4. treit] trit R, tract a. dester a.
1514 Ca; *bis* 1514,3: ..er(gan) *(danach am unteren beschnittenen Blattrand nur noch Buchstabenreste)* R. 1. Son chan R, So enchan a. sich] sie R, sie a. 2. schaeden a. 3. leid R. 4. auzerwolten a, chvnen R.
1515 Ca; *fehlt bis* 1515,2: .. lant *durch Abschneiden des unteren Randes* R. 3. bereit(et vil) mangem chvnen R. mangē chünē a. 4. die Ezl(en) vid(e) laere R, die Eczel vidlaer a. die hiez Ra. h(ov)e g(an) R.
1516 CRa 1. sah(en) R. sp(ra)ch R. 2. kv(ne?) R. 3. (wi)r R. cho(men) R. ze R. 4. seh(en) R.
1517 CRa 3. antwrtt dem R, antwurt dem a. 4. zen R, ze den a. sô *fehlt* a. sicherchen C.
1518 CRa 1. des] daz a. noch] nach a. 2. Brv̄hilden R, Krwnhilden a. 3. tür si *fehlt* a. sinem Ra. 4. ge(tan) R.
1519 CRa 1. Ja si ist sprach a. ein *(Zeilenwechsel)* ein R. 2. Krimhilde meine fraw a. 3. hincz a. morge(n) R. mans ews geschen a. 4. donen chvnd es R, do enchunde ez a.
1520 Ca; *bis* 1520,2: .. herzen (tugende) *(durch Beschneiden der unteren Blattkante ist eine weitere Zeile teilweise zerstört)* R. 2. herzen (tugende tragen) da(r) sin (golt) R. 3. möchte a.
1521 Ca 3. si sey a. 4. dhainen a. enpfân] bestan a.
1522 Ca 2. ewrn a. 3. ir] es a.

1523 Des wart der künic hêre   sêre ungemuot,   1490
daz si versprechen wolden   sô rîches küniges guot: (1430)
doch muosten si enpfâhen   sîn golt und sîn gewant,
daz si mit in brâhten   sît in Ezelen lant.

1524 Si wolden sehen Uoten,   ê daz si schieden dan.   1491
Gîselher der snelle   brâht die spileman   (1431)
ze hove für sîne muoter.   diu frouwe enbôt dô dan,
swaz si êren hête,   daz wære ir liebe getân.

1525 Dô hiez diu küniginne   ir porten und ir golt   1492
geben durch Kriemhilde,   wan der was si holt,   (1432)
und durch den künic Ezelen   den selben spileman.
si mohtenz wol enpfâhen: ez was mit triuwen getân.

1526 Urloup genommen hêten   von wîbe und von man   1493
die boten Kriemhilde.   mit freuden si dô dan   (1433)
fuoren unz in Swâben;   dar hiez si Gêrnôt
sîne liute leiten,   daz ez in niemen missebôt.

1527 Dô sich die von in schieden,   die ir solden pflegen,   1494
diu Ezelen hêrschaft   si vridet ûf allen wegen: (1434)
des ennam in niemen   ir ros noch ir gewant.
si begunden vaste gâhen   wider in der Hiunen lant.

1528 Swâ si ir friunde iht wisten,   daz tâten si den kunt,   1495
daz die Burgonden   in vil kurzer stunt   (1435)
ze tal von Rîne füeren   in der Hiunen lant.
dem bischofe Pilgerîne   diu mære wurden ouch bekant.

1529 Dô si mit solher île   für Bechelâren riten,   1496
si sagtenz Rüedegêre,   *des wart niht vermiten,*   (1436)
und ouch Gotelinde,   des marcgrâven wîp;
daz si si sehen solden,   des wart vil vrœlîch ir lîp.

1530 *Gâhen mit den mæren   sach man die boten dan.*   1497
Ezelen si funden   in der stat ze Gran.   (1437)
dienest über dienest,   des man im vil enbôt,
sageten si dem künige: vor liebe wart er freuden rôt.

1531 *Dô diu küniginne   diu mære reht ervant,*   1498
daz ir brüeder solden   komen in daz lant,   (1438)
dô was ir wol ze muote: si gab den spileman
alsô rîche gâbe,   si mohtens immer frumen hân.

1532 *Si sprach: 'nu sagt mir beide,   vil lieben boten mîn,* 1499
welhe mîne friunde   hie bî uns wellen sîn, (1439)
der hœhsten, die wir ladeten   her in ditze lant?'
si sprach: 'waz redete Hagene,   dô er diu mære bevant?'

1533 *Er sprach: 'er kom zer sprâche   an einem morgen fruo:* 1500
niht güetlîcher sprüche   redet er dar zuo, (1440)
dô si di reise lobten   von Wormez über Rîn.
daz wizzet, küniginne,   ez kunde im leider niht gesîn.

1534 *Ez koment iuwer brüeder,   die künige alle drî,* 1501
in hêrlîchem muote: wer recken mit in sî, (1441)
der mære ich endelîche   wizzen nine kan:
ez lobte mit in rîten   Volkêr der küene spileman.'

1535 *'Des enbær ich lîhte,'   sprach des küniges wîp,* 1502
'deich immer hie gesæhe   den Volkêres lîp. (1442)
Hagenen bin ich wæge: der ist ein recke guot.
daz er kumt zen Hiunen,   des stât mir hôhe der muot.'

1536 *Dô gie diu küniginne   dâ si den künic sach.* 1503
wie rehte minneclîchen   frou Kriemhilt dô sprach: (1443)
'wie zement iu diu mære,   lieber herre mîn?
des ie mîn herze gerte,   daz sol nu wol verendet sîn.'

1523 Ca
1524 Ca
1525 Ca 4. mit] in a.
1526 Ca 1. weiben a. 3. dar] do a. 4. ez *fehlt* a.
1527 Ca 2. si befrit in a.
1528 Ca 2. daz si die a.
1529 a; *bis* 1529, 2: ... sagtenz Rvde C.
2. sagten a. 4. si sew sehen solden a. vroleichn̄ a.
1530 a 3. im] in a. 4. freunden a.
1531 a 1. diu] die a. die maere a. enphant a.
1532 a 2. welcher meiner a. welle a. 4. redet a. bechant a.
1533 a 1. chome ze frage a. 2. sprache redt a. dar] do a. 3. reine a.
1534 a 1. al drey a. 2. in] im a. 3. nine] niman a. 4. lobten a. in] im a.
1535 a 2. daz ich a. 4. hoch a.
1536 a 2. frawe a. 3. mîn *fehlt* a.

1537 *'Dîn wille, derst mîn vreude,'   sprach der künic dô.* 1504
'ine wart mîn selbes mâge   nie sô rehte vrô, (1444)
sô ich si weste komende   her in ditze lant:
durch liebe dîner friunde   ist mîne sorge gar verswant.'

1538 *Des küniges ambetliute   die hiezen über al* 1505
mit gesidele rihten   palas unde sal (1445)
gên den lieben gesten,   die in dâ solden komen.
sît wart von in dem künige   vil michel wunne benomen.

XXV

Âventiure wie sich die künige ze den Hiunen huoben.

1539 *Nu lâzen daz belîben, wie si gebâren hie.* 1506
hôchgemuoter recken die gefuoren nie (1446)
sô rehte hêrlîchen in deheines küniges lant.
si heten swaz si wolden, beidiu wâfen und gewant.

1540 *Der voget von dem Rîne kleidete sîne man,* 1507
sehzic unde tûsent, als ich vernomen hân, (1447)
und niun tûsent knehte gên der hôchgezît.
die si dâ heime liezen, die beweinten ez sît.

1541 *Dô truoc man diu gereite ze Wormez über den hof.* 1508
dô sprach dâ von Spîre ein alter bischof (1448)
ze der alten küniginne: 'unser friunt die wellent varn
hin zer hôhgezîte: got müez ir êre wol bewarn.'

1542 *Dô sprach zuo zir kinden diu edel Uote:* 1509
'ir möhtet noch belîben, helde guote. (1449)
ich sach hînt in troume vil angestlîche nôt,
wie allez daz gefügele in disem lande læge tôt.'

1543 *'Swer geloubet troumen,' sprach dô Hagene,* 1510
'der enweiz der rehten mære niht ze sagene, (1450)
wenn ez im nâch den êren volleclîchen stê.
jâ wil ich, daz mîn herre ze hove nâch urloube gê.

1537 a 1. der ist a. 2. ich enwart a. meine a.
1538 a 4. in *fehlt* a.

Überschrift: ze] von a.
1539 a 4. beidiu] darzu a.
1540 a 3. newne a. hochezeit a.
1541 a 4. hochezeite a.
1542 a 1. zu ir a. kinden *fehlt* a. 2. möchte a. holde a. 3. treume a.
4. læge] lait a.
1543 a 3. den] dem a. vollichen a. 4. vrlaup a.

1544 *Wir suln gerne rîten in Ezelen lant.* 1511
dâ mac wol künigen dienen guoter helde hant, (1451)
dâ wir dâ müezen schouwen Kriemhilden hôchgezît.'
Hagene riet die reise, iedoch gerouwez in sît.

1545 *Er hetez widerrâten, niwan daz Gêrnôt* 1512
mit ungefüegen sprüchen im sêre missebôt. (1452)
er mant in Sîfrides, vroun Kriemhilden man.
er sprach: 'dâ von wil Hagene die grôzen hovereise lân.'

1546 *Dô sprach der von Tronege: 'durch vorhte ich niene tuo.* 1513
swenne ir, helde, wellet, sô sult ir grîfen zuo. (1453)
jâ rît ich mit iu gerne in Ezelen lant.'
sît wart von im verhouwen manic helm unde rant.

1547 *Diu schef bereitet wâren ze varn über Rîn.* 1514
swaz si kleider hêten, diu truoc man dar în. (1454)
si wâren vil unmüezic vor âbendes zît.
doch kômen si von hûse vil harte vrœlîche sît.

1548 *Gezelt unde hütten si spienen an daz gras* 1515
anderthalp des Rînes. dô daz geschehen was, (1455)
den künic bat noch belîben sîn vil schœnez wîp.
si trûte noch des nahtes sînen wætlîchen lîp.

1549 *Floiten unde videln huop sich des morgens fruo.* 1516
dô si dâ hin muosen, dô griffen si dô zuo. (1456)
swer hete liep an arme, der trûte friundes lîp.
des schiet sît mit leide des künic Ezelen wîp.

1550 *Rûmolt der kuchenmeister, ein vil küene man,* 1517
der nam sîne herren heimlîche dan. (1457)
dô sagt er dem künige tougen sînen muot.
er sprach: 'des muoz ich trûren, daz ir die hovereise tuot.

1551 *Ich hân iuch vil gewarnet und ouch genuoc gemant.'* 1518
er sprach: 'wem welt ir lâzen liute unde lant? (1458)
daz niemen kan erwenden iu recken tumben muot!
diu Kriemhilde mære, nie gedûhten si mich guot.'

1552 *'Daz lant sî dir enpfolhen und andern mînen man,* 1519
die ich heime lâze, und allez, daz ich hân, (1459)
mîn kint und mîn gesinde und mîner frouwen lîp.
jâ getuot uns nimmer leide des künic Ezelen wîp.'

1553 *Ê daz si schieden dannen, der künic ze râte gie*
mit sînen hœhsten mannen. unberihtet er niht lie
lant unde bürge: die der solden pflegen,
den liez er ze huote vil manigen ûzerwelten degen.

1554 *Diu ros bereitet wâren den künigen und ir man.* 1520
mit minneclîchen küssen schiet vil maniger dan, (1460)
dem in hôhem muote lebte dô der lîp.
daz muose sît beweinen vil manic wætlîchez wîp.

1555 *Wuofen unde weinen des hôrte man genuoc.*
ir kint diu küniginne zem künige ûf armen truoc.
'wie welt ir nu verweisen unser beider lîp?
ir sult durch uns belîben,' sô seit daz jâmerhafte wîp.

1556 *'Ir sult niht, frouwe, weinen durch den willen mîn,*
ir sult in hôhem muote hie heime ân angest sîn.
wir komen schiere widere mit vreuden wol gesunt.'
si schieden minneclîchen von ir friunden sâ ze stunt.

1557 *Dô man die snellen recken sach zuo den rossen gân,* 1521
dô kôs man weinende vil manige frouwe stân. (1461)
daz ir vil langez scheiden sagt in wol ir muot
ûf grôzen schaden ze komene, daz herzen niene sanfte tuot.

1558 *Die snellen Burgonden sich ûz huoben.* 1522
dô wart in dem lande ein michel uoben: (1462)
beidenthalp des Rînes weinten wîp und man.
swie dort ir volc getæte, si fuoren vrœlîche dan.

1544 a 1. Etzln a. 2. do a. 3. da wir do a. hochczeit a. 4. gerawe ez a.
1545 a 1. rate a. newr a. 2. mit uns efugen sprechen a. 4. hoveraisen a.
1546 a 1. vorcht ez nieman tu a. 3. gerne *fehlt* a. Etzln a.
1547 a 4. fröleich a.
1548 a 2. an der halb a.
1549 a 1. sich] si a. 2. da si a. muosten a. 3. frewdes a. 4. Etzln a.
1550 a 2. der nan sein herrn a. 4 houe reizze a.
1551 a 1. gewarent a.
1552 a 4. Etzln a.
1553 a 1. danne a. zu a.
1554 a 1. den] der a. 3. hohn̄ a. 4. manich waetleich a.
1555 a 2. zu dem chunig a.
1556 a 2. hohen a.
1557 a 2. chost a. frawen a. 4. niene] niemant a.
1558 a 1. anhubn̄ a. 3. paidenthalbn̄ a. 4. volche getarte a. fröleich a.

1559 *In den selben zîten   was noch der gloube kranc.*
doch frumtens einen kappelân,   der in messe sanc:
der kom gesunder widere,   wand er vil kûme entran.
die andern muosen alle   dâ zen Hiunen bestân.

1560 *Dô schicten si ir reise   gegen dem Meune dan,* 1524
ûf durch Ôstervranken,   der drîer künige man. (1464)
dar leite si dô Hagene,   dem was ez wol bekant.
Dancwart was marschalc,   der helt von Burgonden lant.

1561 *Dô si durch Swanevelde   von Ôsterfranken riten,* 1525
dô mohte man si kiesen   an hêrlîchen siten, (1465)
die fürsten und ir mâge,   die helde lobesam.
an dem zwelften morgen   der künic ze Tuonouwe kam.

1562 *Dô reit von Tronege Hagene   ze aller vorderôst:* 1526
er was den Nibelungen   ein helflîcher trôst. (1466)
dô stuont der degen küene   nider ûf den sant.
sîn ros er harte balde   zuo zeinem boume gebant.

1563 *Daz wazzer was engozzen,   diu schif verborgen:* 1527
ez kom den Nibelungen   ze grôzen sorgen, (1467)
wie si kœmen übere: der wâc was gar ze breit.
dô erbeizte zuo der erden   manic ritter gemeit.

1564 *'Leide,' sô sprach Hagene,   'mac dir wol hie geschehen,* 1528
voget von dem Rîne.   nu maht du selbe sehen: (1468)
daz wazzer ist engozzen,   vil starc ist im sîn fluot.
ich wæn, wir hie verliesen   noch hiute vil manigen ritter guot.'

1565 *'Waz wîzet ir mir, Hagene?'   sprach dô der künic hêr.* 1529
'durch iuwer selbes tugende   untrœstet uns niht mêr. (1469)
den furt sult ir uns suochen   hin über an daz lant,
daz wir hinnen bringen   beidiu ros und gewant.'

1566 *'Jân ist mir,' sprach dô Hagene,   'mîn leben niht sô leit,* 1530
daz ich mich welle ertrenken   in disem wâge breit. (1470)
ê sol von mînen handen   ersterben manic man
in Ezelen landen: des ich vil guoten willen hân.

1567 *Belîbet bî dem wazzer,   ir stolzen ritter guot.* 1531
ich wil die vergen suochen   selbe bî der fluot, (1471)
die uns über bringen   in Ezelen lant.'
Hagene der küene   nam sînen schilt an die hant.

1568 *Der helt vil guot gewæfen an sînem lîbe truoc,* 1532
einen helm ûf sînem houbte, lûter genuoc. (1472)
dô truog er ob der brünne ein wâfen alsô breit,
daz ze sînen ecken harte bitterlîche sneit.

1569 *Er suochte nâch den vergen wider unde dan.* 1533
er hôrte wazzer giezen (losen er began) (1473)
in einem schœnen brunnen. daz tâten wîsiu wîp,
die kuolten sich darinne unde badeten ir lîp.

1570 *Hagene wart ir inne, er sleich in sanfte nâch.* 1534
dô si den helt ersâhen, dô wart in von im gâch. (1474)
daz si im entrunnen, des wâren si vil hêr.
dô nam er ir gewæte: der helt enschadete in niht mêr.

1571 *Dô sprach daz eine merewîp, diu was Hadeburc genant:* 1535
'her Hagene, gebt uns widere unser gewant. (1475)
sô ir uns, edel recke, gebet wider unser wât,
ich sag iu, wie iuwer reise hin zen Hiunen ergât.'

1572 *Si swebten sam die vogele vor im ûf der fluot.* 1536
des dûhten in ir liste starc unde guot. (1476)
swaz si im sageten, er geloubt ins deste baz.
des er an si gerte, ir einiu sagete im daz.

1559 a 1. der selben a. was der gelaube noch a. 3. der chome der ch gesunder a. wan der a.
1560 a 1. schikchten a. gen dem Nevnē a. 4. Marsalch a.
1561 a 1. riten von Osterffranchen a.
1562 a 1. foderst a. 2. hilfleicher a. 4. zu ainē pawm a.
1563 a 3. vbir den wach der was gar ze berait a. 4. erbeizte] erbant a.
1564 a 1. laider sprach so hagen a. 2. möht a.
1565 a 1. weizzet a. 2. tugent untrost a. 3. an *fehlt* a.
1566 a 1. Ja en ist a. 2. welle *fehlt* a. berait a. 3. ê] er a. 4. Etzln landen a.
1567 a 3. in das Etzln lant a.
1568 a 1. holt a. seinē a. 2. vnd ainen a. 3. prüm a. 4. zu a.
1569 a 3. einē a. 4. vn̄ bedawten iren a.
1570 a 2. von in a. 4. der helt der schadet in a.
1571 a 1. haderburg a. 3. sô] do a.
1572 a 1. sam] so a. 3. dester a. 4. sayt im a.

1573 *Si sprach: 'ir mugt wol rîten   in Ezelen lant.* 1537
des sî mîn triuwe bürge,   mîn houbt sî iuwer pfant, (1477)
daz helde nie gefuoren   in deheiniu rîche baz
nâch alsô grôzen êren;   ir sult wol gelouben daz.'

1574 *Der rede was dô Hagene   in sînem herzen hêr.* 1538
er gap in wider ir kleider,   der helt sûmt sich niht mêr. (1478)
dô si dô angeleiten   ir wunderlîch gewant,
dô sagten si im die reise   in daz Ezelen lant.

1575 *Dô sprach daz ander merewîp,   diu hiez Winelint:* 1539
'ich wil dich warnen, Hagene,   daz Adriânes kint. (1479)
durch der wæte liebe   hât mîn muome dir gelogen:
und kumestu zen Hiunen,   sô bistu sêre betrogen.

1576 *Jâ soltu kêren widere,   daz ist an der zît,* 1540
wande ir helde küene   alsô geladet sît, (1480)
daz ir ersterben müezet   in der Hiunen lant.
swelhe dar gerîtent,   die hânt den tôt an der hant.'

1577 *Des antwurte Hagene: 'ir trieget âne nôt.* 1541
wie kundez sich gefüegen,   daz wir alle tôt (1481)
zer hôchgezît gelægen   durch iemannes haz?'
dô begunde si im diu mære   sagen kuntlîcher baz.

1578 *Si sprach: 'nu merket, Hagene,   jâ muoz ez alsô wesen,* 1542
daz iuwer deheiner   dâ niht kan genesen (1482)
wan eine des küniges kappelân: dâ bî sî iu bekant,
der kumt gesunder widere   in daz Guntheres lant.'

1579 *Dô sprach in grimmem muote   der küene Hagene:* 1543
'daz wære mînen herren   müelîch ze sagene, (1483)
daz wir zen Hiunen solden   vliesen alle den lîp.
nu zeige uns überz wazzer,   daz aller wîseste wîp.'

1580 *Si sprach: 'sît ir der verte   niht wellet haben rât,* 1544
swâ jenhalp bî dem wazzer   ein herberge stât, (1484)
dâ inne ist ein verge   und ninder anderswâ.'
der mære, der er vrâgte,   der geloubet er sich sâ.

1581 *Dem ungemuoten recken   sprach ir einiu nâch:* 1545
'nu bîtet noch, her Hagene,   lât iu niht sîn ze gâch. (1485)
vernemet baz diu mære,   wie ir komet über sant:
dirre marc herre   der ist Else genannt.

1582 *Sîn bruoder ist geheizen   der degen Gelpfrât,* 1546
ein voget in Beyerlande: des ez iu müelîch stât. (1486)
welt ir durch sîne marke,   ir sult iuch wol bewarn,
und sult ouch mit dem vergen   vil bescheidenlîche varn.

1583 *Der ist sô grimmes muotes,   er lât iuch niht genesen,* 1547
ir enwelt mit guoten sinnen   bî dem helde wesen. (1487)
welt ir, daz er iuch füere,   sô gebet im den solt:
er hüetet dises landes   und ist Gelpfrâde holt.

1584 *Unde kum er niht vil schiere,   sô ruofet über fluot* 1548
und jeht, ir sît ez Amelrîch: daz was ein recke guot, (1488)
der durch fientschefte   rûmte ditze lant.
sô kumt iu der verge,   als im der name wirt genant.'

1585 *Der übermüete Hagene   den vrouwen dô neic* 1549
des râtes und der lêre: der helt vil stille sweic. (1489)
dô gie er bî der fluote   hœher an den sant,
dâ er anderthalben   eine herberge vant.

1586 *Er begunde ruofen   vaste über fluot:* 1550
'hol mich hie, verge,'   sprach der degen guot, (1490)
'sô gip ich dir ze miete   von golde einen bouc vil rôt.
jâ ist mir dirre verte,   daz wizze, wærlîchen nôt.'

1573 a
1574 a 1. Der] die a. 2. in] ir a. der holt sampt a. 3. angeleten a. 4. Etzln a.
1575 a 1. Do sagt a. 2. waren a. Hagene *fehlt* a. 3. gelegen a. 4. vn̄ chümpst zu den a.
1576 a 1. do solt du a.
1577 a 2. chünde sich a. 3. hochczeit a. 4. chundleich a.
1578 a 4. des Günthers a.
1579 a 1. grimmē a. 3. fliezzen a. 4. vbir daz a.
1580 a 2. ienhalbe a. 3. darinne a. niendert a.
1581 a 1. ainer a. 2. noch] nah a.
1582 a 1. der degen *fehlt* a. 3. ew a.
1583 a 1. ew a. 2. holt a. 3. gibt a. 4. dises] dicz a. ist *fehlt* a.
1584 a *ab* 1584,2 (= *Blatt* 102^{v}) das was ein reck *andere Hand* a.
1. vnd cham ere a. 2. und jeht] iocht a. ez *fehlt* a. Amelrinch a.
3. dise a. 4. euch a.
1585 a 3. ging er a. 4. anderhalp a.
1586 a 1. flüte a. 2. vorge a. gute a.

1587 *Der verge was sô rîche, daz im niht dienen zam:* 1551
dâ von er lôn vil selten von iemen dâ genam. (1491)
ouch wâren sîne knehte vil hôhe gemuot.
noch stuont allez Hagene eine disehalp der fluot.

1588 *Dô ruoft er mit der krefte, daz al der wâg erdôz,* 1552
wan des heldes sterke was michel unde grôz: (1492)
'nu hol mich Amelrîchen, des herren Elsen man,
der von disen landen durch grôze fîntschefte entran.'

1589 *Vil hôch an sînem swerte er im den bouc dô bôt* 1553
(vil lieht und vil schœne was er, von golde rôt), (1493)
daz er in über fuorte in daz Elsen lant.
der übermüete verge nam selbe daz ruoder an die hant.

1590 *Ouch was der selbe verge vil müelîch gesit.* 1554
diu gir nâch grôzem guote vil bœsez ende gît. (1494)
dô wânde er verdienen daz Hagenen golt sô rôt;
des leit er von dem degene sint den grimmigen tôt.

1591 *Der verge zôch genôte hin über an daz lant.* 1555
den er dâ nennen hôrte, dô er des niht envant, (1495)
ez müet in harte sêre: als er Hagenen sach,
der helt wider den recken in vil grôzem zorne sprach:

1592 *'Ir muget wol sîn geheizen benamen Amelrîch:* 1556
des ich mich hie verwæne, dem sît ir ungelîch. (1496)
von vater und von muoter was er der bruoder mîn.
nu ir mich sus betrogen habt, ir müezet disehalben sîn.'

1593 *'Nein, durch got den rîchen,' sprach dô Hagene,* 1557
'ich bin ein vremder recke und sorge ûf degene. (1497)
nu nemet hin minneclîche mîn ellendes solt,
daz ir mich füeret übere: ich wil iu immer wesen holt.'

1594 *Des antwurte der verge: 'jâ kan ez niht gesîn.* 1558
ez habent fîande die lieben herren mîn: (1498)
darumbe ich niemen vremden füere in ditze lant.
als liep dir sî ze lebene, sô trit vil balde ûz an den sant.'

1595 *'Des entuot ir niht,' sprach Hagene, 'mir ist der reise nôt,* 1559
und nemt von mir ze lône disen bouc von golde rôt, (1499)
und füert mir über tûsent ros und alsô manigen man.'
'entriuwen,' sprach der verge, 'daz wirdet nimmer getân.'

1596 *Er huob ein starkez ruoder,   michel unde breit,* 1560
und sluog ez ûf Hagenen   (des was er ungemeit), (1500)
daz er in dem schiffe   strûchte ûf sîniu knie.
sô rehte grimmer verge   kom dem helt von Tronege nie.

1597 *Er wolde baz erzürnen   den ungemuoten gast.* 1561
dô sluog er eine schalten,   daz diu gar zerbrast, (1501)
Hagenen überz houbet: er was ein starker man.
dâ von der Elsen verge   grôzen schaden gewan.

1598 *Mit grimmigem muote   des küenen Hagenen hant* 1562
greif zuo einer scheiden,   dâ er sîn wâfen vant. (1502)
er sluoc im ab daz houbet   und warf ez an den grunt.
diu mære wurden schiere   den Burgonden kunt.

1599 *An den selben stunden,   dô er den vergen sluoc,* 1563
daz schif vlôz enouwe: daz was im leit genuoc. (1503)
ê erz gerihte widere,   müeden er began.
dô zôch vil krefteclîche   des künic Guntheres man.

1600 *Hagenen wac vil ringe   des starken vergen val.* 1565
dô kêrter harte balde   daz wazzer hin ze tal: (1505)
dâ vant er sînen herren   an dem stade stân.
dô gie im engegene   manic wætlîcher man.

1601 *Mit gruoze in wol enpfiengen   die selben ritter guot.* 1566
dô sâhens in dem schiffe   noch riechen daz bluot (1506)
von einer starken wunden,   die er dem vergen sluoc.
dâ von sô muose Hagene   hœren vrâgen genuoc.

1587 a 3. hochgemut a. 4. allz a. eine *fehlt* a. dishalb a.
1588 a 1. Dô] Da da a. aller wag a. 4. grosz veintscheft a.
1589 a 3. des elsen a. 4. daz ruder selb a.
1590 a 2. zu girde a. vil] vol a. gibt a. 3. wänt a. 4. des] daz a.
1591 a 4. groszen czornn a. sprach *fehlt* a.
1592 a 1. amelreich benamen a. 4. dishalben a.
1593 a 4. euch a.
1594 a 2. ez hab vinande a. die] den a. 3. darumbe ich niemen *fehlt* a. vremden] frivnde a. diss a. 4. vil *fehlt* a. den sant] daz lant a.
1595 a
1596 a 4. Trong a.
1597 a 2. einen a. diu] da a. 3. über daz a.
1598 a 2. do er seine a.
1599 a 2. hinnaw a. 4. czoch er vil a. 4b: zu des günthers man a.
1600 a 1. hagen was a. 2. da a. 4. da a. weydlich a.
1601 a 2. sahen sy a.

1602 Dô der künic Gunther   daz heize bluot ersach 1567
swebende in dem schiffe,   wie balde er dô sprach: (1507)
'wan saget ir mir, Hagene,   war ist der verge komen?
iuwer starkez ellen   wæn im daz leben hât benomen.'

1603 Dô sprach er lougenlîche: 'dâ ich daz schif dâ vant 1568
bî einer wilden wîden,   dâ lôst ez mîn hant. (1508)
ich hân deheinen vergen   ninder hie gesehen;
ez ist ouch niemen leide   von mînen schulden hie geschehen.'

1604 Dô sprach von Burgonden   der starke Gêrnôt: 1569
'hiute muoz ich sorgen   ûf lieber friunde tôt, (1509)
sît wir der schifliute   zem schiffe nine hân,
wie wir nu kumen übere,   darumbe muoz ich fröude lân.'

1605 Vil lûte rief dô Hagene: 'leit nider ûf daz gras, 1570
ir knehte, diu gereite.   jâ gedenke ich, daz ich was (1510)
der aller beste verge,   den man bî Rîne vant:
ich getrouwe iuch wol füeren   über in daz Gelpfrâdes lant.'

1606 Daz si gewärlîche   kœmen über fluot, 1571
diu ros si ansluogen: der swimmen daz wart guot, (1511)
wand in der starken ünden   deheinez dâ benam.
etelîchez ouwete verre,   als ez ir müede gezam.

1607 Dô truogen si zem schiffe   ir golt und ouch ir wât, 1572
sît daz si der verte   niht mohten haben rât. (1512)
Hagene was dâ meister: des fuort er über sant
vil manigen küenen recken   in daz unkunde lant.

1608 Zem êrsten brâht er übere   tûsent ritter hêr 1573
und sehzic sîner degene: dannoch was ir mêr. (1513)
niun tûsent knehte   fuort er an den sant.
des tages was vil unmüezic   des vil küenen Hagenen hant.

1609 Daz schif ze sîner lenge   was starc, wît und grôz,
des in dem gedrenge   manic helt genôz:
ez truoc wol mit einander   vier hundert über fluot.
an riemen muose ziehen   des tages manic recke guot.

1610 Dô er si wol gesunde   brâhte über die fluot, 1574
dô gedâhte vremder mære   der snelle degen guot, (1514)
diu im ê dâ sageten   diu wilden merewîp:
des het des küniges kappelân   vil nâch verlorn den lîp.

1611 *Bî dem kappelsoume er den priester vant.* 1575
genuoc heilectuomes lac under sîner hant. (1515)
des moht er niht geniezen: dô in Hagen ersach,
der vil arme kappelân muose lîden ungemach.

1612 *Er swang in ûz dem schiffe: dar zuo was im gâch.* 1576
dô riefen ir genuoge: 'vâhâ, herre, vâch!' (1516)
Gîselher der junge zürnen dô began.
daz erz niht lâzen wolde, daz was im leide getân.

1613 *Dô sprach von Burgonden der starke Gêrnôt:* 1577
'waz hilfet iuch nu, Hagene, des kappelânes tôt? (1517)
tæt ez ander iemen, ez sold iu wesen leit.
umbe welhe schulde habt ir dem priester widerseit?'

1614 *Der pfaffe swam genôte: er wolde sîn genesen,* 1578
ob im iemen hülfe. des moht dâ niht gewesen, (1518)
wan der grimme Hagene zornic was genuoc.
er stiez in zuo dem grunde; daz dûhtes michel ungefuoc.

1615 *Dô der arme priester der helfe niht ensach,* 1579
dô kêrt er wider übere: des leid er ungemach. (1519)
swie er niht swimmen kunde, im half diu gotes hant,
daz er kom wol gesunder hin wider ûz an daz lant.

1616 *Dâ stuont der arme priester und schutte sîn gewant.* 1580
dâ bî sach wol Hagene, daz ez wære ungewant, (1520)
daz im ê dâ sageten diu wîsen merewîp.
er gedâhte: 'dise degene müezen vliesen den lîp.'

1602 a 3. verge nu a. 4. starken a. wæn *fehlt* a.
1603 a 1. do ich a. 3. keinen a.
1604 a 3. zu dem scheff nymant han a. 4. über das waszer a.
1605 a 1. legt a. 2. diu] da a. 3. bey dem rein a. 4. daz] des a.
1606 a 1. do sy a. kamen a. 2. sy gar anslugen a. 3. keines a. 4. etlichz ran verren a.
1607 a 1. zu dem schiff a.
1608 a 1. zu dem a. 2. dennoch a.
1609 a 2. gedrenge] geding a. 4. musten a. recken a.
1610 a 1. gesunt a.
1611 a 2. heiligtum genug a.
1612 a 2. da a. vach herr vach a. 4. darvmb er ez nicht a. leyd a.
1613 a 3. ez schöld euch a.
1614 a 4. daucht sy a.
1615 a 3. wy er do nicht a. 4. hin über an a.
1616 a 1. schutte] schawet a. 2. ez] er a. 3. sagte a. 4. diser degen musz a.

1617 *Dô si daz schif entluoden und gar getruogen dan* 1581
swaz si dar ûf hêten, der drîer künige man, (1521)
Hagene ez schriet ze stucken und stiez ez an die fluot.
des hete michel wunder die recken küene unde guot.

1618 *'Zwiu tuot ir daz, bruoder?' sprach dô Dancwart.* 1582
'wie sul wir komen übere, sô wir die widervart (1622)
rîten von den Hiunen wider an den Rîn?'
seht, dô sagete im Hagene, daz des niht kunde gesîn.

1619 *Dô sprach der helt von Tronege: 'ich tuon ez ûf den wân,* 1583
ob wir an dirre verte deheinen zagen hân, (1523)
der uns entrinnen welle durch zagelîche nôt,
der muoz an disem wâge doch ligen schemelîchen tôt.'

1620 *Si fuorten mit in einen von Burgonden lant,* 1584
der was ein helt zen handen: Volkêr was er genant. (1524)
der redete spæhelîche allen sînen muot.
swaz ie begunde Hagene, daz dûht den videlære guot.

1621 *Dô des küniges kappelân daz schif zehouwen sach,*
hin wider überz wazzer er ze Hagenen sprach:
'ir morder ungetriuwer, waz het ich iu getân,
daz ir mich âne schulde ertrenket woldet hân?

1622 *Des antwurt im Hagene: 'nu lât die rede wesen.*
mir ist leit ûf mîne triuwe, daz ir sît genesen
hie vor mînen handen, daz wizzet âne spot.'
dô sprach der arme kappelân: 'des wil ich immer loben got.

1623 *Ich fürht iuch nu vil kleine, des sult ir sicher sîn.*
nu vart ir zuo den Hiunen: sô wil ich an den Rîn.
got enlâz iuch nimmer zem Rîne wider komen;
des wünsch ich iu vil sêre: ir het mir nâch den lîp benomen.'

1624 *Dô sprach der künic Gunther zuo sînem kappelân:*
'ez wirt iu wol gebüezet swaz iu hât getân
Hagene in sînem zorne, und kum ich an den Rîn
wider mit mînem lebene, des sult ir âne angest sîn.

1625 *Vart wider heim ze lande, wan ez muoz nu sîn.*
ich enbiute mînen dienest der lieben frouwen mîn
und andern mînen mâgen, als ich von rehte sol:
ir saget in liebiu mære, daz wir noch alle varen wol.'

XXVI

Âventiure wie si mit Elsen und Gelpfrâten striten und wie in gelanc.

1626 *Dô si nu wol gesunde kômen ûf den sant,* 1586
der künic begunde vrâgen: ' wer sol uns durch daz lant (1526)
die rehten wege wîsen, daz wir niht vervarn?'
dô sprach der küene Volkêr: 'daz sol ich eine wol bewarn.'

1627 *'Nu enthaltet iuch,' sprach Hagene, 'ritter unde kneht,* 1587
und engâhet niht ze sêre, daz dunket mich reht. (1527)
vil ungefüegiu mære tuon ich iu bekant:
wir enkomen nimmer wider heim in unser lant.

1628 *Daz sageten mir zwei merewîp hiute morgen fruo,* 1588
wir enkœmen nimmer widere. nu rât ich, waz man tuo: (1528)
daz ir iuch wâfent, helde, und ze strît iuch wol bewart
(wir hân hie starke vînde), daz ir gewärlîchen vart.

1629 *Ich wânde an lügene funde diu wîsen wazzerwîp.* 1589
si jâhen daz besunder, daz unser deheines lîp (1529)
wider ze lande kœme niwan der kappelân:
dar umbe ich in gerne hiute ertrenket wolde hân.'

1617 a 4. hettn̄ a. küene unde *fehlt* a.
1618 a 1. zwiu] warvmb a.
1619 a 2. diser a. keinen czagen hagen a. 4. schemlichen a.
1620 a 3. spehlich a. allen *fehlt* a.
1621 a 1. zu hawen a. 2. über daz a. er zu a. 3. euch a. 4. âne] on a.
1622 a 3. daz wiszt sunder an spot a.
1623 a 3. zu dem rein a. 4. wünschen a. nahen a.
1624 a 2. euch a. euch a. 4. âne] on a.
1625 a 4. sagt a.

1626 a
1627 a 3. vil vngefüge mär a. 4. wir kumen a. wider *fehlt* a.
1628 a 4. gewerlichen a.
1629 a 1. dy waßer weisen weip a. *vor* weip *ist* lei *durchgestrichen* a. 2. keines a. 3. niwan] newr a. 4. darümb ich in gern a.

1630 *Dô flugen disiu mære   von schare baz ze schar.* 1590
des wurden snelle helde   vor leide missevar, (1530)
dô si begunden sorgen   ûf den grimmen tôt
an der hovereise: des gie in wærlîchen nôt.

1631 *Dâ ze Mœringen   si wâren über komen,* 1591
dâ dem Elsen vergen   was der lîp benomen. (1531)
dô sprach aber Hagene: 'sît daz ich vînde hân
an dirre vart erworben,   wir werden sicherlîch bestân.

1632 Ich sluoc der herren vergen   hiute morgen fruo. 1592
si wizzen wol diu mære.   nu grîfet balde zuo, (1532)
ob Else unde Gelpfrât   noch hiute hie bestê
unser ingesinde,   daz ez in schedelîch ergê.

1633 Ich erkenne si sô küene,   ez wirdet niht verlân. 1593
diu ros diu sult ir lâzen   deste sanfter gân, (1533)
daz des iemen wæne,   wir vliehen ûf den wegen.'
'des râtes suln wir volgen,'   sprach dâ vil maniger küener degen.

1634 'Wer sol nu daz gesinde   wîsen über lant?' 1594
si sprâchen: 'daz tuo Volkêr,   dem sint hie wol bekant (1534)
stîge unde strâze,   der küene spileman.'
ê daz manz gespræche,   dô sach man wol gewâfent stân

1635 Den snellen videlære.   den helm er ûf gebant: 1595
in hêrlîcher varwe   was al sîn wîcgewant. (1535)
er bant ouch zeime scafte   ein zeichen, daz was rôt.
sît kom er mit den künigen   in eine grœzlîche nôt.

1636 Dô was tôt des vergen   nu Gelpfrâte komen 1596
mit eime wâren mære.   dô het iz ouch vernomen (1536)
sîn bruoder Else.   ez was in beiden leit.
si sanden nâch ir degenen: die wâren schiere bereit.

1637 In vil kurzen zîten,   als wir vernomen hân, 1597
sach man zuo zin rîten   die heten scaden getân (1537)
in starkem urliuge,   vil ungefüegiu sêr:
der kômen Gelpfrâte   wol siben hundert oder mêr.

1638 Dô si ir grimmen vînden   begunden rîten nâch, 1598
jâ leiten si ir herren.   den was ein teil ze gâch (1538)]
nâch den küenen gesten: si wolden anden zorn.
des wart der herren friunde   sider mêre verlorn.

1639 Dô het der wîse Hagene   wol gefüeget daz 1599
(wie möhte sîner friunde   ein helt gehüeten baz?): (1539)
er pflac der nâchhuote   mit sehzec sîner man
und Dancwart, sîn bruoder: daz was vil wîslîch getân.

1640 In was des tages zerunnen: des heten si niht mêr. 1600
er vorht an sînen friunden   leit unde sêr: (1540)
si riten under schilden   durch der Beyer lant.
dar nâch in kurzen stunden   die helde wurden angerant.

1641 Beidenthalp der strâzen   und hinden vaste nâch 1601
huofslege si hôrten: dem volke was ze gâch. (1541)
dô sprach der küene Dancwart: 'man wil hie uns bestân.
nu binden ûf die helme: daz ist rætlîch getân.'

1642 Si hielten ab ir verte,   als ez dô muose sîn. 1602
si sâhen in der vinster   der liehten helme schîn. (1542)
dône wolde Hagene   niht langer si verdagen:
'wer jagt uns ûf der strâze?'   daz muos im Gelpfrât dô sagen.

1643 Dô sprach der marcgrâve   ûzer Beyerlant: 1603
'wir haben unsern vînden   dâ her nâch gerant. (1543)
ine weiz niht, wer mir hiute   mînen vergen sluoc.
der was ein helt zen handen: daz ist mir leide genuoc.'

1630 a 1. dise a. scharen baz zu scharen a. 3. grimmigen a. 4. ging sy werlichen a.
1631 a; *ab* 1631,3: vinde han C.
1. moringe a. 2. do a. else a. 3. vînde] funden a. 4. diser a.
1632 Ca 3. bestat C. 4. schedelîch] übel a.
1633 Ca 2: dy ros schullt ir dester senfter laßen gan a. 4. vil maniger] mancher a.
1634 Ca 2b *und* 3a: dem sind dy weg steig vnd straz wol bekant a. 4. man ez gesprach a.
1635 Ca 2. was allez sein gewant a. 3. zeime] zu einem a.
1636 Ca 1. nu *fehlt* a.
1637 Ca 1. wir] ich a. 2. zu in a. die] dy da a.
1638 Ca 3. an den czoren a.
1639 Ca 4. sîn] siner C.
1640 Ca 1. zerümen a.
1641 Ca 1. beidenthalben a. 2. den volck a. 3. uns hy a. 4. bindet a.
1642 Ca 4. uns *fehlt* a. dô *fehlt* a.
1643 Ca 1. auß a. 3. ich weiß nicht a. 4. zen] ze a.

1644 Dô sprach von Tronege Hagene: 'was der verge dîn? 1604
der enwolde uns niht füeren. des ist diu schulde mîn: (1544)
dô sluog ich dînen vergen. deiswâr, des gie mir nôt:
ich hete von dem degene vil nâch gewunnen den tôt.

1645 Ich bôt im mîne miete, golt, silber und gewant, 1605
daz er uns über fuorte her in iuwer lant. (1545)
daz muote in harte sêre, in zorne er mich dô sluoc
mit einer starken schalten: vil wênic ich im dô vertruoc.

1646 Dô kom ich zuo dem swerte und wert im sînen zorn 1606
mit einer starken wunden; des wart der helt verlorn. (1546)
daz bringe ich iu ze suone, swie iuch nu dunket guot.'
dô giengez an ein strîten: si wurden zornic gemuot.

1647 'Ich wistez wol,' sprach Gelpfrât, 'dô hie für gereit 1607
Gunther mit den sînen, daz uns geschæhe leit (1547)
von Hagen übermüete. nu ensol er niht genesen:
für des vergen ende sol er pfant hie wesen.'

1648 Si neigten über schilde ze stiche diu starken sper, 1608
Gelpfrât unde Hagene: in was zeinander ger. (1548)
Else unde Dancwart ouch ze samne riten
in vil hôhem muote. dâ wart grimme dô gestriten.

1649 Wie kunden sich versuochen immer helde baz? 1609
von eime starken schafte hinder ors gesaz (1549)
Hagene der küene vor Gelpfrâtes hant.
im brast daz fürbüege: dô wart im vallen bekant.

1650 Von ir ingesinde der krach der schefte schal. 1610
dô erholt ouch sich dort Hagene, der ê des was zetal (1550)
komen von der tjoste nider an daz gras.
er wæn unsenftes muotes wider Gelpfrâte was.

1651 Wer in diu ros behielte, daz ist mir unbekant. 1611
si wâren von den sätelen komen ûf den sant: (1551)
Gelpfrât unde Hagene ein ander liefen an.
des hulfen ir gesellen: dâ wart strîten getân.

1652 Swie krefteclîchen Hagene zuo Gelpfrâte spranc, 1612
der edel marcgrâve des schildes hin im swanc (1552)
wol gegen einer ellen, daz fiur dræte dan.
des was vil nâch erstorben des künic Guntheres man.

1653 Dô begunder rüefen Dancwarten an: 1613
'hilfâ, lieber bruoder, jâ hât mich bestân (1553)
ein rehter helt zen handen, ern læt mich niht genesen.'
dô sprach der küene Dancwart: 'des schol ich scheidære wesen.'

1654 Dô spranger dar vil balde und sluog im einen slac, 1614
dâ von der herre Gelpfrât vor im tôt gelac. (1554)
Else wolde gerne rechen dô den man:
sît muoser schedelîche mit den sînen kêren dan.

1655 Im was erslagen der bruoder, selbe was er wunt. 1615
wol ahzec sîner degene beliben an der stunt (1555)
mit dem vil grimmen tôde: Else muose dan
flühteclîche wenden. daz heten geste getân.

1656 Dô die von Bayerlanden wichen ûf dem wege, 1616
dô hôrte man noch hellen die vreislîchen slege: (1556)
dô jageten die von Tronege ir vîanden nâch.
die ez niht engelten wânden, den was allen ze gâch.

1657 Dô sprach an ir vlühte Danc*wart der degen:* 1617
'wir suln wider kêren balde ûf disen wegen, (1557)
und lâze wir si rîten: si sint von bluote naz.
gâhen wir zen friunden; an triuwen rât ich iu daz.'

1644 Ca 1. vnd was a. 3. deiswâr] czwar a. mich a. 4. vil nahen a.
1645 Ca 4. dô] des a.
1646 Ca 3. daz] des a.
1647 Ca 3. nu schol a. 4. des] meines a. 4b: muß er selbs pfant wesen a.
1648 Ca 1. nigen a. 2. zeinander] zesam̄en a. 3. zesamen a. 4. hohen a. mit grim̄ a. dô *fehlt* a.
1649 Ca 3. vor] von a. 4. zebrach a.
1650 Ca 1. irm gesinde der kraft a. 2. dort] do a. der er was des zetal a. 4. vnsænftes C, vnsanftes a.
1651 Ca 1. Wer] der a. 2. warn C. 3. Gelpfrate C. aneinander a.
1652 Ca 3. einer *fehlt* a. fivre C. 4. Gunthers C, günthers a.
1653 Ca 2. hilff a. 3. zehanden a. er leßt a.
1654 Ca 2. tôt] got C. belag a.
1655 Ca 1. selbs a. 3. grimme tode C, grim̄en tod a.
1656 Ca 1. dem] den a. 2. hellen] helden a.
1657 a; *bis* 1657,1: ... Danch[wart] C.
3. laß a. 4. zu den a. iu *fehlt* a.

1658 Dô si hin wider kômen dâ der strît was geschehen, 1618
dô sprach der küene Hagene: 'helde, ir sult besehen (1558)
wes uns hie gebreste oder wen wir hân verlorn
in disem herten strîte durch den Gelpfrâdes zorn.'

1659 Si heten vloren viere: daz liezens alsô sîn. 1619
ez was wol vergolten mit wunden under in. (1559)
den von Beyerlanden si hundert liezen tôt.
des wâren den von Tronege ir schilde trüebe unde rôt.

1660 Ein teil schein ûz den wolken des liehten mânen brehen. 1620
dô sprach aber Hagene: 'niemen sol verjehen (1560)
den mînen lieben herren daz wir hie hân getân:
man sol si âne sorgen unze morgen rîten lân.'

1661 Dô si dâ nâch in kômen, die dort striten ê, 1621
dô tet dem ingesinde diu müede starke wê. (1561)
'wie lange sul wir rîten?' des vrâgte manic man.
dô sprach der küene Dancwart: 'wir mugen niht herberge hân.

1662 Ir müezet alle rîten, unz daz ez werde tac.' 1622
Volkêr der küene, der des vanen pflac, (1562)
bat den marschalc vrâgen: 'wâ sul wir hînte sîn,
dâ geruowen unser mœre und ouch die lieben herren mîn?'

1663 Dô sprach der küene Dancwart: 'ine kans iu niht gesagen. 1623
wir enmugen niht geruowen, ê ez beginne tagen: (1563)
swâ wirz danne vinden, sô ligen in ein gras.'
dô si daz vernâmen, wie leit in etelîchen was!

1664 Si beliben unvermeldet des heizen bluotes rôt, 1624
unz daz diu sunne ir liehtez schînen bôt (1564)
dem morgen über berge. dô daz der künic gesach,
daz si gestriten hêten, der helt vil zorneclîchen sprach:

1665 'Wie nu, friunt Hagene? iu wæn versmâhet daz, 1625
daz ich bî iu wære, dâ iu di ringe naz (1565)
sus wurden von dem bluote. wer hât iu daz getân?'
er sprach: 'daz tet Gelpfrât, der het uns nehten bestân.

1666 Durch den sînen vergen wir wurden an gerant. 1626
dâ sluoc Gelpfrâten mînes bruoder hant. (1566)
sît entran uns Else; des twang in michel nôt:
in hundert und uns viere beliben in dem strîte tôt.'

1667 *Wir enkunnen niht bescheiden,   war si sich leiten nider.* 1627
al die lantliute   erfunden ez wol sider, (1567)
daz ze hove füeren   der edeln Uoten kint.
si wurden wol enpfangen   dâ ze Pazzouwe sint.

1668 *Der edeln fürsten œheim,   der bischof Pilgrîn,* 1628
dem wart vil wol ze muote,   dô er die neven sîn (1568)
sach mit sô vil der recken   komen in daz lant.
daz er si gerne sæhe,   daz wart in schiere bekant.

1669 *Si wurden wol enpfangen   von vriunden ûf den wegen.* 1629
dâ ze Pazzouwe   kunde er si niht gelegen: (1569)
si muosen überz wazzer,   dâ si funden velt.
dâ sluogen ûf die knehte   manic hütte und gezelt.

1670 *Si muosen dâ belîben   allen einen tac* 1630
und ouch die naht mit vollen.   wie schône man ir pflac! (1570)
dar nâch si muosen rîten   in Rüedegêres lant.
dem kâmen ouch diu mære: daz was im liebe bekant.

1671 *Dô die wegemüeden   ruowe genâmen,* 1631
unde si dem lande   nâher bequâmen, (1571)
si funden ûf der marke   slâfende einen man,
dem von Tronege Hagene   sîn starkez wâfen an gewan.

1672 *Eckewart was geheizen   der selbe ritter guot.* 1632
er gewan dar umbe   vil trûrigen muot, (1572)
daz er verlôs sîn wâfen   von der helde vart:
die marke Rüedegêres   fundens übele bewart.

1658 a 1. dâ] do̱ a. 2. helt a. 4. den] disen a.
1659 a 1. verlorn̄ vir a. lißen sy a.
1660 a 3. den] dem a. 4. vncz a. lan reiten (*mit Umstellungszeichen*) a.
1661 a 1. dort da a. 4. herwerg gehan a.
1662 a 2. der der phan' a. 4a: da geru vnser mere a.
1663 a 1. ich kan euch ez a. 2. wir mügen a. beginnet a. 3. wo wir ez a. einē gras a.
1664 a 1. vnnvermailet a. 3. dem] den a. 4. helt] künig a.
1665 a 1. iu] ich a. 2. dâ] daz a. 4. nehten] nahen a.
1666 a 2. gelpfrads a.
1667 a 1. enkonden a.
1668 a 1. *das zweite* der *fehlt* a. 4. ward im a.
1669 a 3. über daz a. 4. hut a.
1670 a 3. rüdigers a. 4. im] in a.
1671 a 3. marke] vart a (*warte? vgl. aber* 1674,4).
1672 a 1. eckhart a. 4. rüdigers a. übel a.

1673 ‘Owê mir dirre schande,’ sprach dô Eckewart. 1633
‘jâ riuwet mich vil sêre der Burgonden vart. (1573)
sît ich Sîfriden verlôs, dô was mîn freude ergân.
ouwê, herre Rüedegêr, wie ich wider dich geworben hân!’

1674 Hagene vil wol hôrte: sîn sorge im klagen gebôt. 1634
er gab im wider sîn wâfen und sehs pouge rôt: (1574)
‘die habe dir, helt, ze minnen, daz du mîn friunt sîst.
du bist ein degen küene, swie eine du ûf der marke lîst.’

1675 ‘Got lôn iu iuwer gâbe,’ sprach dô Eckewart. 1635
‘doch riuwet mich vil sêre zen Hiunen iuwer vart. (1575)
ir sluoget Sîfriden: man ist iu hie gehaz.
daz ir iuch wol behüetet, in triuwen rât ich iu daz.’

1676 ‘Nu müeze uns got behüeten,’ sprach dô Hagene. 1636
‘wir hân an disen zîten niht mêr ze tragene (1576)
niwan wâ mîne herren noch hînte mügen hân
nahtselde in disem lande, dâ si geruowen und ir man.

1677 Diu ros sint uns vermüedet ûf den verren wegen 1637
und der spîse zerunnen,’ sprach Hagene der degen. (1577)
‘wir findens ninder veile. uns wære wirtes nôt,
der uns noch hînte gæbe durch sîne milte sîn brôt.’

1678 Des antwurt im dô Eckewart: ‘ich zeig iu einen wirt, 1638
daz ir ze hûse selten sô wol bekomen birt (1578)
in deheinem vremden lande, als iu wol mac geschehen,
ob ir vil snelle degene wellet Rüedegêren sehen.

1679 Der sitzet bî der strâze und ist der beste wirt, 1639
der ie kom ze hûse: sîn herze tugende birt, (1579)
alsô der liehte meie daz gras mit bluomen tuot.
sô er sol helden dienen, sô ist er vrœlîch gemuot.’

1680 Dô sprach der künic Gunther: ‘welt ir mîn bote sîn, 1640
ob uns welle enthalten durch den willen mîn (1580)
der marcgrâve Rüedegêr, unser mâge und unser man?
daz wil ich immer dienen mit triuwen sô ich beste kan.’

1681 ‘Der bote bin ich gerne,’ sprach dô Eckewart. 1641
in vil guotem willen huob er sich an die vart (1581)
und sagete Rüedegêre, wen er hete gesehen,
und ouch Gotelinde. dô was in liebe geschehen.

1682 *Man sach ze Bechelâren   gâhen einen degen.* 1642
selbe erkande in Rüedegêr.   er sprach: 'ûf disen wegen (1582)
dort her gâhet Eckewart,   ein Kriemhilde man'.
er wânde, daz die vîende   im heten etewaz getân.

1683 Dô gie er für die porte,   dâ er den boten vant. 1643
daz swert er von im gurte   und leit ez von der hant. (1583)
er sprach zuo dem degene: 'waz habt ir vernomen,
daz ir gâhet alsô sêre?   hât uns iemen iht genomen?'

1684 'Uns hât geschadet niemen,'   sprach Eckewart zehant. 1644
'mich habent drî künige   her zuo ziu gesant, (1584)
Gunther von Burgonden,   Gîselher und Gêrnôt.
der recken ieslîcher   iu sînen dienest her enbôt.

1685 Daz selbe tuot her Hagene   und ouch Volkêr 1645
ir dienest willeclîche.   noch sage ich iu mêr, (1585)
daz iu des küniges marschalc   Dancwart daz enbôt,
daz den guoten degenen   wær iuwer herberge nôt.'

1686 Mit lachendem munde   sprach dô Rüedegêr: 1646
'nu wol mich dirre mære,   daz die künige hêr (1586)
mîner herberge ruochent: diu wirt in niht verseit.
koment si mir ze hûse,   mit dienste bin ich in bereit.'

1687 'Iuch hât des küniges marschalc   heizen wizzen lân, 1647
wen ir ze herbergen   noch hînte müezet hân: (1587)
sehzec küener recken   und tûsent ritter guot,
und niun tûsent knehte.'   dô wart er vrœlîch gemuot.

1673 a 1. diser schaden a. eckhart a. 2. vil *fehlt* a. 3a: sint ichs in friden verlos a.
1674 a 1. sein clagen sorg im klagen a. 4. lîst] seist a.
1675 a 2. zu den a. 3. hie *fehlt* a.
1676 a 3. nur wo mein hern a.
1677 a 2. ze rinnen a.
1678 a 4. rüdigern a.
1679 a 2. tugend a. 3. alsô] als a.
1680 a
1681 a
1682 a; *ab* 1682,3: man C.
1683 Ca 2. laet ez von der vant a. 4. gâhet *fehlt* C. gahet so ser a. ichts a.
1684 Ca 2. zu euch a. 4. iu *fehlt* a.
1685 Ca 4. ewerer a.
1686 Ca
1687 Ca 1. heizen *fehlt* a.

1688 'Sô wol mich dirre geste,' sprach dô Rüedegêr, 1648
'daz mir koment ze hûse die recken alsô hêr, (1588)
den ich noch vil selten iht gedienet hân.
nu rîten in begegene, mîne mâge unde man.'

1689 Von gâhen zuo den rossen huop sich dâ michel nôt 1649
von rittern und von knehten. der wirt dô gebôt (1589)
den sînen ambtliuten: si schuofenz deste baz.
noch enwistes niht frou Gotelint, diu in ir kemenâten saz.

1690 Dô gie der marcgrâve dâ er die frouwen vant, 1650
sîn wîp und sîne tohter. dô sagter in zehant (1590)
diu vil lieben mære, diu er hete vernomen,
daz ir frouwen brüeder ir ze hûse solden komen.

1691 'Vil liebiu triutinne,' sprach dô Rüedegêr, 1651
'ir sult vil wol enpfâhen die edeln künige hêr, (1591)
sô si mit ir gesinde für iuch ze hove gân.
ir sult ouch schône grüezen Hagenen, Guntheres man.

1692 Mit in kumt ouch einer, der heizet Dancwart; 1652
der ander heizet Volkêr, an zühten wol bewart. (1592)
die sehse sult ir küssen, ir und diu tohter mîn,
und sult ouch bî den degenen in zühten grœzlîche sîn.'

1693 Daz lobten dô die frouwen und wârens vil bereit. 1653
si suohten ûz den kisten diu maniger hande kleit, (1593)
dar inne si begegene den recken wolden gân.
dâ wart vil michel vlîzen von schœnen frouwen getân.

XXVII

Âventiure wie der marcgrâve die künige mit ir recken in sîn hûs enpfie und wier ir sît pflac.

1694 In solhen unmuozen   suln wir die frouwen lân. 1655
hie wart vil michel gâhen   über velt getân (1595)
von Rüedegêres friunden   dâ man die geste vant.
si wurden wol enpfangen   in des marcgrâven lant.

1695 Dô si der marcgrâve   zuo zim komen sach, 1656
Rüedegêr der snelle,   wie vrœlîch er sprach: (1596)
'sît willekomen, ir herren,   und ouch iuwer man
hie in disem lande.   wie gern ich iuch gesehen hân!'

1696 Dô dancten im die recken   mit triuwen âne haz. 1657
daz er in willec wære,   vil wol erzeicter daz. (1597)
sunder gruozter Hagenen: den het er ê bekant.
sam tet er Volkêren,   den helt von Burgonden lant.

1697 Dô sprach zem marcgrâven   Dancwart der degen: 1658
'sît ir uns welt beruochen,   wer sol uns danne pflegen (1598)
des unsern ingesindes   von Wormez über Rîn?'
dô sprach der marcgrâve: 'die angest sult ir lâzen sîn.

1698 Ez wirdet wol behalden   swaz ir in daz lant 1659
habt mit iu gefüeret,   ros, silber und gewant,
dem schaffe ich solhe huote,   daz sîn wirt niht verlorn
daz iu ze schaden bringe   gegen einem halben sporn.

1688 Ca 3. iht] y a. 4. reitet a. enkegen a. mein mag vnd mein man a.
1689 Ca 4. enwest ez a.
1690 Ca 2. sîn] sine C. 3. er *fehlt* a.
1691 Ca 4. schône] hoch a. Gunth^{s}s C, günthers a.
1692 Ca 1. mit im a.
1693 Ca 1. waren sein a. 2. handen C. 3. si *fehlt* a. 4. fleiß a. von frawen schon a.

Überschrift: und wier ir sît pflac *fehlt* a.
1694 Ca
1695 Ca 1. zu im a.
1696 Ca 2. willec wære] willechomen wære C, wer willekomen a. erzeichter C, erczeigt er a.
1697 Ca 1. zu dem a.
1698 Ca 3. nicht wirt a.

1699 Spannet ûf, ir knehte, die hütten an daz velt. 1660
swaz ir hie verlieset, des wil ich wesen gelt. (1599)
und ziehet abe die zöume, diu ros diu lâzet gân.'
daz het in wirt deheiner dâ vor vil selten getân.

1700 Des freuten sich die geste. dô daz geschaffen was, 1661
die herren riten dannen. sich leiten in daz gras (1600)
über al die knehte; si heten guot gemach.
ich wæn, in an der verte nie sô sanfte geschach.

1701 Nu was diu marcgrâvinne für daz tor gegân 1662
mit ir vil schœnen tohter; dô sach man bî ir stân (1601)
die minneclîchen frouwen und manige schœne meit,
die truogen vil der bouge und ouch diu hêrlîchen kleit.

1702 Daz edele gesteine verre lûhte von in dan 1663
ûz ir vil rîchen wæte: die wâren wol getân. (1602)
dô kômen ouch die recken und erbeizten sâ zehant.
hey, waz man grôzer zühte an den Burgonden vant!

1703 Sehs und drîzec meide und ander manic wîp, 1664
den was ze wunsche schœne und minneclîch der lîp: (1603)
die giengen in engegene und wolden si enpfân.
dâ wart ein schœne grüezen von den frouwen getân.

1704 Diu junge marcgrâvinne kuste die künige drî; 1665
alsam tet ir muoter: dâ stuont ouch Hagen bî. (1604)
den bat ir vater küssen. dô blicte si in an:
er dûhte si sô gremlîch, daz siz gerne hete lân.

1705 Doch muoste si dâ leisten daz ir der wirt gebôt. 1666
gemischet wart ir varwe, bleich unde rôt. (1605)
si kuste ouch Dancwarten, dar nâch den spileman.
durch sînes lîbes ellen wart im daz grüezen getân.

1706 Diu junge marcgrâvinne nam dô bî der hant 1667
Gîselhern den recken von Burgonden lant. (1606)
alsam tet ir muoter Gunthern den küenen man.
Gêrnôten fuorte Rüedegêr mit im minneclîchen dan.

1707 In der schœnen bürge stuont ein wîter sal: 1668
ritter unde frouwen gesâzen dâ zetal. (1607)
dô hiez man balde schenken den gesten guoten wîn.
ez endorften nimmer helede gehandelt güetlîcher sîn.

1708 Mit lieben ougenblicken   wart vil gesehen an   1669
diu Rüedegêres tohter: diu was sô wolgetân,   (1608)
jâ trûtes in dem herzen   vil manic ritter guot.
daz kunde ouch si verdienen: si was vil hôhe gemuot.

1709 Si gedâhten swes si wolden: es enmoht aber niht geschehen.   1670
an mägede und ouch an frouwen   wart dâ vil gesehen   (1609)
für unde widere,   wande ir saz dâ genuoc.
der edel videlære   dem wirte holden willen truoc.

1710 Nâch gewonheite   dô schieden si sich dâ: 1671
ritter unde frouwen   die giengen anderswâ.   (1610)
dô rihte man die tische   in dem sale wît.
den vil lieben gesten   man diente willeclîche sît.

1711 Durch der geste liebe   hin ze tische gie   1672
niwan diu marcgrâvinne: ir tohter si dô lie   (1611)
belîben bî den kinden,   dâ si von rehte saz.
daz si ir niht ensâhen,   die geste müete sêre daz.

1712 Dô si mit freuden hêten   gegezzen über al,   1673
dô wîste man die schœnen   wider in den sal.   (1612)
gämelîcher sprüche   der wart dâ niht verdeit:
der reit vil dâ Volkêr,   ein degen küen und gemeit.

1699 Ca 1. ir] dy a. dy hut a. 2. vorlist a. wesen] haben a. 3. *das zweite* diu *fehlt* a.
1700 Ca 1. geschaft was a. 2. si leyten sich a. 3. guten gemach a. 4. daz in a.
1701 Ca 1. marckgreffin (*so immer*) a. 3. vnd auch vil manche schöne a. 4. diu] die C, dy a.
1702 Ca 1. laucht verr a. 2. warn C. 4. eya a. czucht a.
1703 Ca 2. und *fehlt* a.
1704 Ca 2. also a. 4. grewlich a. sy ez a.
1705 Ca
1706 Ca 2. Geisler a. 3. also a. gunther a. 4. Gernot a. im] in C.
1707 Ca 2. saßen a. 3. gesten] besten a.
1708 Ca 2. diu was] do was C. 3. trautest a. 4. sy wol dienen a. sy was hochgemut a.
1709 Ca 1. ez mocht a. gesein a. 2. magden vnd an weiben a. gesehen] blick schein a.
1710 Ca 3. richtet a.
1711 Ca 4. müed daz ser (*mit Umstellungszeichen*) a.
1712 Ca 1. geßen a. 3. gemählicher a. 4. redet da vil a.

1713 Dô sprach offenlîche der tiure spileman: 1674
'vil rîcher marcgrâve, got hât an iu getân (1613)
vil genædeclîche, daz er iu hât gegeben
ein wîp sô rehte schœne, dar zuo ein wunneclîchez leben.

1714 Ob ich ein fürste wære,' sprach aber der spileman, 1675
'und solde ich tragen krône, ze wîbe wolde ich hân (1614)
die iuwern schœnen tohter; des wünnet mir der muot:
diu ist minneclîch ze sehene, dar zuo edel unde guot.'

1715 Dô sprach der marcgrâve: 'wie möhte daz gesîn, 1676
daz immer künic gegerte der lieben tohter mîn?
wir sîn beide ellende, ich und ouch mîn wîp,
und haben niht ze gebene: waz hilfet danne ir schœner lîp?'

1716 Dô sprach der herre Gêrnôt: 'ir sult die rede lân. 1677
und solde ich triutinne nâch mîme willen hân, (1615)
âne guot ze wîbe wær ich ir immer vrô.'
des antwurte Hagene vil harte minneclîchen dô:

1717 'Nu sol doch her Gîselher mîn herre nemen wîp: 1678
ez ist sô hôher mâge der marcgrâvinne lîp, (1616)
daz wir ir dienten gerne, ich und ander iuwer man,
und soldes under krône dâ zen Burgonden gân.'

1718 Diu rede Rüedegêren von in dûhte guot, 1679
und ouch die marcgrâvinne: jâ freutez in den muot. (1617)
sît truogen an die helde, daz si ze wîbe nam
Gîselher der edele, wandez in beiden wol gezam.

1719 Swaz sich sol gefüegen, wer mac daz understên? 1680
man bat die juncfrouwen hin ze hove gên. (1618)
dô swuor man im ze gebene daz wunneclîche kint,
ouch lobt er ze nemene die vil minneclîchen sint.

1720 Man beschiet der juncfrouwen bürge unde lant; 1681
des sichert dâ mit eiden des rîchen küniges hant (1619)
und Gêrnôt der herre, daz wurde daz getân.
dô sprach der marcgrâve: 'sît ich der lande niht enhân,

1721 Sône lât iu niht versmâhen mîn ellendes solt: 1682
ich gibe zuo mîner tohter silber unde golt, (1620)
swaz zwei hundert mœre meiste mügen getragen.'
diu rede muoste den degenen beidenthalben wol behagen.

1722 Nâch gewonheite   man hiez an einen rinc   1683
stên die minneclîchen.   manic sneller jungelinc   (1621)
in gezweietem muote   ir ze gegene stuont.
si gedâhten in ir sinne,   sô noch die tumben dicke tuont.

1723 Dô man begunde vrâgen   die minneclîchen meit,   1684
ob si den recken wolde,   ein teil was ez ir leit,   (1622)
und dâhte doch ze nemene   den wætlîchen man.
si schamte sich der vrâge,   sô manic maget hât getân.

1724 Ir rûnte ir vater Rüedêger,   daz si spræche jâ   1685
und in vil gerne næme.   vil schiere was dô dâ   (1623)
mit sînen wîzen handen,   der si dô umbeslôz,
Gîselher der junge,   swie lützil si des sît genôz.

1725 Dô sprach der marcgrâve: 'ir edeln künige rîch,   1686
als ir nu wider wendet   (daz ist gewonlîch)   (1624)
heim zuo ziuren landen,   sô gib ich iu mîn kint,
daz ir si mit iu füeret.'   daz gelobten si sint.

1726 Swaz man dâ schalles hôrte,   den muosen si doch lân.   1687
man hiez die juncfrouwen   zir kemenâten gân,   (1625)
und ouch die geste slâfen: si erbiten an den tac.
dô bereite man die spîse: der wirt ir minneclîchen pflac.

1713 Ca 1. edel a. 2. an *fehlt* a. 4. wūnicklich a.
1714 Ca 2: vnd schöld ich trachten ze weibe wöld ich sy han a. 3. wͤnnet C, wūmet a. 4. ist ze sehen m̄inickleich a.
1715 Ca 2. gerte a. 3. ouch *fehlt* a.
1716 Ca 2. dy trawtin̄ a. meinē a. 4. vil *fehlt* a.
1717 Ca 1. ein weip a. 4. schöld sy a.
1718 Ca 2. die] der a.
1719 Ca 1. fügen a. vnterstan̄ a. 2. da zu hoff hinein gan a. 3. minicklich kint a. 4. gelobt a. wūnicklich a.
1720 Ca 2. eid a.
1721 Ca 1. so laßt a. meine a. 3. ros a. 4. wol *fehlt* a.
1722 Ca 1. hiß man a. 2. m̄inicklich a. 3. gezweietē C. in geczwait der mut a. ir ze gegene stuont] in zeging stunt a. 4. in iren sinnen a. dicke] gern̄ a.
1723 Ca 2. ez *fehlt* a. 3. gedacht a. weidenlichen a. 4. so noch manch a.
1724 Ca 1. ir rawnt zu a. 3. vnbesloz C, v̈mbsloz a.
1725 Ca 3. zu ewern̄ a. 4. glawbtn̄ a.
1726 Ca 1. doch] do a. 2. zu irer a. 4. bereitet a.

1727 Dô si nu gezzen hêten und wolden dannen varn 1688
gein der Hiunin landen, 'daz heiz ich wol bewarn,' (1626)
sprach der wirt vil edele, 'ir sult noch hie bestân,
wande ich sô lieber geste selten her gewunnen hân.'

1728 Des antwurte Dancwart: 'jâne mages niht gesîn. 1689
wâ næmet ir die spîse, daz brôt und ouch den wîn, (1627)
daz sô manigem manne wære hie bereit?'
dô daz der wirt gehôrte, ez was im âne mâze leit.

1729 Dô sprach der marcgrâve: 'diu rede ist âne nôt. 1690
ze vierzehen nehten wîn unde brôt (1628)
gæbe ich iu volleclîchen mit den, die ir hie hât.
ir müezet hie belîben: des ist deheiner slahte rât.'

1730 Swie vil si dannen gerten, si muosen dâ bestân 1691
unz an den vierden morgen. dô wart ouch dâ getân (1629)
von des wirtes milte daz verre wart geseit:
er gap den sînen gesten beidiu wâfen unde kleit.

1731 Ez mohte wern niht langer, si muosen dannen varn. 1692
Rüedegêr der kunde vil wenic iht gesparn (1630)
von der sînen milte. swes iemen gerte nemen,
daz versagt er niemen: ez muose in allen gezemen.

1732 Daz edel ingesinde brâhte für daz tor 1693
gesatelt vil der rosse. dô warte ouch in dâ vor (1631)
vil der guoten recken, die truogen schilde enhant,
wande si rîten wolden nider in der Hiunen lant.

1733 Der wirt dô sîne gâbe bôt über al, 1694
ê daz die edeln geste kœmen für den sal. (1632)
er kunde milteclîche mit grôzen êren leben.
die sîne schœnen tohter die het er Gîselher gegeben.

1734 Dô gab er Gunthere, dem helde lobelîch, 1695
daz wol truoc mit êren der edel künic rîch, (1633)
swier nie gâbe enpfienge, ein wâfenlîch gewant.
dô neic der fürste hêre des milten Rüedegêres hant.

1735 Dô gab er Gêrnôte ein wâfen guot genuoc, 1696
daz er sît in stürmen vil hêrlîchen truoc. (1634)
der gâbe im vil wol gunde des marcgrâven wîp.
dâ von der guote Rüedegêr muose vliesen sît den lîp.

1736 Dô bôt diu marcgrâvinne   Hagen ir gâbe alsam 1697
mit bete minneclîche,   sît si der künic nam, (1635)
daz er âne ir stiure   zuo der hôchgezît
varn niene solde: der helt gelobt ez âne strît.

1737 'Alles des ich ie gesach,'   sprach dô Hagene, 1698
'sône gerte ich niht mêre   nu ze habene (1636)
niwan jenes schildes,   der dort hanget an der want:
den wolde ich gerne füeren   mit mir in der Hiunen lant.'

1738 Dô diu marcgrâvinne   Hagen bete vernam, 1699
ez mante si ir leide: weinen si gezam. (1637)
dô gedâhte si vil tiure   an Nuodunges tôt;
den het erslagen Witege: des twanc si jæmerlîchiu nôt.

1739 Si sprach zuo dem degene: 'den schilt wil ich iu geben. 1700
daz wolde got von himele,   daz er noch solde leben, (1638)
der in dâ truog enhende: der lag in sturme tôt;
den muoz ich immer weinen: des gât mir armen wîbe nôt.'

1740 Diu edel marcgrâvinne   von ir sedele gie; 1701
bî dem schiltvezzil   si den schilt gevie: (1639)
dô brâhte si in Hagene,   si selbe mit ir hant.
diu gâbe was mit êren   an den recken gewant.

1727 Ca 1. von dan̄ varen a. 2. do hiez ich a. 3. do sprach a. 4. her] e a.

1728 Ca 1. danckwart danc^{s} ia enmag ez niht a. 2. ouch *fehlt* a. 3. manchē man a. 4. ez] daz a. maßen a.

1729 Ca 3. gêbe C, geb a. czwar mit a. ir noch hie C. 4. des] daz a.

1730 Ca 2. dâ *fehlt* a.

1731 Ca 1. mocht gewern a. von dann varen a. 2. kunde] milte a. gesparn]
·2 ze gesparn a. 3a: von den seinen tugenden a. 3. swes] des a. gert ze nemen a.

1732 Ca 1. brâhte] kam a. 3. in der hant a. 4. nider *fehlt* a.

1733 Ca 3. eren pfhlegen leben a. 4. seinen a. *das zweite* die *fehlt* a.

1734 Ca 2. edel *fehlt* a. 3. wy er a. waffen gewant a. 4. Rvdegers C, rüdigers a.

1735 Ca 2. stvrm̄ C, sturm a. herticklichen a. 4. must verlisen seinen leip a.

1736 Ca 4. varn niene] nyman a.

1737 Ca 1. ich *fehlt* a. dô] doch a. 3. genes a. 4. gern mit mir fürn in a.

1738 Ca 2. manet sy ir leid a. gezam] began a.

1739 Ca 3. an hende a. 4. beweinen a. des] daz a.

1740 Ca 1. ging a. 2. ving a. 3. si selbe] selb a. 4. den] der a.

1741 Ein hulft von liehtem pfelle ob sîner varwe lac. 1702
bezzer schilt deheinen belûhte nie der tac: (1640)
von edelm gesteine, swers ze koufen hete gegert
oder in veile hête, er was wol tûsint marke wert.

1742 Den schilt hiez dô Hagene von im tragen dan. 1703
dô kom sîn bruoder Dancwart hin ze hove gegân; (1641)
dem gap vil rîchiu kleider des marcgrâven kint,
diu er dâ zen Hiunen truoc vil hêrlîchen sint.

1743 Allez daz der gâbe von in dâ wart genommen, 1704
in ir deheines hende wær ir niht bekomen (1642)
wan durch des wirtes liebe, derz in sô schône erbôt.
sît wurdens im sô vîent, daz si in muosen slahen tôt.

1744 Volkêr der snelle mit sîner videlen dan 1705
kom gezogenlîche für Gotelinde stân. (1643)
er videlt süeze dœne und sang ir sîniu liet:
dâ mite nam er urloup, dô er von Bechelâren sciet.

1745 Ir hiez diu marcgrâvinne eine lade tragen. 1706
von friuntlîcher gâbe muget ir nu hœren sagen. (1644)
dar ûz si nam sehs pouge und spiens im an die hant:
'die sult ir füeren, Volkêr, von mir in der Hiunen lant,

1746 Und sult durch mînen willen si dâ ze hove tragen, 1707
swenne ir wider wendet, daz man mir müge sagen, (1645)
wie ir mir habt gedienet dâ zer hôchgezît.'
des si zem recken gerte, vil wol gewert er sis sît.

1747 Dô sprach der wirt zen gesten: 'ir sult dest sanfter varn. 1708
ich wil iuch selbe leiten und heizen wol bewarn, (1646)
daz man iu ûf der strâzen nem deheiniu pfant.
ich sol iuch selbe leiten in daz Ezelen lant.'

1748 Der wirt wart wol bereitet mit fünf hundert man 1709
ze rossen und ze kleidern: die fuort er mit im dan (1647)
in vrœlîchem muote zuo der hôchgezît:
der deheiner nimmer mêre kom ze Bechelâren sît.

1749 Mit kusse minneclîche der wirt dô dannen schiet, 1710
alsô tet ouch Gîselher, als im diu liebe riet: (1648)
mit umbeslozzen armen si trûten schœniu wîp.
daz muose sît beweinen vil maniger juncfrouwen lîp.

1750 Vil venster wart entslozzen und wît ûf getân. 1711
der wirt mit sînen mannen zen rossen wolde gân. (1649)
in wæn, ir herzen sageten diu krefteclîchen sêr,
daz si der lieben friunde dar nâch gesæhen nimmer mêr.

1751 Nâch ir lieben friunden heten genuoge leit. 1712
dô weinten âne mâze vil frouwen und manic meit. (1650)
doch riten si mit freuden nider über sant
ze tal bî Tuonouwe unz in daz hiunische lant.

1752 Dô sprach zen Burgonden der ritter unverzaget, 1713
Rüedegêr der edele: ‘jâ suln niht sîn verdaget (1651)
Ezeln disiu mære, daz wir zen Hiunen komen,
und ouch mîne frouwen: sine hânt sô liebes niht vernomen.’

1753 Ze tal durch Ôstirîche vil manic bote reit: 1714
den liuten allenthalben wart daz wol geseit, (1652)
daz die herren kœmen von Wormez über Rîn.
dem Ezelen ingesinde kunde niht lieber gesîn.

1754 Die boten für strichen mit disen mæren, 1715
daz die Nibelunge zen Hiunen wæren: (1653)
‘du solt si wol enpfâhen, Kriemhilt, frouwe mîn:
dir koment nâch grôzen êren her die stolzen brüeder dîn.’

1741 Ca 1. lichten pfel' a. 2. kein beßern schilt belauchtet a. 4. veil C, vail a.
1742 Ca 2. gan a. 3. reiche a. 4. diu] die C, dy a. vil hêrlîchen] mit großn̄ eren a.
1743 Ca 1. wart da a. 2. in irer a. 3. der in ez a. 4. wurden sy a. vint C, veint a.
1744 Ca 1. der snelle *fehlt* Ca. dan *fehlt* a. 2. geczogenlichen dan a. Gotlinde dy marckgreffin a. 4. da mit so a.
1745 Ca 1. ein laden a. 3. spin sy a.
1746 Ca 1. dâ *fehlt* a. 2. müg gesagen a. 3. dâ zer] zu der a. 4. zu dem a. er sy seit a.
1747 Ca 1. zu den a. dester a. 2. selbs heißen leyten vnd wol bewarn a. 3. iu *fehlt* a. nêm C, näm a. 4. selbs beleiten a.
1748 Ca 1. bereit C. 2. zu den kleydern a. im] in a. 4. ze] gein a.
1749 Ca 1. küssen a. dô] von a. 3. vnbeslozzen C, vmbsloßen a.
1750 Ca 1. wurden a. 2. zen] ze a. 3. in] ich a. hercz sagt a. krefticklich a. 4. der] dy a. frivnden (n *durchgestrichen*) C, frewnd a. gesahen C. gesehen darnach (darnach *am Rande nachgetragen*) a.
1751 Ca 1. hetten sy leides gnug (leides *m. Umstellungszeichen*) a. 2. an maßen a. 2b: vil weib vnd mayt a. 3. doch] da a. 4. bey der a.
1752 Ca 1. vnnverczait a. 4. meiner a. sy haben a.
1753 Ca
1754 Ca 2. zu den a. 3. wol *fehlt* a. Kriemhilt *fehlt* a.

1755 Dô diu küniginne   vernam diu mære,
ir begunde entwîchen   ein teil ir swære.
von ir vater lande   kom ir vil manic man:
dâ von der künic Ezele   vil manigen jâmer sît gewan.

1756 Si gedâhte tougenlîche: 'noch möhte is werden rât.
der mich an mînen freuden   alsô gepfendet hât,
mag ich daz gefüegen,   ez sol im leide ergân
ze dirre hôchgezîte: des ich vil guoten willen hân.

1757 Ich solz alsô schaffen,   daz mîn râche ergê
in dirre hôchgezîte,   swiez dar nâch gestê,
an sînem argen lîbe,   der mir hât benomen
vil der mînen wunne: des sol ich nu ze gelte komen.'

XXVIII

Âventiure wie die Nibelunge ze Ezeln bürge kômen und wie si dâ enpfangen wurden.

1758 Dô die Nibelunge kômen in daz lant, 1718
dô vrieschez von Berne meister Hildebrant. (1656)
er sagtez sîme herren: ez was im grimme leit.
er bat in wol enpfâhen die küenen ritter gemeit.

1759 Dô hiez der starke Wolfhart bringen in diu marc. 1719
dô reit mit Dietrîche vil manic recke starc, (1657)
dâ si se enpfâhen wolden zuo zin an daz velt;
dâ hetens ûf gebunden vil manic hêrlîch gezelt.

1760 Dô si von Tronege Hagene verrest komen sach, 1720
zuo den sînen herren der helt vil balde sprach: (1658)
'nu sult ir snellen degene von dem sedele stân,
und gêt in hin begegene, die iuch hie wellent enpfân.

1761 Dort kumt her ein gesinde, daz ist mir wol bekant: 1721
ez sint vil snelle degene von Amelunge lant; (1659)
die füeret der von Berne. si sint vil hôchgemuot.
ir sultz in wol erbieten, daz rât ich,' sprach der degen guot.

1762 Dô stuonden von den rossen (daz was vil michel reht) 1722
nider mit Dietrîche manic ritter unde kneht. (1660)
si giengen zuo den gesten, dâ man die helede vant.
si gruozten minneclîche die von Buregonden lant.

1755 Ca 3. irs a. *das zweite* ir *fehlt* a. mancher a.
1756 Ca 1. is *fehlt* a. 2. meine frewnd a. 3. leid a. 4. in diser hochczeit a.
1757 Ca 1. schol ez a. 2. diser hochczeit a. wy ez a.

Überschrift: niblungen a. eczel bürg a. dâ *fehlt* a.
1758 Ca 2. gefriesch ez a. 3. seinē a. dē was cz a.
1759 Ca 1. *vor* wolfhart *ist* gernot *getilgt* a. 2. vil *fehlt* a. manch ritter a.
3. dâ si se] als sis a. zin] in a. 4. hetten sy a.
1760 Ca 2. zu seinē a. der helt] er a. 4. in *fehlt* a.
1761 Ca 1. wol *fehlt* a. 4. ir schüllt ins a.
1762 Ca

1763 Dô si der herre Dietrîch   zuo zin komen sach, 1723
beide liebe unde leide   im dar an geschach. (1661)
er weste wol diu mære: ir reise was im leit.
er wânde, ez weste Rüedegêr,   daz erz het in geseit.

1764 'Sît willekomen, her Gunther,   Gêrnôt und Gîselher, 1724
Hagen unde Dancwart;   sam sî ouch Volkêr (1662)
und allez iuwer gedigene.   den Sîvrides tôt
weinet mîn frou Kriemhilt   noch dicke in angestlîcher nôt.'

1765 'Si mac vil geweinen,'   sprach dô Hagene, 1725
'er lît vor manigem jâre   ze tôde erslagene. (1663)
den künic von den Hiunen,   den si genomen hât,
den sol si nu minnen: Sîvrit sô gâhes niht erstât.'

1766 'Tôt des küenen recken   lâzen wir nu stên. 1726
sol leben mîn frou Kriemhilt,   noch mac schade ergên,' (1664)
sô redete von Berne   der herre Dieterîch:
'trôst der Nibelunge,   dâ vor behüete du dich.'

1767 'Wie sol ich mich behüeten?'   sprach der künic hêr. 1727
'Ezel uns boten sande   (wes sol ich vrâgen mêr?), (1665)
daz wir zuo zim kœmen   her in sîniu lant.
ouch hât uns unser swester   aller triuwen gemant.'

1768 'Sô wil ich iu wol râten,'   sprach dô Hagene. 1728
'nu bitet iu diu mære   baz se sagene (1666)
den herren Dietrîchen   und sîne helde guot,
daz si iuch lâzen wizzen   der frouwen Kriemhilde muot.'

1769 Dô giengen sundersprâchen   die drî künige rîch, 1729
Gunther unde Gêrnôt   und ouch her Dietrîch. (1667)
'nu sage uns, von Berne   vil edel ritter guot,
wie dir sî gewizzen   der frouwen Kriemhilde muot.'

1770 Dô sprach der vogt von Berne: 'waz sol ich iu mêre sagen? 1730
wan alle morgen früeje   weinen unde klagen (1668)
hœre ich vil jæmerlîche   daz Ezelen wîp
dem rîchen got von himele   des starken Sîvrides lîp.'

1771 'Ez ist et unerwendet,'   sprach dô der spileman, 1731
Volkêr der vil küene,   'daz wir vernomen hân. (1669)
wir suln ze hove rîten   und suln daz besehen,
waz uns snellen degenen   müge zen Hiunen geschehen.'

1772 Die küenin Burgonden hin ze hove riten: 1732
si kômen herrenlîche nâch ir landes siten. (1670)
dô wundert dâ zen Hiunin vil manigen küenen man
umbe Hagenen von Tronege, wie der wære getân.

1773 Durch daz man saget mære (des was im genuoc), 1733
daz er von Niderlanden Sîvriden sluoc, (1671)
sterkist aller recken, den Kriemhilde man:
des wart michel vrâgen ze hove nâch Hagenen getân.

1774 Der helt was wol gewahsen, daz ist al wâr: 1734
grôz was er zen brüsten, gemischet was sîn hâr (1672)
mit einer grîsen varwe. diu bein im wâren lanc,
und eislîch sîn gesihene. er het hêrlîchen ganc.

1775 Dô hiez man herbergen vil manigen küenen man. 1735
daz gesinde von dem Rîne wart gesundert dan. (1673)
daz riet diu küniginne, diu in argen willen truoc.
dâ von man sît die knehte an der herberge sluoc.

1776 Dancwart, Hagenen bruoder, der was marschalch. 1736
der künec im sîn gesinde vil vlîzeclîch bevalch, (1674)
daz er ir volleclîche mit spîse solde pflegen.
daz tet dô willeclîche mit triuwen der vil küene degen.

1763 Ca 1b: von erst ansach a. 4. daz er ins hett gesait a.
1764 Ca 3. gedinge a. 4. beweinet a.
1765 Ca 1. mag in vil a.
1766 Ca 1. den tot a. den lazz wir a. 2. ez mag wol schad a. 3. sô] do a. der h^{s}r her dietreich a. 4. beh$\overset{e}{v}$t C. da von so hüt a.
1767 Ca 3. zuo zim *fehlt* a. sîniu] disez a.
1768 Ca 1. iu *fehlt* a.
1769 C; *fehlt* a.
1770 Ca 1. nu mer a. 2. nur weinen a. 3. Ezeln C, eczeln a. 4. des] den a.
1771 Ca 1. et *fehlt* a. 2. vernomen *aus* verlorn *korrigiert* a. 4. beschehen a.
1772 Ca 1. hin *fehlt* a. 2. herlich a. 3. dâ zen] ze a. vil *fehlt* a.
1773 Ca 2. ersluch a. 3. den sterckstn̄ a. 4. frag a.
1774 Ca 1. bewachsen a. 3. grisem a. warn C. beine warn im a. 4. eyslich C, aëslich a. gesicht a. er het] vnd hett a.
1775 Ca 2. daz wart a.
1776 Ca 1. Hagen̄ (*Zeilenende*) C, hagen a. 2. enpfalch a. 4. dô] er a. vil *fehlt* a.

1777 Kriemhilt diu küniginne   mit ir gesinde gie 1737
dâ si die Nibelunge   in valschem muote enpfie: (1675)
si kuste Gîselhêren   und nam in bî der hant.
dô daz gesach Hagene,   den helm er vaster gebant.

1778 'Nâch sus getânem gruoze,'   sprach dô Hagene, 1738
'mugen sich bedenken   wol snelle degene: (1676)
man grüezet sunderlingen   die fürsten und ir man.
wir hân niht guoter reise   zuo dirre hôchgezît getân.'

1779 'Nu sît,' sprach si, 'willekomen,   swer iuch gerne siht: 1739
durch iuwer selbes friuntschaft   engrüez ich iuch niht. (1677)
nu sagt, waz ir mir bringet   von Wormez über Rîn,
dar umbe ir mir sô grôze   soldet willekomen sîn.'

1780 'Het ich gewist diu mære,'   sprach dô Hagene, 1740
'daz iu gâbe bringen   solden degene, (1678)
ich wære wol sô rîche,   het ich mihs baz verdâht,
daz ich iu mîne gâbe   her zen Hiunen hete brâht.'

1781 'Nu sult ir mich der mære   mêre wizzen lân: 1741
hort der Nibelunge,   war habt ir den getân? (1679)
der was idoch mîn eigen,   daz ist iu wol bekant:
den solt ir mir gefüeret hân   her in Ezelen lant.'

1782 'Entriuwen, mîn frou Kriemhilt,   des ist vil manic tac, 1742
deich hort der Nibelunge   niene gepflac: (1680)
den hiezen mîne herren   senken in den Rîn.
dâ muoz er wætlîche   unz an daz jungeste sîn.'

1783 Dô sprach diu küniginne: 'ich hâns ouch ê gedâht. 1743
mir ist sîn harte kleine   noch her ze lande brâht, (1681)
swier mîn eigen wære   und ich sîn wîlen pflac.
nâch im und sîme herren   hân ich vil manigen leiden tac.'

1784 'Daz ist verlorn arebeit,'   sprach aber Hagene. 1744
'wie möhte ich iu iht bringen?   ich hân vil ze tragene (1682)
an halsperge und an schilte,   an mîme helme lieht,
diz swert an mîner hende: des enbringe ich iu nieht.'

1785 'Jâne rede ihz niht darumbe,   deich mêre goldes welle gern.
ich hâns sô vil ze gebene,   deich iuwer gâbe mac enbern.
ein mort und zwêne roube,   die mir sint genomen,
des möhte ich vil arme   noch ze liebem gelte komen.'

1786 Diu frouwe hiez dô künden den recken überal, 1745
daz niemen tragen solde dehein wâfen in den sal: (1683)
'ir helde, ir sult mirs ûf geben, ich sol si behalten lân.'
'entriuwen,' sprach dô Hagene, 'daz wirdet nimmer getân.

1787 Jâne ger ich niht der êren, fürsten wine milt, 1746
daz ir zen herbergen trüeget mînen schilt (1684)
und ander mîn gewæfen: ir sît ein künigîn.
daz enlêrte mich mîn vater niht: ich wil selbe kameræere sîn.'

1788 'Owê mir der leide,' sprach dô Kriemhilt. 1747
'war umbe wil mîn bruoder und Hagen sînen schilt (1685)
von in niht tragen lâzen? si sint gewarnôt.
und wesse ich, wer iz tæte, ich riet im immer sînen tôt.'

1789 Des antwurt in zorne der herre Dietrîch: 1748
'ich binz der hât gewarnet die edeln fürsten rîch, (1686)
und Hagenen den starken, den Buregonden man.
nu zuo, vâlendinne! du solt mihs niht geniezen lân.'

1790 Des schamte sich vil sêre daz Ezelen wîp: 1749
si vorhte bitterlîche den Dietrîches lîp. (1687)
dô gie si von in dannen, daz si niht mêre ensprach,
wan daz si swinde blicke an ir vîande sach.

1777 Ca 1. diu küniginne *fehlt* a. 3. Giselh^{s} C, geislern a. 4. hagen gesach a. bant a.
1778 Ca 1. sus] sô a. 2. sich wol bedencken snelle degene a. 3. sunderlich a. 4. hochgecite C, hochczeit a.
1779 Ca 2. grüß a. 4. so groß mir a.
1780 Ca 1. diu mære *fehlt* a. 2. gab schölten bringen a. 3. erdacht a.
1781 Ca 2. wa C. 3b: ist *über* was *übergeschrieben* a.
1782 Ca 1. mîn] sprach a. 2. daz ich a. niene] neur ein a. 4. daz jungeste] der werld ende a.
1783 Ca 1. ich han ez wol e bedacht a. 2. kleine] kein a. 3. swier] swer C, wer a. und] als a. 4. sîme] seine a. leidigen a.
1784 Ca 1. verlorne erbeit a. 2. iu] nu a. 3. meine̅ a. 4. daz swert a. des] daz a.
1785 Ca 1. ihz] ich sein a. wölde a. 2. han a. daz ich a. 3. roube *fehlt* a. sind mir a. 4. liben a.
1786 Ca 3. mir ez a. sol si] scholz a.
1787 Ca 1. wine *fehlt* a. 2. ze herwerg a. 3 *und* 4: *fehlt* a. 4. mîn *fehlt* C.
1788 Ca 1 *und* 2: *fehlt* a. 3. von *über* vnd *übergeschrieben* a. er ist gewarnet a. 4. wer ez hett getan a. ja riet ich y̅mer a.
1789 Ca 1. in] mit a. von bern her a. 2. der sy hat a. 4. zuo *fehlt* a. vâlendinne] vahen dinne C, fraw künegin̅ a. du] ir a.
1790 Ca 1. des eczeln a. 2. des ditrichs a.

1791 Bî henden sich dô viengen zwêne degene: 1750
daz eine was her Dietrîch, daz ander Hagene. (1688)
dô sprach gezogenlîche der recke vil gemeit:
'daz iuwer komen zen Hiunen daz ist mir grœzlîchen leit.'

1792 Dô stuonden bî ein ander die recken lobelîch, 1751
Hagene von Tronege und ouch her Dietrîch, (1689)
in grôzen zühten manigen, die ritter wolgetân.
daz sach der künec Ezele: dar umbe er vrâgen dô began.

1793 'Diu mære ich wiste gerne,' sprach der künic rîch, 1752
'wer jener recke wære, den dort her Dietrîch (1690)
sô friuntlîch enpfæhet: er treit vil hôhen muot.
swer sîn vater wære, er mac wol sîn ein helt guot.'

1794 Des antwurtem künige ein Kriemhilde man: 1753
'er ist geborn von Tronege, sîn vater hiez Adrîân. (1691)
swie blîder hie gebâre, er ist ein grimmer man.
ich lâze iuch daz wol schouwen, daz ich gelogen niene hân.'

1795 'Wie sol ich daz erkennen, daz er sô grimmec ist?' 1754
noch dann er niht enwiste vil manigen argen list, (1692)
den diu küniginne an ir friunden begie,
daz si ir mit dem lebene niht einen dannen komen lie.

1796 'Wol erkande ich Adrîânen: der was mîn man. 1755
lob und michel êre er hie bî mir gewan. (1693)
ich machet in ze ritter und gab im mîn golt.
Helche diu getriuwe was im inneclîchen holt.

1797 Dâ von ich wol erkenne allez Hagenen sint. 1756
ez wurden mîne gîsel zwei wætlîchiu kint, (1694)
er und von Spâne Walther: die wuohsen hie ze man.
Hagenen sande ich widere: Walther mit Hiltegunde entran.'

1798 Er gedâhte langer mære, diu wâren ê geschehen. 1757
sînen friunt von Tronege, den het er reht ersehen, (1695)
der im in sîner jugende vil starken dienest bôt.
sît frumter im in alter vil manigen friunt tôt.

XXIX

Âventiure wie Hagene und Volkêr vor Kriemhilde sal sâzen.

1799 Dô schieden sich die zwêne recken lobelîch, 1758
Hagen von Tronege und ouch her Dietrîch. (1696)
dô blicht über ahsel der Guntheres man
nâch einem hergesellen, den er vil schiere dô gewan.

1800 Er sach den videlære bî Gîselhere stên, 1759
Volkêrn den vil küenen; den bat er mit im gên, (1697)
wander vil wol erkande den sînen grimmen muot.
er was an allen tugenden ein ritter küen unde guot.

1801 Noch liezen si die herren ûfem hove stên. 1760
niwan si einen zwêne di sach man dannen gên (1698)
über den hof vil verre für ein palas wît.
die ûzerwelten beide vorhten niemannes nît.

1802 Si gesâzen vor dem hûse gegen eime sal, 1761
der was Kriemhilde, ûf eine banc zetal. (1699)
dô lûhte in vor ir lîbe ir hêrlîch gewant.
genuoge, die si sâhen, si heten gerne bekant.

1791 Ca 1. bey hende sy da vingen a. dy czwene a. 2: von pern fürste ditreich vnd der helt hagen a. 4. grozelichen C, in̄icklichen a.
1792 Ca 4. dô *fehlt* a.
1793 Ca 1. west ich a. sprach do a. 4. vil gut a.
1794 Ca 1. antwort dem a. 3. blîder] still er a. gebarte C. mortgrim̄er a. 4. wol schouwen] geschawen a. niene hân] nicht enhan a.
1795 Ca 1. grim̄ a. 3. an irer frude a. 4. ir *fehlt* a. dannen] von dan̄ a.
1796 Ca
1797 Ca 2. waidenliche a.
1798 Ca 1. warn C. 2. sînen] siner C, seinˢ a. den *fehlt* a. 3. erpot a. 4. im *fehlt* a. vil mancher hande freunde a.

1799 Ca 3. der] des a. Gunthˢs C, gunthers a.
1800 Ca 2. den bat] bat a. 4. allen *fehlt* a.
1801 Ca 1. Noch] doch a. auff dem a. stan a. 2. nur sy czwen allein a. dann a. 3. ein] einen a.
1802 Ca 1. saßen a. eine̅ a. 2. ein a. 3. in *fehlt* a. vor irer libe a. 4. gnvoge C.

1803 Alsam tier diu wilden wurden gekapfet an 1762
die übermüeten helde von manigem Hiunen man. (1700)
dô ersach si durch ein venster daz Ezelen wîp:
des wart dô vil trüebe der frouwen Kriemhilde lîp.

1804 Ez mante si ir leide: weinen si began. 1763
des hete michel wunder die Ezelen man, (1701)
waz ir sô snelle ertrüebet het ir hôhen muot.
si sprach: ‘daz hât Hagene, ir helde küene unde guot.’

1805 Si sprâchen: ‘frouwe hêre, wie ist daz geschehen? 1764
wir haben iuch niulîche sô frô gemuot gesehen. (1702)
niemen ist sô küene, swerz iu hât getân,
heizet irz uns rechen, ez sol im an sîn leben gân.’

1806 ‘Daz wolde ich immer dienen, swer reche mîniu leit: 1765
allez daz er wolde, des wær ich im bereit. (1703)
ich biut mich iu ze füezen,’ sprach des küniges wîp:
‘rechet mich an Hagene, daz er verliese den lîp.’

1807 Dô garten sich zehanden wol sehzec küener man 1766
durch der frouwen liebe: si wolden hin gân (1704)
und wolden slahen Hagenen, den vil küenen man,
und ouch den videlære. daz wart mit râte getân.

1808 Dô diu küniginne ir schar sô kleine sach, 1767
in eime grimmen muote si zen helden sprach: (1705)
‘des ir dâ habt gedingen, des sult ir abe gân.
jâne durfet ir sô ringe nimmer Hagenen bestân.

1809 Swie starc und swie küene der von Tronege sî, 1768
noch ist verre küener, der im dâ sitzet bî, (1706)
Volkêr der videlære: der ist ein übel man.
jâne sult ir die degene niht sô lîhte bestân.’

1810 Dô si daz gehôrten, dô garte sich ir mêr, 1769
driu hundert sneller recken. diu küneginne hêr (1707)
was des vil genœte, daz si geræche ir leit.
dâ von wart sît den degenen vil michel arebeit bereit.

1811 Dô si nu wol gewâfent ir gesinde sach, 1770
zuo den snellen degenen diu küniginne sprach: (1708)
‘nu bîtet eine wîle, ir sult noch stille stân:
jâ wil ich under krône mit iu zuo mînen vînden gân.

1812 Und hœret itewîze, waz mir hât getân 1771
Hagen von Tronege, der Guntheres man. (1709)
ich weiz in wol sô küenen, daz er mir lougent niht.
sô ist ouch mir unmære, swaz im darumbe geschiht.'

1813 Dô sach der videlære, ein vil küene man, 1772
die edeln küniginne ab einer stiegen gân (1710)
nider ûz eime hûse. als er daz gesach,
der vil wîse recke zuo sîme hergesellen sprach:

1814 'Nu schouwet, friunt Hagene, wâ si her gât, 1773
diu uns in untriuwen inz lant geladet hât. (1711)
ich gesach mit küniginne nie sô manigen man,
die swert enhende trüegen, alsô strîteclîchen gân.

1815 Wizzet ir, friunt Hagene, daz si iu sîn gehaz, 1774
sô rât ich iu mit triuwen, ir hüetet deste baz (1712)
des lîbes und der êren; jâ dunket ez mich guot.
als ich mich versinne, si sint vil übele gemuot.

1816 Und sint ouch sumelîche zen brüsten alsô wît, 1775
swer sîn selbes hüete, der tuo daz enzît: (1713)
ich wæn, si under sîden die vesten prünne tragen.
waz si dâ mite meinen, daz kan ich niemen gesagen.'

1817 Dô sprach in zornes muote der vil küene man: 1776
'ich weiz wol, daz iz allez ist ûf mich getân, (1714)
daz si diu liehten wâfen tragent an der hant.
vor den möhte ich gerîten noch in der Burgonden lant.

1803 Ca 1. tyer C, tir a. 2. manchen a. 3. venter C. Ezeln Ca. 4. dô vil] hart a.
1804 Ca 2. Ezeln Ca. 3. betrübt a. 4. hât *fehlt* a.
1805 Ca 2. gemvot.gesehn.C. 3. swerz] der a. 4. irz] ir a.
1806 Ca 1. wer da rêch a.
1807 Ca 1. zen henden a. küne a. 4. daz] des a.
1808 Ca 2. eime] einē a. zu den a. 3. abe] ab Ca. 4. ja bedörft ir a.
1809 Ca 1. starche C. 2. verr kün a.
1810 Ca 1. garte] gar a. 2. sneller] starcker a. 3. räch a. 4. vil *fehlt* a.
1811 Ca
1812 Ca 1. itewîze] itwis a. 2. des a. Gunth^{s}s C, günthers a.
1813 Ca 1. einen vil kunen a. 2. edel a. kuniḡ C. 3. eime] einē a. als] do a. ersach a. 4. sîme] seinē a.
1814 Ca 2. in daz a. geladen a. 3. kuniḡ C, kūgin a. 4. in henden a.
1815 Ca 1. wizzet ir] nu wißt a. sind a. 2. hütet euch dester a.
1816 Ca 4. daz] des a.
1817 Ca 1. in zornes muote] vil czorns mutes a. 4. der *fehlt* a.

1818 Nu saget mir, friunt Volkêr, welt ir mir gestân, 1777
ob mit mir strîten wellent die Kriemhilde man? (1715)
daz lâzet ir mich hœren, als lieb als ich iu sî:
ich won iu immer mêre mit triuwen dienstlîchen bî.'

1819 'Ich hilf iu sicherlîchen,' sprach dô der spileman. 1778
'ob ich uns hie begegene sæhe enkünic gân (1716)
mit allen sînen recken, die wîle ich leben muoz,
sô entwîche ich iu durch vorhte ûz helfe nimmer einen fuoz.'

1820 'Nu lône iu got von himele, vil edel Volkêr. 1779
ob si mit mir strîten, wes bedorft ich danne mêr? (1717)
sît ir mir helfen wellet, als ich vernomen hân,
sô suln dise degene vil gewärlîchen gân.'

1821 'Nu stên wir von dem sedele,' sprach dô der spileman: 1780
'si ist ein küniginne, und lân si für gân, (1718)
bieten ir die êre: si ist ein edel wîp.
dâ mit ist ouch getiuret an zühten unser beider lîp.'

1822 'Nein durch mîne liebe,' sprach aber Hagene: 1781
'sô wolden lîhte wænen dise degene, (1719)
daz ihz durch vorhte tæte, und solde ich hin gân.
ine wil durch ir deheinen nimmer von dem sedel stân.

1823 Jâ zimt ez uns beiden zwâre lâzen baz. 1782
zwiu solde ich den êren, der mir ist gehaz? (1720)
daz entuon ich nimmer, die wîl ich hân den lîp.
jâne ruoche ich, waz mich hazzet des künic Ezelen wîp.'

1824 Hagene der starke der leit über bein 1783
ein vil liehtez wâfen, ûz des knopfe erschein (1721)
ein vil liehter jaspes, grüener danne ein gras.
wol erkandez Kriemhilt, daz ez ê Sîvrides was.

1825 Dô si daz swert erkande, des gie si michel nôt. 1784
sîn gehilze daz was guldîn, diu scheide ein porte rôt. (1722)
ez mante si ir leide: weinen si began.
ich wæn, iz hete Hagene ir ze reizen getân.

1826 Volkêr der vil küene zôch näher ûf der banc 1785
einen videlbogen starken, michel unde lanc, (1723)
gelîch eime scarpfen swerte, vil lieht unde breit.
dô sâzen unervorhten die zwêne degene gemeit.

1827 Nu dûhten sich sô hêre die zwêne küene man, 1786
daz si niht enwolden von dem sedele stân (1724)
durch deheine vorhte. des gie in an den fuoz
diu edel küniginne und bôt in vîntlîchen gruoz.

1828 Si sprach: 'nu sagt mir, Hagene, wer hât nâch iu gesant, 1787
daz ir getorstet rîten her in ditze lant (1725)
zuo alsô starken leiden und ich von iu hân?
het ir rehte sinne, sô het irz pillîche lân.'

1829 'Nâch mir ensande niemen,' sprach dô Hagene. 1788
'man ladete her ze lande drîe degene: (1726)
die heizent mîne herren, sô bin ich ir man.
deheiner hovereise bin ich vil selten in bestân.'

1830 Si sprach: 'nu saget mir mêre, warumbe tât ir daz, 1789
daz ir daz habt verdienet, daz ich iu bin gehaz? (1727)
ir sluoget Sîvride, den mînen lieben man:
des ich unz an mîn ende immer gnuoc ze weinen hân.'

1831 'Waz sol der rede mêre?' sprach er, 'ir ist genuoc. 1790
ich binz et aber Hagene, der Sîvriden sluoc, (1728)
einen helt ze sînen handen. wie sêre er des engalt,
daz diu frouwe Kriemhilt die schœnen Prünhilde schalt!

1818 Ca 1. vnd wölt a. bestan a. 3. liebe C. *das zweite* als *fehlt* a. 4. mêre *fehlt* a.
1819 Ca 2. säch den kunig a. 4. meinē a.
1820 Ca 2. bedarff a. 4. gewærlichen C, gewärlich a.
1821 Ca 1. ste a. 2. kunig̅ C, küngin̅ a. 3. vnd bitet a.
1822 Ca 1. aber] do der a. 3. schol a. 4. ich wil a. ir *fehlt* a.
1823 Ca 2. warzu schol ich a. 4. ja ruch ich a. Ezeln C. künigs eczel a.
1824 Ca 1. beine a. 2. vil *fehlt* a. knopffs a. 4. ê *fehlt* a.
1825 Ca 2. daz *fehlt* a. div scheide Porten rot C, dy scheid ein port rot a. 4. ze raisen a.
1826 Ca 2. michel *fehlt* a. 4. an vorcht a.
1827 Ca 1. dy künen man a. 3. kein a. ging sy an a.
1828 Ca 2. her] ye a. disez a. 4. recht sin̅ a. so wer ez pillich verlan a.
1829 Ca 2. ladet Ca. 3. sô] vnd a. 4. selten ir bestan C. pin ich in selten abgestan a.
1830 Ca 1. tet a. 2. gedinet a. trag haz a.
1831 Ca 2. ich pin ez der hagen a. 3. ein a. 4. die] den C.

1832 Ez ist et âne lougen, küniginne rîch, 1791
ich hân is alles schulde, des schaden schedelîch. (1729)
nu rechez swer der welle, ez sî wîp oder man.
ichn wolde danne liegen, ich hân iu leides vil getân.'

1833 Si sprach: 'nu hœrt, ir recken, wâ er mir lougent niht 1792
aller mîner leide. swaz im dâ von geschiht, (1730)
daz sol mir sîn unmære, ir Ezelen man.'
die übermüeten degene sâhen vaste ein ander an.

1834 Swer den strît dâ hüebe, sô wære dâ geschehen, 1793
daz man den zwein gesellen der êren müese jehen, (1731)
wan siz in stürmen hêten vil dicke wol getân.
des sich jene vermâzen, durch vorhte muosen si daz lân.

1835 Dô sprach ein der recken: 'wes seht ir mich an? 1794
daz ich ê dâ lobte, des wil ich abe gân, (1732)
durch niemannes gâbe verliesen mînen lîp.
jâ wil uns verleiten des künic Ezelen wîp.'

1836 Dô sprach aber ein ander: 'des selben hân ich muot. 1795
der mir gæbe türne von rôtem golde guot, (1733)
disen videlære wolde ich niht bestân,
durch sîne swinde blicke, die ich an im gesehen hân.

1837 Ouch erkenne ich Hagenen von sînen jungen tagen: 1796
des mac man von dem recken lîhte mir gesagen. (1734)
in zwein und zweinzec stürmen hân ich in gesehen,
dâ vil maniger frouwen ist herzenleide geschehen.

1838 Er und der von Spâne die trâten manigen stîc, 1797
dô si hie bî Ezelen vâhten manigen wîc (1735)
zen êren dem künige: des ist von im vil geschehen.
dar umbe muoz man Hagene der êren wol von schulden jehen.

1839 Dannoch was der recke sîner jâr ein kint. 1798
daz dô die tumben wâren, wie grîse die nu sint! (1736)
nu ist er komen ze witzen und ist ein grimmec man.
ouch treit er Palmungen, dâ vor enkunde niht gestân.'

1840 Dâ mite was gescheiden, daz dâ niemen streit. 1799
dô wart der küniginne vil herzenlîche leit. (1737)
die helde kêrten dannen: jâ vorhten si den tôt
von dem videlære: des gie in wærlîche nôt.

1841 Dô sprach der küene Volkêr: 'wir hân daz wol ersehen, 1800
daz wir hie vîende vinden, als wir ê hôrten jehen. (1738)
wir suln zuo den künigen hin ze hove gân:
sône tar unser herren mit strîte niemen bestân.

1842 Wie dicke man durch vorhte manigiu dinc verlât, 1801
swâ sô friunt friunde friuntlîch gestât, (1739)
und hât er guote sinne, daz erz wîslîche tuot.
schade vil maniges mannes wirt von sinnen wol behuot.'

1843 'Nu wil ich iu volgen,' sprach dô Hagene. 1802
si giengen dâ si funden vil der degene (1740)
in grôzem antpfange noch an dem hove stân.
Volkêr der vil küene lûte rüefen began.

1844 Er sprach zuo sînen herren: 'wie lange welt ir stên, 1803
daz ir iuch lâzet dringen? ir sult ze hove gên (1741)
und hœret an dem künige, wi der sî gemuot.'
dô sach man sich gesellen die helde küen unde guot.

1845 Der fürste von Berne der nam an die hant 1804
Gunthern den rîchen von Burgonden lant, (1742)
Irnvrit Gêrnôten, einen küenen man;
dô sach man Gîselhêren ze hove mit sînem sweher gân.

1832 Ca 1. ist et] stet a. 4. ich wold euch dan ligen a.
1833 Ca 1. ir *fehlt* a. wâ] wann a. 3. Ezeln C, eczel a. 4. dy sahen vast an einander an a.
1834 Ca 1. Swer] ser a. 2. muste a. 3. sy ez a.
1835 Ca 1. einer a. reche C. 2. ê] vor a. ab Ca. 3. den meinen a. 4. Ezeln C, eczel a.
1836 Ca
1837 Ca 3. czweien vnd czwenczigen a.
1838 Ca 1. taten manchen stich a. 2. manch anewich a. 3. zen] ze a. ist vil von im a.
1839 Ca 2. do tvmben Ca. greys a. 4. da vor kund a. gestan (stan *übergeschrieben*) C.
1840 Ca 2. herczenlichz a. 3. gerten a.
1841 Ca 2. ê] e vor a. 3. hin] her a. 4. streiten a.
1842 Ca 2. swâ] wo (*Seitenende*) wo a. bestat a. 3. er ez a.
1843 Ca
1844 Ca 4. gesellen sich C.
1845 Ca 1. fürst da von a. 2. den] der C. von] auz a. 3. Irenvrit C. einen] den vil a. 4. sine (*Zeilenende*) C, seine a.

1846 Swie iemen sich gesellete und ouch ze hove gie, 1805
Volkêr unde Hagene geschieden sich nie, (1743)
niwan in eime sturme, an ir endes zît.
daz muosen beweinen vil schœne juncfrouwen sît.

1847 Dô sach man mit den künigen hin ze hove gân 1806
ir edeln ingesindes tûsent küener man; (1744)
dar über sehzec recken mit in wâren komen,
die het in sîme lande der küene Hagene genomen.

1848 Hâwart und ouch Îrinc, zwêne ûz erwelte man, 1807
die sach man friuntlîche bî den künigen gân. (1745)
Dancwart unde Wolfhart die heten sich bewegen:
man sach si grôzer tugende in ir übermuote pflegen.

1849 Dô der vogt von Rîne in den palas gie, 1808
Ezele der rîche daz niht langer lie, (1746)
er spranc von sîme sedele, als er si komen sach.
ein gruoz sô rehte schœne von künige nie mêr geschach.

1850 ‘Sît willekomen, her Gunther, und ouch her Gêrnôt, 1809
und iuwer bruoder Gîselher, dem ich mîn dienst enbôt (1747)
mit triuwen vlîzeclîche ze Wormez über Rîn,
und allez daz gedigene sol mir willekomen sîn.

1851 Nu sît uns grôze willekomen, ir zwêne degene, 1810
Volkêr der küene und ouch her Hagene, (1748)
mir und mîner frouwen her in ditze lant.
si hât in grôzen triuwen vil dicke mich umbe iuch gemant.’

1852 Dô sprach der starke Hagene: ‘daz haben wir wol vernomen. 1811
wær ich durch mîne herren zen Hiunen niht bekomen, (1749)
sô wær ich iu zen êren geriten in daz lant.’
dô nam der wirt vil edele die lieben geste zehant

1853 Und brâhte si zem sedele, dâ er selbe saz. 1812
dô schancte man den gesten, mit vlîze tet man daz, (1750)
in wîten goldes schâlen môraz unde wîn,
und bat die ellenden grôze willekomen sîn.

1854 Dô sprach der künic der Hiunin: ‘des wil ich iu verjehen, 1813
mir enkunde in disen zîten lieber niht geschehen (1751)
denne ouch an iu recken, daz ir uns her sît komen.
des ist mîner frouwen michel trûren benomen.

1855 Mich nimt des michel wunder,   waz ich iu habe getân,   1814
sô manigen gast vil edelen   den ich gewunnen hân,   (1752)
daz ir nie komen ruochet   her in mîniu lant.
daz ich iuch nu gesehen hân,   daz ist zen vreuden mir gewant.'

1856 Des antwurte Rüedegêr,   ein ritter hôch gemuot: 1815
'ir muget si sehen gerne: ir triuwe diu ist guot,   (1753)
der mîner frouwen mâge   sô schône kunnen pflegen.
si bringent iu ze hûse   vil manigen wætlîchen degen.'

1857 An sunewenden âbent,   als wir hân vernomen,   1816
wâren si ze Ezelen bürge   dem künige ze hûse komen.   (1754)
ein wirt nie sîne geste   sô minneclîch enpfie.
dar nâch er zuo den tischen   mit in vil vrœlîche gie.

1858 Ein künic bî sînen gesten   schœner nie gesaz.   1817
man gab in volleclîche   trinken unde maz: (1755)
und allez daz si wolden,   des was man in bereit.
man hete von den degenen   vil michel wunder geseit.

1859 Ezele der rîche   het an bou geleit
sînen vlîz kostenlîche   mit grôzer arebeit:
palas unde türne,   kemenâten âne zal,
in einer wîten bürge,   und einen hêrlîchen sal.

1860 Den het er heizen bouwen   lanc, hôch und wît,
durch daz sô vil der recken   in suohte zaller zît:
ân ander sîn gesinde   zwelf rîche künige hêr
und vil der werden degene   het er zallen zîten mêr,

1846 Ca 3. nur in einē a.
1847 Ca 3. in] im a. warn Ca. 4. Hagen Ca.
1848 Ca 2. bey dem kunig stan a.
1849 Ca 1. von dem rein a. 3. als] do a. 4. schone Ca.
1850 Ca 1. willekom̄ a. 2. meinen a.
1851 Ca 1. groz C. auch vns groz a. 3. disez a.
1852 Ca 2. meinē a. 3. euch zen heunen nicht bekomen zen eren a. disez a.
1853 Ca 1. zu dem sedel a. 3. golt schaln a. 4. groß a.
1854 Ca 1. ich *fehlt* a. 2. mirn enchvnde C, mir enkönd a. in] an a. 3. dann a.
1855 Ca
1856 Ca 1. antwrt C, antwort a. 3. meinen a. magen a. 4. weidenlichn̄ a.
1857 Ca 2. ze] zer a. Ezelen.bvͤrge.C. dem künige ze hûse] ze dem haws a. kamen a. 4. er *fehlt* a.
1858 Ca 1. bî] mit a.
1859 Ca 1. hett ein paw a. 2. köstlich a. 4. vnd in einē a.
1860 Ca 1. Den] nu a. hôch *fehlt* a. 2. daz in so vil a. 2b. in *fehlt* a. zu aller a. 3. ân ander] an einander a. 4. werden] reichen a. zu allen a.

1861 Denne ir künic ie gewunne, als ich vernomen hân.
er lebt in hôher wunne. von mâgen unde man
schallen unde dringen het der fürste guot,
von manigem snellem degene: des stuont im hôhe der muot.

XXX

Âventiure wie die künige mit ir recken slâfen giengen und wie in dô geschach.

1862 Der tac der het nu ende und nâhet in diu naht, 1818
den wegemüeden degenen: ir sorgens ane vaht. (1756)
die herren solden ruowen und an ir bette gân;
daz bereite Hagene: ez wart in schiere kunt getân.

1863 Gunther sprach zem wirte: 'got lâze iuch mit freuden leben. 1819
wir wellen varn slâfen: ir sult uns urloup geben. (1757)
als ir uns gebietet, wir komen morgen fruo.'
er schiet von sînen gesten vil harte minneclîchen duo.

1864 Dringen allenthalben die geste man dô sach. 1820
Volkêr der küene zuo den Hiunen sprach: (1758)
'wie geturret ir den recken ûf die füeze gân?
und welt irs niht iuch mâzen, sô wirt iu leide getân.

1865 Sô slach ich eteslîchem sô swæren gîgenslac, 1821
hât er getriuwen iemen, daz erz beweinen mac. (1759)
wan wîchet ir uns recken? jâ dunket ez mich guot.
ez heizent alle degene und sint gelîche niht gemuot.'

1866 Dô der videlære sô zorneclîche sprach, 1822
Hagene der küene über ahsel sach. (1760)
er sprach: 'iu rætet rehte der küene spileman.
ir Kriemhilde degene, ir sult zen herbergen gân.

1861 Ca 1. dann künig ye gewan a. 2. vnd von man a. 4. manchen snellen degen a. im] in a.

Überschrift: ir] den a. dô *fehlt* a.
1862 Ca 1. Der tag hett nu ein ende a. nahent a. 3. rowen C, ruen a. und *fehlt* a. 4. bereitet a.
1863 Ca 1. zu dem a. freuden] selden a. 2. wellen] schüllen a. 4. vil *fehlt* a. duo] do C, nu a.
1864 Ca 4. vnd wölt ir euch des nicht maßen a.
1865 Ca 1. etlichm̄ (*Zeilenende*) a. sô] den a. 2. erz] er ez a. 3. ir *fehlt* a. 4. allez a. gleich a.
1866 Ca 2. dy achsel a. sprach] saget C. 4. degene] recken a.

1867 Des ir dâ habet willen,   ich wæn, ez iemen tuo. 1823
welt ir sîn beginnen,   sô komt uns morgen fruo (1761)
und lât uns wegemüeden   hînte haben gemach:
jâ wæn ez von heleden   mit solchem willen ie geschach.'

1868 Dô brâhte man die geste   in einen wîten sal, 1824
dar inne si sît nâmen   den tœtlîchen val. (1762)
dâ funden si gerihtet   vil manigiu bette breit.
in riet diu küneginne   diu aller grœzisten leit.

1869 Vil manigen kulter spæhe   von Arraz man dâ sach 1825
von vil liehten pfellen,   und manic bettedach (1763)
von Arâbischen sîden,   sô si beste kunden sîn.
ouch lag in ûf den enden   von golde hêrlîcher schîn.

1870 Diu deckelachen härmîn   vil menegiu man dâ sach, 1826
und ouch von swarzem zobele,   dar under si ir gemach (1764)
des nahtes solden schaffen   unz an den liehten tac.
ein künec mit sînen friunden   nie sô hêrlîch gelac.

1871 'Owê der nahtselde,'   sprach Gîselher daz kint, 1827
'und owê mîner friunde,   die mit mir komen sint. (1765)
swie et ez mîn swester   mir güetlîch erbôt,
ich fürhte, daz wir müezen   von ir schulden ligen tôt.'

1872 'Nu lâzet iuwer sorgen,'   sprach Hagene der degen. 1828
'ich wil der schiltwache   noch hînte selbe pflegen. (1766)
ich behüete iuch wol mit triuwen,   unz uns kumt der tac,
daz wizzet, snelle degene: sô genese swer der mac.'

1873 Dô nigen si im alle   und sagten im des danc. 1829
si giengen zuo den betten.   diu wîle was niht lanc, (1767)
daz sich engestet hêten   die ellenden man.
Hagene der starke   sich dô wâfen began.

1874 Dô sprach der videlære,   Volkêr der degen: 1830
'versmâhtez iu niht, Hagene,   sô wolde ich mit iu pflegen (1768)
der schiltwache hînte   unze morgen fruo.'
der helt vil minneclîche   danncte Volkêre duo.

1875 'Nu lône iu got von himele,   vil edel Volkêr. 1831
zallen mînen sorgen   sône gert ich niemens mêr (1769)
niwan iuch aleine,   swâ ich hete nôt.
ich sol ez wol verdienen,   mich enwendes der tôt.'

1876 Dô garten si sich beide   in liehtez ir gewant. 1832
dô nam ir ietwedere   den schilt an sîne hant, (1770)
und giengen ûz dem hûse   für die tür dô stân.
dô huoten si der degene: daz was mit triuwen getân.

1877 Volkêr der vil snelle   zuo des sales want 1833
sînen schilt den guoten   leinte von der hant. (1771)
dô gie er hin widere,   die videln er genam:
dô dienter sînen friunden,   als ez dem degene gezam.

1878 Under die tür des hûses   saz er ûf den stein: 1834
küener videlære   diu sunne nie beschein. (1772)
dô im der seiten dœnen   sô suozlîch erklanc,
die stolzen ellenden   sagten im des grôzen danc.

1879 Dô klungen sîne seiten,   daz al daz hûs erdôz. 1835
sîn ellen zuo der fuoge,   diu beide wâren grôz. (1773)
senfter unde süezer   videln er began:
dô enswebter an dem bette   vil manigen sorgenden man.

1880 Dô si wol entslâfen wâren   unde er daz ervant, 1836
dô nam der degen widere   den schilt an sîne hant. (1774)
dô gie er ûz dem hûse   für die türe stân
und huote sîner friunde   vor den Kriemhilde man.

1867 Ca 1. willen habt a. ez] des a. 2. sîn] iht a. uns *fehlt* a. 3. hint C, heint a.
1868 Ca 3. vil manichz bett a.
1869 Ca 1. golter a. 2. pfheler a. manige C, manch a. 3. gesein a. 4. lage C.
1870 Ca 1. menegiu] manchen a. 3. schaffen] slaffen a.
1871 Ca 3. et ez] e ez a. mir *fehlt*, gütlich *über der Zeile nachgetragen* a. 4. ich] ir C. schuldc a.
1872 Ca 1. Hagen Ca. 3. iuch] uns a. uncz daz a. 4. genese dann wer da a.
1873 Ca 2. was in a. 3. da sich enkestet a.
1874 Ca 3. schiltwacht a. hînte *fehlt* a. 4. do a.
1875 Ca 2. zu allen a. 3. nur ewer a. swâ] des a. 4. gedienen a. denn der tot a.
1876 Ca 2. dô] ez a. ietewedere C, itweder a. 4. in gtrewen a.
1877 Ca
1878 Ca 1. die] *über der Zeile nachgetragen* C, der a. 2. künern a. nie überschein a. 3. dœnen] done a.
1879 Ca 1. al] allez a. 2. warn C.
1880 Ca 1. wol *fehlt* a. 2. degene C. 3. dô gie er] vnd gie a. vor der a. 4. hütet a.

1881 Nâch dem êrsten slâfe,   ich wæn,ez ê geschach,   1837
Volkêr der vil küene   einen helm schînen sach   (1775)
verre ûz einer vinster: die Kriemhilde man
wolden an den gesten   schaden gerne hân getân.

1882 Ê Kriemhilt dise recken   hete dan gesant,
si sprach: 'ob irs alsô vindet,   durch got sô sît gemant,
daz ir dâ slahet niemen   wan den einen man,
den ungetriuwen Hagenen: die andern sult ir leben lân.'

1883 Dô sprach der videlære: 'nu seht, her Hagene,   1838
jâne zimt mir diz mære   niht ze dagene: (1776)
jâ sich ich mit gewæfen   dort her liute gân.
als ich mich versinne,   ich wæn, si wellent uns bestân.'

1884 'Nu swîget,' sprach dô Hagene,   'lâts uns her nâher baz.   1839
ê si unser werden innen,   sô wirt hie helmevaz   (1777)
mit swerten verrucket   von der mînen hant.
si werdent hînt ir frouwen   hin wider übele gesant.'

1885 Ein der Hiunen recken   vil schiere daz gesach,   1840
daz diu türe was behüetet.   wie balde er dô sprach: (1778)
'des wir dâ heten willen,   jâne mag es niht ergân:
ich sihe den videlære   an der schiltwache stân.

1886 Der treit ûf sîme houbte   einen helm glanz,   1841
lûter unde herte,   veste unde ganz.   (1779)
ouch lohent sîne ringe   sam daz fiur tuot.
bî im stêt ouch Hagene: des sint die geste wol behuot.'

1887 Zehant si widerkêrten.   dô Volkêr daz ersach,   1842
zuo sîme hergesellen   er zorneclîchen sprach: (1780)
'lât mich zuo den recken   von dem hûse gân:
ich wil vrâgen der mære   der froun Kriemhilde man.'

1888 'Nein, durch mîne liebe,'   sprach Hagene der degen.   1843
'welt ir deheines strîtes   mit den helden pflegen,   (1781)
sô bestênt si iuch mit swerten   und bringent iuch in nôt:
sô müese ich iu helfen,   wærz aller mîner mâge tôt.

1889 Sô wir danne beide   kœmen in den strît,   1844
zwêne oder viere   in einer kurzen zît   (1782)
die sprungen zuo dem hûse   und tæten uns diu leit
an den slâfenden,   diu nimmer würden verkleit.'

1890 Dô sprach aber Volkêr: 'sô lât doch daz geschehen, 1845
daz wir si innen bringen, daz ich si habe gesehen, (1783)
daz des niht haben lougen die Kriemhilde man,
daz si vil mortlîche gerne hêten getân.'

1891 Dô sprach der videlære den Hiunen vaste nâch: 1846
'wie gêt ir sus gewâfent? war ist iu sô gâch? (1784)
welt ir schâchen rîten, ir Kriemhilde man?
dar sult ir mich ze helfe und mînen hergesellen hân.'

1892 Des antwurte im niemen: zornic was sîn muot. 1847
'pfî, ir zagen bœse,' sprach der degen guot, (1785)
'wolt ir slâfende uns ermordet hân?
daz ist sô guoten degenen her vil selten noch getân.'

1893 Dô wart der küniginne rehte daz geseit, 1848
daz ir boten niht enwurben: von schulden was ir leit. (1786)
dô fuogte siz sît anders: vil grimmec was ir muot.
des muosen sît engelten degene küene unde guot.

1881 Ca 2. vil *fehlt* a. erscheinen a. 3. verren a. 4: wolden in den schaden gern hab getan a.
1882 Ca 2. alsô *fehlt* a. 3. wan] dann a.
1883 Ca 2. diz] dise a. 3. waffen a.
1884 Ca 1. dô *fehlt* a. lâts uns] vnd laßt sy a. 2. unser] vnd C. 3. mit slegen a.
1885 Ca 1. einer der recken der heunen a. daz] do a. 2. tivre C. wie] vil a. 3. jâne] ia a.
1886 Ca 1. des tregt er a. 2. veste unde ganz] licht vnd glancz a. 3. glüen a. fivre C.
1887 Ca
1888 Ca 1. nein mein liber a. 4. muß a. wer ez a.
1889 Ca 1. so wir komen beid in den streit a.
1890 Ca 1. beschehen a. 2. daz wir sy haben a. 3. daz sy des a.
1891 Ca 2. sus] so a. 3. schâchen] schaden C, icht schaden a. 4. mein a.
1892 Ca 1. vil czornig a. 2. pfî] ey a. 4. sô] vil a. noch *fehlt* a.
1893 Ca 3. fügt sy ez anders seit a. 4. vil degen a.

XXXI

Âventiure wie die herren ze kirchen giengen.

1894 'Wir kuolint sô die ringe,' sô sprach Volkêr. 1849
'jâ wæn diu naht uns welle nu niht wern mêr. (1787)
ich kiusez von dem lufte, ez ist vil schiere tac.'
dô wachten si der manigen, der noch slâfende lac.

1895 Dô erschein der liehte morgen den gesten in den sal. 1850
Hagen begunde vrâgen die recken überal, (1788)
ob si zem münster wolden zuo der messe gân:
nâch siten kristenlîchen man vil liuten began.

1896 Si sungen ungelîche, daz dâ vil wol schein, 1851
kristen unde heiden, die zugen niht enein. (1789)
dô wolden zuo der kirchen die Guntheres man.
si wâren von den betten al gelîche nu gestân.

1897 Dô næten sich die recken in alsô guot gewant, 1852
daz nie helde mêre in deheines küniges lant (1790)
bezzer kleider brâhten. daz was Hagene leit.
er sprach: 'jâ sult ir degene hie tragen anderiu kleit.

1898 Nu sint iu doch genuogen diu mære wol bekant. 1853
nu traget für die rôsen diu wâfen an der hant, (1791)
für schapel wol gesteinet die liehten helme guot,
sît wir sô wol erkennen der argen Kriemhilde muot.

1899 Wir müezen hiute strîten, daz wil ich iu sagen: 1854
ir sult für sîden hemde die liehten prünne tragen, (1792)
und für die tiefen mäntil die vesten schilde wît,
ob iemen mit iu zurne, daz ir vil werlîche sît.

1900 Mîne vil lieben herren, dar zuo mâge unde man, 1855
ir sult vil willeclîche zuo der kirchen gân, (1793)
und klaget got dem rîchen sorge und iuwer nôt,
und wizzet sicherlîchen, daz uns nâhet der tôt.

1901 Irn sult ouch niht vergezzen swaz ir habt getân, 1856
und sult vil vlêgelîche dâ gegen gote stân. (1794)
ir sult sîn gewarnet, recken alsô hêr.
ez enwelle got von himele, ir vernemt messe nimmer mêr.'

1902 Sus giengen zuo dem münster die fürsten und ir man 1857
ûf den vrônen kirchof. dô hiez si stille stân (1795)
Hagene der küene, daz si sich schieden niht.
er sprach: 'jâne weiz noch niemen, waz von den Hiunen uns geschiht.

1903 Leget, mîne friunde, die schilde für den fuoz, 1858
und geltet, ob iu iemen biete swachen gruoz, (1796)
mit tiefen verchwunden: daz ist Hagenen rât,
daz ir sô werdet funden, daz ez iu lobelîchen stât.'

1904 Volkêr unde Hagene, die zwêne giengen dan 1859
stên für daz münster. daz wart durch daz getân, (1797)
daz si daz wolden wizzen, daz des küniges wîp
mit in dâ müese dringen: jâ was vil grimmec ir lîp.

1905 Dô kom der wirt des landes und ouch sîn schœne wîp. 1860
mit vil rîchem gewande gezieret was ir lîp; (1798)
der recken genuoge, die man sach mit ir varn.
dô kôs man hôhe stouben von der küniginne scharn.

1906 Dô der künic Ezele alsus gewâfent sach 1861
die recken von dem Rîne, wie balde er dô sprach: (1799)
'wie sihe ich friunde mîne under helmen gân?
mirst leit ûf mîne triuwe, und hât in iemen iht getân.

Überschrift: wye sy zu kirchen a.
1894 Ca 1. *das erste* sô *fehlt* a. 2. jâ] ich a. vns nu nicht wöll wern mer a.
4. si manchen a.
1895 Ca 3. zem] zu dem a.
1896 Ca 1. daz] des was a. 3. der] den C. Gunth^{s}s C, günthers a. 4. warn Ca.
dem bett a. alle gleich gestan a.
1897 Ca
1898 Ca 1. genug a.
1899 Ca 2. hemden C. seydene hemd a. 3. tiefen] vehen a. 4. gewerlich a.
1900 Ca 1. mein a. 3. sorge und] alle a. 4. nähent a.
1901 Ca 1. Ir a. swaz] daz a. 2. dâ *fehlt* a. st^{a}en C. 3. auch sein a. alsô]
alle a. 4. ez wöll a.
1902 Ca 4. *nach* weiz *ist* ich *durchgestrichen* C. waz *fehlt* a. uns] unser a.
1903 Ca 2. iu *fehlt* a.
1904 Ca 2. stên *fehlt* C.
1905 Ca 1. schönez a. 2. rîchem] recken a.
1906 Ca 1. alsus] also a. 3. ich] dy a. min Ca. so vnter helm a. 4. mir ist a.

1907 Ich sol in gerne büezen,   swie si dunket guot,   1862
hât iemen in beswæret   daz herze und ouch den muot,   (1800)
des bringe ich si wol innen,   daz ez mir ist vil leit.
swie si mir gebietent,   des bin ich alles in bereit.'

1908 Dô sprach von Tronege Hagene: 'uns hât niemen niht getân.   1863
ez ist site mîner herren,   daz si gewâfent gân   (1801)
zallen hôchgezîten   ze vollen drîen tagen.
het uns iemen iht getân,   wir soldenz iu billîche sagen.'

1909 Wol hôrt diu küniginne,   waz Hagene sprach.   1864
wie rehte vîntlîche   si im under dougen sach!   (1802)
sine wolde doch niht melden   die site von ir lant,
swie lange si sie dâ heime   mit freuden hête bekant.

1910 Swie grimme und ouch swie starke   si in vîent wære,   1865
het iemen gesaget Ezelen   diu rehten mære,   (1803)
er het iz understanden,   daz niht dâ wære geschehen.
si liezenz durch ir übermuot,   daz sis im wolden niht verjehen.

1911 Dô gie diu küniginne   mit grôzer menege dan.   1866
dône wolden dise zwêne   idoch niht hôher stân   (1804)
drîer trite breiter: daz was den Hiunen leit.
jâ muose si sich dringen   mit den degenen gemeit.

1912 Die Ezeln kameræere   dûhte daz niht guot: 1867
jâ heten si den recken   erzürnet dô den muot,   (1805)
wan daz sine torsten   vor dem künige hêr.
dâ was vil michel dringen   und doch niht anderes mêr.

1913 Dô man dâ gote gediente   und daz si wolden dan,   1868
dô kômen dâ zen rossen   vil manic Hiunen man.   (1806)
ouch was bî Kriemhilde   vil manic schœniu meit:
wol siben tûsent degene   bî der küneginne reit.

1914 In des sales venster   Kriemhilt gesaz   1869
mit maniger schœnen frouwen   mit freuden âne haz.   (1807)
Ezele der rîche   gesaz ouch zuo zir nider,
und sâhen kurzewîle   von den guoten recken sider.

1915 Nu was ouch in der marschalc   mit den rossen komen,   1870
Dancwart der snelle.   er het zuo zim genomen   (1808)
sîns herren ingesinde   von Buregonden lant.
diu ros man wol gesatelet   den ellenden recken vant.

1916 Dô si zen rossen kômen, die künige und ir man, 1871
Volkêr der küene râten dô began, (1809)
si solden buhurdieren nâch ir landes siten.
des wart von den degenen sît vil hêrlîch geriten.

1917 Ûf den hof vil wîten kom dô manic man. 1872
Ezele unde Kriemhilt ez sâhen allez an. (1810)
der buhurt unde schallen, diu beidiu wurden grôz
von kristen und von heiden. wie lützil iemen dâ verdrôz!

1918 Ûf den buhurt kômen al zehant geriten 1873
die Dietrîches recken in hôchverteclîchen siten. (1811)
si wolden kurzewîle mit den gesten hân.
dô enwolde ers in niht gunnen: ir herre hiez siz balde lân.

1919 Mit Guntheres mannen daz spil er in verbôt. 1874/1875
er vorhte sîner degene: des gie im grôziu nôt. (1812/1813)
dô kômen von Bechelâren die Rüedegêres man;
dar umbe dô der edele starke zürnen began.

1920 Er kom zuo zin vil balde gedrungen durch die schar 1876
und sagete sînen degenen, si wæren des gewar, (1814)
daz in unmuote wæren die Guntheres man:
ob si den buhurt liezen, daz wære im liebe getân.

1921 Dô sich die von in schieden, als uns ist geseit, 1877
dô kômen dâ von Düringen helde vil gemeit, (1815)
und die von Tenemarken wol tûsent küener man.
von stichen sach man vliegen vil der trunzûne dan.

1907 Ca 3. ich *fehlt* a. 4. in alles a.
1908 Ca 2. wafent C. 3. zu allen hochczeiten a.
1909 Ca 1. hagen do a. 2. dy augen a. 4. si sie] sis a.
1910 Ca 1. ouch *fehlt* a. in] im a. 3. da nicht a. sis] sy ez a.
1911 Ca 3. drey trit a. 4. musten a. mit degen a.
1912 Ca 4. and^s C, anders a; *danach ist ein zweites* niht *durchgestrichen* C.
1913 Ca 1. dâ] nu a. daz] da C. 2. do kam a. 3. vd auch was a. 4. sibent C
1914 Ca 2. in frewden a. 3. zir] ir a. 4. guoten *fehlt* a.
1915 Ca 2. zim] im a. 4. wol *fehlt* a. den] de' a.
1916 Ca 1. zu den a. 3. wolden a. ir] irs a. 4. den *fehlt* C.
1917 Ca 1. vil] den a. 3. der *fehlt* a. waren a. 4. y yemant a.
1918 Ca 2. die *fehlt* a. hochuertigen a. 3. wolde C. 4. ers in] er sein a. siz] sy ez a.
1919 Ca 1. Gunth^s C, günthers a. 2. im grôziu] in michel a.
1920 Ca 1. zin] in a. 3. Gvnthers Ca. 4. im] in a.
1921 Ca 2. dar von durgen a. 4. drüzwü a.

1922 Hâwart unt ouch Irnfrit   gesellecliche riten. 1878
des wâren die von Rîne   in hôchverticlîchen siten: (1816)
si buten manige tjoste   den von Düringen lant.
des wart von stichen dürkel   vil manic hêrlîcher rant.

1923 Dô kom ouch zuo dem schalle   der herre Blœdelîn 1879
mit tûsent sîner recken: die tâten dâ wol schîn, (1817)
wie si rîten kunden.   sich huop grôz ungemach.
Kriemhilt ez vil gerne   durch leit der Buregonde sach.

1924 Si gedâht in ir muote,   als ez was nâch geschehen:
'geschæhe iemen von in leide,   sô möhte ich mich versehen,
daz ez erhaben wurde: an den vîenden mîn
wurde ich wol errochen,   des wolde ich gar ân angest sîn.'

1925 Schrûtân unde Gibeche   ûf den buhurt riten, 1880
Hornboge und Râmunc,   nâch hiunischen siten. (1818)
si hielten gein den helden   ûz Buregonden lant.
die schefte dræten hôhe   mit kreften für des sales want.

1926 Swes dâ iemen pflæge,   sô was ez niwan schal. 1881
man hôrte von schilde stœzen   palas unde sal
harte lût erdiezen   von Guntheres man.
den lop daz sîn gesinde   mit grôzen êren dâ gewan.

1927 Dô was ir kurzewîle   sô lanc und ouch sô grôz, 1882
daz durch die kovertiure   der blanke sweiz dô vlôz (1819)
von den vil guoten marken,   diu die helde riten.
si suohtenz an den Hiunen   in vil hôchvertlîchen siten.

1928 Dô sprach der videlære,   Volkêr der küene man: 1883
'ich wæn, uns dise recken   turren niht bestân. (1820)
ich hôrt ie sagen mære,   daz si uns trüegen haz.
nune kundez sich zer werlde   zwâre nimmer füegen baz.'

1929 'Zen herbergen füeren,'   sprach der künec hêr, 1884
'sol man nu di mœre   unde rîten danne mêr (1821)
gegen âbende,   sô des wirdet zît.
waz, ob diu küniginne   lop den unkunden gît? '

1930 Dô sâhens einen rîten   sô waigerlîchen hie, 1885
daz ez al der Hiunen   tet deheiner nie. (1822)
jâ mohter in den venstern   wol haben herzen trût:
er was sô wol gekleidet,   sam eins vil werden ritters brût.

1931 Dô sprach aber Volkêr: 'wie möhte ich daz verlân? 1886
jener trût der frouwen muoz ein gebiuze hân. (1823)
daz kunde niemen wenden: ez gêt im an den lîp.
jâne ruoche ich, ob ez zürne des künic Ezelen wîp.'

1932 'Nein, durch mîne liebe,' sprach der künic sân. 1887
'ez wîzent uns die liute, ob wir si bestân. (1824)
ir lât ez heben die Hiunen: daz füeget sich noch baz.'
dannoch der künec Ezele bî der küniginne saz.

1933 'Ine mag es niht gelâzen,' sprach dô Volkêr. 1889
den buhurt reit er widere: mit vollecl̂icher ger (1826)
stach er dem rîchen heiden daz sper durch sînen lîp.
daz sach man sît beweinen beide maget unde wîp.

1934 Dô ruchte hurteclîche Hagene nâch im dan: 1890
mit sehzic sîner degene rîten er began (1827)
nâch dem videlære, dâ diu tjost geschach.
Ezel unde Kriemhilt ez bescheidenlîche sach.

1935 Dône wolden ouch die künige den ir spileman 1891
bî den vîanden niht âne helfe lân: (1828)
dâ wart von tûsent heleden vil kunsteclîch geriten.
si tâten daz si wolden in vil hôchvertlîchen siten.

1922 Ca 1. harwart a. gesellich a. riten] siten C. 2. von] von dem a. hochuertigen a. 3. dürgen lant a.
1923 Ca 1. der herre] herr a. 3. sich huop grôz] do wart da a.
1924 Ca 4. ich würd do wol a.
1925 Ca 4. draete a.
1926 Ca 1. niwan] new ein a. 2. schilde stozen C, schilden stozzen a. daz pallas a. den sal a. 3. erdozzen a. Gunthers C, günthers a. 4. daz sîn] den sein a.
1927 Ca 1. Dô] nu a. 3. diu die] die di C, dy dy a. 4. hochuertigen a.
1928 Ca 1. vil kune a. 3. ie sagen *zweimal* a. 4: nu enkönd ez sich ze werlde czwar gefügen nymmer baz a.
1929 Ca 1. sprach do der a. 2. die] di C. dy ros a. 3. hin gein dem abent a.
1930 Ca 1. ein a. wegerlich a. 2. keiner tet nie a. 4. sam eins vil werden] als eines werden a.
1931 Ca 2. eine gebvze C, ein gebeuzz a. 3. kond a. 4. zürnet a. Ezeln Ca.
1932 Ca
1933 Ca 4a: des begonden ser beweinen a.
1934 Ca 1. herticklichen a. 3. diu] der a. 4. ez] daz a.
1935 Ca 1. den ir] irn werden a. 3. künstlich a. 4. hochuertigen a.

1936 Dô der rîche Hiune   ze tôde was erslagen,   1892
man hôrte sîne mâge   weinen unde klagen.   (1829)
dô vrâgt al daz gesinde: 'wer hât ez getân?'
dô sprâchen die daz sâhen: 'daz hât der starke spileman.'

1937 Nâch swerten und nâch schilden   riefen dâ zehant   1893
des marcgrâven mâge   von der Hiunen lant: (1830)
dô wolden si den spileman   ze tôde erslagen hân.
der wirt ûz eime venster   sêre gâhen dô began.

1938 Dô huop sich von den liuten   allenthalben schal.   1894
die Guntheres recken   erbeizten überal: (1831)
diu ros zerucke stiezen   die künige und al ir man.
dô kom der künic Ezele: der helt ez schaiden began.

1939 Ein des Hiunen mâge,   den er dâ bî im vant,   1895
ein vil starkez wâfen   bracher im ûz der hant: (1832)
dô sluogers alle widere,   wan im was vil zorn.
'wie het ich mînen dienest   an disen heleden verlorn,

1940 Ob ir nu disen spileman   het darumbe erslagen!   1896
ich hiez iuch alle hâhen,   daz wil ich iu sagen.   (1833)
ich sach vil wol sîn rîten,   dô er den Hiunen stach,
deiz âne sînen willen   von eime strûche geschach.

1941 Ir müezet mîne geste   vride lâzen hân.'   1897
dô wart er ir geleite.   diu ros diu zôch man dan   (1834)
zuo den herbergen: si heten manigen kneht,
die in ze dienste wâren   mit allem vlîze gereht.

1942 Der wirt mit sînen friunden   in den palas gie.   1898
zorn er mêr deheinen   dâ niht werden lie.   (1835)
dô rihte man die tische,   daz wazzer man in truoc.
dô heten die von Rîne   starker vîende dâ genuoc.

1943 Swie leit ez Ezeln wære,   gewâfent manige schar
sach man nâch fürsten dringen,   und wol ze vlîze gar,
dâ si zen tischen giengen,   durch der geste haz.
ir mâc si rechen wolden,   ob sich gefüegen kunde daz.

1944 'Sît ir gewâfent gerner   ezzet danne blôz,'
sprach der wirt des landes,   'diu unzuht ist ze grôz.
swer aber mînen gesten   hie tuot deheiniu leit,
ez gêt im an sîn houbet,   daz sî iu Hiunen geseit.'

1945 Ê die herren gesæzen, daz was harte lanc. 1899
diu Kriemhilde sorge si al ze sêre twanc. (1836)
si sprach: 'herre Dietrîch, ich suoches dînen rât,
helfe und genâde: mîn dinc mir angestlîchen stât.'

1946 Dô sprach für sînen herren Hildebrant der ellens rîch: 1900
'swer sleht die Nibelunge, der tuot ez âne mich, (1837)
durch deheines schatzes liebe. ez mag im werden leit:
si sint noch unbetwungen, die snellen degene gemeit.'

1947 Si sprach: 'jâ hât mir Hagene alsô vil getân:
er morte Sîvriden, den mînen lieben man.
der in ûz den andern schiede, dem wær mîn golt bereit.
engultes ander iemen, daz wær mir inneclîchen leit.'

1948 Dô sprach meister Hiltebrant: 'wie kunde daz geschehen,
daz man in bî in slüege? ich lieze iuch daz gesehen,
ob man den helt bestüende, sich hüebe lîht ein nôt,
daz arme unde rîche dar umbe müesen ligen tôt.'

1949 Dô sprach in sînen zühten dar zuo her Dietrîch: 1901
'die bete lâ belîben, küniginne rîch. (1838)
mir habent dîne mâge der leide niht getân,
daz ich die edeln degene mit strîte welle bestân.

1936 Ca 1. Dô] da C. was] wart a. 3. allez daz a. ez] daz a. 4. dy ez sahen a.
1937 Ca 4. do gahen ser a.
1938 Ca 3. al] alle a.
1939 Ca 1. einē a. den] der a. 3. slug er sy a. 4. mein a.
1940 Ca 1. darümb hett a. 4. daz ez on a.
1941 Ca 2. er ir geleite] der streit geleyt a. ir *fehlt* C. dy ros czoh man a.
1942 Ca 2: keinen czorn er da werden lie a. 4. vom a. starker *fehlt* C. dâ *fehlt* a.
1943 Ca 2. nach den a. ze] mit a. 3. zu den a. 4. *nach* ob *ist* chvnde *durchgestrichen* C. sich] sy a. könden a.
1944 Ca 1. gewappent eßt gerner a. 2. so sprach a. ist] wirt a. 3. kein a. 4. sî] sie C.
1945 Ca 1. gesezzen C, saßen a. harte] gar ze a. 2. diu *fehlt* a. 3. ich such deinen a. 4. gnaden a.
1946 Ca 2. der] er a.
1947 Ca 3. der in schied auß den andern de wer a. 4. anders a.
1948 Ca 4. daz] darin̄ a. dar umbe *fehlt* a.
1949 Ca 2. laßt a. 3. dîne] ewer a.

1950 Diu bet dich lützel êret, vil edeles fürsten wîp, 1902
daz du dînen mâgen rætest an den lîp: (1839)
si kômen ûf genâde her in ditze lant.
Sîvrit ist unerrochen von der Dietrîches hant.'

1951 Dô si an dem Bernære den willen niht envant, 1903
dô lobtes alsô balde an Blœdelînes hant (1840)
eine wîte marke, die Nuodunc ê besaz.
sît dô sluog in Dancwart, daz er der gâbe gar vergaz.

1952 Si sprach: 'du solt mir helfen, herre Blœdelîn. 1904
ez sint in disem hûse die vîande mîn, (1841)
die Sîvriden sluogen, den mînen lieben man.
der mir daz hilfet rechen, dem bin ich immer undertân.'

1953 Des antwurt ir Blœdel, dâ er bî ir saz: 1905
'jâne getar ich dînen mâgen gerâten keinen haz, (1842)
wande si mîn bruoder bî im gerne siht.
ob ich si bestüende, der künec vertrüege mir sîn niht.'

1954 'Neinâ, herre Blœdel, ich bin dir immer holt. 1906
jâ gib ich dir dar umbe mîn silber und mîn golt, (1843)
und eine schœne frouwen, daz Nuodunges wîp:
sô mahtu gerne triuten den ir vil minneclîchen lîp.

1955 Daz lant zuo den bürgen soltu haben dir, 1907
vil tiurlîcher recke. du solt gelouben mir, (1844)
daz ich dich sicherlîchen alles des gewer,
daz ich dir hie benennet hân, ob du leistes mîne ger.'

1956 Dô der herre Blœdel die miete vernam, 1908
und daz im durch ir schœne diu frouwe wol gezam, (1845)
mit strîte wânder dienen daz minneclîche wîp.
dar umbe muosen recken mit im verliesen den lîp.

1957 Er sprach: 'man sol geswîgen der rede überal. 1909
ê man is werde inne, sô heb ich einen schal. (1846)
ez muoz arnen Hagene swaz er iu hât getân,
oder ich wil dar umbe mînen lîp verlorn hân.'

1958 'Nu wâfent iuch,' sprach Blœdel, 'alle mîne man, 1910
wir suln den vîanden in ir herberge gân; (1847)
des wil mich niht erlâzen daz Ezelen wîp.
dar umbe suln wir degene alle wâgen den lîp.'

1959 Dô diu küniginne   Blœdelînen lie 1911
in des strîtes willen,   ze tische si dô gie (1848)
mit Ezele dem künige   und ouch mit sînen man.
si hete swinde ræte   an die geste getân.

1960 Wie si ze tische gienge,   daz wil ich iu sagen:
man sach dâ künige rîche   krône vor ir tragen,
vil manigen hôhen fürsten   und manigen werden degen,
die sach man grôzer zühte   vor der küniginne pflegen.

1961 Der wirt der schuof den gesten   den sedel überal,
den hôhsten und den besten,   zuo zim in den sal.
den kristen und den heiden   ir spîse er underschiet.
man gab genuoc in beiden,   als ez der wîse künec beriet.

1962 Ir ander ingesinde   zen herbergen âzen.
den wâren truhsæzen   ze dienste lâzen:
die muosen ir spîse   wol ze vlîze pflegen.
ir wirtschaft und ir freude   wart sît mit jâmer widerwegen.

1963 Dô die fürsten gesezzen   wâren überal 1912
und nu begunden ezzen,   dô wart in den sal (1849)
getragen zuo den fürsten   daz Ezelen kint.
dâ von der künec rîche   gewan vil starken jâmer sint.

1950 Ca 1. edeles fvrsten lip C, edels fürsten weip a. 2. deine mage a. 3. her *fehlt* a. disez a. 4. vngerochen a.
1951 Ca 1. an] zu a. 2 lobtes] lobte ez a. 3. nuding a.
1952 Ca
1953 Ca 2. iane getarre C, ja entar a. 3. gern bey im a. 4. kūnic] wirt a.
1954 Ca 3. daz] des a. 4. ir vil *fehlt* a.
1955 Ca 2. tiurlîcher] trewlich a. 3. des alles gewer (alles *über der Zeile nachgetragen*) a. 4a *und* 4b *vertauscht* a.
1956 Ca 2. ir] dy a.
1957 Ca 1. der rede gesweigen a. 2a: ee daz man sein werd in a. 2. werden (n *getilgt*) C. 3. arn a. 4. *nach* lip *ist* da *durchgestrichen* C.
1958 Ca 3. daz Ezeln C, des eczeln a.
1959 Ca 1. blödlein gelie a.
1960 Ca 1. gingen a. 2. rîche *fehlt* a. 4. g° (*Zeilenende*)zer C. vor] bey a.
1961 Ca 2. zim] im a. 3. ir] dy a. 4. ez *fehlt* a. geriet a.
1962 Ca 1. zu den a. 2. warn Ca. truhsazen C, truchseßen a. dienst gelaßen a. 3. ze] zu a.
1963 Ca 1. do nu dy a. wâren] warn C, hetten a. 3. Ezeln Ca. 4. vil starken jâmer] vil iamers a.

1964 Dar giengen an der stunde   vier Ezelen man: 1913
si truogen Ortlieben,   den jungen künec, dan (1850)
zuo der fürsten tische,   dâ ouch Hagene saz.
des muosiz kint ersterben   durch sînen mortlîchen haz.

1965 Dô der künic rîche   sînen sun ersach, 1914
zuo sînen konemâgen   er güetlîche sprach: (1851)
'nu seht ir, friunde mîne,   diz ist mîn einec sun
und ouch iuwer swester: der magiu noch vil dienste tuon.

1966 Gevæhter nâch dem künne,   er wirt ein küene man, 1915
rîch und ouch vil edele,   starc und wolgetân. (1852)
leb ich deheine wîle,   ich gib im drîzec lant:
sô magiu wol gedienen   des jungen Ortliebes hant.

1967 Dar umbe ich bite gerne   iuch lieben friunde mîn, 1916
swenne ir ze lande widere   rîtet an den Rîn, (1853)
sô sult ir mit iu füeren   den iuwern swestersun,
und sult ouch an dem kinde   vil genædeclîche tuon.

1968 Ziehet in zen êren,   unz er werde ze man. 1917
hât iu in den landen   iemen iht getân, (1854)
daz hilfet er iu rechen: daz habt ûf mînen lîp.'
die rede hôrt ouch Kriemhilt,   des künec Ezelen wîp.

1969 'Im solden wol getrouwen   dise degene, 1918
gewüehser zeinem manne,'   sô sprach Hagene; (1855)
'doch ist der künec junge   sô veiclîch getân:
man sol mich sehen selten   ze hove nâch Ortliebe gân.'

1970 Der künic Hagen anblichte: im was diu rede leit. 1919
swie niht dar umbe enredete   der fürste vil gemeit, (1856)
ez betrüebte im sîn herze   und beswârt im den muot.
dô was der Hagenen wille   niht ze kurzewîle guot.

1971 Ez tet den fürsten allen   mit dem künige wê 1920
daz Hagen von sîme kinde   het gesprochen ê. (1857)
daz siz versitzen solden,   daz was in ungemach.
sine wessen niht der mære,   waz von dem recken sît geschach.

1972 Genuoge di ez hôrten   und im doch wâren gram,
in heten gerne bestanden.   ouch het der künic alsam,
getorster von sînen êren;   sô wær ers komen in nôt.
sît tet im Hagene mêre: er sluogen vor sînen ougen tôt.

XXXII

Âventiure wie Blœdel mit Dancwart an der herberge streit.

1973 Die Blœdelînes recken die wâren alle gar: 1921
mit tûsent halspergen huoben si sich dar, (1858)
dâ Dancwart mit den knehten ob den tischen saz.
dô huop sich under degenen mort und nîtlîcher haz.

1974 Alsô der herre Blœdel für die tische gie, 1922
Dancwart der marschalc in güetlîch enpfie: (1859)
'willekomen her ze hûse, mîn her Blœdelîn.
waz iuwer reise meine, des wundert gar die sinne mîn.'

1975 'Jâne darftu mich niht grüezen,' sprach dô Blœdelîn, 1923
'wan ditze komen daz mîne daz sol dîn ende sîn, (1860)
durch Hagenen dînen bruoder, der Sîvriden sluoc.
des engiltestu zen Hiunen und ander degene genuoc.'

1976 'Neinâ, herre Blœdel,' sprach dô Dancwart, 1924
'sô möhte uns balde riuwen disiu hovevart. (1861)
ich was ein vil kleiner kneht, dô Sîvrit vlôs den lîp:
jâne weiz ich, waz mir wîzet des künec Ezelen wîp.'

1964 Ca 1. an den stunden a. vier] vil a. Ezeln Ca. 4. must daz a.
1965 Ca 2. zu seiner konen magen a. 3. diz] daz a. eygner a. sun] man C. 4. getuen a.
1966 Ca 1. Gevehter C, gevecht er a. er] ein C. küner a. 2. ouch] hoch a. 3. kein a.
1967 Ca 1. gern bit a. 2. ze] zu a.
1968 Ca 1. ziht ez zu den eren a. ze] ein a. 2. in dem lande a. 4. kunec Ezeln C, künigs eczeln a.
1969 Ca 1. getraw a. diser degen a. 2. geriet er zu eime a. sô] do a. 4. mich selten zu hofe sehen a.
1970 Ca 1. Hagenen C. 2. wy wol nicht darvmb redt a. 3. bewart C, beswert a. 4. do enwas des hagen a.
1971 Ca 1. fürsten] künigen a. künige] fürsten a. 3. sy ez a. 4. waz seit von dē recken geschach a.
1972 Ca 1. Gnvge C, gnug a. warn C. 3. ers] er sein a. 4. er slug in a. zetot a.

1973 Ca 1. warn Ca. 3. dem tische a. 4. dô] da a. vnter den degen a.
1974 Ca 3. seyt willekom a.
1975 Ca 2. wan disez mein kumen a. daz sol] schol a. 4. ander^{s} a.
1976 Ca 1. herre] hir a. 2. macht a. hovevart] hochvart a. 3. verlos a. 4. ich *fehlt* a. Ezeln Ca.

1977 'Jâne weiz ich dir der mære   nimêr ze sagene: 1925
ez tâten dîne mâge,   Gunther und Hagene. (1862)
nu wert iuch vil ellenden,   ir kunnet niht genesen,
ir müezet mit dem tôde   pfant daz Kriemhilde wesen.'

1978 'Sô enwelt ir niht erwinden?'   sprach dô Dancwart. 1926
'sô riuwet mich mîn vlêhen: daz wære baz verspart.' (1863)
der snelle degen küene   von dem tische spranc:
er zôch ein scharpfez wâfen,   daz was michel unde lanc.

1979 Dô sluoger Blœdelîne   einen swinden swertes slac, 1927
daz imz houbet mit helme   vor den füezen lac. (1864)
'daz sî dîn morgengâbe,'   sprach Dancwart der helt,
'zuo Nuodunges briute,   die du ze freuden hâst erwelt.

1980 Si mac sich morgen mähelen   einem andern man: 1928
wil er die brûtmiete,   ez mac im sam ergân.' (1865)
ein getriuwer Hiune   het im daz geseit,
daz in diu küniginne   riet sô grœzlîchiu leit.

1981 Dô sâhen Blœdelînes man,   ir herre lac erslagen. 1929
daz enwolden si den gesten   langer niht vertragen: (1866)
mit ûf erburten swerten   si sprungen für diu kint
in eime grimmen muote: jâ gerouwez si sint.

1982 Vil lûte rief der marschalc   al die knappen an: 1930
'ir seht wol, edeln knehte,   wie ez wil umbe gân. (1867)
nu wert iuch ellenden,   als iuch des twinget nôt,
daz ir frumeclîche   âne schande liget tôt.'

1983 Die swerte niht enhêten,   die reichten für die banc; 1931
si huoben ûz den füezen   vil manigen schamel lanc. (1868)
der Buregonden knehte   in wolden niht vertragen.
dâ wart von swæren stüelen   durch helme biulen vil geslagen.

1984 Wie grimme sich dô werten   diu ellenden kint! 1932
si triben ûzem hûse   die gewâfenden sint: (1869)
doch beleib ir tôt dar inne   fünf hundert oder baz.
dô was daz ingesinde   von bluote rôt unde naz.

1985 Disiu starken mære   wurden dan geseit 1933
den Ezelen recken: ez was in grimme leit, (1870)
daz erslagen wære   der herre und sîne man.
daz het der Hagene bruoder   mit den knehten getân.

1986 Ê manz ze hove erfunde, die Hiunen durch ir haz 1934
der garte sich zwei tûsent oder dannoch baz. (1871)
si giengen zuo den knehten, daz muos et alsô wesen,
und liezen des gesindes ninder einen genesen.

1987 Dô die vil ungetriuwen drungen in daz gadem, 1935
dô huop sich zwischen recken vil ungefüeger kradem. (1872)
waz half ir baldez ellen? si muosen ligen tôt.
dar nâch in kurzen stunden huop sich engestlîchiu nôt.

1988 Hie mugt ir hœren wunder bî unfuoge sagen. 1936
niun tûsent knehte die lâgen tôt erslagen, (1873)
dar über ritter zwelfe der Dancwartes man.
man sach in alterseine noch bî den vîanden stân.

1989 Der schal der was geswiftet, der dôz der was gelegen. 1937
dô blichte über ahsel Dancwart der degen. (1874)
er sprach: ‘owê der friunde, die ich verlorn hân!
nu muoz ich leider eine bî mînen vîanden stân.’

1990 Diu swert genôte vielen ûf sîn eines lîp. 1938
daz muose sît beweinen vil maniges heldes wîp. (1875)
den schilt er ruchte hôher, den vezzel nider baz.
dô frumt er vil der ringe mit bluote vliezende naz.

1977 Ca 1. nimer C, nȳmer a. 3. euch ir vil a. 4. daz pfant krimhilden a.
1978 Ca 1. enwinden a. 2. bewart a. 3. kün *über der Zeile nachgetragen* a.
4. michel] brait a.
1979 Ca 1. swertes *fehlt* a. 2. daz im daz a. 4. ze freuden] zu einer frawen a.
1980 Ca 2. brv̊te miete C. 4. in] im a.
1981 Ca 1. daz ir herr a. 2. daz wolden a. 4. einē a. grimmen] grimme C, *fehlt* a.
1982 Ca 1. alle a. 2. ir edeln a. wie ez vns wil ergan a. 3. euch kint ellende a.
4. frv̊mchliche C, frümcklich a. linget (n *durchgestrichen*) C.
1983 Ca 1. reichten erfür a. 3. in nicht wolten a. 4. biulen *fehlt* a.
1984 Ca 2. triben] slugen a. aus dem a. 3. dar inne *fehlt* a.
1985 Ca 2. Ezeln Ca. 3. sein a. 4. der *fehlt* a. Hagen Ca.
1986 Ca 3. si] dy a. et *fehlt* a.
1987 Ca 2. zwischen den C.
1988 Ca 2. niun] niwan C, newn a. ze tot a. 4. alterseine] allein a.
1989 Ca 1. gesweifet a. der dôz] dert dort a. 2. über dy a.
1990 Ca 1. genôte] gnug a. seinen einigen leip a. 2. vil *fehlt* a. helden a.
3. er rv̊chter C, er ruckt a. den] der a.

1991 'Owê mir dirre leide,'   sprach Adriânes kint.   1939
'nu wîchent, Hiunen recken,   ir lât mich an den wint,   (1876)
daz der luft erküele   mich sturmmüeden man.'
dô begunder ân ir willen   in strîte gegen der türe gân.

1992 Der helt in grôzem zorne   zuo dem hûse spranc.   1940
waz iteniuwer swerte   ûf sîme lîbe erklanc!   (1877)
die niht gesehen hêten,   waz wunders tet sîn hant,
die muosen dâ belîben   von dem ûz Burgonden lant.

1993 'Nu wolde got,' sprach Dancwart,   'möhte ich den boten hân,   1941
'der mînen bruoder Hagenen   kunde wizzen lân,   (1878)
daz ich vor disen recken   stên in solher nôt:
er hulfe mir von hinnen,   oder er gelæge bî mir tôt.'

1994 Dô sprâchen Hiunen recken: 'der bote muostu sîn,   1942
sô wir dich tragen tôten   für den bruoder dîn.   (1879)
sô siht im êrste leide   der Guntheres man.
du hâst dem künige Ezelen   sô grôzen schaden hie getân.'

1995 'Nu lât die drô belîben   und stêt ûf hôher baz.   1943
jâ getuon ich eteslîchem   noch die ringe naz.   (1880)
nu wer mirz swer der welle: ich wil ze hove gân,
und wil selbe disiu mære   mînen herren wizzen lân.'

1996 Er leidete sich sô sêre   den Ezelen man,   1944
daz si in mit den swerten   nu torsten niht bestân.   (1881)
dô schuzzen si der gêre   sô vil in sînen rant,
daz er in durch die swære   muose lâzen von der hant.

1997 Si wânden in betwingen,   dô er niht schildes truoc.   1945
hey, waz er tiefer wunden   sît durch helme sluoc!   (1882)
des muose vor im strûchen   vil manic küener man.
darumbe lop vil grôzen   der küene Dancwart gewan.

1998 Ze beiden sînen sîten   si im sprungen zuo: 1946
jâ kom ir eteslîcher   in den strît ze fruo.   (1883)
er gie vor sînen vîenden   alsam ein eberswîn
ze walde tuot vor hunden.   wie möhter küener gesîn!

1999 Sîn vart diu wart erniuwet   von heizem bluote naz.   1947
jâne kunde ein einer recke   gestrîten nimmer baz   (1884)
mit alsô vil der vîende   denne er hete getân.
dô muosen si in lâzen   âne ir danc ze hove gân.

2000 Truhsæzen unde schenken die hôrten swerte klanc. 1948
vil maniger dô daz trinken von der hende swanc (1885)
und sumelîche spîse, die man ze hove truoc.
dô kom im vor der stiegen der starken vîende genuoc.

2001 'Wie nu, ir guoten knehte?' sprach der müede degen. 1949
'jâ soldet ir der geste güetlîche pflegen, (1886)
und soldet nu den herren die edeln spîse tragen,
und liezet mich diu mære ze hove mînen herren sagen.'

2002 Swelher durch sîn ellen im für die stiegen spranc, 1950
der sluoger eteslîchem sô swæren swertes swanc, (1887)
daz si durch die vorhte ûf hôher muosen stân.
jâ het sîn starkez ellen vil maniges ende getân.

2003 Alsô der küene Dancwart under die türe getrat, 1951
daz Ezelen gesinde er hôher wîchen bat. (1888)
mit bluote berunnen was allez sîn gewant:
ein vil starkez wâfen daz truoger blôz an sîner hant.

2004 Ez was reht in der wîle dô Dancwart kom für die tür,
daz man Ortlieben truoc wider unde für
von tische ze tischen, den fürsten wol geborn.
von disen starken mæren wart daz kindelîn verlorn.

1991 Ca 1. diser a. Adrians Ca. 2. nu weicht ir a. 3. lvfte C. stvrme mvͤden C. 4. in] mit a.
1992 Ca 2. nitnewer a. auff seinen helm a. 4. ûz] von a.
1993 Ca 3. vor] von a. 4. leg a.
1994 Ca 1. der heunen a. 3. so geschicht in erste laid a. 4. hie] *übergeschrieben* C, *fehlt* a.
1995 Ca 2. tun a. etlichem a. 3. swer der welle] wern wöll a. 4. dy mär selbs a.
1996 Ca 1. Ezeln Ca. 2. nu getorsten a. 3. gêre] gern a. 4. durch] für a.
1997 Ca 2. er *fehlt* a.
1998 Ca 2. etlicher a. den *fehlt* a. 3. alsam] als a. 4. vor den hunden a.
1999 Ca 2. einer] eyniger a. 3. denner C, deñ er a. 4. ir *fehlt* a.
2000 Ca 1. swert klang a. 3. sumelîche] etlich a. ze] zu a.
2001 Ca 1. guoten knehte] müden degen knecht a. der müede] da der küne a. 4. sagen] tragen a.
2002 Ca 2. der] dem a. etlichem a. 4. sein ellen starck a. manchez ende a.
2003 Ca 2. Ezeln Ca. 4. er ein vil a.
2004 Ca 3. den] dem a.

XXXIII

Âventiure wie Dancwart diu mær ze hove sînen herren brâht.

2005 Wil lûte rief dô Dancwart eime degene: 1952
'ir sitzet al ze lange, bruoder Hagene. (1889)
iu und got von himele klage ich unser nôt:
ritter unde knehte sint in der herberge tôt.'

2006 Er rief im engegene: 'wer hât daz getân?' 1953
'daz hât der herre Blœdel unde sîne man. (1890)
ouch hât ers niht genozzen, daz wil ich iu sagen:
ich hân im sîn houbet mit mînen handen abe geslagen.'

2007 'Daz ist ein schade kleine,' sprach aber Hagene, 1954
'swâ man solhiu mære saget von degene, (1891)
ob er von recken handen verliuset sînen lîp:
in suln deste ringer klagen wætlîchiu wîp.

2008 Nu saget mir, lieber bruoder, wie sît ir sô rôt? 1955
ich wæn,ir von wunden lîdet grôze nôt. (1892)
ist er inder inme lande, derz iu hât getân,
in erner der übel tiufel, ez muoz im an sîn leben gân.'

2009 'Ir seht mich wol gesunden, mîn wât ist bluotes naz: 1956
von ander manne wunden ist mir geschehen daz, (1893)
der ich alsô manigen hiute hân erslagen,
ob ich des swern solde, ine kundez nimmer gesagen.'

2010 Er sprach: 'bruoder Dancwart, sô hüetet uns der tür, 1957
und enlât der Hiunen einen komen niht derfür. (1894)
ich wil reden mit den recken, des uns nu dwinget nôt:
unser ingesinde lît unverdienet hie tôt.'

2011 'Sol ich sîn kameræere,' sprach dô der küene man, 1958
'alsô rîchen künegen ich wol gedienen kan: (1895)
sô hüet ich der stiegen nâch den êren mîn.'
den Kriemhilde degenen kunde leider niht gesîn.

2012 'Mich nimt des michel wunder,' sprach dô Hagene, 1959
'waz nu die Hiunen rûnen in disem gademe. (1896)
si wæn des lîhte enbæren der an der tür dort stât,
und ouch diu hovemære gesaget den Burgonden hât.

2013 Ich hân gehôrt vil lange von Kriemhilde sagen, 1960
daz si ir herzen leide wolde niht vertragen: (1897)
nu trinken wir die minne und gelten sküniges wîn.
der junge vogt der Hiunen der muoz hie der êrste sîn.'

2014 Dô sluoc daz kint Ortlieben Hagen der helt guot, 1961
daz im an dem swerte zer hende vlôz daz bluot (1898)
und daz des kindes houbet spranc Kriemhilt in ir schôz.
dô huop sich under degenen ein mort vil grimmec unde grôz.

2015 Ouch sluoger dem magezogen einen swinden slac 1962
mit beiden sînen handen, der Ortliebes pflac, (1899)
daz im daz houbet schiere vor tischen nider lac.
ez was ein jæmerlîcher lôn, den er dem magezogen wac.

2016 Er sach vor Ezelen tische einen spileman: 1963
Hagen in sîme zorne gâhen dar began. (1900)
er sluoc im ûf der videlen ab die einen hant:
'daz hab dir der boteschefte in der Burgonden lant.'

Überschrift: sînen herren *fehlt* a.
2005 Ca 1. ein degen a. 2. ze] zu a.
2006 Ca 2. vnd sein man a. 3. ers] er sein a. daz] div C.
2007 Ca 2. waz man sülcher mär a. 4. dester minner a. weydenliche a.
2008 Ca 3. indert in dem a. der ez hat a. 4. in erner der] wer er a. übel] vb^{s} C.
2009 Ca; *ab* 2009,4: swæren sol(de) F.
2. mannen C, recken a. 4. ich könd a. gesa(n) F.
2010 CFa 1. [ ]r (*am Anfang jeder Strophe erster Buchstabe nicht ausgeführt, sondern für Majuskel freigelassen.*) F. 1. hüt a. 2. lat F. einen *fehlt* F. derfür] dar fvͤr F, erfür a. 3. nu *fehlt* F. 4. hir *übergeschrieben* a.
2011 CFa 1. ich *fehlt* a. kamerære] kam̄er a. dô *fehlt* F. 2. reichen künig a. dienen F. 3. sô] also a. hüet] hie (*durchgestrichen; daran – von anderer Hand – ein feines* t) C, hiv F. diser stigen a. 4. chrimhilten Fa.
2012 CFa 2. waz nu die Hiunen *fehlt* C. 2: waz dise recken rawnend aneinander sagen a. 3. enbêrn C. sy wolden enpern leicht des der a. 4. den bvrgoden gesagt hat F, den burgonden hat gesait a.
2013 CFa 1. von chrimhilden hac sagen (hac *getilgt*) F. 2. herze læide F. nicht wolt vertragen a. 3. trinck wir a. geltem (*letzter Abstrich von* m *getilgt*) F. geltens künigs a. 4. hie *fehlt* F. 4: diser hausfrawen sun muß der allererst sein a.
2014 CFa 2. zer hende] zenhenden F. 3. Chrimhilden Fa. in die schoz F. in *übergeschrieben* C. 4. vil *fehlt* a. æin mort grimmich vn̄ vil groz F.
2015 CFa 1. den magetzogen C, dem mæit zogen F, dem magzogen a. (sl)ach F. 2. (mit) F. (Ortliebes) F. 3. (schier)e F. tische Fa. 4. gemærliche F. magtzogen C, m(æit) zogen F, magczogen a.
2016 CFa 1. Ezeln Ca. spilman Fa. 2. dar gahen F. 3. videle Fa. ab ein hant a. 4. daz habe der C, daz hab dir zu botscheft a.

2017 'Owê mir,' sprach Werbel, der Ezeln spileman, 1964
'her Hagen von Tronege, waz het ich iu getân? (1901)
ich kom ûf grôze triuwe in iuwer herren lant.
wie klenke ich nu die dœne, sît ich verlorn hân die hant?'

2018 Hagenen ahte ringe, gevidelter nimmer mêr. 1965
dô frumt er in dem hûse diu verchgrimmen sêr (1902)
an den Ezelen recken, der er sô manigen sluoc.
er brâht ir in dem gademe zuo dem tôde genuoc.

2019 Volkêr sîn geselle von dem tische spranc: 1966
sîn videlboge im lûte an sîner hende erklanc. (1903)
dô videlte ungefüege der künige spileman.
hey, waz er im ze vîenden der küenen Hiunen gewan!

2020 Dô sprungen von den tischen die drîe künige hêr. 1967
si woldenz gerne scheiden, ê des schaden wurde mêr. (1904)
sine kundenz mit ir sinnen dô niht understân,
dô Volkêr unde Hagene sô sêre wüeten began.

2021 Dô sach der vogt von Rîne ungescheiden den strît: 1968
dô sluoc der fürste selbe vil manige wunden wît (1905)
durch die liehten ringe den vîanden sîn.
er was ein helt zen handen: daz wart dâ grœzlîchen schîn.

2022 Dô kom ouch zuo dem strîte der starke Gêrnôt: 1969
jâ frumt er der Hiunen vil manigen helt tôt (1906)
mit dem scharpfen swerte, daz im gap Rüedegêr.
den Ezelen mâgen frumter diu grœzlîchen sêr.

2023 Der junge sun froun Uoten zuo dem strîte spranc: 1970
sîn wâfen herrenlîche durch die helme erklanc (1907)
den Ezelen recken ûzer Hiunen lant.
dâ tet vil michel wunder diu Gîselheres hant.

2024 Swie frum si alle wæren, die künige und ouch ir man, 1971
doch sach man Gîselhere ze vorderest stân (1908)
bî den vîanden: er was ein helt guot.
er schuof dâ mit den wunden vil manigen nider in daz bluot.

2025 Ouch werten sich vil sêre die Ezelen man. 1972
dô sach man die geste houwende gân (1909)
mit den liehten swerten durch des küniges sal.
dô hôrt man allenthalben von strîte grœzlîchen schal.

2026 Dô wolden die dar ûzen   mit friunden sîn dar in: 1973
si nâmen an der stiegen   vil kleinen gewin. (1910)
dô wolden si dar inne   vil gerne für die tür:
dône lie der portenære   ir deheinen dar für.

2027 Dô huop sich in der porte   vil grôzer gedranc, 1974
und ouch von den swerten   ûf helme lûter klanc. (1911)
des kom der küene Dancwart   in vil starke nôt.
daz bedâhte Hagene,   als im sîn triuwe gebôt.

2028 Vil lûte rief dô Hagene   Volkêren an: 1975
'seht ir dort, geselle,   mînen bruoder stân (1912)
vor hiunischen recken   under starken slegen?
friunt, nert mir den bruoder,   ê wir vliesen den degen.'

2029 'Daz tuon ich sicherlîchen,'   sprach der spileman. 1976
er begunde videlende   durch den palas gân: (1913)
ein scharpfez swert im dicke   an sîner hende erklanc.
die recken von dem Rîne   sagten im des grôzen danc.

2017 CFa 1. etzelen F. spilman Fa. 2. Hagene F. han a. 4. ich nv verlorn C.
2018 CFa 1. hagen achtet a. 2. werch grimmen ser C, w^{s}ch grimmich ser F, werck grim̄e ser a. 3. den] der a.
2019 CFa 1. dem] *fehlt* C, de a. 3. künige] chvne F, kün a. spilman Fa. 4. Hiunen] recken (*darüber* heunen) a.
2020 CFa 1. von dem tisch a. 3: sy enkonden da mit irn sin̄en nicht vnterstan a.
2021 CFa 1. voyt vom a. 2. selben a. wunden *fehlt* F. 4. zehanden F. do grozlich F, da größlich a.
2022 CFa 2. der] den C. 2: der frümt auch den helden iamer vnd not a. 3. gabe F. 4. Ezeln Ca. frvmter grwlichiv ser (*vor* grwlichiv *ist* glol *durchgestrichen*) F, tet er größliche swer a.
2023 CFa 1. vrowen F, frawen a. strit F, streit a. 2. herlich F, herlichen a. 3. Ezeln Ca. auß der a. 4. des chvnich Gvnth^{s}s hant F, mit streit dy geislers hant a.
2024 CFa 1. waren F. ouch *fehlt* Fa. 2. Giselher F, geislern a. voderst F, vorderst a. 3. vil gut a.
2025 CFa 1. Ezeln Ca. 2. h$\overset{o}{w}$nde F. 4. dô *fehlt* a. man hort a. *vor* grozlichen a. *ist* gl(o) *durchgestrichen* F. von streit großen schal a.
2026 CFa 1. Dô] dy a. vze F. mit] zir F. 2. stige F. vil *fehlt* F. 3. si] die vil *fehlt* F. 4. dône] do F, da a. pfortner a.
2027 CFa 1. porten Fa. grozer der C. 2. den swerten ûf *fehlt* F. 4. gedacht a.
2028 CFa 1. Volkern CFa. 4. frivmt F. verliesen Fa.
2029 CFa 1. spileman] man C, spilman F, kün man a. 2. vil videlende C, videlvnde F, fidelen a. 3. hant a. 4. die] der F. bi dem Ca. die sagten F.

2030 Volkêr der vil küene zuo Dancwarte sprach: 1977
'ir habt erliten hiute grôzen ungemach. (1914)
mich bat iuwer bruoder durch helfe zuo ziu gân.
welt ir, nu sît dar ûze, sô wil ich inrethalben stân.'

2031 Dancwart der vil snelle stuont ûzerhalp der tür: 1978
dô wert er in die stiegen, swaz ir kom der für. (1915)
des hôrt man wâfen hellen an der helede hant.
sam tet ouch inrethalben Volkêr von Buregonden lant.

2032 Der küene videlære rief zuo dem degene: 1979
'daz hûs ist wol beslozzen, friunt Hagene. (1916)
ez ist alsô verschranket diu Ezelen tür
von zweier recken handen: dâ gênt wol tûsent rigel für.'

2033 Dô der starke Hagene die tür sô sach behuot, 1980
den schilt warf dô zerucke der küene degen guot: (1917)
dô êrst begunder rechen sîner friunde leit.
sînes zornes muose engelten vil manic ritter gemeit.

2034 Dô der voget von Berne daz wunder reht ersach, 1981
daz Hagene der starke sô manigen helm brach, (1918)
der künic der Amelunge spranc ûf einen banc.
er sprach: 'hie schenket Hagene daz aller wirsiste tranc.'

2035 Der wirt het grôze sorge, sîn wîp diu het alsam 1982
(waz man im lieber friunde vor sînen ougen nam!), (1919)
wander vor sînen vînden vil kûme dâ genas:
er saz vil angestlîche. waz half in, daz er künec was?

2036 Kriemhilt diu frouwe rief Dietrîchen an: 1983
'nu hilf mir von dem sedele, ritter, von in dan, (1920)
durch aller fürsten tugende, ûz Amelunge lant:
und erreichet mich dort Hagene, ich hân den tôt an der hant.'

2037 'Wie sol ich iu gehelfen,' sprach dô Dietrîch, 1984
'vil edeliu küniginne? nu sorge ich umbe mich. (1921)
ez sint sô sêre erzürnet die Guntheres man,
daz ich an disen zîten gevriden niemen enkan.'

2038 'Neinâ, herre Dietrîch, vil edel ritter guot, 1985
lâzâ hiute schînen den tugentlîchen muot, (1922)
daz du mir helfest hinnen: oder ich belîbe tôt.
nu hilf mir und dem künige ûz dirre angestlîcher nôt.'

2039 'Daz wil ich versuochen, ob ich iu helfen kan, 1986
wande ich in langen zîten niht gesehen hân (1923)
sô pitterlîch erzürnet manigen ritter guot.
jâ sihe ich durch die helme von swerten vliezen daz bluot.'

2040 Mit kraft begunde ruofen der degen ûz erkorn, 1987
daz im sîn stimme erlûte alsam ein wisents horn, (1924)
und daz der palas wîte von sîner kraft erdôz.
diu sterke Dietrîches was vil unmæzlîche grôz.

2041 Dô gehôrte Gunther ruofen disen man 1988
in dem starken sturme: losen er began. (1925)
er sprach: 'Dietrîches stimme ist in mîn ôre komen.
ich wæn, im unser degene haben etewen hie benomen.

2042 Ich sihe in ûf dem tische: er winket mit der hant. 1989
ir friunt unde mâge von Burgonden lant, (1926)
gehabet ûf des strîtes, lât hœren unde sehen,
waz hie Dietrîche von uns ze schaden sî geschehen.'

2043 Dô der künic Gunther bat und ouch gebôt, 1990
si habten ûf mit swerten in des sturmes nôt. (1927)
daz was gewalt vil grôzer, daz dô niemen streit.
dô reiten mit ein ander die küenen recken gemeit.

2030 Ca; *bis* 2030,2: .. ir habt erlieden F.
2. groß a. 3. zu euch a. 4. inderthalben a.
2031 Ca 1. außerhalbn̄ a. 2. darfür a. 4. inderhalben a.
2032 Ca 3. verschränckt a. diu] des a. Ezeln Ca. 4. gent *übergeschrieben* C.
2033 Ca 1. sach so a. 2. dô] er a. küene] starcke a. 3. dô erst] allererst a. 4. ritter] recke a.
2034 Ca 3. von amelung a. sp̄ͣch C. eine a. 4. den aller wirsisten getranck a.
2035 Ca 2. in vil liber a. sînen] iren a. 3. vor] von C. 4. in *fehlt* a.
2036 Ca
2037 Ca 3. Gunth^{s}s C, günthers a. 4. kan a.
2038 Ca 2. laß a. den] deinen a. 3. von hin̄ a. 4. und dem] von dē a. diser ängstlichen a.
2039 Ca 1. gehelffen mag a. 2. langen] manchen a. han den tag a. 4. sahe ich (ich *durchgestrichen*) C.
2040 Ca 1. der] den a. 2. wisents] weites a. 3. kraft] stym̄ a. 4. herr ditrichs a.
2041 Ca 1. disen werden man a. 4. haben *fehlt* C. etwen hy haben a.
2042 Ca 4. ze schanden a.
2043 Ca

2044 Er sprach: 'vil edel Dietrîch,   waz ist iu hie getân 1991
von den mînen mâgen?   willen ich des hân, (1928)
suone unde buoze   bin ich iu bereit.
swaz iu iemen tæte,   daz wær mir inneclîchen leit.'

2045 Dô sprach der herre Dietrîch: 'mir ist noch niht getân, 1992
des ich schaden deheinen   von iu müge hân; (1929)
wan lât mich von dem strîte   mit dem gesinde mîn.
daz wil ich umbe iuch degene   immer dienende sîn.'

2046 'Wie vlêget ir sô sêre?'   sprach dô Wolfhart. 1993
'jâne hât der videlære   die tür nie sô verspart, (1930)
wir entsliezen si sô wîte,   daz wir dar füre gân.'
'nu swîget,' sprach her Dietrîch,   'ir habt den tiufel getân.'

2047 Dô sprach der künic Gunther: 'erlouben ich iu wil, 1994
füeret ûz dem hûse   lützil oder vil, (1931)
âne mîne vînde: die suln hie bestân.
si habent mir zen Hiunen   leides harte vil getân.'

2048 Der herre von Berne   under einen arm beslôz 1995
die edeln küniginne: der angest diu was grôz. (1932)
dô fuort er anderthalben   Ezeln mit im dan.
ouch giengen mit im dannen   sehs hundert sîner küener man.

2049 Dô sprach der marcgrâve,   der edel Rüedegêr: 1996
'sol aber ûzem hûse   iemen komen mêr, (1933)
die iu doch dienen gerne,   daz lâzet uns vernemen:
sô sol ouch fride der stæte   guoten friunden immer zemen.'

2050 Des antwurte Gîselher   sîme sweher zehant: 1997
'vride unde suone   sî iu von uns bekant, (1934)
sît ir sît triuwen stæte: beide ir und iuwer man
sult gemeinlîche   mit iuwern friunden hinnen gân.'

2051 Dô der marcgrâve   gerûmte den sal, 1998
fünf hundert unde mêre   im volgten zetal (1935)
die stiegen von dem hûse: daz wâren sîne man;
von den der künec Gunther   vil grôzen schaden sît gewan.

2052 Dô sach ein Hiunen recke   Ezelen gân 1999
bî dem Bernære: genozzen wolders hân. (1936)
dem gap der videlære   einen swæren slac,
daz im vor Ezeln füezen   daz houbet schiere gelac.

2053 Dô der wirt des landes kom von dem hûse dan, 2000
dô kêrte er sich hin widere und sach Volkêren an: (1937)
'owê mir dirre geste! daz ist ein grimmiu nôt,
daz alle mîne friunde suln vor in ligen tôt.

2054 Ach wê der hôchgezîte,' sprach der künic hêr. 2001
'dâ vihtet einer inne, der heizet Volkêr, (1938)
alsam ein eber wilde, und ist ein spileman.
ich dankes mîme heile, daz ich dem vâlande entran.

2055 Sîne leiche lûtent übele, sîne züge die sint rôt: 2002
jâ vellent sîne dœne vil manigen helt tôt. (1939)
ine weiz niht, waz uns wîze der selbe spileman,
wan ich gast neheinen nie sô leiden gewan.'

2056 Zir herbergen giengen die recken alsô hêr,
der herre von Berne und ouch Rüedegêr:
sine wolden mit dem strîte niht ze schaffen hân
und gebuten ouch ir degenen, daz sis mit fride solden lân.

2057 Und heten si getrouwet alsolher swære,
daz in diu von in beiden sô künftic wære,
sine wæren von dem hûse niht sô sanfte komen,
si heten eine stroufe an den vil küenen ê genomen.

2044 Ca 3. bin *fehlt* a. 4. waz man euch tät a.
2045 Ca 2. keinen schaden a. 4. immer *fehlt* a.
2046 Ca 2. jâne] da a. so nie a. 3. fvre C.
2047 Ca 4. si] dy a. harte *fehlt* C.
2048 Ca 2. diu] der a.
2049 Ca 2. auß dem a. 3. doch *fehlt* a. 4. sô *fehlt* a. der stæte] stet a. hy guten freunden geczemen a.
2050 Ca 2. bekant gewant a. 3. beide *fehlt* a. 4: so schüllt ir gemächlich hin mit ewern freunden gan a.
2051 Ca 1. do nu a. 2. funs C. unde] oder a. 3. warn C, wärn̄ a.
2052 Ca 2. wold er sein han a. 3. swern C.
2053 Ca 1. landes] hauses a. dem hûse] den gesten a. 2. hin *fehlt* a. 3. diser a. 4. schüllen ligen hy vor in tot a.
2054 Ca 1. hochczeit a. 3. und] daz a. 4. danck ez a. von dem valant a.
2055 Ca 1. laiche dy lawten a. 2. velent C. ze tot a. 3. ich weiß nicht waz wiße a. 4. neheinen *fehlt* a.
2056 Ca 1. zu der herwerg a. 3. si enwolden; *der Rest des Verses fehlt* a. 4. sis] sy sy a.
2057 Ca 3. si enwern a. hvsen (n *durchgestrichen*) C. 4. einen strauff a.

2058 Si heten die si wolden   lâzen ûz dem sal. 2003
dô huop sich inrethalben   ein grœzlîcher schal: (1940)
die geste sêre râchen   daz in ê geschach.
Volkêr der vil küene,   hey, waz er liehter helme brach!

2059 Sich kêrte gein dem schalle   Gunther, der künec hêr: 2004
'hœrt ir die dœne, Hagene,   die dort Volkêr (1941)
mit den Hiunen videlet,   swer gegen der tür gât?
ez ist ein rôter anstrich,   den er zem videlbogen hât.'

2060 'Mich riuwet âne mâze,'   sprach dô Hagene, 2005
'daz ich vor Volkêre   ie gesaz dem degene. (1942)
ich was sîn geselle   und ouch er der mîn:
und kom wir immer widere,   daz suln wir noch mit triuwen sîn.

2061 Nu schouwe, künic Gunther,   Volkêr ist dir holt: 2006
er dienet willeclîche   dîn silber und dîn golt. (1943)
sîn videlboge im snîdet   durch den herten stâl:
er brichet ûf den helmen   diu liehten schînenden mâl.

2062 Man gesach nie videlære   sô hêrlîchen stân, 2007
alsô der degen Volkêr   hiute hât getân. (1944)
die sînen leiche hellent   durch helm und durch den rant.
jâ sol er rîten guotiu ros   und tragen hêrlîch gewant.'

2063 Swaz der Hiunen mâge   in dem hûse was gewesen, 2008
der enwas nu deheiner   dar inne genesen. (1945)
des was der schal geswiftet,   daz niemen mit in streit.
diu swert von handen legeten   die küenen degene gemeit.

2064 Die herren nâch ir müede   gesâzen dô zetal. 2009
Volkêr und Hagene   die giengen für den sal; (1946)
sich leinten ûf die schilde   die übermüeten man.
dâ wart rede genuoge   von in beiden getân.

2065 Dô sprach von Burgonden   Gîselher der degen: 2010
'jâne mugt ir, lieben friunde,   niht ruowe noch gepflegen: (1947)
ir sult die tôten liute   ûz dem hûse tragen.
wir werden noch bestanden,   ich wilz iu wærlîche sagen.'

2066 'Sô wol mich solhes herren,'   sprach dô Hagene. 2012
'der rât enzæme niemen   wan eime degene, (1949)
den uns mîn junger herre   hiute hât getân.
des mugt ir Burgonden   alle vrœlîche stân.'

2067 Dô volgeten si dem kinde   und truogen für die tür 2013
wol zwei tûsent tôten   wurfen si der für: (1950)
vor des sales stiegen   vielen si zetal.
dô huop sich von ir mâgen   ein vil klagelîcher schal.

2068 Ez was ir etelîcher   sô mæzlîche wunt 2014
(der sîn mit helfe pflæge,   er wurde noch gesunt), (1951)
der von dem hôhem valle   muose ligen tôt.
die klagten dô ir friunde: des twanc si jâmerhaftiu nôt.

2069 Dô sprach der videlære,   ein recke vil gemeit: 2015
'nu kiuse ich des die wâreheit   als man mir hât geseit: (1952)
die Hiunen sint vil bœse,   si klagent sam diu wîp.
nu solden si beruochen   der vil sêre wunder lîp.'

2070 Dô wânde ein marcgrâve,   er reit ez durch guot. 2016
er sach einen sînen mâc   gevallen in daz bluot: (1953)
er beslôz in mit den armen   und wolde in tragen dan.
den schôz ob im ze tôde   der vil küene spileman.

2071 Dô dandern daz gesâhen,   diu fluht huop sich von dan. 2017
si begunden alle fluochen   dem selben spileman. (1954)
noch huober under füezen   einen gêr vil hart,
der von eime Hiunen   in daz hûs geschozzen wart.

2072 Den schôz er dô hin widere   durch die burc dan 2018
mit sîner kraft sô verre: den Ezelen man (1955)
gab er herberge   ûf hôher von dem sal.
daz sîn vil starkez ellen   die liute vorhten über al.

2058 Ca 2. inderthalbn̄ a. 3. daz] waz a. 4. der lichten helme a.
2059 Ca 4. zu dem a.
2060 Ca 3. vnd er auch a. 4. kom] käme a.
2061 Ca 2. din golt (din *übergeschrieben*) C. 4. liehten schinende C, lichten scheinenden a.
2062 Ca 3. vnd schilde rant a.
2063 Ca 2. der was a. 3. gesweiftet a. 4. degene] recken a.
2064 Ca
2065 Ca 4. daz wil ich euch a.
2066 Ca 1. sülcher herren a. 2. dann einen degen a. 3. hat hewt a.
2067 Ca 1. kinde] iungen a. 2. vnd wurffen a. darfur a. 4. klagelîcher] größlich a.
2068 Ca 3. hochen a. must sider a. 4. die] des a.
2069 Ca 2. alsma mir C. als mir ist a. 4. wunten a.
2070 Ca 1. redet a. 4. vil *fehlt* a.
2071 Ca 1. do dy andern a. dy flucht sy huben dan a.
2072 Ca 3. für den sal a. 4. starck a.

2073 Dô stuonden vor dem hûse   Ezel und sîne man. 2019
Volkêr unde Hagene   reden dô began (1956)
mit der Hiunen künige   ir willen unde muot.
des kômen sît in sorgen   die helede küen unde guot.

2074 'Ez zæme,' sô sprach Hagene,   'vil wol volkes trôst, 2020
daz die herren væhten   zaller vorderôst, (1957)
alsô der künec Gunther   unde Gêrnôt hie tuot:
die houwent durch die helme,   nâch swerten vliuzet daz bluot.'

2075 Ezele was sô küene,   er vazzete sînen schilt. 2021
'nu vart gewärlîche,'   sprach mîn frou Kriemhilt, (1958)
'und bietet ir den recken   daz golt über rant:
wan erreichet iuch dort Hagene,   ir habt den tôt an der hant.'

2076 Dône wolde der künec hêre   des strîtes erwinden niht, 2022
daz von sô rîchen fürsten   selten nu geschiht: (1959)
man muos in bî dem vezzil   wider ziehen dan.
Hagene der grimme   sîn spotten aber began.

2077 'Ez was ein nâhiu sippe,'   sprach dô Hagene, 2023
'die Sîvrit und Ezele   heten zesamene: (1960)
er minnete Kriemhilt,   ê si ie gesæhe dich.
künic vil bœse,   warumbe rætest an mich?'

2078 Dise rede hôrte   wol des küniges wîp. 2024
des wart vil unmuotes   der Kriemhilde lîp, (1961)
daz er si torste schelten   vor Ezelen man.
dar umbe si aber râten   an die geste began.

2079 Si sprach: 'der mir von Tronege   Hagenen slüege 2025
unde mir sîn houbet   ze gibe trüege, (1962)
dem fult ich rôtes goldes   den Ezelen rant,
ouch gæb ich im ze miete   vil guote bürge unde lant.'

2080 'Nune weiz ich,wes si bîtent,'   sprach der spileman. 2026
'ine gesach nie helde mêre   sô zagelîche stân, (1963)
dâ man hôrte bieten   sô rehte rîchen solt.
si möhten gerne dienen   die bürge und ouch daz rôte golt.'

2081 Ezele der vil rîche   hete jâmer unde nôt.
er klagte pitterlîche   mâge unde manne tôt.
dâ stuont von manigen landen   vil recken gemeit;
die weinten mit dem künige   sîniu kreftigen leit.

2082 Des begunde spotten der küene Volkêr: 2027
'ich sihe hie sêre weinen vil manigen recken hêr. (1964)
si gestênt ir herren übele in sîner starken nôt.
jâ ezzent si mit schanden nu vil lange hie sîn brôt.'

2083 Dô gedâhten in die besten: 'er hât uns wâr geseit.'
doch enwas ez dâ niemen sô herzenlîche leit
als ouch Îringe, dem helede ûz Tenelant;
daz man in kurzen zîten mit der wârheit wol bevant.

2073 Ca 1. sein a. 3. vnd irn mut a.
2074 Ca 1: ez zäme vil wol volks trost so sprach hagen a. 4b: daz darnach fleußt daz blut a.
2075 Ca 1. vaßt a. 2. gewærliche C, gewärlich a. mîn *fehlt* a.
2076 Ca 2. nu selten a. 3. czihen wider a.
2077 Ca 1. nahene sipp a. 2. *vor* zesamene *ist* Ez *durchgestrichen* C. 2b: was zesamen getragen a. 3. ee ez geschäch dich a. 4. du künig a.
2078 Ca 2. vngemut a. 4. râten *fehlt* a. *nach* geste *ist* g *durchgestrichen* a.
2079 Ca 4. vnd auch geb a. vil guote *fehlt* a.
2080 Ca 1. bitet a. 2. ich gesach nye mer held a. 4b: daz silber bürg vnd daz rote golt a.
2081 Ca 2. mag vnd man den tot a. 3. da stūdn̄ a. 4. sein kreftigez a.
2082 Ca 1. der vil kün spileman der völker a. 2. sêre] vil a. ritter her a.
2083 Ca 2. enwas *aus* enweiz *gebessert* a. 4. wareheite C. ervant a.

XXXIV

Âventiure wie Îrinc mit Hagenen streit und wie im sît an im gelanc.

2084 Dô rief von Tenemarke   der marcgrâve Îrinc: 2028
'ich hân ûf êre lâzen   nu lange mîniu dinc (1965)
und hân in volkes stürmen   des besten vil getân.
nu brinc mir mîn gewæfen: jâ wil ich Hagenen bestân.'

2085 'Daz wil ich widerrâten,'   sprach dô Hagene; 2029
'sô gewinnent iuwer mâge   mêr ze klagene. (1966)
gespringent iuwer zwêne   oder drî zuo mir her in,
ist daz si mîn erbîtent,   si scheident schedelîche hin.'

2086 'Darumbe ihz niht enlâze,'   sprach aber Îrinc. 2030
'ich hân ouch ê versuochet   sam sorclîchiu dinc. (1967)
jâ wil ich mit dem swerte   aleine dich bestân,
ob du mit strîte hêtest   mêr danne iemen getân.'

2087 Dô wart gewâfent Îrinc   nâch ritterlîchem sit; 2031
alsam wart von Düringen   der lantgrâve Irnfrit (1968)
und Hâwart der starke,   wol mit tûsent man:
swes Îrinc begunde,   si woldens alle im gestân.

2088 Dô sach der videlære   eine grôze schar, 2032
die mit Îringe   gewâfent kômen dar: (1969)
si truogen ûf gebunden   vil manigen helm guot.
des wart der küene Volkêr   ein teil vil zornic gemuot.

2089 Er sprach: 'seht ir, Hagene,   dort Îringen gân, 2033
der iuch hie mit dem swerte   lobt eine bestân? (1970)
wie zimt helede lügene?   ich wil unprîsen daz:
ez gênt mit im gewâfent   wol tûsent recken oder baz.'

2090 'Nu heizet mich niht liegen,'   sprach Hâwartes man. 2034
'ich wil ez leisten gerne,   swaz ich gelobet hân; (1971)
durch deheine vorhte   wil ihs abe gân:
swie vreislîch nu sî Hagene,   ich wil zwâre in bestân.'

2091 *Ze füezen bôt sich Îrinc   mâgen unde man,* 2035
daz si in eine liezen   den recken bestân. (1972)
daz tâten si ungerne,   wan in was wol bekant
der übermüete Hagene   ûzer Burgonden lant.

2092 Doch bat er si sô lange, daz ez sît geschach. 2036
dô daz ingesinde den willen sîn ersach, (1973)
daz er warp nâch êren, dô liezen si in gân.
dô wart ein grimmez strîten von in beiden dâ getân.

2093 Îrinc der vil starke hôhe erburt den gêr; 2037
den schilt er für sich zuchte, der tiure degen hêr (1974)
dô lief ûz zuo Hagene vaste für den sal:
dô huop sich von den degenen ein vil grœzlîcher schal.

2094 Dô schuzzen si die gêre mit kreften von der hant 2038
durch die vil vesten schilde ûf liehtez ir gewant, (1975)
daz die gêrstangen vil hôhe dræten dan.
dô griffen zuo den swerten die vil grimme küenen man.

2095 Des starken Hagenen ellen was unmâzen grôz. 2039
ouch sluog ûf in Îrinc, daz al diu burc erdôz: (1976)
palas unde türne erhullen nâch ir slegen.
dône kunde niht verenden des sînen willen der degen.

2096 Îrinc lie dô Hagenen unverwundet stân. 2040
zuo dem videlære gâhen er began. (1977)
er wânde in solde twingen mit den grimmen slegen.
sich kunde wol beschirmen der vil zierlîche degen.

Überschrift: vnd wy dem hagen seit gelang a.
2084 Ca 3. in volks sturm a.
2085 Ca 3. springen a.
2086 Ca 1. darvmb ich ez nicht laß a. 2. ouch ê] durch er a. 4. mit streite mer dann ymands hettest getan a.
2087 Ca 1. ritterlichen C. ritterlichen siten a. 2. alsam] also a. 4. alles im getan a.
2088 Ca
2089 Ca 2. dem swerte] streit a. gelobt ein a. 3. lügen a.
2090 Ca 1. nu enheißt a. 3. wil ich sein a. 4. wie Ca. 4b: *fehlt* C. czwar a.
2091 *fehlt bis auf Vers* 4b: vzer Bvrgonden lant *in* C; *fehlt vollständig in a. Der Text entspricht der Fassung, in der ihn K. Bartsch ediert hat.*
2092 Ca 4. dâ *fehlt* a.
2093 Ca 1. hoher pürt a. 2. tivr C, tewer a. 3. liff er aus a. 4. den *fehlt* a. vil *fehlt* a.
2094 Ca 4. griefen C, griffen sy a.
2095 Ca 1. in vnmazen C, ane mazze a. 2. in *übergeschrieben* C. alle a. 4. volenden a. des] den a.
2096 Ca 3. er wänt er schüllt in a.

2097 Dô sluoc der videlære,   daz über schildes rant 2041
dræte daz gespenge   von Volkêres hant. (1978)
den liez er dô belîben: er was ein übel man.
er lief den künic Gunther   dâ von Buregonden an.

2098 Dô was ir ietwedere   ze strîte starc genuoc. 2042
swaz Gunther unde Îrinc   ûf ein ander sluoc, (1979)
daz enbrâhte niht von wunden   daz vliezende bluot.
daz behuote ir gewæfen: daz was veste unde guot.

2099 Gunthern er lie belîben,   Gêrnôten lief er an: 2043
daz fiur ûzen ringen   er houwen im began. (1980)
dô hete von Buregonden   der starke Gêrnôt
den küenen Îringin   vil nâch gesendet in den tôt.

2100 Dô spranger von dem fürsten: snel er was genuoc. 2044
der Burgonden viere   der helt vil schiere sluoc, (1981)
des edeln ingesindes   von Wormez über Rîn.
dône kunde Gîselhere   zorner nimmer gesîn.

2101 ‘Goteweiz, her Îrinc,’   sprach Gîselher daz kint, 2045
‘ir müezet mir die gelten,   die veige vor iu sint (1982)
gelegen hie ze stunden.’   dô lief er in an:
er sluoc den Tenemarken,   daz er strûchen began.

2102 Er schôz vor sînen füezen   nider in daz bluot, 2046
daz si alle wolden wænen,   daz der helt guot (1983)
ze strîte nimmer mêre   geslüege keinen slac:
Îrinc noch âne wunden   hie vor Gîselhere lac.

2103 Von des helmes dôze   und von des swertes klanc 2047
wâren sîne witze   worden alsô kranc, (1984)
daz sich der degen Îrinc   des lebenes niht versan.
daz het mit sîner sterke   der küene Gîselher getân.

2104 Dô im begunde wîchen   von houbte der dôz 2048
von helm und ouch von swerte,   der was gewesen grôz, (1985)
er dâhte: ‘ich bin noch lebende,   mîn lîp ist ninder wunt.
nu ist mir aller êrste   daz ellen Gîselheres kunt.’

2105 Dô hôrter beidenhalben   die vîande stân. 2049
heten siz gewisset,   im wære mêr getân. (1986)
ouch het er Gîselhere   dâ bî im vernomen.
er dâhte, wie er solde   mit dem lîbe dannen komen.

2106 Wie rehte tobelîche   er ûzem bluote spranc! 2050
der sîner snelheite   er mohte haben danc. (1987)
dô lief er ûzem hûse   dâ er aber Hagenen vant,
und sluog im slege swinde   mit sîner ellenthafter hant.

2107 Dô gedâht ouch Hagene: 'du solt der mîne wesen. 2051
dich enner der übel tiufel,   du enkanst nu niht genesen.' (1988)
doch wundet Îrinc Hagenen   durch sînen helmhuot.
daz tet der helt mit Wasken,   daz was ein wâfen alsô guot.

2108 Dô der grimme Hagene   der wunden enpfant, 2052
dô erwaget im ungefuoge   daz swert an sîner hant. (1989)
aldâ muose im entwîchen   der Hâwartes man:
ze tal von dem hûse   Hagen volgen im began.

2109 Îrinc über houbet   den schilt vil balde swanc. 2053
und wær diu selbe stiege   drîer stiegen lanc, (1990)
dône liez in Hagene   slahen deheinen slac.
hey, waz rôter vanken   ob sîme helme gelac!

2110 Dô sâhen sîne friunde   Îringen noch gesunt. 2054
dô wurden disiu mære   Kriemhilde kunt, (1991)
waz er dem von Tronege   mit strîte hete getân.
des im diu küniginne   hôhe danken began.

2097 Ca 2. Volkers Ca. 3. *das zweite* er] ein C. 4: do liff er den künig von burgunden an a.
2098 Ca 3. daz bracht a. dar C. dar flißendez blut a.
2099 Ca 1. Günthern liß er a. 2. auß den a. 4. Irinck a. vil *fehlt* a. nah gesencket a.
2100 Ca 1. was er a. 2. schiere] snelle a. 3. gesindes a. 4. do kond a. zornær C, zorniger a.
2101 Ca 4. Tenemarche C, tenmarken a.
2102 Ca 2. all a. daz der held (daz *übergeschrieben*) a. 4. hie *fehlt* a.
2103 Ca 1. helm dozz a. 2. wæren C, warn a.
2104 Ca 1. von dem heupt a. 2. ouch *fehlt* a. 3. er gedacht a. lebendig a. 4. daz *fehlt* a. geislers ellen a.
2105 Ca 2. vnd hetten sy ez gewißt a. 4. er gedachte a. dannen mit dem leib a.
2106 Ca 2. der seinen a. haben *fehlt* C.
2107 Ca 2. erner dan̄ a. du nu kanst a. 3. Hagen C, haben a. 4. Wasechen C, wachsen a. wâfen] swert a.
2108 Ca
2109 Ca
2110 Ca 3. von *fehlt* a.

2111 ‘Nu lône dir got, Îrinc, vil mærer helt guot, 2055
du hâst mir wol getrœstet daz herze und ouch den muot. (1992)
nu sihe ich Hagene rôtez von bluote sîn gewant.’
dô nam si im selbe den schilt vor liebe von der hant.

2112 ‘Ir mugt im mâze danken,’ sprach dô Hagene. 2056
‘jâ ist noch harte kleine dâ von ze sagene: (1993)
und wolt erz noch versuochen sô wær er küen ein man.
diu wunde frumt iuch kleine, die ich von im gewunnen hân.

2113 Daz ir von mîner wunden die ringe sehet rôt, 2057
daz hât mich erreizet ûf maniges mannes tôt. (1994)
ich bin alrêrste erzürnet ûf in und manigen man.
mir hât der degen Îrinc schaden kleinen noch getân.’

2114 Dô stuont gegen dem winde Îrinc von Tenelant. 2058
er kuolte sich in ringen, den helm er abe gebant. (1995)
dô sprâchen al die liute, sîn ellen wære guot.
des het der marcgrâve von schulden hôhen muot.

2115 Îrinc der vil küene sînen friunden sagte daz: 2059
‘nu wâfent mich vil balde: ich wilz versuochen baz, (1996)
ob ich noch müge betwingen den übermüeten man.’
sîn schilt der was verhouwen: einen bezzern er gewan.

2116 Vil schiere wart der recke aber gewâfent baz, 2060
und einen gêr vil starken den nam er ûf den haz, (1997)
daz er dâ mite Hagenen wolde noch bestân.
ez wær im frum und êre, ob erz hete nu verlân.

2117 Sîn mohte niht erbîten Hagene der degen. 2061
dô lief er im engegene mit stichen und mit slegen (1998)
der stiege unze an ein ende: sîn zürnen daz was grôz.
Îrinc sîner sterke harte wênic dô genôz.

2118 Si sluogen durch die schilde, deiz lougen began 2062
von viurrôten winden. der Hâwartes man (1999)
wart von Hagenen swerte vil krefteclîchen wunt
durch schilt und durch die brünne: des er wart nimmer mêr gesunt.

2119 Dô der degen Îrinc der wunden enpfant, 2063
den schilt er baz bedahte über diu helmbant. (2000)
des schaden in dûht der volle, den er dâ gewan.
sît tet im noch mêre der vil übermüete man.

2120 Hagen vor sînen füezen einen gêr er ligen vant. 2064
dô schôz er Îringen, den helt von Tenelant, (2001)
daz im von dem houbte der gêr ragete dan.
im het der übermüete den grimmen ende getân.

2121 Îrinc muose wîchen zuo den von Tenelant. 2065
ê daz man dô dem degene den helm ab gebant, (2002)
den gêr man brach von houbet: dô nâhet im der tôt.
daz weinten sîne mâge: des gie in wærlîche nôt.

2122 Kriemhilt diu frouwe klagen ouch began 2066
den küenen Îringen, den schadehaften man. (2003)
si weinte sîne wunden, wande ez was ir leit.
dô sprach vor sînen mâgen der snelle recke gemeit:

2123 'Lât iuwer klage belîben, vil hêrlîchez wîp. 2067
waz hilfet iuwer weinen? jâ muoz ich mînen lîp (2004)
verliesen von den wunden, die ich enpfangen hân.
der tôt wil mich niht dienen iu und Ezelen lân.'

2124 Er sprach zuo den von Dürigen und den von Tenelant: 2068
'die gâbe sol enpfâhen iuwer deheines hant (2005)
von der küniginne, ir liehtez golt sô rôt.
und bestêt ir Hagenen, ir müezet lîden den tôt.'

2111 Ca 2. ouch *fehlt* a. 3. hagen a. 4. selben a. den schilt *fehlt* a.
2112 Ca 1. maßen a. 3. er ez a. er ein küner man a.
2113 Ca 2. erreizet] erraiset a. 3. allererst a. vnd auff manchen a. 4. kleinen schaden a.
2114 Ca 2. ab pant a. 3. al die] alle a. 4. von den schulden a.
2115 Ca 2. wil ez a.
2116 Ca 1. wart] was a. der recke *fehlt* a. 4. ob er nu hett verlan a.
2117 Ca 2. er *fehlt* a. 4. wênic] klein a.
2118 Ca 1. daz ez a. 3. vil *fehlt* a. 4. durch brün a.
2119 Ca 3. dauchte in a. 4. noch] hagen a.
2120 Ca 1. er *fehlt* a. 2: er schoz in Irigen von tennlant a. 3. gere C. ragete] regte a. 4. übermütig daz grimmig ende a.
2121 Ca 1. den] dem a. 2. dem helm C. 3. von dem a. 4. daz] des a. vil wärlichen a.
2122 Ca 3. sy beweinet a.
2123 Ca 1. klagen a. herczenlichez a. 2. *nach* ich *(Zeilenende) ist* ich *(neue Zeile) durchgestrichen* C. 4. nicht laß dienen euch vnd eczels man a. Ezeln C.
2124 Ca

2125 Sîn varwe was erblichen,   des tôdes zeichen truoc 2069
Îrinc der küene: daz was in leit genuoc. (2006)
genesen niht enkunde   der Hâwartes man.
dô muos ez an ein strîten   von den sînen friunden gân.

2126 Irnfrit unde Hâwart   die sprungen für daz gadem 2070
wol mit tûsent heleden.   vil ungefüegen kradem (2007)
hôrt man allenthalben   vil krefteclîchen grôz.
hey, waz man starker gêre   ûf die Burgonde schôz!

2127 Irnvrit der herre   lief an den spileman; 2071
des er schaden grôzen   von sîner hant gewan. (2008)
der küene videlære   den lantgrâven sluoc
durch einen helm vesten.   jâ was er grimme genuoc.

2128 Dô sluoc der lantgrâve   den küenen spileman, 2072
daz im muosen bresten   ringes gespan, (2009)
und daz sich beschutte   diu prünne fiurrôt.
dô viel der lantgrâve   vor dem videlære tôt.

2129 Hâwart unde Hagene   ze samne wâren komen. 2073
er mohte wunder kiesen,   ders hete war genomen. (2010)
diu swert genôte vielen   den recken an der hant.
Hâwart muose ersterben   von dem ûz Burgonde lant.

2130 Dô die Dürigen und die Tenen   ir herren sâhen tôt, 2074
dô huop sich vor dem hûse   ein vil grimmiu nôt, (2011)
ê si die tür gewunnen   mit ellenthafter hant.
des wart dâ verhouwen   vil manic helm unde rant.

2131 ‘Wîchet,’ sprach dô Volkêr,   ‘lât si her in gân. 2075
ez ist sus unverendet,   des si dâ habent wân: (2012)
si müezen drinne ersterben   in vil kurzer zît.
si arnent mit dem tôde   daz in diu küniginne gît.’

2132 Dô die übermüeten   kômen in den sal, 2076
manigem wart daz houbet   geneiget sô zetal, (2013)
daz er muose ersterben   von ir grimmen slegen.
wol streit der küene Gêrnôt;   sam tet och Gîselher der degen.

2133 Tûsent unde viere   die kômen dar in: 2077
die erzeigten drinne schiere   ir degenlîchen sin. (2014)
si wurden von den gesten   al zehant erslagen.
man mohte michel wunder   von den Burgonden sagen.

2134 Dar nâch wart ein stille, daz der schal verdôz. 2078
daz bluot dô allenthalben durch diu löcher vlôz (2015)
und dâ zen rigelsteinen von den küenen man.
daz heten die von Rîne mit grôzem ellen getân.

2135 Dô sâzen aber ruowen die kômen in daz lant; 2079
ir schilde unde wâfen si leiten von der hant. (2016)
dô stuont noch vor dem hûse der küene spileman,
ob iemen zuo zin wolde mit strîte zuo dem sale gân.

2136 Der künic klagte sêre, sam tet ouch sîn wîp; 2080
mägde unde frouwen die quelten ouch den lîp. (2017)
ich wæne des, daz hête der tôt ûf si gesworn:
des wart noch vil der degene von den gesten verlorn.

2125 Ca 1. verblichen a. 2. in] im a. 3. der] da a. 4. den *fehlt* a.
2126 Ca 2. heleden *fehlt* a.
2127 Ca 4. veste a.
2128 Ca 2. must brechen a. 3. fewers rot a. 4. vil C. der *fehlt* C.
2129 Ca 1. warn C. 2. der war hett genomen a. 4. ersterben auß von dem auß a.
2130 Ca 1. Dô *fehlt* C. 2. ein grimmige not a.
2131 Ca 2. verendet a. 3. drinne] hin̄ a. 4. arent a.
2132 Ca 2. sô] hin a. 3. ir] den a.
2133 Ca 2. drinne] darin a. degenliche a. 3. alle zehant C.
2134 Ca 1. verdroz a. 4. vom Rein a. großen a.
2135 Ca 1. dy da kumen a. 2. vnt C, vnd ir waffen a. 4: ob noch ymant mit streit wöld zu dem sal gan a.
2136 Ca 1. klagt so sere a. 2. maget a. 3. gesworn] geporn a.

XXXV

Âventiure wie die drîe künige mit Ezele und mit ir swester umbe die suone reiten.

2137 'Nu bindet abe die helme,' sprach dô Hagene. 2081
'jâ lâzen wir den Hiunen sô vil ze klagene, (2018)
daz si der hôchgezîte vergezzent nimmer hie.
was hilfet nu Kriemhilde, daz si uns ze Rîne niht enlie?'

2138 Dô entwâfent dâ dez houbet manic ritter guot. 2082
si sâzen ûf den veigen, die vor in in daz bluot (2019)
wâren in dem strîte mit dem tôde komen.
sît wart der Ezeln geste vil übel goume genomen.

2139 Vor âbendes zîte geschuof der künic daz, 2083
und ouch diu küniginne, daz iz versuochten baz (2020)
die hiunischen recken durch der geste leit.
des man an si gerte, die helde wârens bereit.

2140 Sich huob ein sturm herte hier ûz und ouch dar in. 2084
Dancwart, Hagenen bruoder, durch degenlîchen sin (2021)
spranc vor sînen herren zen vînden ûz der tür.
sich versâhens sînes tôdes: er kom gesunder wol dar für.

2141 Der herte strît dô werte unz iz diu naht benam. 2085
dô werten sich die geste, als iz in wol gezam, (2022)
den Ezelen degenen den sumerlangen tac.
hey, waz noch der helede vor in veige gelac!

2142 Zeinen sunewenden der grôze mort geschach, 2086
daz diu küniginne ir herzenleit errach (2023)
an ir næhsten mâgen und sus an manigem man;
dâ von der künec Ezele vil manigen siechen gewan.

2143 Sine het der grôzen slahte alsô niht gedâht.
si het ez in ir ahte vil gerne dar zuo brâht,
daz niwan Hagene aleine den lîp dâ hete lân.
dô geschuof der übel tiufel, deiz über si alle muose ergân.

2144 In was des tages zerrunnen: dô gie in sorgen nôt. 2087
si gedâhten, daz in bezzer wær ein kurzer tôt (2024)
denne lange dâ ze quelne ûf ungefüegiu leit.
eins vrides si dô gerten, die stolzen ritter gemeit.

2145 Si bâten, daz man bræhte   Ezelen dar. 2088
die bluotvarwen degene   und schône harnaschvar (2025)
trâten ûz dem hûse,   die drîe künige hêr.
sine wessen wem ze klagene   diu ir vil grœzlîchen sêr.

2146 Ezel unde Kriemhilt   die kômen beide dar. 2089
daz lant daz was ir eigen;   des mêrte sich ir schar. (2026)
er sprach zuo den künigen: 'sagt, waz welt ir mîn?
ir wænet vride gewinnen: daz kunde müelîch gesîn

2147 Ûf schaden alsô grôzen,   als ir mir habt getân. 2090
irn sultes niht geniezen,   sol ich mîn leben hân: (2027)
mîn kint, daz ir mir sluoget,   unde vil der mâge mîn,
des ensol mit sîme lebene   iuwer deheiner komen hin.'

2148 Des antwurte Gunther: 'des twanc uns starkiu nôt. 2091
allez mîn gesinde   lac von den dînen tôt (2028)
an den herbergen: wie het ich daz versolt?
ich kom zuo dir ûf triuwe   und wânde, daz du mir wærest holt.'

2149 Dô sprach von Burgonden   Gîselher daz kint: 2092
'ir Ezelen recken,   die noch hie lebende sint, (2029)
waz wîzet ir mir, degene?   waz hân ich iu getân?
wande ich vil minneclîche   in ditze lant geriten hân.'

Überschrift: die *fehlt* C. ir *übergeschrieben* C. und mit ir swester *fehlt* a. vmb sun redten a.
2137 Ca 1. dô *fehlt* a. 3. nymmer vergeßen a.
2138 Ca 1. dez] sein a.
2139 Ca 2. daz sy ez vorsuchten a. 4. waren sein a.
2140 Ca 1. stvrme C. hier ûz] herauß a. 3. tvr *durchgestrichen* C. zu den veinden herauß der tür a. 4. sich versahen sines C, sy versahen sich seins a.
2141 Ca 1. vncz inz dy a. 3. den] der a. Ezeln Ca.
2142 Ca 1. zu einen a. 3. mangen a. 4. siechchen (ie *übergeschrieben*) C.
2143 Ca 2. brahte C. 4. daz ez must über sy alle ergan a.
2144 Ca 1. sorge a. 4. dô *fehlt* a. stolzen] künen a.
2145 Ca 1. Ezelen] den künig a. 2. harnachvar a. 4. grösliche a.
2146 Ca 3b: sagt an waz ir meint a. 4. daz ir wänt a. ab daz könd müglich gesein a.
2147 Ca 2. ir schüllt sein a. 3. daz kint a. ersluget a. mâge] freunde a. 4. ewer nymmer keiner a.
2148 Ca 3. verschult a. 4. wânde *fehlt* a.
2149 Ca 2. Ezeln Ca. lebendig a. 3. wîzet] wizzt a. degen a. waz ich euch hett a. 4. disez a.

2150 Si sprâchen: 'dîner güete   ist al diu burc vol 2093
mit jâmer zuo dem lande.   jâ gunden wir dir wol, (2030)
daz du nie komen wærest   von Wormez über Rîn.
diz lant ist gar verweiset   von dir und ouch den mâgen dîn.'

2151 Dô sprach in zornes muote   Gunther der degen: 2094
'welt ir ditze starkez hazzen   zeiner suone legen (2031)
mit uns vil ellenden,   deist beidenthalben guot.
ez ist gar âne schulde,   swaz uns Ezele getuot.'

2152 Dô sprach der wirt zen gesten: 'mîn und iuwer leit 2095
diu sint vil ungelîche.   diu michel arebeit (2032)
des scaden zuo den schanden,   die ich hân genomen,
des sol iuwer deheiner   mit dem lîbe hinnen komen.'

2153 Dô sprach zuo dem künige   Gêrnôt der hôchgemuot: 2096
'sô sol iu got gebieten,   daz ir wol tuot. (2033)
wîchet von dem hûse   und lât uns zuo ziu gân,
sît wir zuo dem lebene   haben alsô kleinen wân.

2154 Swaz uns geschehen künne,   daz lâzet kurz ergân. 2097
ir habt sô vil gesunder,   und turrens uns bestân, (2034)
daz si uns sturmmüede   lâzent niht genesen,
sît daz ist unwendec,   wir müezen hie verderbet wesen.'

2155 Die Ezelen recken   die heten ez nâch getân, 2098
daz si se ûz dem hûse   wolden lâzen gân. (2035)
dô daz gehôrte Kriemhilt,   ez was ir grimme leit.
des wart den ellenden   dô der vride widerseit.

2156 'Neinâ, Hiunen recken,   des ir dâ habet muot, 2099
ich rât an rehten triuwen,   daz ir des niene tuot, (2036)
daz ir die mortræchen   iht lâzet für den sal:
sô müesen iuwer friunde   lîden tœtlîchen val.

2157 Ob ir nu niemen lebte   niwan diu Uoten kint, 2100
die mînen edeln brüeder,   und kœmens an den wint, (2037)
erkuolten in die ringe,   sô sît ir alle verlorn:
ez enwurden küener degene   nie zer werlde geborn.'

2158 Dô sprach der herre Gîselher: 'vil liebiu swester mîn, 2101
wie mohte ich des getrouwen,   dô du mich über Rîn (2038)
sô minneclîchen ladetes   her in ditze lant,
daz mir sô grôzer kumber   solde werden hie bekant?

2159 Ich was dir ie getriuwe,   nie getet ich dir leit. 2102
ûf solhen gedingen   ich her ze hove reit, (2039)
daz du mîn friunt wærest,   vil edeliu swester mîn.
begenc an uns genâde,   sît ez niht anders kan gesîn.'

2160 'Ine mag iu niht genâden,   ungenâde ich hân. 2103
mir hât von Tronege Hagene   sô leide getân (2040)
dâ heime, und hie ze lande   sluoger mir mîn kint.
des müezen sêre engelten   die mit iu dâ her komen sint.

2161 Welt aber ir mir ze gîsel   den mînen vînt geben, 2104
sône wil ichz niht versprechen,   ichn welle iuch lâzen leben, (2041)
wan ir sît mîne brüeder   und einer muoter kint:
sô rede ihz zeiner suone   mit disen recken die hie sint.'

2162 'Nune welle got von himele,'   sprach dô Gêrnôt. 2105
'ob unser tûsent wæren,   wir lægen alle tôt, (2042)
der sippen dîner mâge,   ê wir dir einen man
gæben hie ze gîsel: ez wirdet nimmer getân.'

2163 'Wir müesen doch ersterben,'   sprach dô Gîselher. 2106
'uns enscheidet niemen   von ritterlîcher wer. (2043)
swer gerne mit uns strîte,   wir sîn et aber hie,
wande ich der mînen friunde   an triuwen nie deheinen lie.'

2150 Ca 1. sy sprach a. alle dise a. 2. gūnd a. 4. gar *fehlt* a.
2151 Ca 2. disen starken haz a. zu einer a. 3. daz ist a.
2152 Ca 1. zu den a. meine vnd ewere a. 3. scaden] schadens a. 4. iu C. leben hin̄e a.
2153 Ca 2. getut a. 3. zu euch a. 4. also haben keinen wan a.
2154 Ca 2. gesundet a. 3. stvrmen mvͤde C, sturm müden a. 4. daz] ez a.
2155 Ca 1. Ezeln C, eczels a. die *fehlt* a. hettens a. 2. daz (z *übergeschrieben*) C. daz sy sy a.
2156 Ca 2. an rechten mut trewen a. niene] nicht a. 3. mort recken a. lâzet *fehlt* a.
2157 Ca 1. lebten a. dann der utten a. 2. edeln] starken a. vnd kemen sy a. 3. vnd külten a. sît] wert a. *vor* verlorn *ist* tot *durchgestrichen* C. 4. degene] recken a.
2158 Ca 3. ladest a. disez a. 4. schol werden a.
2159 Ca 4. bege a.
2160 Ca 1. ich mag a. 2. laid a. 4. dâ *fehlt* a.
2161 Ca 2. so wil ich sein nicht a. ich wöll euch a. 3. vnd wan a. min Ca. und] von a. 4. zu einē a.
2162 Ca 1. nu enwöll a. 2. legen C, ligen a. 3. sippe a.
2163 Ca 2. entscheidet a. 3. streitet a. et *fehlt* a. 4. deheinen *fehlt* a. verlie a.

2164 Dô sprach der küene Dancwart für die degene: 2107
'jâne stêt noch niht eine mîn bruoder Hagene. (2044)
die hie den vride versprechent, ez mag in werden leit.
des bringen wir iuch innen, daz sî iu wærlîch geseit.'

2165 Dô sprach diu küniginne: 'ir helde vil gemeit, 2108
nu gêt der stiegen nâher und rechet unser leit. (2045)
daz wil ich immer dienen, als ich von rehte sol.
der Hagenen übermüete der gelôn ich im wol.

2166 Springet zuo dem hûse, ir recken überal: 2109
sô heiz ich vieren enden zünden an den sal; (2046)
sô werdent wol errochen elliu unser leit.'
die Ezelen degene die wurden schiere bereit.

2167 Die noch hier ûzen stuonden, die triben si dar in 2110
mit slegen und mit schüzzen wider in den palas hin. (2047)
sich wolden nie gescheiden die fürsten und ir man:
sine mohten von ir triuwen niht ein ander verlân.

2168 Den sal hiez dô zünden daz Ezelen wîp. 2111
dô quelte man den recken mit fiure dâ den lîp. (2048)
daz hûs von einem winde mit kraft vil hôhe enbran.
ich wæn, ie volc deheinez grœzer angest mêr gewan.

2169 Genuoge ruoften drinne: 'owê dirre nôt! 2112
wir möhten michel gerner sîn in sturme tôt! (2049)
daz müeze got erbarmen: wie vliesen wir den lîp!
nu richet ungefuoge ir zorn an uns des küniges wîp.'

2170 Ir einer sprach dar inne: 'wir müezen ligen tôt 2113
vor rouche und ouch vor hitze: deist ein grimmiu nôt. (2050)
mir tuot vor starker hitze der durst sô rehte wê,
des wæn mîn leben schiere in disen sorgen zergê.'

2171 Dô sprach von Tronege Hagene: 'ir edeln ritter guot, 2114
swen der durst nu twinge, der trinke hie daz bluot. (2051)
daz ist in solhen nœten noch bezzer danne wîn.
für trinken und für spîse kan niht anders nu gesîn.'

2172 Dô gie der recken einer dâ er einen tôten vant; 2115
er kniet im zuo der wunden, den helm er abe gebant. (2052)
dô begunder trinken daz vliezende bluot.
swie ungewon er des wære, ez dûhte in grœzlîchen guot.

2173 'Nu lôn iu got von himele,'   sprach der müede man, 2116
'daz ich von iurem râte   sô wol getrunken hân. (2053)
mir ist geschenket selten   dehein bezzer wîn.
leb ich deheine wîle,   ich sol ez dienende sîn.'

2174 Dô dandern daz gehôrten,   daz ez in dûhte guot, 2117
dô wart ir michel mêre,   die trunken ouch daz bluot. (2054)
dâ von begunde kreften   der guoten recken lîp.
des engalt an lieben friunden   sît vil manic schœne wîp.

2175 Daz fiur viel genôte   zuo zin in den sal. 2118
dô leiten siz mit schilden   von in hin zetal. (2055)
der rouch und ouch diu hitze   in beidiu tâten wê.
jâ wæn ez an heleden   der jâmer immer mêr ergê.

2176 Dô sprach von Tronege Hagene: 'stêt zuo des sales want; 2119
lât niht die brende vallen   ûf iuwer helmbant, (2056)
und tret si mit den füezen   tiefer in daz bluot.
ez ist ein übel hôchgezît,   die uns diu küniginne tuot.'

2177 In sus getânen leiden   in iedoch der naht zerran. 2120
noch stuonden vor dem hûse   die zwêne küene man, (2057)
Volkêr und Hagene,   geleinet über rant:
si huoten ir gesindes   ûzer Burgonden lant.

2164 Ca 4. daz bring wir a.
2165 Ca 2. stig a. 4: des hagen übermut lon ich im noch heint wol a.
2166 Ca 1. nu springet a. 2. viernende a. 3. gerochen a.
2167 Ca 1. hier] hy a. 3. sich enwolden a. 4b: an einander nicht verlan a.
2168 Ca 1. enczünden a. des a. Ezeln Ca. 2. man mit fewer den recken den leip a. 3. mit kraft *fehlt* a. 4: ich wên daz y volk kein großer angst ny gewan a.
2169 Ca 1. darin̄ a. diser a. 3. vlisen C, verlis a. 4. ir zorn *fehlt* a.
2170 Ca 1. sprach] spanch a. 2. von rauch vnd von hicz a. daz ist a. 3. sô rehte] also a. 4. wen *übergeschrieben* C. wän ich a.
2171 Ca 1. der edel a. 2. durste C. nu] hy a. 2b: hie *fehlt* a. 3. dann der wein a. 4. für daz trinken a. enkan a. nu *fehlt* a.
2172 Ca 1. dâ] do Ca. 2. er im abpant a. 4. wy vngewönlich ez wär a.
2173 Ca 4. dienende] din̄ed a.
2174 Ca 1. dy andern a. 2. ouch *fehlt* a. 3. kreftigen a. 4. manchez schonez a.
2175 Ca 1. zu in a. 2. leitten C, laeten a. siz] siez a. 3. dy rauch a. ouch *fehlt* a. 4. jâ wæn ez] ich wän a. nymmer a.
2176 Ca 2. helmes pant a. 3. tretet a. tiff a.
2177 Ca 1. sus] so a. iedoch] doch a. 3. gelainten a. 4. gesindes *fehlt* a. auß der a.

2178 Die geste half daz sêre,   daz der sal gewelbet was.
dâ von ir deste mêre   in der nôt genas,
wan daz si zen venstern   von fiure liten nôt.
dô nerten sich die degene,   als in ir ellen daz gebôt.

2179 Dô sprach der videlære: 'nu gê wir in den sal: 2121
sô wellent die Hiunen   wænen über al,   (2058)
wir sîn in nôt erstorben,   diu an uns ist getân.
si sehent uns begegene   noch ir eteslîchen gân.'

2180 Dô sprach von Burgonden   Gîselher daz kint: 2122
'ich wæn,ez tagen welle: sich hebt ein küeler wint.   (2059)
nu lâze uns got von himele   noch lieber zît geleben.
uns hât mîn swester Kriemhilt   ein arge hôchgezît gegeben.'

2181 Dô sprach aber einer: 'ich kiuse nu den tac.   2123
sît daz ez uns bezzer   wesen nine mac,   (2060)
sô bereitet ir iuch, recken,   ze strîte, deist uns nôt:
(wir komen doch nimmer hinnen),   daz wir mit êren ligen tôt.'

2182 Der künic wolde wænen,   die geste wæren tôt,   2124
und ouch diu küniginne,   von des fiures nôt: (2061)
dô lebt ir noch dar inne   sehs hundert küener man,
daz nie künec deheiner   bezzer degene gewan.

2183 Der ellenden huote   hete wol ersehen,   2125
daz noch die geste lebten,   swie vil in was geschehen   (2062)
ze schaden und ze leide,   den künigen und ir man:
man sach ir noch genuoge   vil wol gesunt dort inne stân.

2184 Man sagt der küniginne,   ir wære vil genesen.   2126
dô sprach diu frouwe hêre: 'daz enkunde nimmer wesen,   (2063)
daz ir deheiner lebte   in des fiures nôt.
ich wil des baz getrouwen,   daz si alle ligen tôt.'

2185 Noch genæsen gerne   die fürsten und ir man,   2127
ob in iemen hæte   genâde dâ getân;   (2064)
di enkunden si niht vinden   an den von Hiunen lant.
dô râchen si ir sterben   mit vil willeclîcher hant.

2186 Vil fruo wider morgen   grüezen man in bôt   2128
mit starkem urliuge: des kômen helde in nôt.   (2065)
dô wart zuo zin geschozzin   vil manic scharpfer gêr:
noch funden si dar inne   ze wer die recken alsô hêr.

2187 Dem Ezeln gesinde   erwegt was der muot.   2129
si wolden vaste dienen   daz Kriemhilde guot;   (2066)
dar zuo si wolden leisten   daz in der künec gebôt.
des kômen aber die degene   in vil angestlîche nôt.

2188 Von geheize und ouch von gâbe   man mohte wunder sagen. 2130
dar hiez si golt daz rôte   in den schilden tragen: (2067)
si gab ez swer sîn ruochte   unde ez wolde enpfân.
jâne wart nie grœzer solden   mêr ûf vînde getân.

2189 Ein michel kraft der recken   dar zuo gewâfent gie.   2131
dô sprach der videlære: 'wir sîn et aber hie.   (2068)
ine gesach zem tôde   nie helde gerner komen,
die daz golt des küniges   uns ze vâre hânt genomen.'

2190 Dô riefen ir genuoge: 'nâher, helede, baz,   2132
daz wir dâ suln enden,   und tuon bezîte daz.   (2069)
hie belîbet niemen   wan der doch sterben sol.'
dô sach man schiere ir schilde   stecken gêrschüzze vol.

2191 Waz mag ich sagen mêre?   wol zwelf hundert man   2133
versuohten ez vil sêre   wider unde dan.   (2070)
dô kuolten an den vînden   die geste wol ir muot.
ez enmohte niemen scheiden: des sach man vliezen daz bluot

2178 Ca 1. gewelbet] gewellet a. 2. dester mer a. 3. zen] von den a. von dem fewer a. 4. daz *fehlt* a.
2179 Ca 4. etlichen a.
2180 Ca 4. hochgecite C, hochzeit a.
2181 Ca 2. sît *fehlt* a. nine] nymmer a. 3. des ist uns a.
2182 Ca 3a: ·da lebten ir in̄ a. 4a: ·daz nie kein künig a.
2183 Ca 3. *das erste* und *fehlt* a. 4. gesunt. dort inne stan. C.
2184 Ca 3. daz (z *übergeschrieben*) C.
2185 Ca 2. ymant da hett gnade getan a. 3. die enkunden] den chunden C, den konden a. 4. williger a.
2186 Ca 2. mit stark vrlaug a. 3. zu in a. scharpfer] starker a.
2187 Ca 4. vil *fehlt* a.
2188 Ca 1. ouch *fehlt* a. 3. ez *fehlt* a. unde ez wolde] dy ez wolden a. 4. ia wart nie so großer solt a. mêr *fehlt* a.
2189 Ca 1. darzuo] hinzu a. 2. et *fehlt* a. 3. ich gesach zu dem a.
2190 Ca 3. wan doch der C. 4. sahe C. man ir schilde schir a.
2191 Ca 1. gesagen mer a. 2. versulten a. 3. vînden] winden a. 4. ez mochte a. geschaiden a.

2192 Von verchtiefen wunden: der wart dâ vil geslagen. 2134
dô hôrte man genuoge   nâch ir friunden klagen. (2071)
die frumen sturben alle   dem rîchen künige hêr.
des heten holde mâge   nâch in jâmer unde sêr.

XXXVI

Âventiure wie Rüedegêr erslagen wart.

2193 Ez heten die ellenden   wider morgen guot getân. 2135
wine der Gotelinde   kom ze hove gegân. (2072)
dô sach er beidenthalben   diu ungefüegen sêr.
daz weinte inneclîche   der getriuwe Rüedegêr.

2194 'Owê,' sprach der recke,   'deich ie den lîp gewan. 2136
daz disen starken jâmer   kan niemen understân! (2073)
swie gern ichz vriden wolde,   der künic entuot es niht,
wander der sînen leide   ie mêre und mêre gesiht.'

2195 Dô sande an Dietrîchen   der guote Rüedegêr, 2137
ob siz noch kunden wenden   an den künigen hêr. (2074)
dô enbôt im der von Berne: 'wer möht ez understân?
ezn wil der künic Ezele   scheiden niemen enlân.'

2196 Dô sach ein Hiunen recke   Rüedegêren stân 2138
mit weinenden ougen,   und het des vil getân. (2075)
er sprach zer küniginne: 'nu seht ir, wie er stât,
der doch gewalt den meisten   bî iu und Ezelen hât,

2197 Und dem ez allez dienet,   liut und ouch diu lant. 2139
wie ist sô vil der bürge   und der erbe an in gewant, (2076)
der er von dem künige   sô vil gehaben mac!
er gesluoc in disen stürmen   noch nie lobelîchen slac.

2192 Ca 3. rîchen *fehlt* a. 4. holde] ir hoch a.

Überschrift: fehlt hier; abentewer wy rüdiger wart erslagen *oben auf Blatt* 170[a] *übergeschrieben* (*inmitten Strophe* 2229) a.
2193 Ca 2. wine vnd der gotlinde a. gan a. 4. des weinet a.
2194 Ca 1. daz ich den leip a. 2. nymant kan a. 3. ich a. tut sein nicht a. 4. geschiht C.
2195 Ca 2. sy ez a. dem künig a. 3. möht] könd a. 4. scheiden niemene lan C. enschaiden nymant enlan a.
2196 Ca 3. er] do C. zu der a. ir *fehlt* a. 4. den *übergeschrieben* a. Ezeln Ca.
2197 Ca 1. vnd daz lant a. 4. in disem sturm a.

2198 Mich dunket, ern ruoche, wie ez hie umbe gât, 2140
daz et er den vollen nâch sîme willen hât. (2077)
man giht im, er sî küener danne iemen müge sîn:
daz ist in disen sorgen worden bœselîche schîn.'

2199 Mit trûrigem muote der vil getriuwer man, 2141
den er daz reden hôrte, der helt der blicht in an. (2078)
er dâht: 'du solt ez arnen, du gihest, ich sî verzaget:
du hâst diu dînen mære ze hove ze lûte gesaget.'

2200 Die fûst begunder twingen: dô lief er in an. 2142
er sluoc sô krefteclîche den hiunischen man, (2079)
daz er im vor den füezen lac vil schiere tôt.
dô was aber gemêret des künic Ezelen nôt.

2201 'Fürder, zage bœse,' sprach dô Rüedegêr. 2143
'ich hân doch genuoge leit unde sêr: (2080)
daz ich hie niht enstrîte, zwiu wîzestu mir daz?
jâ wær ich den gesten gerne grœzlîch gehaz,

2202 Und allez daz ich möhte, daz het ich in getân, 2144
niwan daz ich die degene her gefüeret hân: (2081)
ich was ir geleite in mînes herren lant.
des ensol mit in niht strîten mîn vil ellendes hant.'

2203 Dô sprach zem marcgrâven Ezel der künic hêr: 2145
'wie habt ir uns geholfen, vil edel Rüedegêr? (2082)
wan wir sô vil der veigen hie ze lande hân,
wir bedorften ir niht mêre: ir habt vil übele getân.'

2204 Dô sprach der ritter edele: 'dâ beswârt er mir den muot 2146
und hât mir verwizzen êre unde guot, (2083)
des ich von dînen handen habe sô vil genomen:
daz ist dem lügenære ein teil unstätelîchen komen.'

2205 Kriemhilt saz bî Ezelen, diu het ez ouch gesehen, 2147
daz von des recken zorne dem Hiunen was geschehen. (2084)
si kleit ez ungefüege; ir ougen wâren naz.
si sprach zuo Rüedegêre: 'wie haben wir verdienet daz,

2206 Daz ir mir und dem künige mêret unser leit? 2148
nu habt ir uns doch, Rüedegêr, allez her geseit, (2085)
ir woldet durch uns wâgen die êre und ouch daz leben.
ich hôrt iu vil der recken den prîs vil grœzlîchen geben.

2207 Ich man iuch der genâden, und ir mir habt geswarn, 2149
dô ir mir zuo Ezelen her ze lande rietet varn, (2086)
daz ir mir woldet dienen an unser eines tôt.
des enwart mir armen wîbe nie sô grœzlîche nôt.'

2208 'Daz ist âne lougen, ich swuor iu, edel wîp, 2150
ich wolde durch iuch wâgen die êre und ouch den lîp: (2087)
daz ich die sêle vliese, des enhân ich niht gesworn.
jâ brâht ich her ze lande die iuwern brüeder wol geborn.'

2209 Si sprach: 'gedenke, Rüedegêr, der grôzen triuwen dîn, 2151
der stæte und ouch der eide, daz du den schaden mîn (2088)
immer woldest rechen, und elliu mîniu leit.
des man ich dich hiute, degen küene und gemeit.'

2210 Ezele der rîche vlêgen ouch began. 2152
dô buten si sich beide ze füezen für den man. (2089)
den guoten marcgrâven trûren man dô sach.
der vil getriuwe recke harte jæmerlîchen sprach:

2211 'Owê mir gotes armen,' sprach der getriuwe man, 2153
'aller mîner êren der muoz ich ab stân, (2090)
triuwen unde zühte, der got an mir gebôt.
vil rîcher got von himele, daz mihs wendet niht der tôt!

2198 Ca 2. daz er ot a. 3. gesein a. 4. böslich worden a.
2199 Ca 1. getrew a. 2. der helt blickt a. 3. er gedacht a. arn a. ich] er a. 4. du hast dein mär a. *das zweite* ze *fehlt* a.
2200 Ca 1. dy fuͤzz a. 4. Ezeln Ca.
2201 Ca 1. ffuder zag böser a. 3. wizzestu C, wizzt du a. 4. gerne grœzlich gehaz] grozlichen haz C, gern̄ gehaz a.
2202 Ca 3. lant] lan C.
2203 Ca 1. zu dem a. 2. edler a. 3. so vil hy ze talande der vaigen han a.
2204 Ca 1. do beswert a. 4. vnstetickliclien a.
2205 Ca 2. daz von recken handen a. 3. warn C.
2206 Ca
2207 Ca 1. gesworn a.
2208 Ca 1. edelz a. 2. ouch *fehlt* a. 3. verlise a. des han a.
2209 Ca 2. ouch *fehlt* a. 3. all mein lait a.
2210 Ca 1. auch flehen a.
2211 Ca 1. der vil getrew a. 3. an mich a. 4. niht *übergeschrieben* C.

2212 Swelhez ich nu lâze   und daz ander begân,   2154
sô hân ich bœslîche   und übele getân: (2091)
lâz aber ich si beide,   mich schiltet elliu diet.
nu ruoche mich bewîsen   der mir ze lebene geriet.'

2213 Dô bâten si genôte,   der künic und ouch sîn wîp.   2155
des muosen sider degene   verliesen den lîp   (2092)
vor Rüedegêres handen,   dâ ouch der helt erstarp.
ir muget daz balde hœren,   daz er vil jæmerlîchen warp.

2214 Er wiste schaden gewinnen   und ungefüegiu leit.   2156
er het dem künige   vil gerne verseit   (2093)
und ouch der küniginne.   vil sêre vorht er daz,
ob er ir einen slüege,   daz im diu werlt trüege haz.

2215 Dô sprach der marcgrâve   Rüedegêr, der küene man: 2157
'her künic, nu nemt hin widere   al daz ich von iu hân,   (2094)
lant unde bürge,   des sol mir niht bestên.
ich wil ûf mînen füezen   in daz ellende gên.

2216 Alles guotes âne   sô rûm ich iu diu lant,
mîn wîp und mîne tohter   nim ich an mîne hant,
ê daz ich âne triuwe   belîben müese tôt:
ich het genomen übele   iuwer golt alsô rôt.'

2217 Dô sprach der künic Ezele: 'wer hülfe danne mir?   2158
daz lant zuo den bürgen   daz gib ich allez dir,   (2095)
daz du mich rechest, Rüedegêr,   an den vînden mîn.
du solt ein künic gewaltec   beneben mîme lîbe sîn.'

2218 Dô sprach aber Rüedegêr: 'wie sol ichz ane vân?   2159
heim ze mîme hûse   ich si geladet hân,   (2096)
trinken unde spîse   ich in mit triuwen bôt,
und gab in mîne gâbe: sol ich si dar zuo slahen tôt?

2219 Die liute wænent lîhte,   daz ich sî verzaget.   2160
deheinen mînen dienest   hân ich in widersaget.   (2097)
solde ich nu mit in strîten,   daz wære missetân:
sô rouwe mich diu friuntschaft,   die ich mit in geworben hân.

2220 Gîselher dem degene   gab ich die tohter mîn.   2161
sine kunde in dirre werlde   niht baz verwendet sîn   (2098)
ûf zuht und ouch ûf êre,   ûf triuwe und ouch ûf guot.
ine gesach nie künec sô jungen   sô rehte tugentlîch gemuot.'

2221 Dô sprach aber Kriemhilt: ‘vil edel Rüedegêr, 2162
nu lâ dich erbarmen unser beider sêr, (2099)
mîn und ouch des küniges. gedenke wol dar an,
daz nie wirt deheiner sô leide geste gewan.’

2222 Dô sprach der marcgrâve wider daz edel wîp: 2163
‘ez muoz noch hiute gelten der Rüedegêres lîp (2100)
swaz ir und ouch mîn herre mir liebes habt getân:
dar umbe muoz ich sterben; ez mac niht langer nu gestân.

2223 Ich weiz wol, daz noch hiute mîne bürge und mîniu lant 2164
iu ledec müezen werden von ir eteslîches hant. (2101)
ich bevilhe iu ûf genâde mîn wîp und mîn kint
und die vil ellenden, die dâ ze Bechelâren sint.’

2224 ‘Nu lôn dir got, Rüedegêr,’ sprach der künic dô. 2165
er und diu küniginne si wurden beidiu vrô. (2102)
‘uns suln dîne liute vil wol bevolhen wesen:
ouch getrouwe ich mîme heile, daz du maht selbe wol genesen.’

2225 Dô liez er an die wâge die sêle und ouch den lîp. 2166
dô begunde weinen daz Ezelen wîp. (2103)
er sprach: ‘ich wil iu leisten als ich gelobet hân.
owê der mînen friunde, die ich leider muoz bestân.’

2212 Ca 2. vbel Ca. 3. laß ich sy aber a. 4. bewîsen] ze weisen a. ze leben riet a.
2213 Ca 4. *das erste* daz *fehlt* a. erhören a.
2214 Ca 2. dem reichen künig a.
2215 Ca 1. Rvdeger.der chvne man C. der markgraff rüdiger der vil a. 2. al *fehlt* a. 3. des] daz a.
2216 Ca 1. daz lant a. 4. benomen a.
2217 Ca 4. gewaldig in einē leibe sein a.
2218 Ca 1. vahen an a. 2. zu meinē a. 4a: *fehlt* a.
2219 Ca 4. rowe C, rew a. geworben hân] hab getan a.
2220 Ca 2. sein enkönd zu diser werld a. 3. vnd auff ere a. vnd auch gut a. 4. ich gesach a.
2221 Ca 1. edeler a. 2. dich] dir a. sêr] swer a. 3. meine a.
2222 Ca 2. der *fehlt* a. Rvdeg[s]s C, rüdigers a. 3. ouch *fehlt* a. 4. ez enmag nicht lenger bestan a.
2223 Ca 1. Ich mv̊z (*durchgestrichen*) weiz C. daz ich noch a. mein bürg vnd mein lant a. 2. etlichs a. 3. iu *fehlt* a. 4. dâ *fehlt* a. ze] zen C, zu a.
2224 Ca 2. si *fehlt* a. 3. sein wesen a. 4. selbs a.
2225 Ca 2. daz *fehlt* a. Ezeln Ca. 3. iu *fehlt* a. 4. mînen] liben a. muß laider a.

2226 Man sach in von dem künige   in starken riuwen gên.   2167
dô sach er sîner recken   ein teil dâ nâhen stên.   (2104)
er sprach: 'ir sult iuch wâfen,   alle mîne man:
die küenen Burgonden   muoz ich nu leider bestân.'

2227 Dô brâhte man den recken   ir gewæfen al zehant.   2168
ez der helm wære   und ouch des schildes rant,   (2105)
von ir ingesinde   wart ez in dar getragen.
sît hôrten leidiu mære   die küenen ellenden sagen.

2228 Gewâfent wart dô Rüedegêr   mit fünf hundert man: 2169
dar über zwelf recken   ze helf er ouch gewan;   (2106)
die wolden prîs erwerben   in des sturmes nôt:
sine wisten niht der mære,   daz in sô nâhte der tôt.

2229 Dô sach man Rüedegêre   under helme gân.   2170
ez truogen swert diu scharpfen   des marcgrâven man,   (2107)
und dar zuo vor ir handen   die liehten schilde breit.
daz sach der videlære: ez was im âne mâze leit.

2230 Ouch sach der junge Gîselher   sînen sweher gên   2171
mit ûf gebundem helme.   wie mohter dô verstên,   (2108)
waz er dâ mite meinte,   niwan allez guot?
des wart der künic edele   von herzen vrœlîch gemuot.

2231 'Nu wol mich solher friunde,'   sprach Gîselher der degen,   2172
'die wir hân gewunnen   her ûf disen wegen.   (2109)
wir suln mînes wîbes   vil wol geniezen hie.
mir ist liep ûf mîne triuwe,   daz ie der hîrât ergie.'

2232 'Ine weiz, wes ir iuch trœstet,'   sprach dô der spileman.   2173
'wâ gesâhet ir ie durch suone   sô manigen recken gân   (2110)
mit ûf gebunden helmen,   die trüegen swert enhant?
an uns wil dienen Rüedegêr   sîne bürge und sîniu lant.'

2233 Bedaz der videlære   die rede vol sprach,   2174
den guoten marcgrâven   man vor dem hûse sach.   (2111)
sînen schilt den guoten   sazter für den fuoz.
dô muoser den gesten   versagen dienest unde gruoz.

2234 Der edel marcgrâve   rief hin ûf zehant: 2175
'nu wert iuch, edeln recken   von Burgonden lant.   (2112)
ir soldet mîn geniezen: ir engeltet leider mîn.
ê dô wâren wir gefriunde: nu muoz ich iuwer vîent sîn.'

2235 Dô erschracten dirre mære   die nôthaften man.   2176
in was der trôst enpfallen,   den si dâ wânden hân,   (2113)
dô mit in wolde strîten,   dem si dâ wâren holt.
si heten doch von vîenden   vil michel arebeit gedolt.

2236 'Nune welle got von himele,'   sprach Gunther der degen,   2177
'daz ir iuch sult genâden   noch an uns bewegen   (2114)
und der vil grôzen triuwe,   der wir doch heten muot.
ich wil iu des baz getrouwen,   daz ir ez nimmer getuot.'

2237 'Ine mages niht gelâzen,'   sprach dô der küene man,   2178
'ich muoz mit iu strîten,   wande ichz gelobet hân.   (2115)
nu wert iuch, küenen degene,   sô lieb iu sî der lîp.
mich enwoldes niht erlâzen   des künic Ezelen wîp.'

2238 'Ir widersaget uns nu ze spâte,'   sprach dô der künic hêr.   2179
'nu müez iu got vergelten,   vil edel Rüedegêr,   (2116)
triuwe unde minne,   die ir uns habt getân,
ob irz an dem ende   woldet minneclîcher lân.

2239 Wir soldenz immer dienen   daz ir uns habt gegeben,   2180
ich und mîne mâge,   ob ir uns liezet leben,   (2117)
die hêrlîchen gâbe,   dô ir und iuwer man
uns fuortet friuntlîche   zuo dirre hôchgezîte dan.'

2226 Ca 1. in starken] mit großen a. gan a. 2. stan a. 3. iuch] auch a.
2227 Ca 2a: wy vil der helde wer a. 3. in (*übergeschrieben*) gesinde C. dar *fehlt* a. 4. seit hort man laide mär a.
2228 Ca 3. sturmes] streites a. 4. in *fehlt* C. sô *fehlt* a. nähet a.
2229 Ca 2. des marcgrâven] rüdigers a.
2230 Ca 2. gepunden a. 3. nur wan a. 4. frölichn̄ a.
2231 Ca 2. wir da haben a. 4. der] dy a.
2232 Ca 1. ich waiß a. 3. helm a. trugen a. in der hant a. 4. sein bürg a.
2233 Ca 1. E daz a. vollen gesprach a. 4a: da must der degen a.
2234 Ca 2. ir edeln a. 4. e wär wir freu̅d a.
2235 Ca 1. erschracken diser a. 2. in] im a. 3. streiten wollt a. warn Ca.
2236 Ca 3. trewen a. 4. ymmer a.
2237 Ca 1. ich enmag ez a. 2. ichs a. 3. sô] als a. 4. mich enwold ez a. Ezeln Ca.
2238 Ca 1. uns nu *fehlt* a. 1b: sprach künig günther a. 2. got] golt C. edeler a. 3. minne] winne a. 4. ob ir ez a.
2239 Ca 1. wir sölden a. gegeben] getan; *darüber* gebn̄ a. 3. dô *fehlt* a. 4. fuͦret a. von diser hochczeit a.

2240 'Wie wol ich iu des gunde,'   sprach Rüedegêr der degen, 2181
'daz ich iu mîne gâbe   noch dicke solde wegen (2118)
mit vollen willeclîche,   als ich des hete wân:
sône wurde mir dar umbe   nimmer schelten getân.'

2241 'Erwindet, edel Rüedegêr,'   sprach dô Gêrnôt, 2182
'wandez wirt deheiner   gesten nie erbôt (2119)
sô rehte minneclîche,   als ir uns habt getân.
des sult ir wol geniezen,   ob wir bî lebene bestân.'

2242 'Daz wolde got,' sprach Rüedegêr,   'vil edel Gêrnôt, 2183
daz ir ze Rîne wæret   und ich wære tôt (2120)
mit etelîchen êren,   sît ich iuch sol bestân.
ez enwart noch nie an degenen   wirs von friunden getân.'

2243 'Nu lôn iu got, her Rüedegêr,'   sprach aber Gêrnôt, 2184
'die vil rîchen gâbe.   mich riuwet iuwer tôt, (2121)
sol an iu verterben   sô tugentlîcher muot.
ich trage hie iuwer wâfen,   daz ir mir gâbet, helet guot.

2244 Daz ist mir nie geswichen   in aller dirre nôt: 2185
under sînen ecken   lît manic ritter tôt. (2122)
ez ist lûter unde stæte,   hêrlîch unde guot.
ich wæn, sô rîche gâbe   ein recke nimmer mêr getuot.

2245 Und welt ir niht erwinden,   irn wellet zuo zuns gân, 2186
slaht ir mir iht der friunde,   die ich noch hinne hân, (2123)
mit iuwer selbes swerte   nim ich iu den lîp:
sô riuwet ir mich, Rüedegêr,   und iuwer hêrlîchez wîp.'

2246 'Daz wolde got, her Gêrnôt;   und möhte daz ergân, 2187
daz aller iuwer wille   wære hie getân, (2124)
und daz genesen wære   iuwer friunde lîp!
iu sol vil wol getrouwen   bêdiu mîn tohter und mîn wîp.'

2247 Des antwurt im Gîselher,   der edeln Uoten kint: 2188
'wie tuot ir sô, her Rüedegêr?   die mit mir komen sint, (2125)
si sint iu alle wæge.   ir grîfet übel zuo:
die iuwern schœnen tohter   welt ir verwitewen ze fruo.

2248 Swenne ir und iuwer recken   mit strîte mich bestât, 2189
wie rehte unfriuntlîche   ir daz schînen lât, (2126)
daz ich iu wol getrouwe   für alle ander man;
dâ von ich zeinem wîbe   iuwer tohter mir gewan.'

2249 ‘Gedenket iuwer triuwe, vil edel künic hêr, 2190
gesende iuch got von hinnen,’ sô sprach Rüedegêr, (2127)
‘lât die juncfrouwen niht engelten mîn:
durch aller fürsten tugende sô ruochet ir genædic sîn.’

2250 ‘Daz tæt ich wol von schulden,’ sprach Gîselher daz kint. 2191
‘die edeln mîne mâge, die noch hier inne sint, (2128)
suln die von iu ersterben, sô muoz gescheiden sîn
diu vil stæte friuntschaft zuo ziu und ouch dem wîbe mîn.’

2251 ‘Nu müez uns got genâden,’ sprach dô der küene man. 2192
dô huoben si die schilde, alsô si wolden dan (2129)
strîten zuo den gesten in Kriemhilde sal.
dô rief vil lûte Hagene von der stiegen hin zetal:

2252 ‘Belîbet eine wîle, vil edel Rüedegêr,’ 2193
alsô sprach dô Hagene, ‘wir wolden reden mêr, (2130)
ich und mîne herren, des uns twinget nôt.
waz mac gefrumen Ezelen unser ellenden tôt?

2253 Ich stân in grôzen sorgen, vil edel fürste milt: 2194
mir gab diu marcgrâvinne disen rîchen schilt, (2131)
den habent mir die Hiunen zerhouwen vor der hant.
ich fuort in minneclîchen her in Ezelen lant.

2254 Daz wolde got von himele,’ sprach aber Hagene, 2195
‘und het ich schilt sô guoten hie ze tragene, (2132)
alsô du hâst vor hende, vil edel Rüedegêr,
sône gerte ich hie zen Hiunen deheiner halsperge mêr.’

2240 Ca
2241 Ca 1. edler a. 2: wan̄ ez wirt keinen gesten mer erpot a.
2242 Ca 1. edeler a. 4. ez wart a. nie *fehlt* a.
2243 Ca 4. helt vil gut a.
2244 Ca 1. diser a. 4. mêr *fehlt* a.
2245 Ca 1. ir wöllt zu vns a. 2. noch *fehlt* a. hin̄ a. 3. beny̅ a. 4. iuwer *fehlt* C. herlich a.
2246 Ca 4. beide a.
2247 Ca 2. die *fehlt* a. 3. si] dy a. 4. ew̄ a.
2248 Ca 2. *vor* vnfrivntliche *ist* fr *durchgestrichen* C. 3. für ander alle C. 4. zu einem a. mir gewan] genomen han a.
2249 Ca 1. ewrer trewen a. 2. gesendet a. 3. so enlat a.
2250 Ca 1. sprach rüdiger geiseler a. 2. dy meinen edeln a. 4. zu euch a.
2251 Ca 2. alsô] als ob a. 4. hin *fehlt* a.
2252 Ca 1. edeler a. 4. Ezeln Ca. ellender a.
2253 Ca 1. vil edel *fehlt* a. 3. verhawen von der a.
2254 Ca 3. alsô] als a. edeler a.

2255 'Wil gerne wære ich dir guot   mit mîme schilde, 2196
torst ich diren gebieten   vor Kriemhilde. (2133)
doch nim du in hin, Hagene,   und trag in vor der hant.
hey, soldestu in füeren   in der Burgonden lant!'

2256 Dô er im sô willeclîche   den schilt ze gebene bôt, 2197
dô wart genuoger ougen   von weinen harte rôt. (2134)
ez was diu leste gâbe,   die sider immer mêr
gebôt deheime degene   von Bechelâren Rüedegêr.

2257 Swie grimme Hagene wære   und swie herte gemuot, 2198
doch erbarmet in diu gâbe,   die der helt guot (2135)
bî sînen lesten zîten   sô nâhe hete getân.
vil manic ritter edele   mit im trûren began.

2258 'Nu lôn iu got von himele,   vil edel Rüedegêr. 2199
ez wirt iuwer gelîche   deheiner nimmer mêr, (2136)
der ellenden recken   sô milteclîchen gebe.
got sol daz gebieten,   daz iuwer tugent immer lebe.

2259 Nu lôn ich iu der gâbe,'   sprach Hagene der degen, 2201
'daz ich mich alles übeles   wil gein iu bewegen, (2138)
daz nimmer iuch gerüeret   in strîte hie mîn hant,
ob ir si alle slüeget,   die von Burgonden lant.'

2260 Des neig im dô mit zühten   der marcgrâve hêr. 2202
die liute weinten alle,   daz disiu starken sêr (2139)
niemen scheiden kunde: daz was ein michel nôt.
vater aller tugende   lag an Rüedegêre tôt.

2261 Dô sprach ouch von dem hûse   Volkêr der spileman: 2203
'sît mîn geselle Hagene   den vride hât getân, (2140)
den sult ir alsô stæte   hân von mîner hant.
daz habt ir wol verdienet,   dô wir kômen in daz lant.

2262 Vil edeler marcgrâve,   ir sult mîn bote sîn. 2204
dise rôten bouge   gab mir diu marcgrâvîn, (2141)
daz ich si tragen solde   hie zer hôchgezît:
daz hân ich geleistet,   daz ir mîn ziuc des sît.'

2263 'Daz wolde got von himele,'   sprach dô Rüedegêr, 2205
'daz iu diu marcgrâvinne   noch solde geben mêr. (2142)
diu mære sage ich gerne   der triutinne mîn,
und gesihe ich si gesunde,   des sult ir âne zwîvel sîn.'

2264 Alser im daz gelobte, den schilt huop Rüedegêr. 2206
des muotes er irtobete. dône beit er dâ niht mêr, (2143)
er lief ûf zuo den gesten eime recken gelîch.
manigen slac vil swinden sluoc der marcgrâve rîch.

2265 Die zwêne wichen hôher, Volkêr und Hagene, 2207
wandez im ê gelobten die snellen degene. (2144)
noch vant er alsô küenen bî dem turne stân,
daz Rüedegêr des strîtes mit grôzen sorgen began.

2266 Durch mortræchen willen sô liezen si in dar in, 2208
Gunther unde Gêrnôt: si heten helede sin. (2145)
Gîselher stuont ûf hôher: zewâre ez was im leit.
er versach sich noch des lebenes: dar umbe er Rüedegêren meit.

2267 Dô sprungen zuo den vînden des marcgrâven man. 2209
man sach si degenlîche nâch ir herren gân. (2146)
diu vil scharpfen wâfen si truogen an der hant:
des brast dâ vil der helme und manic hêrlîcher rant.

2268 Dô sluogen die vil müeden manigen swinden slac 2210
den von Bechelâren, der ebene gelac, (2147)
durch die liehten ringe vaste unz ûf daz verch.
si frumten in dem sturme diu vil hêrlîchen werch.

2269 Daz edel ingesinde was komen gar dar in: 2211
Volkêr unde Hagene die sprungen balde hin. (2148)
sine gâben vride niemen wan dem einem man.
von ir beider hande daz bluot durch helme nider ran.

2255 Ca 1. Vil gern wær Ca. 2. getörst ich dir in a. 3. vnd trag du in vor a.
2256 Ca 1. ze gebne C, ze geben a. 2. von weinen] vor veinden a. 4. keinē a.
2257 Ca 1. vnd so hert a. 2. in] im a. 4. im] in a.
2258 Ca 1. edler a. 4. schol euch daz a.
2259 Ca 2. erwegen a. 3. daz ymmer euch rür a. hie] hy̅e a.
2260 Ca 4. aller tugent dy lag a.
2261 Ca 4. gedinet a. in disez a.
2262 Ca 2. dise rote boug a. 3. hochgecite C, hochczeit a. 4. geleisten C. ziuch C. sît] site C. daz ir des mein czeug seit a.
2263 Ca 4. und *fehlt* a. âne zwîvel] an angst a.
2264 Ca 2. dane beit C, des enbait a. 3. eine a.
2265 Ca 2. wan̄ sy ims a. snellen] zwen (*übergeschrieben*) a.
2266 Ca 1. mort reken willen a. 2. helden sin a. 4. noch *fehlt* a. vermait a.
2267 Ca 2. sah sich sy a. 2. ir] irm a. 4. herlich a.
2268 Ca
2269 Ca 1. gar was komen a. 3. ainen a. 4. hand a. durch dy helme a. nider *übergeschrieben* a.

2270 Wie rehte gremlîche   vil swerte drinne erklanc! 2212
vil der schildes spangen   ûz den slegen spranc: (2149)
des reis ir schiltgesteine   verhouwen in daz bluot.
si vâhten alsô grimme,   daz man ez nimmer mêr getuot.

2271 Der vogt von Bechelâren   gie wider unde dan, 2213
alsô der mit ellen   in sturme werben kan. (2150)
dem tet des tages Rüedegêr   mit strîte wol gelîch,
daz er ein degen wære,   vil küen und ouch vil lobelîch.

2272 Hie stuonden dise zwêne,   Gunther und Gêrnôt: 2214
si sluogen in dem strîte   vil manigen helt tôt. (2151)
Gîselher und Dancwart,   die bêde ez ringe wac:
des frumten si vil manigen   unz ûf ir jungesten tac.

2273 Wol zeigte der marcgrâve,   daz er was starc genuoc, 2215
küene und wol gewâfent: hey, waz er helde sluoc! (2152)
daz sach ein Burgonde: dô dwang in zornes nôt.
dâ von begunde nâhen   des guoten Rüedegêres tôt.

2274 Ez was der starke Gêrnôt: den helt den rief er an. 2216
er sprach zem marcgrâven: 'ir welt mir mîner man (2153)
niht genesen lâzen,   vil edel Rüedegêr.
daz müet mich âne mâze: ine kans niht an gesehen mêr.

2275 Nu mag iu iuwer gâbe   wol ze schaden komen, 2217
sît ir mîner friunde   mir habt sô vil genomen. (2154)
nu wendet iuch her umbe,   vil edel küene man:
iuwer gâbe wirt verdienet,   sô ich aller hôhste kan.'

2276 Ê daz der marcgrâve   vol zuo zim kœme dar, 2218
des muosen liehte ringe   werden missevar. (2155)
dô sprungen zuo zein ander   die êre gernde man.
ir ietweder schirmen   für starke wunden im began.

2277 Ir swert sô scherpfe wâren,   ez enkunde niht gewegen. 2219
dô sluoc Gêrnôten   Rüedegêr der degen (2156)
durch helm vlinsherten,   daz nider vlôz daz bluot.
daz vergalt im wol mit ellen   der ritter küen unde guot.

2278 Die Rüedegêres gâbe   an hende er hôhe erwac: 2220
swie wunt er wær zem tôde,   er sluog im einen slac (2157)
durch sînen schilt guoten   unz ûf diu helmgespan,
dâ von ersterben muose   der schœnen Gotelinde man.

2279 Jâne wart nie wirs gelônet sô rîcher gâbe mêr. 2221
dô vielen bêde erslagene, die recken alsô hêr, (2158)
gelîch in dem sturme von ir selber hant.
alrêrst erzurnede Hagene, dô er den grôzen schaden vant.

2280 Dô sprach der helt von Tronege: ‘ez ist uns übel komen. 2222
wir haben an in beiden sô starken schaden genomen, (2159)
den nimmer überwindent ir liute und ouch ir lant.
die Rüedegêres degene die müezen nu sîn unser pfant.’

2281 Dâne wolde ir deheiner dem andern niht vertragen.
vil maniger âne wunden dar nider wart geslagen,
der wol genesen wære: ob im wart solch gedranc,
swie gesunt er anders wære, dêr in dem bluote doch ertranc.

2282 ‘Owê mînes bruoder, der tôt ist hie gefrumt. 2223
waz mir der leiden mære zallen zîten kumt! (2160)
ouch muoz mich immer riuwen mîn sweher Rüedegêr.
der schade ist beidenthalben und diu vil grœzlîchen sêr.’

2283 Dô die recken sâhen, daz si beide wâren tôt, 2224
die dâ dannoch lebeten, die muosen lîden nôt. (2161)
der tôt der suochte sêre dâ sîn gesinde was:
der von Bechelâren einer langer niht genas.

2270 Ca 1. gremlîche] grewlich a. darin̄ a. 2. schilt spangen a. 3. reise C.
2271 Ca 4. ouch vil *fehlt* a.
2272 Ca 2. ze tot a. 4. iüngste a.
2273 Ca 1. zaigt a.
2274 Ca 2. zu dem a. 3. edler a. 4. daz] ez a. ich kanz a.
2275 Ca 2: seit daz ir mir der freunde so vil habt benomen a. 3. edler küner a. 4. hôhste] beste a.
2276 Ca 1. Ê daz] do a. vol kam zu im dar a. 3. zu einander a. gerenden a.
2277 Ca 1. warn Ca. bewegen a. 3. helme a.
2278 Ca 1. Rvdegers Ca. hoch wag a. 2. zu dem a. wunt er zem tode wære C. 3. vil guten a. helme gespan a.
2279 Ca 1. do enwart a. 2. erslagen a. 3. selber] baider a. 4. allererst a. ervant a.
2280 Ca 2. starken] großen a. 3. überwindet lewt a. 4. Rvdeg^{s}s C, rüdigers a. müßen sein nu a.
2281 Ca 1. do wold a. 2. da nider a. 3. wart] wär a. 4. dêr] d^{s} C, der a. blvt C.
2282 Ca 1. der hye ist tot a. 2. mir] wir C. zu allen a. 4. größlich a.
2283 Ca 1. do nu dv a. tot *übergeschrieben* C. 2a: *fehlt* C, dy da dennoch lebten a. die *fehlt* a. 3. dâ] daz a. 4b: der einer nicht lenger (lenger *übergeschrieben*) a.

2284 Gunther unde Gîselher   und ouch Hagene,   2225
Dancwart unde Volkêr,   die guoten degene,   (2162)
die giengen dâ si funden   ligen zwêne man:
dâ wart von den heleden   mit jâmer weinens vil getân.

2285 'Der tôt uns sêre roubet,'   sprach Gîselher daz kint.   2226
'lâzet iuwer weinen   und gên wir an den wint,   (2163)
daz die ringe erküelen   uns sturmemüeden man.
jâ wæn uns got niht langer   nu daz leben welle lân.'

2286 Den sitzen, disen leinen   sach man dâ manigen degen.   2227
si wâren aber müezic: dâ wâren tôt gelegen   (2164)
die Rüedegêres helde.   vergangen was der dôz.
sô lange wert diu stille,   daz sîn die küniginne erdrôz.

2287 'Owê mir dirre swære,'   sprach des küniges wîp.   2228
'si sprâchent al ze lange.   unser vîende lîp   (2165)
mac nu wol vrî belîben   vor Rüedegêres hant:
er wil si wider bringen   heim in der Burgonden lant.

2288 Waz hilfet, künic Ezele,   daz wir geteilet hân   2229
mit im swaz er wolde?   der helt hât missetân: (2166)
der uns dâ solde rechen,   der wil der suone pflegen.'
des antwurt ir Volkêr,   der vil zierlîche degen:

2289 'Jâne zimt niht reden übele   deheines küniges wîp.   2230
unt törst ich heizen liegen   alsus edel wîp,   (2167)
sô het ir Rüedegêre   vil vreislîch an gelogen.
er unt die sînen degene   sint an der suone gar betrogen.

2290 Er tet sô willeclîche   daz im der künic gebôt,   2231
daz er unt sîn gesinde   ist hie gelegen tôt.   (2168)
nu seht alumbe, Kriemhilt,   wem ir nu gebieten welt.
iu hât unz ûf den ende   gedienet Rüedegêr der helt.

2291 Welt ir des niht gelouben,   man solz iuch sehen lân.'   2232
durch ir herzen leide   sô wart daz getân: (2169)
man truoc den helt verhouwen   dâ in der künic ersach.
den Ezelen degenen   sô rehte leide nie geschach.

2292 Dô si den marcgrâven   sâhen tôten tragen,   2233
ezn kunde ein schrîbære   geprieven noch gesagen   (2170)
die manigen ungebære,   der wîb unde man
von ir herzen swære   aldâ bezeigen began.

2293 Dô wart der Ezeln jâmer sô starc unt alsô grôz, 2234
als eines lewen stimme der rîche künic erdôz (2171)
mit herzenleidem wuofe: alsam tet ouch sîn wîp.
si klageten ungefuoge des guoten Rüedegêres lîp.

2284 Ca 3. ligen dy czwen man a.
2285 Ca 1. roubet] rewet a. 2. nu laßet a. und gên wir] get wider a.
3. sturm müden a. 4. wän ich vns a. got. niht langer C.
2286 Ca 1. gen siczen vnd laynen a. 3. zergangen a. 4. verdroz a.
2287 Ca 1. diser a. 2. alle a. 3. vrî] frid a. vor] von a.
2288 Ca 1. Ezele *fehlt* a. 3. da rechen scholde a.
2289 Ca 2. vnd getörst a. als sust a. 4. degene *fehlt* a.
2290 Cu 2. sine C. 4. ûf den] an sein a.
2291 Ca 1. man schol euchs a. 4. Ezeln Ca.
2292 Ca 1. toten sahen a. 2. nicht geschreiben noch gesagen a. 3. vnd der man a.
4. bezaigen (be *übergeschrieben*) a.
2293 Ca 1. alsô] so a. 2. eins C. leben a. 3. herczen laiden wüffen a.
4. Rvdegers Ca.

XXXVII

Âventiure wie des herren Dietrîches recken alle wurden erslagen.

2294 Dô hôrt man allenthalben   jâmer alsô grôz, 2235
daz palas unde türne   von dem wuofe erdôz. (2172)
dô hôrt ez ouch von Berne   ein Dietrîches man.
durch disiu starken mære   wie balder gâhen began!

2295 Dô sprach er zuo dem fürsten: 'hœrt, mîn her Dietrîch. 2236
swaz ich her gelebt hân,   sô reht unmügelîch (2173)
gehôrt ich klage nie mêre,   als ich nu hân vernomen.
ich wæn, der künic Ezele   ist selbe zuo dem schaden komen.

2296 Wie möhtens anders alle   haben solhe nôt? 2237
der künic oder Kriemhilt,   ir einez daz ist tôt (2174)
von den küenen gesten   durch ir nît gelegen.
ez weinet harte sêre   vil manic ûz erwelter degen.'

2297 Dô sprach der helt von Berne: 'mîne lieben man, 2238
nune gâhet niht ze sêre.   swaz hie hânt getân (2175)
die ellenden recken,   des gêt in michel nôt.
und lât si des geniezen,   daz ich in mînen vride bôt.'

2298 Dô sprach der küene Wolfhart: 'ich wil dar gân 2239
und wil der mære vrâgen,   waz si haben getân, (2176)
und wilz iu sagen denne,   vil lieber herre mîn,
als ich ez rehte ervinde,   waz diu rede müge sîn.'

2299 Dô sprach der herre Dietrîch: 'swâ man zornes sich versiht, 2240
ob ungefüegiu vrâge   denne dâ geschiht, (2177)
daz betrüebet recken   vil lîhte danne ir muot.
jâne wil ich niht, Wolfhart,   daz ir die vrâge dâ zin tuot.'

2300 Dô hiez er Helpfrîchen   vil balde dar gân 2241
und bat in daz ervinden   an Ezelen man (2178)
oder an den gesten selben,   waz wære dâ geschehen.
dône het er nie von liuten   sô grôzen jâmer mêr gesehen.

2301 Der bote vrâgte balde: 'waz ist hie getân?' 2242
dô seit man im diu mære: 'dâ ist vil gar zergân (2179)
swaz wir freuden hêten   in der Hiunen lant.
hie lît erslagen Rüedegêr   von der Burgonden hant.

2302 Die mit im dar in kômen,   der ist einer niht genesen.’ 2243
dône kunde Helpfrîche   leider nimmer wesen. (2180)
jâne sagt er sîniu mære   sô reht ungerne nie.
der bote dô hin widere   vil sêre weinende gie.

2303 ‘Waz habt ir uns erfunden?’   sprach dô Dietrîch. 2244
‘wie weinet ir sô sêre,   degen Helpfrîch?’ (2181)
dô sprach der küene recke: ‘ich mac wol balde klagen:
den guoten Rüedegêre   hât uns her Gêrnôt erslagen.’

2304 Dô sprach der helt von Berne: ‘daz ensol niht wellen got; 2245
daz wær ein starkiu râche   und ouch des tiufels spot. (2182)
wâ mite hete Rüedegêr   an in daz verscholt?
jâ ist mir daz wol künde,   er ist den Burgonden holt.’

2305 Dô sprach der küene Wolfhart: ‘und heten siz getân, 2246
sô solt ez in allen   an ir leben gân. (2183)
ob wirz in vertrüegen,   des wæren wir geschant.
jâ hât uns vil gedienet   des guoten Rüedegêres hant.’

2306 Der vogt von Amelunge   bat iz ervarn baz. 2247
vil harte senelîche   er in ein venster saz. (2184)
dô hiez er Hildebrande   zuo den gesten gân,
daz er an in erfunde,   waz dâ wære getân.

2307 Der sturmküene recke,   meister Hildebrant, 2248
weder schilt noch wâfen   truoger an der hant. (2185)
er wolde in sînen zühten   zuo den gesten gân.
von sîner swester kinde   wart im ein strâfen getân.

Überschrift: des herren *fehlt* a.
2294 Ca
2295 Ca 3. nu *fehlt* a. 4. selbs a.
2296 Ca
2297 Ca 1. mein vil liben a. 2. nu gähet a. waz sy haben a.
2298 Ca 3. vnd wil ewchs sagen dan̄ a. 4. müg gesein a.
2299 Ca 2. dann a. geschiht] gesiht C. 4. ia wil a. frag da zu in a.
2300 Ca 1. liez a. 3. selben *fehlt* a. waz da wär a. 4. grozer C. mêr *fehlt* ạ.
2301 Ca 2. dâ] daz a. ergan a. 3. freuden] freunde a.
2302 Ca 1. dar kamen a. 3. ja saget a. 4. vil sêre *fehlt* a.
2303 Ca 1. her ditreich a.
2304 Ca 1. wölle a. 4. ia ist mir wol gewißen a.
2305 Ca 1. sy ez a. 3. wir in daz a. 4. Rvdeg^{s}s C, rūdigers a.
2306 Ca 1. von *fehlt* C. amelūg’ a. 2. ein *fehlt* C. 3. gân] dan C. 4. er *fehlt* C.
2307 Ca; *ab* 2307,3: zv̊hten zv̊ den gesten gan Z.
1. styrme chvne C. 3. gesten] recken a. 4. st(raffe)n Z.

2308 Dô sprach der grimme Wolfhart: 'welt ir dar blôzer gân, 2249
sône mag ez âne ein schelten nimmer wol gestân: (2186)
sô müezet ir lasterlîche tuon die widervart.
ob ir dar komet gewâfent, daz eteslîcher wol bewart.'

2309 Dô garte sich der wîse durch des tumben rât. 2250
ê iz erfunde Hildebrant, dô wâren in ir wât (2187)
alle Dietrîches recken und truogen swert enhant.
dem helde was iz leide, vil gerne het erz erwant.

2310 Er vrâgte war si wolden. 'wir wellen mit iu dar. 2251
waz, ob von Tronege Hagene deste wirs getar (2188)
gein iu mit spotte sprechen, des er kan wol gepflegen?'
dô er die rede gehôrte, dâ von gestattes in der degen.

2311 Dô sach der küene Volkêr wol gewâfent gân 2252
die recken von Berne, die Dietrîches man, (2189)
begurtet mit den swerten, ir schilde vor der hant.
er sagtez sînen herren ûzer Burgonden lant.

2312 Dô sprach der videlære: 'ich sihe dort her gân 2253
sô rehte vîentlîche die Dietrîches man (2190)
gewâfent under helme: si wellent uns bestân.
mich nimt des michel wunder, waz wir den recken haben getân.'

2313 In den selben zîten kom ouch Hildebrant. 2254
dô sazter für die füeze sînen schildes rant. (2191)
er begunde vrâgen die Guntheres man:
'owê, ir guoten degene, waz het iu Rüedegêr getân?

2314 Mich hât mîn herre Dietrîch her zuo ziu gesant: 2255
ob erslagen hête iuwer deheines hant (2192)
den edeln marcgrâven, als uns ist geseit,
wir enkunden überwinden niht diu grœzlîchen leit.'

2315 Dô sprach der grimme Hagene: 'daz mære ist ungelogen. 2256
wie wol ich iu des gunde, het iuch der bot betrogen (2193)
durch Rüedegêres liebe, daz lebte noch sîn lîp,
den immer mugen weinen bêdiu man und ouch diu wîp.'

2316 Dô si daz rehte erhôrten, daz er wære tôt, 2257
dô klagten in die degene; ir triuwe in daz gebôt. (2194)
den Dietrîches mannen sah man trähene gân
über bärte und über kinne: in was vil leide getân.

2317 Der herzoge ûzer Berne   Sigestap dô sprach: 2258
'nu hât gar ein ende   genomen der gemach, (2195)
den uns ie fuogte Rüedegêr   nâch unser leide tagen.
freude ellender diete   lît von iu degenen erslagen.'

2318 Dô sprach von Amelungen   der degen Wolfwîn: 2259
'und ob ich hiute sæhe   tôt den vater mîn, (2196)
mir enwurde nimmer leider   denne umbe sînen lîp.
owê, wer sol nu trœsten   des guoten marcgrâven wîp?'

2319 Dô sprach in zornes muote   der küene Wolfhart: 2260
'wer wîset nu die recken   sô manige hervart, (2197)
alsô der marcgrâve   vil dicke hât getân?
owê, vil edel Rüedegêr,   deich dînen tôt gelebt hân!'

2308 CZa 1. wolfart Z. bloze Z. 2. ez] iz *(so immer)* Z. âne] an Z, on a. schel(d)en Z. 3. l(æ)st^{s}rlichn Z, lästerlichen a. die] diu Z. 4. eteslich^{s} Z, etlicher a.
2309 CZa 2. ware[n in ir] Z. 3. enhent Z. 4. dem held[e was] Z. hett er ez widerwant a.
2310 CZa 1. war] wo hin a. 2. deste] dest C, dester a. 3. wol chan Z. des kan er wol pflegen a. 4. hort(e) Z. gestates i(n) Z, statt sein a.
2311 CZa 1. sa(ch) Z. wol] w *aus* g *verbessert* a. 3. den streiten swerten a. 4. sagte iz sinem Z, er saget seinē a. auß a.
2312 CZa 4. (mich) Z. re(c)hn Z.
2313 CZa 1. In (den selben) Z. 2. sines Za. s(childes ran)t Z. 3. Gunth^{s}s C, gvͦnth^{s}s Z, günthers a. 4. dege(ne waz) Z. Rvͦdg^{s} *(so immer; ebenso* Rvͦdg^{s}s, Rvͦdg^{s}n) Z.
2314 CZa 1. herr her ditrich a. zu euch a. 2. keines a. 4. wir künen nicht überwinden dy großen herczenlait a. *In Z nur erhalten:* 1. Mich hat min h^{s}re Dietrich. [ge]sent. 2. o[b ersla](gn) he[te]. 3. [mar](chg)rav[en als] vns is[t]. 4. [überwin](dn n)iht [diu] groͤzlich(en leit).
2315 CZa 2. hett er euch der bot a. 4. bewainen a. und ouch *fehlt* a. *In Z nur erhalten:* 1. [grimm](e hag)[ene da]z mere ist vn [gelogen]. 2. [wo]l ich i[u des g]vͦnde het ivch. [betro](gn). 3. dc̄[h Rüed]g^{s}s liebe daz le[bte]. (lip). 4. (den) [imm]^{s} mvͦgn wei[nen] . [m]an vn̄ . wip.
2316 CZa 3. man sah sy zehern gan a. 4. bart a. *In Z nur erhalten*: 1. Do si d[az]. [erhôrt](n) daz er. tot. 2. do chlagt[en]. ir triw[e]. [d]az gebot. 3. den d[ietrîches]. sah man tr(æ)hene gan. 4. vͦ(b^{s} bart vn vͦb^{s} ch[inne].[ge]t(an).
2317 CZa 1. auß a. 2. der degene gemach Z. 3. ie] hie Z. vns^{s}n laidn tagen Z. 4. diete] recken a. von dem degen a.
2318 CZa 1. sprach der amelung a. wͦlfwin C, wolvewin Z, wulfwine a. 3. [enwürde] Z. dann vmb a. 4. [guoten ma]rchvͣen wip Z.
2319 CZa 1. in zornigen mute a. wolfart Z. 2. herevart Z. 4. edel^{s} Z, edler a. daz ich a. gelebet Za.

2320 Wolfprant unde Helpfrîch unde Helmnôt, 2261
mit allen ir friunden si weinten sînen tôt. (2198)
vor siuften mohte vrâgen niht mêr Hildebrant.
er sprach: 'nu tuot, ir degene, dar nâch mîn herre hât gesant.

2321 Gebt uns Rüedegêren sô tôten ûz dem sal, 2262
an dem gar mit jâmer lît unser vreuden val, (2199)
und lât uns an im dienen, daz er ie hât begân
an uns vil grôzer triuwen und ouch an manigem vremden man.

2322 Wir sîn ouch ellende als Rüedegêr der degen. 2263
wes lâzet ir uns bîten? lât in uns after wegen (2200)
tragen, daz wir nâch tôde lônen noch dem man.
wir hetenz pillîcher bî sîme lebene getân.'

2323 Dô sprach der künic Gunther: 'nie dienest wart sô guot, 2264
den ein friunt friunde sô nâch tôde tuot. (2201)
daz heiz ich stæte triuwe, swer die kan begân.
ir lônet im von schulden, wander iu liebe hât getân.'

2324 'Wie lange suln wir vlêgen?' sprach Wolfhart der degen. 2265
'sît unser trôst der beste ist von iu tôt belegen (2202)
und wir sîn leider mêre mugen niht gehaben,
lât in uns tragen hinnen, dâ wir den recken begraben.'

2325 Des antwurte Volkêr: 'niemen in iu gît. 2266
nemt in in dem hûse, dâ der degen lît (2203)
mit sînen tiefen wunden gevallen in daz bluot:
sô ist ez ein voller dienest, den ir hie Rüedegêre tuot.'

2326 Dô sprach der küene Wolfhart: 'lât sîn, her spileman, 2267
irn durfet uns niht reizen: ir habt uns leit getân. (2204)
törst ich vor mîme herren, sô kœmet irs in nôt:
des müezen wir ez lâzen, wan er uns strît mit iu verbôt.'

2327 Dô sprach der videlære: 'der vorht ist gar ze vil, 2268
swaz man im verbiutet, derz allez lâzen wil. (2205)
daz enkan ich niht geheizen rehten heldes muot.'
diu rede dûhte Hagenen von sîme hergesellen guot.

2328 'Welt ir den spot niht lâzen,' sprach aber Wolfhart, 2269
'ich entrihtiu lîht die seiten, swenne ir die widervart (2206)
rîtet gegen Rîne, daz irz wol mugt gesagen.
iuwer übermüeten mag ich langer niht vertragen.'

2329 Dô sprach der videlære: 'swenn ir die seiten mîn 2270
verirret guoter dœne, der iuwer helmes schîn (2207)
mac wol trüebe werden von der mînen hant,
swie halt ich gerîte in der Burgonden lant.'

2330 Dô wolder zuo zim springen, wan daz in niht enlie 2271
Hildebrant sîn œhaim in vaste zim gevie: (2208)
'ich wæn, du woldest wüeten durch dînen tumben zorn.
mînes herren hulde wir heten immer mêr verlorn.'

2331 'Lât ab den lewen, meister, er ist sô grimme gemuot. 2272
kumt er mir zen handen,' sprach Volkêr der helt guot, (2209)
'het er die werlde alle mit sîner hant erslagen,
ich slah in, daz erz widerspel nimmer mêre darf gesagen.'

2320 CZa 2. mit alln irn frivndn Z. allen iren a. si *fehlt* a. 3. sewfczen a. mohte niht (vr)agn Z. mêr *fehlt* Z. 4. dar] da a.

2321 CZa 1. nu gebt a. 2. frewd a, fr(e)vdn Z. begân] getan Za. 4. mangē fremdē Z.

2322 CZa 2. wegen] waege Z. 3. *nach* tôde *fehlt Trennungspunkt* Z. l^{e}onen Z.

2323 CZa 1. ch^{o}vni(ch g^{o}v)nth^{s} Z. 2. den] dēne daz Z. frivnden Z, frewnden a. tuot] hat a.

2324 CZa 1. flehen a. 2b: von euch ist gelegen a. 3. und] nu a. nicht mügen a. *In Z nur erhalten:* 1. Wie l[ange]. [sp]^{a}ch (Wo)l[fart d^{s}] degn. 3. vn̄ (w)[ir sîn] leid^{s} m[êre]. 4. hinnē d[â wir] den re[cken].

2325 CZa 1. antwrt C, antwort a. 4. hie] hern a. *In Z nur erhalten:* 1. niem̄ in iv gi[t]. 2. nēt in. 3. (nen) tiefen ^{v}wnd[en]. [gev]alln in. 4. [e]in voll^{s} dienest [den]. ir hie.

2326 CZa 1. lat daz sein a. 2. ir bedörft a. raißen a. 3. getörst a. chomt C. ir kämet sein a. *In Z nur erhalten:* 1. [D]o s^{a}pch d^{s} ch^{o}vne [Wolfh]art lat. [ma]n. 2. irn d^{o}vrfet. [ni]ht rei[zen]. [u]ns leit getan. 3. [i]ch vor. so ch^{e}omet irz i[n]. 4. des m[üezen]. lazen. wand er strit mit iv v^{s}bot.

2327 CZa 2. swaz man im] swaz im C; *in Z ist der Zeilenanfang unleserlich, doch ist nach Menhardt nur für zwei Wörter Platz.* daz ers alles a. 3. des enchan ich [niht] ge(heizen rehten heldes m^{v}ot) Z. 4. diu] die Z, dy a. simē C, seinē a. vo[n] (sime h^{s}gesellen g^{o}vt) Z.

2328 CZa 1. (w)elt Z. (ni)ht Z. 2. ich (entriht iv liht die) seiten Z. euch dy sayten leicht a. wid^{s}(v)art Z. 3. gegen dem rein a. sagen a. *in Z nur erhalten:* ritet. (m^{o}vget ge)sagn. 4. ewern übermut a. *in Z nur erhalten:* iw^{s} ^{o}vb^{s}m^{o}vte(n) mach ich.

2329 CZa 1. (d)o Z. [min] Z. 2. [verirret guo](ter) Z. helme schin Z. 3. w^{s}[den] Z. min^{s} C. [von der mînen] (hant) Z. 4. swie ich halte geriten C, swie halt ich gerite Z, wy aber ich kum geriten a. l[ant] Z.

2330 CZa 2. zu im a. 3. wölst a. tumben] großen a. *In Z nur erhalten:* (springn) wan daz in niht enliez. 2. hildebrant si[n].

2331 CZa 1. [Lât ab den lewen](meist^{s}) d^{s} Z. graemich Z, grim̄ a. 2. (chvm)t Z. (handen s^{a}pch) [Volkêr] Z. 3. (he)t Z. al(le) Z. 4. (slah in daz erz wid^{s} sp)el Z. widerspil a. m(ere darf) Z. mêre *fehlt* a.

2332 Des wart vil harte erzürnet der Bernære muot. 2273
den schilt gezuchte Wolfhart, ein sneller degen guot: (2210)
alsam ein lewe wilder lief er vor in dan.
im wart ein gæhez volgen von sînen friunden getân.

2333 Swie wîter sprünge er pflæge für des sales want, 2274
doch ergâhet in vor der stiegen der alde Hildebrant: (2211)
er wolde in vor im lâzen niht komen in den strît.
si funden daz si suochten an den ellenden sît.

2334 Dô gespranc zuo Hagene maister Hildebrant: 2275
diu swert man hôrt erklingen an ir beider hant. (2212)
si wâren harte erzürnet: vil wol erkôs manz sint.
von ir beider wâfen gie der viurrôter wint.

2335 Di wurden dô gescheiden in des strîtes nôt: 2276
daz tâten die von Berne, als in ir kraft gebôt. (2213)
zehant dô wande Hildebrant von Hagene balde dan:
dô lief der starke Wolfhart den küenen Volkêren an.

2336 Er sluoc den videlære ûf den helm guot, 2277
daz des swertes ecke unz an die spangen wuot. (2214)
daz vergalt mit ellen der küene spileman:
dô sluoger Wolfharten, daz er strûchen began.

2337 Fiur ûz den ringen des hiuwen si genuoc. 2278
haz ir ieslîcher dem andern vaste truoc. (2215)
die schiet dô von Berne der degen Wolfwîn:
ob er ein helt niht wære, des enkunde niht gesîn.

2338 Gunther der vil küene mit williger hant 2279
enpfie die helde mære von Amelunge lant. (2216)
Gîselher der starke, diu liehten helmvaz,
der frumt er dâ vil manigez von bluote rôt unde naz.

2339 Dancwart, Hagenen bruoder, was ein grimmec man. 2280
swaz er dâ vor hête in strîte getân (2217)
den Ezelen recken, daz was gar ein wint.
alrêst vaht tobelîche des küenen Adrîânes kint.

2340 Gêrbart unde Wîchart, Helpfrîch und Rischart, 2281
die heten in manigen stürmen vil selten sich gespart: (2218)
des brâhten si wol innen die Guntheres man.
dô sach man Wolfpranden in sturme hêrlîche gân.

2341 Dô streit als er wuote der alde Hildebrant. 2282
vil manic küener recke vor Wolfhartes hant (2219)
mit tôde muose vallen von swerten in daz bluot.
sus râchen Rüedegêre die recken küene unde guot.

2342 Sigestap von Berne, als im sîn ellen riet, 2283
hey, waz er in dem sturme der herten helme schriet (2220)
den sînen vîanden! Dietrîches swestersun
der kunde in dem sturme bezzers nimmer niht getuon.

2343 Volkêr der vil starke, dô er daz ersach, 2284
daz Sigestap der küene den bluotigen bach (2221)
hiuw ûz herten ringen, daz was dem degene zorn.
dô spranger im begegene: dô hete Sigestap verlorn

2344 Von dem videlære vil schiere aldâ daz leben: 2285
er begunde im sîner künste al solhen teil dâ geben, (2222)
daz er von sîme swerte muose ligen tôt.
daz rach der alde Hildebrant, als im sîn ellen daz gebôt.

2332 Ca; Z: Des wart vil. 2. zuckt a. ein mär degen a. 3. als a. wilder leb a.

2333 Ca 1. swie wîter] für wy weite a. 2. ald hildbrant a. 3. vor im niht laß kumen a.

2334 Ca 1. do sprāch a. 2. klingen a. 3. kus man ez a. 4. fewer rot a.

2335 Ca 3. dô *fehlt* a.

2336 Ca 2. ecken a.

2337 Ca 1. Fiur] vancken a. der hyben a. 2. itlicher a. 3. do schiet do C, da schied da a. degen] edel a. 4. niht *fehlt* a. 4b: des lie er da wol werden schein a.

2338 CZa 1. [G]vnthᷤ Z. 2. (enpfie die helde) chvͦne Z. ame[lunge] Z. 3. st(arche div liehten helmvaz.) Z. 4. [vil] Z.

2339 CZa 1. Hagen̄ C, hagen a, (hagenen) Z. 2. (er davor) Z. (getan.) Z. 3. Ezeln Ca. (den) [ez](e)ln Z. (ein wint.) Z. 4. (alrest) Z. aller-erst a. (tobeliche) Z. töbicklich a. [küe]nen Z. des küenen *fehlt* a.

2340 CZa 2. in manchem sturm a. 3. Gunthᷤs C, günthers a. *In Z nur erhalten:* 1. Gerbart vn̄ (wichart). 2. heten in manigē stvͦrme vil s(elten sich gesp)[art]. 3. [in]nen die gvͦnthᷤs man. 4. do sah (man wolfprand)n in stv[rme].

2341 CZa 1. Da streit er alser C, [Dô str]eit alsam er Z. üte a. (hildebnͣt) Z. 2. *in Z nur erhalten:* (vil manich) chvͧ[ner]. hant. 3. mvͦsen Z. swᷤ(tn) in da[z bluot] Z. 4. *in Z nicht erhalten.*

2342 Ca; *ab* 2342,3 (dietrichs swestᷤ svn) Z. 2. helm Ca. 4. (dᷤ) Z. könd a. nymmer beßers a. (niht g)[etuon] Z.

2343 Ca; *bis* 2343,4: .. im (begegene) Z. 2. (d)en b(lvͦte)gn b[ach] Z. 3. hiw C, hiev Z, haw a. des degenes Z, dē degen a. 4. engegen a.

2344 Ca 1. aldâ] er in da a. 2. im] in C. al] als a.

2345 'Owê vil liebes herren,' sprach meister Hildebrant, 2286
'der hie lît erstorben von Volkêres hant. (2223)
nune sol der videlære langer niht genesen.'
zorn der Hildebrandes kunde grimmer niht gewesen.

2346 Dô sluoger Volkêre, daz im diu helmbant 2287
stuben allenthalben zuo des sales want (2224)
von helme und ouch von schilde, dem küenen spileman.
dâ von der videlære dô den ende dâ gewan.

2347 Dô drungen zuo dem strîte die Dietrîches man. 2288
si sluogen, daz die ringe vil hôhe wæten dan, (2225)
und daz man ort der swerte imme gewelbe stecken sach.
si hiuwen ûz den helmen den heize vliezenden bach.

2348 Dô sach von Tronege Hagene Volkêren tôt. 2289
daz was zer hôchgezîte sîn aller meistiu nôt, (2226)
die er dâ hete gewunnen an mâgen und an man.
owê, wie grimme Hagene den helt rechen began!

2349 'Nune sol es niht geniezen der alde Hildebrant. 2290
mîn helfe lît erslagene hie von des heldes hant, (2227)
der beste hergeselle, den ie man gewan.'
den schilt den ruchter hôher: dô gie er houwende dan.

2350 Helpfrîch der vil starke Dancwarten sluoc. 2291
Gunther unde Gîselher den was ez leit genuoc, (2228)
dô si in sâhen vallen in der starken nôt.
er het wol vergolten mit sînen handen sînen tôt.

2351 Swie vil von manigen landen gesamnet wære dar,
vil fürsten krefteclîche gegen ir kleinen schar,
wæren die kristen liute wider si niht gewesen,
si wæren mit ir ellen vor allen heiden wol genesen.

2352 Die wîle gie dô Wolfhart beide wider unde dan 2292
allez houwende die Guntheres man. (2229)
er was die dritten kêre den palas zende komen.
jâ het er den künigen sô vil der recken dâ genomen.

2353 Dô rief der starke Gîselher Wolfharten an: 2293
'owê, daz ich sô grimmen vîent ie gewan! (2230)
edel ritter küene, nu wendet gegen mir.'
si kômen zuo ein ander sît mit ellenthafter gir.

2354 Wolfhart gein Gîselhere   kêrt in den strît. 2294
dô sluog ir ietwedere   vil manige wunden wît. (2231)
sô rehte krefteclîche   er zuo dem künige dranc,
daz im daz bluot von füezen   al über daz houbet sîn gespranc.

2355 Mit grimmen slegen swinden   der edeln Uoten kint 2295
enpfie vil pitterlîche   den küenen recken sint. (2232)
swie küene Wolfhart wære,   er mohte niht genesen
vor dem jungen künige: niemen dorfte küener wesen.

2356 Dô sluog er Wolfharte   durch eine prünne guot, 2296
daz im von der wunden   vil sêre vlôz daz bluot. (2233)
er wunte zuo dem tôde   den Dietrîches man.
ez enhet ân einen recken   ander niemen getân.

2357 Alsô der küene Wolfhart   der wunden enpfant, 2297
den schilt liez er dô vallen,   hôher an der hant (2234)
huober daz starkez wâfen: daz was scharpf genuoc.
durch helm und durch ringe   der helt dô Gîselheren sluoc.

2345 Ca 3. nu schol a.
2346 Ca 4. do daz ende gewan a.
2347 Ca 3. imme] inme C, im a. 4. hiuwen] hawen a. den haißen flißen bach a.
2348 Ca
2349 Ca 2. gehilff a. erslagen a. 4. den schilt ruckt a. er *fehlt* a. hawenden a.
2350 Ca; *ab* 2350,1: starche Z.
1. helpfrit a. 2. gvͦnth^{s}n vn̄ giselh^{s}n Z. 2b: *in Z nicht erhalten.* 3. in *vor* sahen *fehlt* Z. vallen sahen a. 4. *in Z nur erhalten:* er hete wol. sinē tot.
2351 CZa 1. gesamn[et wære dar] Z. warn a. 2. [vil fürsten] Z. 3. warn a. niht] mit a. 4. warn a.
2352 CZa 1. beide *fehlt* a. 2. Gvnth^{s}s C, günthers a. 3. den] dem a. zu ende a. 4. künegen der recken vil benomen a.
In Z nur erhalten: 1. die wile. 2. [G]vnth^{s}s man. 3. er. (ch^{s}e den palas zende chomen). 4. (Ia hat er den chvͦnign). [gen](om̄).
2353 CZa 1. Do rie(f d^{s} starche giselh^{s} wolfarten) Z. 2. (owe daz) Z. [vîent ie gewan] Z. 3. edeler a. (mir) Z. 4. (si chomen zvͦ ein) [ander si](t) Z.
2354 CZa 1. keret a. 4. al über sein hewpt sprang a.
In Z nur erhalten: 1. Wolfhart gegn giselh^{s}e c[hêrt]. 2. [ie]t wed^{s}e vil manige wͮnde wit. 3. so rehte chref[teclîche]. 4. [da]z im daz blvͦt v̄d^{s} fvͦzen al vb^{s} daz hͮobet sin gespranc[h].
2355 Ca; *bis* 2355,3:... niht ge[nesen] Z.
4. dorfte] mocht a.
In Z nur erhalten: 1. [s]winden d^{s} edeln vͦten chint. 2. enpfie vil p(itt^{s}) liche den. [sin]t. 3. swie chvͦne wolfart wære er mohte niht ge[nesen] .
2356 Ca 1. einen brün a. 3. den] des a. 4. anders a.
2357 Ca 2. dô *fehlt* a. an] von a. 3. huober] v̈ber a. starck a. 4. Giseh^{s}n C, geislern a.

2358 Si heten beide ein ander den grimmen tôt getân. 2298
dône lebt ouch nu niht mêre der Dietrîches man (2235)
wan Hildebrant aleine. dô er den neven vallen sach,
im wæn vor sîme tode sô rehte leide nie geschach.

2359 Ouch wâren gar gevallen Gunthers degene, 2299
niwan si einen zwêne, er und Hagene. (2236)
si stuonden in dem bluote tief unz an diu knie.
Hildebrant harte balde hin über sînen neven gie.

2360 Er beslôz in mit armen und wolde in tragen dan 2300
mit im ûzem hûse. er muose in ligen lân: (2237)
er was ein teil ze swære. wider in daz bluot
enpfiel er im ûz handen. dô blicht ûf der degen guot.

2361 Dô sprach der tôtwunde: 'vil lieber œheim mîn, 2301
irn muget an disen zîten mir niht frum gesîn. (2238)
nu hüetet iuch vor Hagene: jâ dunket ez mich guot.
er treit in sîme herzen einen grimmigen muot.

2362 Unde ob mich mîne mâge nâch tôde wellen klagen, 2302
den næhsten und den besten den sult ir daz sagen, (2239)
daz si nâch mir niht weinen: daz ist âne nôt.
vor eines küniges handen lige ich hie hêrlîchen tôt.

2363 Ich hân ouch sô vergolten hier inne mînen lîp, 2303
daz ez wol mugen beweinen der guoten ritter wîp. (2240)
ob iuch des iemen vrâge, sô muget ir balde sagen,
vor mîn eines handen ir lît wol hundert erslagen.'

2364 Dô gedâht ouch Hagene an den spileman, 2304
dem der alde Hildebrant sîn leben an gewan. (2241)
dô sprach er zuo dem küenen: 'ir geltet mîniu leit.
ir habt uns hinne erbunnen vil maniges recken gemeit.'

2365 Er sluoc ûf Hildebranden, daz man wol vernam 2305
Balmungen diezen, daz Sîvride nam (2242)
Hagene der küene, dâ er den recken sluoc.
dô widerstuont im Hildebrant, der im vil wênic iht vertruoc.

2366 Der Wolfhartes œheim sluog ein wâfen breit 2306
ûf Hagenen von Tronege, daz ouch vil sêre sneit. (2243)
dône kunder niht verwunden den Guntheres man.
dô sluog aber in Hagene durch eine prünne wolgetân.

2367 Alsô meister Hildebrant der wunden enpfant, 2307
dô vorht er schaden mêre von der Hagenen hant: (2244)
den schilt warf über rucke der Dietrîches man.
mit der starken wunden der helt vil kûme danne entran.

2368 Dar inne was niemen lebende, als ich gesaget hân, 2308
niwan die einen zwêne, Gunther und ouch sîn man. (2245)
mit bluote gie berunnen der alde Hildebrant.
er brâhte leidiu mære dâ er sînen herren vant.

2369 Dô sacher trûreclîche sitzen hie den man. 2309
leides michel mêre der fürste dô gewan, (2246)
als er Hildebranden ersach von bluote rôt.
dô vrâgt er in der mære, als im diu sorge gebôt.

2370 'Wan sagt ir mir, meister, wie sît ir sô naz 2310
worden von dem bluote, oder wer tet iu daz? (2247)
ich wæn, ir mit den gesten zem hûse habt gestriten.
ich verbôt ez iu sô sêre, dô wær ez pillîch vermiten.'

2358 Ca 1: geineinander a. 2. nu *fehlt* a. 4. im] ich a. sô *fehlt* a.
2359 Ca 1. warn Ca. dy günthers a. 2a: *fehlt* a. 3. tief *fehlt* a.
2360 Ca 1. mit den armen a. 2. auß dem a. 3. was im ein a. 4. er enpfil im auß den a.
2361 Ca; ab 2361,4: [grim]mign mv̊t Z.
2. ir mügt a. 4. grimmen a.
2362 CZa 1. (mich mine) Z. [wellen klagen] Z. 2. [den næ]hestn Z. 3. [nâch mir niht wein] ē Z. wan ez ist a. 4. vor] von a.
2363 CZa 1. so wol a. 2. be(weinen dᷤ gv̊tn ritter wip) Z. 3. iuch] auch a. *in Z nur erhalten:* (o)[b]. sagn. 4. ligt ir a. *in Z nur erhalten:* vor min ei[nes]. [lî]t wol hůndᷤt erslagn.
2364 CZa 1b: *in Z nicht erhalten.* 2. an(gewan) Z. 3. kvnige C, künen a. d[em ...... ir geltet m]iniv Z. 4. erbunnen] benomen a. vil[maniges recken gem](eit) Z. vil *fehlt* a. manchen a.
2365 CZa 1. vᷤna[m] Z. 2. [bal]mv̊ngn Z, balmunge a. 3. chv̊[ne] Z. [dâ er den](rech)n Z. 4. [wênic iht vertruoc] Z.
2366 Ca 1. der] des a. 2. auch in vil a. 3. Gvnthᷤs C, günthers a. 4. einē a.
2367 Ca 2. schadens a. hagens a. 3. warf er vber C, warf er ze a.
2368 Ca 2. ouch *fehlt* a.
2369 Ca 3. sach a.
2370 Ca 1. wan] waz a. 3. zc dcm a. 4. cz iu] euchz a. dô] so a.

2371 'Swie übel disiu mære   mir stên ze sagene,' 2311
er sprach, 'dise wunden   sluoc mir Hagene, (2248)
dô ich ûz dem hûse   wolde wenden dan.
wie kûm ich mit dem lebene   dem selben vâlande entran!'

2372 Dô sprach der Bernære: 'vil reht ist iu geschehen, 2312
dô ir mich friuntschefte   den helden hôrtet jehen, (2249)
daz ir den vride brâchet,   den ich in het gegeben.
hete ihs niht immer schande,   ir soldet vliesen daz leben.'

2373 'Nune zürnet niht sô sêre,   mîn herre Dietrîch. 2313
an mir und mînen friunden   der schade ist gremelîch. (2250)
wir wolden Rüedegêren   getragen haben dan:
des enwolden uns niht gunnen   des künec Guntheres man.'

2374 'Sô wê mir dirre leide: ist Rüedegêr doch tôt! 2314
daz muoz mir sîn ein jâmer   vor aller mîner nôt. (2251)
Gotelint diu edele   ist mîner basen kint.
ach wê der armen weisen,   die dâ ze Bechelâren sint.'

2375 Riuwen und ouch leides   mant in dô sîn tôt. 2315
er begunde starke weinen: des gie dem helede nôt. (2252)
'owê getriuwer helfe,   der ich verlorn hân!
jâne überwinde ich nimmer   des künic Ezelen man.'

2376 Er sprach ze Hildebrande: 'muget ir mir doch sagen, 2316
wer der degen wære,   der in dâ hât erslagen?' (2253)
er sprach: 'daz tet mit kreften   der starke Gêrnôt:
vor Rüedegêres handen   muos ouch der degen ligen tôt.'

2377 Er sprach: 'meister Hildebrant,   nu saget mînen man, 2317
daz si sich balde wâfen: jâ wil ich dar gân; (2254)
und heizet mir gewinnen   mîn liehtez wîcgewant.
ich wil selbe vrâgen   die helede ûz Burgonden lant.'

2378 Dô sprach meister Hildebrant: 'wer sol zuo ziu gên? 2318
swaz ir habt der lebenden,   die seht ir bî iu stên. (2255)
daz bin ich alterseine: die andern die sint tôt.'
dô erschracter dirre mære: des gie dem recken grôziu nôt;

2379 Wander leit sô grôzez   zer werlde nie gewan. 2319
er sprach: 'unt sint erstorben   alle mîne man, (2256)
sô hât mîn got vergezzen.   ich was ein künic rîch:
nu mag ich wol heizen   der vil arme Dietrîch.'

2380 ‘Wie kundez sich gefüegen,’ sprach aber Dietrîch, 2320
‘daz si alle sint erstorben, die helde lobelîch, (2257)
von den strîtmüeden, die doch heten nôt?
wan durch mîn ungelücke, in wære vremde noch der tôt.

2381 Owê, vil lieber Wolfhart, sol ich dich hân verlorn, 2322
sô mac mich balde riuwen, daz ich ie wart geborn; (2259)
Sigestap und Wolfwîn, und ouch Wolfprant,
wer sol mir danne helfen in der Amelunge lant?

2371 Ca; *ab* 2371,1: sten ze sagene Z. 2. (w̆ndn) Z. sprach er a. 3. h[ûse] Z. wolde sein gegan a. dan *fehlt* C. 4. ich ih C.

2372 CZa 1. (vil reht ist iv) Z. vil] wy a. 2. vrivnt(sc)hefte Z. horet Z, hort a. 3. (daz ir den vride brachet) Z. brächt a. hete geben Z. 4. ichz Z. hett ich sein ym̄er a. (ir soldet) Z. verliesen a.

2373 CZa 1. nu (*über der Zeile*) ēzvrn(ē) ēzv̊rnet niht Z. nu czürnet a. 2. vn̄ an minē (v)rivnden Z, vnd an meinen freunden a. ist (in) grevlich Z, ist grewlich a. 3. Rüdegêren *fehlt* a. haben tragen dan a. 4. enwold a. uns *über der Zeile nachgetragen* a. Gunth^{s}s C, gv̊nth^{s}s Z, günthers a.

2374 CZa 1. diser a. 2. ein *fehlt* Z. 4. ach (we d^{s} armen weisen die da ze Be)chelaren Z. zu bechlarn a.

2375 CZa 1. ermant a. in mant do Z. 2. er] do Z. starke *fehlt* a. des *über der Zeile* Z. de[m] Z. den helt a. 4. ia überwind a. nim[mer] Z. chunichs Z. Ezeln CZ, eczel a.

2376 CZa 1. nu mügt a. sag[en] Z. 2. dâ] do Z. 3. daz] iz Z. 4. Rvdegers C, Rvdeg^{s}(s) Z, rüdigers a. auch ligen der degen tot a.

2377 CZa 4. ich selbs frag a.

2378 CZa 1. zu euch a. 3. alterseine] allein a. 4. erschrack er diser a. den recken a.
In Z nur erhalten: 1. Do sprach maist^{s} hild[ebrant]. 2. [i]r habt d^{s} lebend die seht ir hie (bi) iv. 3. and^{s}n die sint tot. 4. do erschrach(er) dirre. [g]roziv not.

2379 CZa 1. so groz a. 2. und] nu a.
In Z nur erhalten: 1. wan leit so groze(s) z^{s} w^{s}lde nie. 2. [erstor](ben) alle mine man. 3. so hat min got (v^{s}gezzen ich) was ein ch(vnich ric)h. 4. nv m(ach i)ch (w)[ol]. dietrich.

2380 CZa 1. könd a. 4. wär noch frömd a.
In Z nur erhalten: 1. (wie chv̊nde iz) sich g(efv̊gn spch ab^{s} dietrich). 2. [er]storbn (die helde lobelich). 3. (von den stritmv̊)den d(ie). 4. (vremde noch) d^{s} to(t).

2381 CZa 1. (O)we vil lieb^{s} wo(lf)art [sol ich di]ch Z. 2. (mach mich balde riuw)en Z. ge[born] Z. 3. [Sig](estap vn̄ Wolfwin vn̄ ŏch Wolfprant) Z. ouch *fehlt* a. 4. w^{s} (sol mir dannc) hclf[en in der] Z.

2382 Helpfrîch der vil küene, und ist mir der erslagen, 2323
Gêrbart unde Wîchart, wie solde ich die verklagen? (2260)
daz ist an mînen freuden mir der leste tac.
owê, daz vor leide niemen sterben nemac!'

XXXVIII

Âventiure wie der herre Dietrîch Gunthern und Hagenen betwang.

2383 Dô suochte der herre Dietrîch   selbe sîn gewant: 2324
dô half, daz er sich wâfent,   maister Hildebrant. (2261)
dô klaget alsô sêre   der kreftige man,
daz im daz hûs erdiezen   gein sîner stimme began.

2384 Der helt gewan dô widere   rehten mannes muot. 2325
in grimme wart gewâfent   dô der degen guot: (2262)
einen schilt vil vesten   den nam er an die hant.
nâch schaden in dô trôste   der vil küene Hildebrant.

2385 Dô sprach von Tronege Hagene: 'ich sihe dort her gân 2326
den herren Dietrîchen: der wil uns bestân (2263)
nâch sîme starken leide,   daz im ist hie geschehen.
man sol daz hiute kiesen,   wem man des besten müge jehen.

2386 Jâne dunket sich von Berne   der herre Dietrîch 2327
nie sô starc des lîbes   und ouch sô gremelîch, (2264)
und wil erz an uns rechen,   daz im ist getân,'
alsô reite Hagene,   'ich tarr in rehte wol bestân.'

2387 Die rede erhôrte Dietrîch   unde Hildebrant. 2328
er gie dâ er die recken   beide stênde vant (2265)
ûzen vor dem hûse   geleinet an den sal.
sînen schilt den guoten   den sazte Dietrîch zetal.

2382 CZa 1. und helfreich a. vil *fehlt* a. *in Z nur erhalten:* Helprich d^{s} vil ch$\overset{o}{v}$ne. 2. sol Z, schol a. *in Z nur erhalten:* [Wîch]art. wie sol ich (die) v^{s}chlagn. 3. mir *vor* an a. 4. niemen sterbn mach Z, nymant nicht ersterben mag a.

Überschrift: der *fehlt* a. günther vnd hagn a. (Wie d^{s} herre die)trich (gvnth^{s}n vn̄ hagenen bet)wank Z.

2383 CZa 1. s$\overset{o}{v}$cht(e) Z. selbs a. 2. er *fehlt* a. 4. hûs *fehlt* Z. daz in dem haws a. gegen Z. ergan a.

2384 CZa 2. [in] Z. 3. (ein̄) Z. schilten(en *durchgestrichen*) C. do nam [er] Z.

2385 CZa 1. (dort) Z. 3. sîme] sinne C, seinē a. laiden dy im sint hy a. 4. [kie]sen Z. müg geiehn̄ a.

1386 CZa 1. (Iane) Z. ja düncket a. [der herre] Z. 2. und ouch] noch a. grewleich a. 3. er a. [un]s Z. 4. rett a. getar Za. rehte] hart a.

2387 CZa 1. (die) Z. hort her dietreich a. (dietrich vn̄) Z. vnd auch a. 3. vz(en vor dem) Z. auß dem haws a. 4. ze(tal) Z.

2388 In leitlîchen sorgen   sprach dô Dietrîch: 2329
'wie habt ir sô geworben,   Gunther, ein künic rîch? (2266)
ich ellender recke,   waz ist an mir getân!
alles mînes trôstes   des bin ich eine bestân.

2389 Iuch endûhte niht der volle   an der vil grôzen nôt, 2330
dô ir uns Rüedegêren   den recken sluoget tôt: (2267)
nu habt ir mir erbunnen   aller mîner man.
jâ het ich iu degenen   solher leide niht getân.

2390 Gedenket an iuch selben   und an iuwer leit, 2331
tôt der iuwer friunde   und ouch diu arebeit, (2268)
ob ez iu guoten degenen   beswæret iht den muot.
owê, wie rehte unsanfte   mir tôt der Rüedegêres tuot!

2391 Ez geschach in der werlde   nie manne leider mêr. 2332
ir gedâhtet übele   an mîn und iuwer sêr. (2269)
swaz ich freuden hête,   diu lît von iu erslagen.
jâne kan ich nimmer mêre   die mîne mâge verklagen.'

2392 'Jâne sîn wir niht sô schuldic,'   sprach dô Hagene. 2333
'ez kômen her zem hûse   die iuwern degene (2270)
ze vlîze wol gewâfent   mit ir schar sô breit.
mich dunket, wie iu diu mære   niht ze rehte sîn geseit.'

2393 'Waz sol ich anders gelouben?   mir sagtez Hildebrant, 2334
dô mîne recken gerten   von Amelunge lant, (2271)
daz ir in Rüedegêre   gæbet ûz dem sal,
dô tât ir niwan spottens   die küenen helde her zetal.'

2394 Dô sprach der künec von Rîne: 'si jâhen wolden tragen 2335
Rüedegêren hinnen;   den hiez ich in versagen (2272)
Ezeln ze leide,   und niht den dînen man,
unze daz dô Wolfhart   dar umbe schelten began.'

2395 Dô sprach der helt von Berne: 'ez muose et alsô sîn. 2336
Gunther, künec edele,   durch die zühte dîn (2273)
sô ergetze mich der leide,   diu mir sint getân,
und süenez, ritter küene,   sô wil ich gar die schulde lân.

2396 Ergip dich mir ze gîsel,   du und ouch dîn man: 2337
sô wil ich iuch behüeten,   sô ich beste kan, (2274)
daz iu hie zen Hiunen   niemen niht entuot.
ir sult an mir niht vinden   niwan triuwe unde guot.'

2397 ‘Nune welle got von himele,’ sprach dô Hagene, 2338
‘daz sich dir ergæben zwêne degene, (2275)
die du sô werlîche sihest gewâfent stân.
daz hiez ein michel schande und wær ouch übele getân.’

2398 ‘Irn sult ez niht versprechen,’ sprach aber Dietrîch. 2339
‘Gunther unde Hagene, jâ habt ir beide mich (2276)
sô sêre beswæret, mîn herze und ouch den muot,
welt ir mich ergetzen, daz irz vil pillîchen tuot.

2399 Ich gibs iu mîne triuwe und gihtes iu mîn hant, 2340
daz ich mit iu rîte heim in iuwer lant. (2277)
ich beleite iuch nâch den êren oder ich gelige tôt:
ich wil durch iuch verkiesen der mînen grœzlîchen nôt.’

2400 ‘Nune gewähent sîn niht mêre,’ sprach aber Hagene. 2341
‘von uns enzimt daz mære niht ze sagene, (2278)
daz sich iu ergæben zwêne alsô küene man:
nu siht man niemen mêre bî iu wan Hildebrande stân.’

2388 CZa 1. (in) Z. 2. ein *fehlt* a. 3. (ellend^{s}) re(ch)e Z.
2389 CZa 1. auch dauchte nicht a. 2. (rechn) Z. (ze t)ot) Z. 3. e[rbunnen aller mîner man] Z. 4. [iâ het] Z.
2390 CZa 1. selbs a. 4. recht *über der Zeile nachgetragen* a. mir tôt der] der tot mir a. Rvdegers C, rüdigers a. tuot] tot C.
In Z nur erhalten: 1. iw^{s} lait. 2. tot d^{s} iw^{s} frivnde vn̄ oͮch div. 3. iht bes(waeret den) mvͦt. 4. owe wie rehte.
2391 CZa 1. gesaͨch C. laider ny man̄ mer a. 2. vn̄ an C. 3. frewd a. 4. ja kan a. meinen a. vorklagen a.
In Z nur erhalten: 1. [wer]lde nie laid^{s} nim(m^{s} mer). 2. ir geda[htet]. 3. [swa]z ich (freydn hete div liget von iv erslagn). 4. (Iane). [mê]re die mine (mage v^{s}chlagn).
2392 CZa 1. (Iane sint) Z. Ja sey a. 2. (i)z ch(omen h^{s}) [zem hûse] Z. zu dem a. [die iuwern degene] Z. 3. [ze vlîze] Z. wol gewâfent *fehlt* a. 4. (mich) [dunket wie iu diu mære] Z. sîn] sint Z.
2393 Ca; *bis* 2393,3: … Rvͦdg^{s}n gebet Z.
1. (i)[z Hildebrant] Z. 2. gerten *fehlt* Z. 4. tet ir nur a.
2394 Ca 1. vom Rein a. sy iahen sy wolden a. 2. von hin̄ a. 3. den *fehlt* a. 4. daz *fehlt* a. schelten darv̈mb a.
2395 Ca 1. ot a. 3. ergezzet C. diu] die C, dy a.
2396 Ca 1. ouch *fehlt* a. 3. niht tut a. 4. wan a.
2397 Ca 1. nu enwöll a. 2. ergeben C, engeben a. 3. wærliche C, wärlich a. 3. gewappent sihest a. 4. ein] ez a. ouch *fehlt* a.
2398 Ca 1. ir schüllt a. sprach] iach a. 3. mîn] daz a. ouch *fehlt* a. 4. vnd wöllt a.
2399 Ca 1. Ich gib euch des mein trewe a. vnd bewt euch des mein a. 3. iuch] iu C. lig a. 4. vnd wil a. großen a.
2400 Ca 1. nune] nu a. 3. iu] iw^{s} C. also czwen a. 4. mêre] mære C, mer a.

2401 Des antwurte Hildebrant: 'iuch möhte wol gezemen,   2342
den fride mînes herren,   ob ir den ruochet nemen.   (2279)
ez kumt noch an die stunde   vil lîht in kurzer zît,
daz ir in gerne næmet,   und in iu danne niemen gît.'

2402 'Jâ næme ich ê die suone,'   sprach dô Hagene,   2343
'ê ich sô lasterlîche   von eime degene   (2280)
flühe, meister Hildebrant,   als ir habt hie getân.
ich wânde, daz ir kundet   baz gein vîande stân.'

2403 Dô sprach meister Hildebrant: 'zwiu verwîzet ir mir daz?   2344
nu wer was der ûf eime schilde   vor dem Waskensteine saz,   (2281)
dô im von Spâne Walther   sô vil der friunde sluoc?
ouch habt ir noch ze zeigen   an iu selben genuoc.'

2404 Dô sprach der fürste Dietrîch: 'wie zimt daz helede lîp,   2345
daz si suln schelten   sam diu alten wîp?   (2282)
ich verbiut iu, Hildebrant,   daz ir iht sprechet mêr.
mich ellenden recken   twingent grœzlîchiu sêr.'

2405 'Lât hœren, friunt Hagene,'   sprach dô Dietrîch,   2346
'waz ir ê redetet,   ir recken lobelîch,   (2283)
dô ir mich gewâfent   zuo ziu sâhet gân:
ir jâhet, daz ir eine   mit strîte woldet mich bestân.'

2406 'Jâne lougent iu des niemen,'   sprach Hagene der degen,   2347
'ine welle ez hie versuochen   mit stichen und mit slegen,   (2284)
ez ensî, daz mir zebreste   daz Nibelunges swert.
mich müet, daz mînes herren   und mîn ze gîsel ist gegert.'

2407 Dô der recke erhôrte   den grimmen Hagenen muot,   2348
den schilt vil balde zuchte   der snelle degen guot.   (2285)
wie balde gein im Hagene   von der stiegen spranc!
Nibelunges swert daz guote   vil lût ûf Dietrîche erklanc.

2408 Dô wesse wol her Dietrîch,   daz der küene man   2349
vil grimmes muotes wære: schermen im began   (2286)
der voget von Berne   vor angestlîchen slegen.
wol erkander Hagenen: er was ein ûz erwelter degen.

2409 Ouch vorht er Balmungen,   ein wâfen stark genuoc.   2350
under wîlen Dietrîch   mit listen wider sluoc,   (2287)
unze daz er Hagenen   mit strîte doch betwanc.
er sluog im eine wunden,   diu was tief unde lanc.

2410 Dô dâht der herre Dietrîch: 'du bist in nôt erwigen: 2351
ich hân es lützil êre, soltu nu tôt geligen. (2288)
ich wil ez sus versuochen, ob ich ertwingen kan
dich mir zeinem gîsel.' daz wart mit sorgen getân.

2411 Den schilt lie vallen Dietrîch. sîn sterke diu was grôz: 2352
mit beiden sînen armen er Hagenen umbeslôz. (2289)
dô wart von im betwungen der vil küene man.
Gunther der vil edele darumbe trûrin began.

2412 Hagenen bant dô Dietrîch und fuort in dâ er vant 2353
die edeln Kriemhilde, und gab ir bî der hant (2290)
den küenisten recken, der ie swert getruoc.
nâch ir vil starkem leide dô wart ir liebe genuoc.

2413 Vor freuden neic dem recken daz Ezelen wîp: 2354
'immer sî dir sælic dîn herze und ouch dîn lîp. (2291)
du hâst mich wol ergetzet nâch aller mîner nôt.
ich sol ez immer dienen, mich enwendes der tôt.'

2414 Dô sprach der herre Dietrîch: 'ir sult in lân genesen, 2355
vil edeliu küniginne. ez mac vil wol noch wesen, (2292)
daz iuch sîn dienst ergetzet des er iu hât getân.
er sol des niht engelten, daz man in siht gebunden stân.'

2401 Ca 1. antwrt C, antwort a. 3. vil lîht *fehlt* a. 4. vnd in dan (*übergeschrieben*) euch a.
2402 Ca 1. neme C, näm a. 2. e daz ich a. 3. hie *fehlt* a. 4. daz] dar C. veinden a.
2403 Ca 1. der maister a. Hildebrant *fehlt* a. weizet a. 2. nu *fehlt* a. eime] dem a. Waschen stein C, wasenstain a. 3. span C. 4. selbs gnug a.
2404 Ca 1. ditrich *über der Zeile nachgetragen* a. helden a. 2. sam] als a. 3. ir nicht a. 4. twinget große ser a.
2405 Ca 2. redet recke löbleich a. 3. sahet zu euch a.
2406 Ca 1. do hagen a. 2. ich wöll a. 3. ez ensey dann daz a. zebreche a. daz] des a.
2407 Ca 1. recke] helt a. Hagenen *fehlt* a. 3b: gein der türe (*über* türe *ist* stig *übergeschrieben*) spranch a. 4. ditrichen klang a.
2408 Ca 1. der her ditrich a.
2409 Ca 3. er doch hagen mit streit betwang a.
2410 Ca 1. gedacht a. 2. es] ez a. 3. betwingen a. 4. ze einem a.
2411 Ca 4. vil *fehlt* a.
2412 Ca 1. dâ] daz a. 3. getrug in der hant a. 4. nach irm̄ a. starken a.
2413 Ca 1. Ezeln C. daz edel weip (*über* weip *ist* eczeln *übergeschrieben*) a. 2. ouch *fehlt* a. 4. enwend sein dann a.
2414 Ca 2. ez] er a. 3. des] daz a.

2415 Dô hiez si füeren Hagenen   an sîn ungemach, 2356
dâ er lac beslozzen   und dâ in niemen sach. (2293)
Gunther der künec edele   ruofen dô began:
'war kom der helt von Berne?   er hât mir leide getân.'

2416 Dô gie im hin begegene   der herre Dietrîch. 2357
daz Guntheres ellen   daz was sô lobelîch: (2294)
ern beite dô niht mêre,   er lief her für den sal.
von ir beider swerten   huop sich ein ungefüeger schal.

2417 Swie vil der herre Dietrîch   lange was gelobt, 2358
Gunther was sô sêre   erzürnet und ertobt, (2295)
wander nâch starken leiden   sîn herzevîent was:
man sagtez noch für wunder,   daz dô Dietrîch ie genas.

2418 Ir ellen und ir sterke   beide wâren grôz. 2359
palas unde türne   von den slegen dôz, (2296)
dô si mit swerten hiuwen   ûf die helme guot.
ez het der künic Gunther   einen hêrlîchen muot.

2419 Sît twang in der von Berne,   sam Hagenen ê geschach. 2360
daz bluot man durch die ringe   dem helde vliezen sach (2297)
von eime scharpfen swerte,   daz truoc her Dietrîch.
doch het gewert Gunther   nâch müede lobelîche sich.

2420 Der herre wart gebunden   von Dietrîches hant, 2361
swie künige niene solden   lîden solhiu bant. (2298)
er dâht, ob er si lieze   ungebunden wesen,
daz si zwêne inme lande   niemen liezen genesen.

2421 Der vogt von Berne   der nam in bî der hant: 2362
dô brâhter in gebunden   dâ er Kriemhilt vant. (2299)
dô was mit sîme leide   ir sorge ein teil benomen.
si sprach: 'künic Gunther,   sît mir grôze willekomen.'

2422 Er sprach: 'ich soltiu nîgen,   vil edel swester mîn, 2363
ob iuwer grüezen möhte   genædeclîcher sîn. (2300)
ich weiz iuch, küniginne,   sô zornic gemuot,
daz ir mir und Hagenen   vil swachez grüezen getuot.'

2423 Dô sprach der helt von Berne: 'vil edel küniges wîp, 2364
ez enwart nie gîsel mêre   sô guoter ritter lîp, (2301)
als ich iu, frouwe hêre,   an in gegeben hân:
nu sult ir die ellenden   mîn vil wol geniezen lân.'

2424 Si jach, si tæt iz gerne. dô gie der küene man 2365
mit weinenden ougen von in balde dan. (2302)
si rach sich gremelîche, daz Ezelen wîp:
den ûz erwelten degenen nam si beiden den lîp.

2425 Sie lie si ligen sunder durch ir ungemach, 2366
daz ir sît dewedere den andern nie gesach. (2303)
swie ez verlobt hête daz vil edele wîp,
si dâht: 'ich geriche hiute mîns vil lieben mannes lîp.'

2426 Dô gie diu küniginne dâ si Hagenen sach. 2367
wie reht erbolgenlîche si zuo dem recken sprach: (2304)
'welt ir mir geben widere daz ir mir habt genomen,
sô muget ir mit dem lebene wider zen Burgonden komen.'

2427 Dô sprach der grimme Hagene: 'diu rede ist gar verlorn, 2368
vil edeliu küniginne. jâ hân ich des gesworn, (2305)
daz ich den hort iht zeige die wîle deheiner lebe
der mînen edelen herren, und in niemanne gebe.'

2428 Er wiste wol diu mære, sine liez in niht genesen.
wie möhte ein untriuwe immer sterker wesen?
er vorhte, sô si hête im sînen lîp genomen,
daz si danne ir bruoder lieze heim ze lande komen.

2415 Ca 4. er] der a.
2416 Ca 2. daz] des a. Gunthers C, günthers a. daz was] dy was a. 3. er enbeytet a. mêre *fehlt* a. er lief erfür für den sal a.
2417 Ca 3. starkem laide a. hercz vinet a.
2418 Ca 1. baider a. warn C. 2. vor irn a. 3. hewen C, hiben a.
2419 Ca 1. twange C. sam] als a. 4. gewert schon a.
2420 Ca 2. niene] von nymant a. 3. er gedacht a. si *fehlt* Ca. 4. si] dy a. in dem a.
2421 Ca 1. vogt da von a. der nam] nam a. 4. nu seyt mir größlich a.
2422 Ca 1. soltv C. edle a. 2. gesein a. 4. vil swachen gruß tut a.
2423 Ca
2424 Ca 2. mit trawrigen mute a. in] ir a. 3. gremliche C, gräwlichen a. Ezeln Ca. 4. benam a.
2425 Ca 1. besunder a. 2. itweder a. 4. sy gedacht a. geriche] rich a. meins edeln mannes a.
2426 Ca 3. widergeben a. benomen a. 4b: wol kumen zen burgonden a.
2427 Ca 1. Hagen C, hagen a. *vor* rede *ist* lei *durchgestrichen* C. 3. deheiner] ir keiner a. 4. nymant a.
2428 Ca 1. sine liezen in C, sy liez in a. 3. benomen a. 4. zu dem lande a.

2429 'Ich bringez an ein ende,'   gedâht daz edel wîp. 2369
dô hiez si ir bruoder   nemen den lîp. (2306)
man sluog im abe daz houbet: bî hâre si ez truoc
für den helt von Tronege.   dô wart im leide genuoc.

2430 Alsô der ungemuote   sîns herren houbet sach, 2370
wider Kriemhilde   dô der recke sprach: (2307)
'du hâst ez zeime ende   nach dîme willen brâht,
und ist ouch rehte ergangen   als ich mir hete gedâht.

2431 Nu ist von Burgonden   der edel künec tôt, 2371
Gîselher und Volkêr,   Dancwart und Gêrnôt. (2308)
den hort den weiz nu niemen   wan got unde mîn:
der sol dich, vâlendinne,   immer wol verholn sîn.'

2432 Si sprach: 'sô habt ir übele   geltes mich gewert. 2372
sô wil ich doch behalten   daz Sîvrides swert. (2309)
daz truoc mîn holder vriedel,   dô ir im nâmet den lîp
mortlîch mit untriuwen,'   sprach dô daz jâmerhafte wîp.

2433 Si zôch ez von der scheiden: daz enkunder niht gewern. 2373
dô dâhte si den recken   des lîbes vol behern. (2310)
si huobez mit ir handen,   daz houpt si im abe sluoc.
daz sach der künic Ezele: dô was im leide genuoc.

2434 'Wâfen,' sprach der fürste,   'wie ist nu tôt gelegen 2374
von eines wîbes handen   der aller beste degen, (2311)
der ie kom ze stürmen   oder ie schilt getruoc!
swie vîent ich im wære,   ez ist mir leide genuoc.'

2435 Dô sprach meister Hildebrant: 'jâne geniuzet si es niht, 2375
daz si in slahen torste,   swaz halt mir geschiht. (2312)
swie er mich selben bræhte   in angestlîche nôt,
idoch sô wil ich rechen   des vil küenen recken tôt.'

2436 Hildebrant mit zorne   zuo Kriemhilde spranc: 2376
er sluoc der küniginne   einen grimmen swanc. (2313)
jâ tet ir diu sorge   von dem degene wê:
si mohte lützil helfen,   daz si sô angestlîchen schrê.

2437 Dô was gelegen aller   dâ der veigen lîp. 2377
ze stücken lac verhouwen   dô daz edel wîp. (2314)
Ezel unde Dietrîch   weinen dô began:
si klageten jæmerlîche   alle ir mâge unde man.

2438 Diu vil michel êre   was dâ gelegen tôt. 2378
die liute heten alle   jâmer unde nôt. (2315)
mit leide was verendet   des küniges hôchgezît,
als ie diu liebe leide   an dem ende gerne gît.

2439 Ine kan iuch niht bescheiden   waz sider dâ geschach: 2379
wan kristen unde heiden   weinen man dô sach, (2316)
wîbe unde knehte   und manige schœne meit:
die heten nâch ir friunden   diu aller grœzisten leit.

2440 Ine sage iu nu niht mêre   von der grôzen nôt
(die dâ erslagen wâren,   die lâzen ligen tôt),
wie ir dinc an geviengen   sît der Hiunen diet.
hie hât daz mære ein ende: daz ist der Nibelunge liet.

2429 Ca 1. gedâht] sprach a. 2. benemen a. 3. bey dem har a. 4. warde C.
2430 Ca 3. zu einem end a.
2431 Ca 4. vælændinne C, vallendin a. verporgen sein a.
2432 Ca 2. doch ich C. 3. holder] hoher a. im *über der Zeile nachgetragen* a. 4. iamerhaftig a.
2433 Ca 1. sy weist es auß der a. 2. do gedacht a. vol] wol a. 4. dô] ez a.
2434 Ca 2. beste] küniste a. 3. ze sturm a.
2435 Ca 1. ia geneußet a. 3. selbs bracht a.
2436 Ca
2437 Ca 4. vnd ir man a.
2438 Ca 2. all a. 3. was] wart a.
2439 Ca 1. ich kan a. 4. sy hetten a. diu] die C, dy a.
2440 Ca 1. ich sag a. nu *fehlt* a. 4. daz sint der niblung geliet a.

Register der Namenformen

Adriân
N. *Adrian* 1794,2; G. *Adrianes* 1575,2; 2339,4; *Adrians* 1991,1; A. *Adrianen* 1796,1.

Albrîch
N. *Albrich* 98,4; 344,3; 504,2; 505,1; 1130,4 1132,1; G. *Albriches* 1137,4; D. *Albriche, Abrichæ* 96,2; 508,4; 97,3; *Albrichen* 513,1; A. *Albrichen* 508,1; 510,1.

von Alzeye 8,4

Amelunge
Amelunge/Amelvnge (lant) 1761,2; 2036,3; 2338,2; 2381,4; 2393,2; *der künic der Amelunge* 2034,3; *der vogt der Amelunge* 2306,1; *von Amelungen der degen Wolfwin* 2318,1.

in/uz Arabin 582,3; 841,2

von Arraz 1869,1

Astolt 1356,1

von Azagóch 448,2

Balmunc s. Palmunc

Beyer
baier, bayer, Bayer, beyer (lant/landen) 1197,3; 1321,1; 1322,3; 1329,2; 1455,1; 1582,2; 1640,3; 1643,1; 1656,1.

Bechelâren
N. *diu guote Bechelaren* 1345,2; D. *ze/von Bechelaren* 1183,1; 1186,1; 1187,1; 1188,1; 1197,1; 1744,4; *von Bechelaren (der guote Rüedeger)* 1170,3; 1205,2; 1207,3; 1255,1.

Bernære
N. Sg. *Bernære* 2372,1; D. Sg. *Bernære* 1951,1; 2052,2; G. Pl. *Bernære* 2332,1.

Berne
von Berne/berne 1761,3; 1758,2; 1766,3; 1769,3; 1770,1; 1845,1; 2034,1; 2048,1; 2056,2; 2195,3; 2294,3; *uzer Berne* 2317,1.

Blœdel, Blœdelîn
N. *Bloͤdel, bloͤdel* 1953,1; 1954,1; 1956,1; 1958,1; Ü XXX II; 1974,1; 1976,1; 2006,2; *Bloͤdelin* 1373,2; 1378,4; 1400,1; 1923,1; 1952,1; 1974,3; 1975,1; G. *Blodelines* 1951,2; 1973,1; 1981,1; D. *Bloͤdeline* 1979,1; A. *Bloͤdelinen* 1959,1.

(Botelunc)
G. *Botelunges* 1275,4; 1341,2; 1399,2.

Brünhilt s. Prünhilt

Burgonden
N. Sg. *Burgonde* 2273,3.
N. Pl. *Burgonden* 233,3; 568,3; 1319,3; 1772,1.
G. Pl. *der Bvregonde* 1923,4; G. Attr. besonders zu *lant: Buregonden/Bvregonden* 142,1; 219,4; 386,4; 579,1; 752,2; 759,1; 780,4; 802,3; u. *Burgonden/Bvrgonden/burgonden* 49,1; 62,1; 66,2; 77,3; 79,4; 84,4; 104,3; 196,4; 235,4; 244,4; 280,4; 2016,4; *Buregonde lant* 837,1 (Zeilenende);
D. Pl. *Burgonden/burgonden/Bvrgonden/bvrgonden* 5,3; 67,1; 68,4; 122,4; 272,4; 275,4; 525,4; 537,4; 747,3;761,4; 1451,2; 2012,4; u. *Buregonden* 128,4; 172,1; 220,4; 947,4; 1095,4; 1103,4; zur Bezeichnung des Landes: *in Bvregonden* 2,1; *in Burgonden* 44,3; *von Burgonden* 204, 1; 290,1; 453,1; 1001, 1; *von Buregonden* 1121,1; *ze Buregonden* 20,4.
A. Pl. *Bvrgonde* 2126,4; *Buregonde* 867,4.

Dancrât
N. *Dancrat* 4,2; G. *Danchrates* 616,2; 1158,2.

Dancwart
N. *Dancwart* 174,3; 215,4; 459,2; 1685,3; 1692,1; 1993,1; *Danchwart* 8,2; 10,1; 163,2; 229,2; 350,3; 367,4; 388,3; 411,1; 439,2; 453,1; 456,2; 1212,2; 1657,1; G. *Danchwartes* 1988,3; D. *Danchwarte* 202,4; 2030,1; *Danchwart* Ü XXXII; A. *Danchwart* 807,3; 1508,1; *Danchwarten* 1653,1; 1705,3; 2350,1.

Dietrîch, Dieterîch
N. *Diet'ch* 1374,1; 1769,2; 1789,1; 1791,2; 1792,2; 1793,2; 1799,2; 1945,3; 1949,1; 2037,1; 2038,1; 2045,1; *Dieterich* 1766,3; *Dietrich* 1379,2; 1763,1; 2044,1; 2046,4; 2295,1; Ü XXXVIII; 2303,1; 2411,1; 2412,1.
G. *Diet'ches* 1381,1; 1408,3; 1790,2; 1950,4; 2040,4; 2041,3; Ü XXXVII; 2309,3; 2311,2; 2312,2; 2316,3; *Dietriches* 1918,2; 2294,3; 2367,3.
D. *Diet'che* 1759,2; 1762,2; 2042,4; 2407,4.
A. *Diet'chen* 1391,1; 2195,1; 2385,2; *Dietrichen* 1768,3; 2036,1.

Duringen, Durigen
von Dvringen 1372,3; 1921,2; 1922,3; *von Dvrigen* 2087,2; 2124,1; *die Durigen* 2130,1.

Eckewart
N. *Ekkewart* 8,3; 1306,1; 1425,3; *Eckewart* 1112,2; 1684,1; *Ecgewart* 707,4; 772,2; A. *Ecgewarten* 1251,3; *Ekkewarten* 1339,2.

bi Elbe 1268,2.

Else N. 1632,3; 1636,3; 1648,3; 1654,3; 1655,3.

bi Ense 1331,1; *zuo der ense* 1328,2.

ze Everdingen 1329,1

Ezel, Ezele
N. *Ezele* ÜXX; 1166,2; 1170,1; 1177,1; 1185,2; 1214,3; 1220,4; 1239,3; 1282,1; 1298,2; 1314,4; *Ezel* 1255,2; 1267,3; 1457,4; 1516,2; 1767.2; 1934,4; 2073,1; 2146,1; 2437,3.
G. *Etzelen, Ezelen* 5,4; 1223,4; 1229,2; 1235,3; 1250,2; 1275,1; 1280,3; 1286,4; 1318,4; 1349,4; 1352,3; 1360,3, 1361,1, 1363,4; 1373,3; 1379,3; 1415,4; *Ezeln* 1753,4; 1770,3; 1803,3; 1804,2; 1823,4; 1833,3; 1835,4; 1912,1; 1931,4; 1958,3; 1963,3; 2424,3.
D. *Ezele* 1215,4; 1263,2; 1369,1; 1420,3; 1959,3; Ü XXXV; *Ezelen* 1224,4; 1309,4; 1365,2; 1384,4; 1387,3; 1401,4; 1451,4; 1910,2; 1994,4; 2205,1; *Ezeln* 1943,1; 2123,4; 2196,4; 2394,3.
A. *Ezele* 1234,2 (N?); *Ezelen* 1226,4; 1525,3; 2052,1; 2145,1; *Ezeln* 1752,3; 2048,3; 2252,4.

Gelpfrât
N. *Gelpfrat* 1632,3; 1642,4; 1647,1; 1648,2; 1654,2; *Gelpfrate* 1651,3; G. *Gelpfrates* 1649,3; D. *Gelpfrate* 1636,1; 1637,4; 1652,1; A. *wider Gelpfrate* 1650,4.

Gêrbart: N. *Gerbart* 2340,1; 2382,2.

Gêre
N. *Gere* 8,3; 570 1; 588,1; 744,4; 751,1; 752 2; 759,1; 761,1; 774,2; u.ö. A. *Geren* 748,2; 749,2; 752,4; 1120,2; *Gern* 1251,3.

Gêrnôt
N. *Gernot* 3,2; 56,4; 114,4; 115,1; 119,4; 123.1; 124,1; 151,1; 197,1; u.ö. G. *Gernotes* 125 4; u.ö. D. *Gernote* 149,4; 181,2; 1137,4; 1231,1; 1445,1; u.ö. A. *Gernoten* 210,4; 1107.2; 1120,3; 1171,1; 1706,4; 1845,3; 2099,1; 2277,2.

Gibeche
N. *Gibeche* 1370,4; 1925,1; A. *Gibechen* 1379,2.

Gîselher
N. *Giselher* 3,3; 126,1; 268,1; 322,4; 324,4; 553,1; 554,4; 614,2; 702,1; 754,2; 798,3; 873,3; 923,2; 1059,3; 1061,1; 1233,2; 1237,1; 1243,2; 1267,1; 1268,1; u.ö. G. *Giselheres* 2023 4; *Giselhers* 2104 4 (Zeilenende).
D. *Giselhere* 1091,2; 1231,1; 1266,2; 1446,1; 1800,1; 2100,4; 2102,4; 2354,1; *Giselher* 1733,4; 2220,1; 2350,2.
A. *Giselheren* 1845,4; *Giselhern* 1107,2; 1706,2; 2357,4; *Giselhere* 2024,2; 2105,3; *Giselher* 1120,3; 1148,4; 1777,3.

Gotelint
N. *Gotelint* 1186,1; 1188,4; 1190,4; 1330,3; 1332,1; 1341,1; 1351,1; 1452,3; 1689,4; 2374,3; *Gôtelind* 1193,1; 1327,1.
G. *Gotelinde* 1213 4; 1301,1; 2193,2; 2278,4; *Gotlinde* 1349,3.
D. *Gotelinde* 1182,3; 1184,4; 1338,1; 1339,2.
A. *Gotelinde* 1335,3; 1744,2.

Gunther
N. *Gunther/Gvnther* 3,2; 53,4; 56,4; 104,4; 112,1; 143,1; 153,3; 155,4; 161,4; 165,3; 166,1; 247,1; 259,2; 290,3; 314,4; Ü VI; 335,1; 340,1; 406,3; 472,2; 538,1; 579,4; 617,1; 626,1; 656,4; 782,4; 1043,3; 1055,2; 1127,2; 1145,1; 1458,4; 1478,1; 1647,2; 1764,1; 1850,1; 1863,1; 1977,2; 2041,1; 2047,1; 2051,4; u.ö.
G. *Gunthers/Gvnthers* 51,3; 59,2; 143,4; 271,4; 571,2; 638,1; 731,1; 762,1; 774,4; 789,3; 828,4; 843,1; 871,3; 878,4; 886,4; 897,2; 916,3; 917,3; 965,2; 1042,3; 1225,3; 1507,1; 1508,4; 1652,4; 1691,4; 1799,3; 1812,2; 1896,3; 1919,1; 1920,3; 1926,3; 1994,3; 2037,3; 2313,3; 2340,4; 2352,2; 2359,1; 2366,3; 2373,4; 2416,2. *Guntheres/Gvntheres* 45,4; 60,3; 72,3; 74,4; 126,4; 139,2; 140,1; 171,3; 194,2; 218,3; 222,4; 237,4; 241,2; 248,2; 308,2; 309,4; 405,4; 416,4; 476,4; 529,4; 531,4; 686,4; 793,1; 805,4; 925,4; 1139,1; 1938,2.
D. *Gunthere/Gvnthere* 319,4; 323,3; 478,3; 849,4; 1300,4; 1459,4; 1466,4; 1734,1; *Gunther/Gvnther* 169,2; 667,4; 668,4; 725,2; 879,2; 885,3; 1117 3; 2350,2.
A. *Gunther* 154,4; u.ö.; *Guntheren* 402,4; *Gunthern/Gvnthern* 77,3; 827 3; 1171,1; 1436,4; 1706,3; 1845,2; 2099,1; Ü XXXVIII.

Hagene, Hagen
N. *Hagene* 8,1; 54,1; 83,4; 86,1; 99,3; 103,1; 121,1; 122,2; 125,1; 152,1; 163,1; u.ö.; *Hagen* 416,4; 928,2; 1015,2; 1146,3; 1704,2; 1764,2; 1788,2; 1812,2; 1847,4; 1866,2; *Hagen̄* 2427,1 (Zeilenende).
G. *Hagenen* 119,2; 235,3; 388,3; 807 3; 990,3; 995,3; 1020,2; 1122,1; 1304,1; 1419,2; 1903,3; *Hagen̄* 1776,1 (Zeilenende); 2165,4; 2339,1; *Hagen* 1647,2; 1738,1; 1985,4; *Hagene* 975,4; 2111,3.
D. *Hagenen* 1773,4; Ü XXXIV; 2419,1; *Hagene* 81,4; 181,1; 194,3; 881,4; 884,1; 992,4; 1056,4; 1201,4; 1235,1; 1423,4; 1740,3; 1806,4; 1838,4; *Hagen* 1736,1; *Hagen̄* 2422,4.
A. *Hagenen, Hagenē* 149,3; 993,3; 1090,4; 1117,4; 1691,4; 1696,3; 1772,4; 1789,3; 1797,1; 1797,4; 1807,3; 2018,1; 2116,3; *Hagen̄* 2107,3; Ü XXXVIII.

Hâwart
N. *Hawart* 1372,1; 1848,1; 1922,1; 2087,3; 2126,1; 2129,1; 2129,4; G. *Hawartes* 2090.1; 2108,3; 2118,2; 2125,3.

(Heimburc): *ze heimburch* 1403,1

Helche
N. *Helche* 1166,1; 1214,3; 1218,3; 1261,3; 1357,3; 1359,3; 1378,3; 1412,3; 1796,4; G. *Helchen* 1167,1; 1183,4; 1221,2; 1236,2; 1406,3; 1407,2; 1408,2; 1410,4; D. *Helchen* 1173,2; 1184,4; 1256,3; 1416,1.

Helmnôt: N. *Helmnot* 2320,1

Helpfrîch
N. *Helpfrich* 2303,2; 2320,1; 2340,1; 2350,1; 2382,1; D. *Helpfriche* 2302,2; *Helpfrichen* 2300,1.

Herrât: N. *Herrat* 1408,1; 1416,3.

durch Hessen 177,1.

Hildebrant
N. *Hildebrant* 1758,2; 1946,1; 2307,1; 2309,2; 2313,1; 2320,3; 2330,2; 2334,1; 2335,3; 2341,1; 2344,4; 2345,1; 2349,1; 2368,3; 2377,1; 2378,1; 2383,2; 2402,3; 2403,1; *Hiltebrant* 1948,1; 2333,2; G. *Hildebrandes* 2345,4; D. *Hildebrande* 2376,1; A. *Hildebranden* 2365,1; 2369,3; *Hildebrande* 2306,3; 2400,4.

(Hiltegunt): D. *Hiltegunde* 1797,4

Hiunen
N. Sg. *Hvne* 1936,1; 1980,3; G. Sg. *Hvnen* 1939,1; D. Sg. *Hvnen* 2071,4; 2205,2; A. Sg. *Hvnen* 1940,3.
N. Pl. *Hvnen* 1444,3; 1986,1; 2069,3; 2179,2; 2253,3; *Hvnin/Hunin* 1263,1; 1358,3.
G. Pl. *hvnen, Hvnen* 1930,2; 2010,2; 2013,4; 2052,1; als G. Attr. besonders mit *lant/lande/landen: Hvnin/Hunin, Hvnen/Hunen* 1185,1; 1189,3; 1191,3; 1206,3; 1214,3; 1274,3; 1313,2; 1326,3; 1359,1; 1371,4; 1373,3; 1402,4; 1420,1; 1426,3; 1451,1; 1469,3; 1475,4; 1527,4; 1727,2; 1732,4; 1737,4; 1745,4; 1803,2; 1854,1; 1885,1; 1913,2; 1937,2; 2063,1; 2073,3.
D. Pl. *Hvnen, hunen* 1192,4; 1504,4; 1507,3; 1512,1; 1517,2; 1742,4; 1752,3; 1754,2; 1765,3; 1771,4; 1780,4; 2137,2; *Hvnin/Hunin/hunin* 1207,4; 1278,2; 1287,2; 1294,2; 1296,1; 1305,2; 1321,3; 1357,4; 1395,4; 1409,4; 1411,4; 1417,4; 1447,4.
A. Pl. *Hunin, Hvnen* 1388,1; 1932,3.

hiunisch (Adj.) 1204,4; 1751,4; 1925,2; 2028,3; 2139,3; 2200,2.

Hornboge 1371,1; 1925,2.

Hûnolt
N. *Hunolt/Hvnolt* 9,2; 10,4; 174,1; 201,1; 212,3; 236,1; 569,1.

von India dem lande 412,1

Îrinc
N. *Irinch* 1372,2; 1848,1; Ü XXXIV; 2084,1; 2086,1; 2087,1; 2087,4; 2093,1; 2095,2; 2096,1; u.ö.; D. *Iringe* 2083,3; 2088,2; A. *Iringen, Iringin* 2089,1; 2099,4; 2110,1; 2120,2; 2122,2.

Irnfrit
N. *Irnfrit, Irnvrit* 1372,3; 1922,1; 2087,2; 2126,1; 2127,1; *Irenvrit* 1845,3.

Îsenstein
N. *Isenstein* 393,3; D. *Isensteine* 390,3.

Îslant
D. *Islant* 427,1; 487,3; 556,3; *Islande* Ü VI; Ü VII; 586,1; 611,4.

(Kiewe): *Von dem lande vz Chyewen* 1367,1

(Kriechen): *von Chriechen* 1366,1

Kriemhilt
N. *Chriemhilt* 2,3; 17,1; 46,2; 306,4; 370,4; 557,4; 574,1; 711,2; 731,2; u.ö.; *Chriemh'* 47,4; 226,2; 263,2; 369,3; 593,1; 594,1; 627,4; 658,3; 667,1; 705,1; 794,2; u.ö.; *Criemh'* 134,3; *Chr'* Ü XVII; *C.* Ü XXIII; *Chriemhilde* (?Text korrupt) 762,2.
G. *Chriemhild'* 872,3; 1066,4; 1802,2; u.ö.; *Chriemh'* 721,4; 840,4; 844,4; 863,4; 947,1; 956,2; 970,2; 981,3; 997,1; 1011,3; 1030,2; 1060,1; 1769,4; u.ö.
D. *Chriemhilde* 12,1; 289,1; 291,2; 304,2; 578,2; 598,4; *chriemhild'* 590,3; *Chriemh'* 225,2; 281,4; 363,4; 622,3; 634,1; 702,4; 714,3; 751,3; 926,4; 1029,2; 1426,4; u.ö.; *Ch'* Ü XX.
A. *Chriemhilde* 64,4; 259,4; 282,4; 320,2; 325,4; 339,3; 544,1; u.ö.; *Chriemh'* Ü V; 321,4; 397,2; 613,4; 623,2; 666,3; 716,2; Ü XII; 733,2; 760,4; 806,3; u.ö.; *Kriemehilden* 305,4.

Libîâ
vzer Libia 438,3; *von Libyan* 372,1.

Liudegast
N. *Livdegast* 144,4; 152,2; 168,2; 170,3; 184,3; 185,1; 188,1; 189,4; 190,2; 194,1; 238,2; 314,1; 888,1; 892,2; *Lvdegast* 141,3; D. *Livdegaste* 169,4.

Liudegêr
N. *Livdeger* 144,4; 152,2; 171,1; 208,1; 214,3; 216,1; 238,3; 888,1; 892,2; 916,4; *Lvdeger* 141,1; *Livdegere* 251,1. G. *Livdegeres* 165,1; 179,3; 196,2; 211,1; *Ludegeres* 167,3; *Livdegers* 886,2. D. *Livdegere* 193,3; 236,3; 250,1. A. *Livdegeren* 206,4.

(Lôch): *zem loche* 1152,3.

ze Lorse 1158,4; 1161,2; 1162,3; 1164,3.

von marroch uz dem lande 372,1.

vzer Medeliche 1355,2.

(Mezze)
vzer/von Mezzen 10,2; 232,1; 275,1; 877,1; *von mezzin* 1208,2; *von Metzen* 119,1; *von Metzzen* 8,2.

ze Miesenburch 1404,1

gegen Mvtaren 1356,3

(Näntwîn): G. *Næntwines* 1408,4

Nibelunc
N. Sg. *Nibelūch* 91,1; G. Sg. *Nibelunges* 88,3; 89,1; 93,1; 98,3; 746,2; 1118,3; 2406,3; 2407,4; A. Sg. *Nibelunch* 87,3.
N. Pl. *Nibelunge* 512,3.
G. Pl. *Nibelunge* 89,3; 92,3; 94,4; 95,4; 503,4; 519,2; 532,3; 602,4; 780,3; 785,3; 1015,3; 1027,2; 1039,1; 1080,3; 1096,3; 1106,4; Ü XIX; 1129,3; 1131,1; 1294,1; 1419,1; 1781,2; 1782,2 – *der Nibelunget tot* 1042,2 ist Verschreibung.
D. Pl. *Nibelungen* 90,4; Ü VIII; 1068,4; Bezeichnung des Landes: *von Nibelungen* 586,2; *zen Nybelunge* 495,3; *ze Nibelunge* 728,1.
A. Pl. *Nibelunge* 87,2; 622,4.
Als Bezeichnung der Burgunden: N. Pl. *Nibelunge* 1754,2; Ü XXVIII; 1758,1; G. Pl. *Nibelunge* 1766,4; 2440,4; D. Pl. *Nibelungen* Ü I; 1562,2; 1563,2; A. Pl. *Nibelunge* 1777,2; 1946,2.

Niderlant
in Niderlant 1094,3; *vz/vzer Niderlant* 131,3; 169,3; 187,4; 200,3; 228,3; 292,2; 555,3; 697,1; 863,3; 942,2; *ze Niderlant* 1109,3; *von Niderlant* 90,3; 118,1; 131,3; 205,2; 215,2; 217,3; 259,1; 273,2; 620,4; 891,2; 895,3; *in Niderlanden* 19,1; 1395,1; *von Niderlanden* 387,1; 720,4; 768,1; 979,1; 982,1; 1773,2.

von Ninnive 858,1

Nuodunc
N. *Nuodvnch* 1951,3; G. *Nuodvnges, Nvdvnges* 1738,3; 1954,3; 1979,4.

Ortliep
N. *Ortliep* 1415,3; G. *Ortliebes* 1966,4; 2015,2; D. *Ortliebe* 1969,4; A. *Ortlieben* 1964,2; 2004,2; 2014,1.

Ortwîn
N. *Ortwin* 8,2; 10,2; 81,1; 116,2; 119,1; 125,1; 163,1; 202,1; 212,2; 308,4; 570,1; u.ö.; *Oͤrtwin* 1521,1; *Ortewin* 174,3; 232,1; 275,1; 803,1; 1311,1; D. *Ortwine* 120,1; *Ortwinen* 179,4; 1120,1.

Osterlant 1356,2; 1368,1.

durch Osterriche 1363,4; *durch Oͤstiriche* 1753,1

Otenhaim 1013,3

zen/vor dem Otenwalde 919,3; 1013,3

G. *Rudegeres/Rvdegeres* 1186,2; 1190,4; 1280,4; 1290,2; 1293,4; 1319,3; 1331,4; 1334,1; 1340,1; 1346,1; 1354,3; 1358,2; 1399,4; 1694,3; 1708,2; 1919,3; 2213,3; 2273,4; 2278,1; 2287,3; 2315,3; *Rvdegers* 1734,4; 2222,2; 2280,4; 2286,3; 2293,4; 2305,4; 2376,4; 2390,4.
D. *Rvdegere* 1191,1; 1208,2; 1209,4; 1248,3; 1249.2; 1332 4; 2205,4; 2260,4; 2325,4; *Rvͤdegere* 1283,1.
A. *Rvdegere* 1210,4; 1304,4; 2229,1; 2289,3; 2303,4; 2341,4; 2393,3; *Rvdegeren* 1244,4; 1245,2; 1718,1; 2196,1; 2266,4; 2321,1; 2373,3; 2389,2; *Rvͤdegeren* 2394,2; *Rvdegern* 1205,4.

Rûmolt
N. *Rvmolt* 236,2; 569,1; 1311,2; *Rv̊molt* 9,1; 783,1.

Sahsen
N. Pl. *Sahsen* 199,1; 203,4; 221,2; G. Pl. *Sahsen* 141,2; 177,2; 181,3; 195,4; D. Pl. *Sahsen* Ü IV; 171,1; 178,4; 210,1; 215,3; 217,4; 238,3; 314,2.

ze Santen 19,4; 715,4.

Schilbunc 87,3; 91,1.

(Schrûtân): N. *Schrv̊tan* 1925,1

Sîvrit
N. *Sifrit* 41,4; 48,4; 55,1; 58,1; 72,3; 76,2; 89,4; 97,4; 106,2; 116,4; 120,2; 122,1; 123,4; 124,4; 138,3; 169,3; 178,2; 183.3; 335,4; 338,1; Ü VIII; *Sivrit* Ü III; 52,1; 61,1; 68.3; 73,3; 90,3; Ü IV; 158,1; 160,1; 175,1; u.ö.; *Siurit* 127,3; 155,1; 180,1; u ö.
G. *Sifrides* 47,4; 65,3; 71,4; 92,4; 95,3; 156,4; 162,4; 194,2; 206,3; 215,1; 216,2; 218,4; u.ö.; *Sivrides* 128,3; 586,2; 619,1; 620,2; 621,3; 627,4; 633,4; 682,2; 740,3; 744,2; u.ö.
D. *Sifride* 205,4; 420,3; 513,4; 623,3; 632,4; 671,4; u.ö.; *Sivride* Ü II; 96,4; 152,4; 286 4; 469,1; 549,4; 653,1; 700,4; 713,1; 728,1; u.ö.; *Sifriden* 22,2.
A. *Sifriden* 86,2; 104,4; 208,1; 229,4; 291,1; 293,4; 428,1; u.ö.; *Sivriden* 314,4; 505 4; 616,3; Ü XII; 735,4; 796,1; 985,4; 987,4; 1017,4; u.ö.; *Sifride* 337,2; 523,1; 524,4; *Sivride* 500,4; 557,2; 622,2; 1015,3; 1830,3; *Sivrit den küenen* 539,3; *Sivrit* 741,3 (korrupt).

Sigelint
N. *Sigelint* 19,2; 28,2; 39,2; 42,1; 51,1; 60,1; 63,1; 710,1; 712,1; 714,3; u.ö.; *Sygelint* 24,2; G. *Sigelinde* 47,1; 136,3; 180,4; 210,3; 467,3; 471,2; 494,4.

Sigemunt
N. *Sigemunt, Sigemvnt, Sigemv̊nt* 19,2; 26,1; 28,2; 42,1; 50,1; 56,1; 57,2; 59,3; 711,1; 716,1; 720,1; 761,3; 768,1; 772,1; 788,1; 797,1; 896,1; 1028,2; 1029,1; 1030,1; 1031,1; 1032,1; 1037,1; 1040,3; 1043,1; 1045,1; 1068,3; 1082,4; 1095,1. G. *Sigemundes/Sigemvndes* 33,2, 37,4; 124,4; 217,2; 229,4; 288,1; 291,1;

493,3; 699,1; 713,4; 714,2; 717,1. D. *Sigemunde* 743,1; 1026,3; 1096,4; *Sigemvnt* 709,4. A. *Sigemunden* 796,2; 1080,4.

Sigestap N. 2317,1; 2342,1; 2343,2; 2343,4; 2381,3.

Sindolt N. 9,2; 10,3; 163,2; 174,1; 201,1; 212,3; 236,1; 569,1; 782,1.

von Spane 1797,3; 1838,1; *von span* 2403,3.

da zem Spehtsharte 976,3.

vnz in Swaben 1526,3

Swämmel, Swämmelîn
N. *Swæmmil* 1466,4; *Swemmel* 1401,1; *Swæmmelin* 1439,1; 1458,2; 1474,1; 1517,3.

Tenen N. Pl. 2130,1

vz/von Tenelant 2083,3; 2114,1; 2120,2; 2121,1; 2124,1.

Tenemarke
von Tenemarche 141,3; 170,1; 193,1; 203,1; 300,1; 313,1; 1372,1; 2084,1; *von/ze Tenemarchen* 168,1; 221,1; 1921,3. A. *den Tenemarche* (= Îrinc) 2101,4.

zv̊ der/bi der Treysem 1358,1; 1359,1.

Treysenmv̊re N. 1359,3; *ze Treysenmv̊re* 1363,1.

von/vzer Tronege 8,1; 99,3; 119,2 und öfter s. Hagene

Tronegære N. Pl. 235,1

vber die Trv̊ne 1331,1

Tvlme N. 1368,2; *von Tvlme* 1388,2

Tuonouwe
N. *diu Tv̊nowe* 1347,3; *bi Tv̊nowe* 1368,1; 1751,4; *vber Tv̊nowe* 1321,1; *die Tv̊nowe nider* 1356,3.

(Ungerlant): *vzer vngerlande* 1400,1

Uote
N. *V̊te* 32,3; 607,2; 744,1; 759,2; 778,1; 1063,3; 1092,2; 1115,1; 1158,1; u.ö.; *vte* 4,1. G. *V̊ten* 710,2; 724,2; 1237,1; 1433,3; 2157,1; 2247,1; *Vten* 873 3; 2023,1; 2355,1. D. *V̊ten* 13,1; 589,1; 1161,1; *Vten* 277,3; 587,2; 1453,3. A. *Vten* 281,1; 1524,1.

ze Vergen 1317,2

www.ingramcontent.com/pod-product-compliance
Lightning Source LLC
Chambersburg PA
CBHW060640310726
48982CB00003B/829

* 9 7 8 3 4 8 4 2 0 0 9 5 1 *